Law in Literature

Schriftenreihe

Law in Literature

Herausgegeben von

Dr. Jannina Schäffer, Stuttgart
Professorin Dr. Anja Schiemann, Köln

Das Recht der unendlichen Weiten

Gesetze und Direktiven im Star Trek Universum

Dr. Jens Ambrock

Fachmedien Recht und Wirtschaft | dfv Mediengruppe | Frankfurt am Main

Alle im Buch verwendeten Begriffe verstehen sich geschlechterneutral. Aus Gründen der besseren Lesbarkeit wird auf eine geschlechtsspezifische Differenzierung verzichtet – entsprechende Begriffe gelten im Sinne der Gleichbehandlung grundsätzlich für alle Geschlechter. Die verkürzte Sprachform hat lediglich redaktionelle Gründe und beinhaltet keine Wertung.

Bibliografische Information der Deutschen Nationalbibliothek

Die Deutsche Nationalbibliothek verzeichnet diese Publikation in der Deutschen Nationalbibliografie; detaillierte bibliografische Daten sind im Internet über www.dnb.de abrufbar.

ISBN 978-3-8005-1997-2

dfv Mediengruppe

www.ruw.de

Druck: Beltz Grafische Betriebe GmbH, 99947 Bad Langensalza

Printed in Germany

Author's Log

Wir schreiben das Jahr 2026. Sechzig Jahre nach der Erstausstrahlung einer Fernsehserie, die die globale Sicht auf eine lebenswerte Zukunft geprägt hat. Dies sind die Abenteuer eines Juristen, der ein unwiderstehliches Verlagsangebot bekommen hat. Ein Fachbuch über das Rechtssystem im Star Trek Universum. Von der Ersten Direktive bis zur Kleidervorschrift geht es streng reglementiert zu auf dem Raumschiff Enterprise. So behaupten es jedenfalls zwölf Fernsehserien, vierzehn Filme und unzählige Romane. Denn Star Trek ist zivilisiert. Konflikte werden nicht mit dem Lichtschwert gelöst. Sondern mit einer Rekalibrierung der Plasmaspulen oder einer Umkehr der Hüllenpolarität. Hilft das nicht weiter, zitieren die Offiziere hehre Regeln und moralische Prinzipien. Und zwar so, wie es den Drehbuchautorinnen und -autoren gerade in die Handlung passt. Ein umfassendes, homogenes Rechtskonzept hat nie ein Mensch zuvor erdacht. Es nun in einem Buch zusammenzufassen, ist tollkühn. Aber das ist kein Grund, es nicht zu tun. Dieses Werk wird den Versuch unternehmen, alle bekannten Regularien der Vereinigten Föderation der Planeten zusammenzustellen, ob handlungstragend oder nur im Nebensatz erwähnt, um daraus ein stimmiges Gesamtkonzept des Föderationsrechts abzuleiten.

In der Vorbereitung kam von verschiedenen Seiten die Frage auf, auf welches Star Trek sich die Analyse beziehen wird. Auf die Originalserie mit Kirk und Spock, die Next Generation mit Picard und Riker, das New Trek im Streamingzeitalter mit Burnham und Pike? Die Antwort kann nur lauten: auf alles. Alle Serien, alle Filme, ob mit Schauspiel oder mit Zeichentrick. Aber nicht nur das. Das Universum ist größer. Auch Romane und Comics dürfen nicht fehlen. Wenn schon eine Analyse, dann allumfassend. Ja, das bedeutet Rechercheaufwand. Aber den schönsten Rechercheaufwand, den ein Nerd betreiben kann. Romane lesen in der S-Bahn, Podcasts hören beim Staubsaugen und schließlich gezielt ausgewählte Folgen schauen am Abend – so abwechslungsreich und unterhaltsam sind juristische Publikationsvorhaben selten.

Bei aller Unterhaltung, die das Abfassen eines solchen Werkes mit sich bringt – es wird keine Parodie werden. Auch wenn dieses juristische Lehrbuch des Föderationsrechts ein fiktives, nicht existierendes Rechtsgebiet behandelt. So wie Star Trek keine Parodie auf die Zukunft ist. Star Trek ist eine humanistische Vision, wie unsere Zukunft aussehen kann, wenn die Menschheit die Konflikte des Alltags hinter sich lässt und sich weiterentwickelt zu einer inklusiven Gemeinschaft. Die Fragen, welche Regeln sich eine künftige Gesellschaft gibt, welchen Stellenwert die Regeln haben, worüber sich weiterentwickelte Menschen überhaupt streiten, sind schon jetzt eine Betrachtung wert, wenn man an die Möglichkeit einer solchen Zukunft glauben mag. Hinzu kommen neue Herausforderungen durch technischen Fortschritt, die weitere Rechtssetzung erfordern. Star Trek hat uns Beispiele der Regulierung von Künstlicher Intelligenz oder der gentechnischen Verbesserung von Menschen aufgezeigt und leidenschaftlich ausdiskutiert, lange bevor diese Techniken in greifbare Nähe gerieten. Die Vielfalt außerirdischen Lebens, das heute noch auf seine Entdeckung wartet, führt ebenfalls zu mannigfaltigen Konstellationen, die unser Recht noch nicht abdeckt. Star Trek hingegen hat längst Antworten auf den rechtlichen Umgang mit Telepathie oder mit Wesen, die ihren Körper wechseln können. Selbst meine Frau, die nie eine Folge aus dem Serienuniversum gesehen hat und auch nie sehen wird, hat nach anfänglichen Fragezeichen in ihrem Gesicht verstanden: Es geht um die Betrachtung einer literarischen Utopie. Sie hat mit Vulkaniern und Klingonen nichts am Hut, aber als Deutschlehrerin leuchtet ihr der wissenschaftliche Sinn der Analyse zukunftsgerichteter Gedankenspiele ein.

Sechzig Jahre nach der Erstveröffentlichung ist die Utopie so aktuell wie nie. Vom handlichen Kommunikator bis zur Übersetzungs-KI, die uns nahezu in Echtzeit in fremden Sprachen kommunizieren lässt – die technologische Entwicklung ist noch nicht bei den Möglichkeiten des 23. Jahrhunderts angekommen, doch sie unternimmt gewaltige Schritte in diese Richtung. Gesellschaftlich sind wir nach dem ersten Viertel des 21. Jahrhunderts weit von der pluralistischen, konfliktfreien Gesellschaft entfernt. Im Mutterland Star Treks polarisiert sich die Bevölkerung zusehends und kehrt dabei auch mühsam errungenen demokratischen Traditionen den Rücken. Die Ideale Star Treks, zu denen im Kern Toleranz und Integration des Andersartigen zählen, werden vermehrt als woke, gemeinschaftsschädliche Strömungen abgetan. Doch man muss gar nicht in die USA blicken – auch in Deutschland ist die gesellschaftliche Spaltung nicht zu leugnen. Die weltpolitische Lage lässt ebenfalls Zweifel zu, wie die Menschheit es zur in Star Trek erzählten planetarischen Einheitsregierung bringen soll, die schließlich der Gründung der interstellaren Föderation zum Vorbild dient.

Die ernüchternde Antwort auf diese Zweifel lautet: Wir sind genau im Plan. Nach der Erzählung Star Treks beginnt im Jahr 2026 der Dritte Weltkrieg.[1] Er wird mit Atomwaffen geführt und bis zu seinem Ende im Jahr 2053[2] sechshundert Millionen Tote, die Zerstörung praktisch aller großen Städte und den nuklearen Winter in weiten Teilen der Erde nach sich ziehen.[3] Die Konfliktlage fand ihre Wurzeln in den Jahren zuvor in einer sozialen Schieflage, in der die schwächsten und wenig integrierten Mitglieder der Gesellschaft in den USA in sogenannten Schutzzonen einkaserniert wurden. Es

1 Star Trek: Enterprise, S4 E19 – Die dunkle Seite des Spiegels, Teil II.
2 Star Trek: Enterprise, S4 E20 – Dämonen; Kinofilm Star Trek: Der erste Kontakt.
3 Raumschiff Enterprise – Das nächste Jahrhundert, S5 E9 – Der zeitreisende Historiker.

handelte sich um Ghettos, in denen sie sich selbst überlassen wurden. So haben wir es in einer Zeitreisefolge bei *Star Trek: Deep Space Nine* gelernt[4] und auch Staffel zwei der jüngeren Serie *Star Trek: Picard* lässt eine derartige Entwicklung erahnen. Weit von der aktuellen Realität ist die Zukunftsperspektive nicht entfernt und die derzeitigen internationalen Konfrontationen lassen eine Eskalation wie in den Geschichtsbüchern der Föderation nicht abwegig erscheinen. Nehmen wir es positiv: Die globale Katastrophe des Dritten Weltkriegs muss die Menschheit überstehen, um danach zusammenzurücken. Die Überlebenden werden als geeinte Erde aus den Atomschlägen hervorgehen, Gewalt hinter sich lassen und dadurch den Erstkontakt mit den Vulkaniern im Jahr 2063 ermöglichen.[5]

Dann kommt die Stunde der Juristinnen und Juristen. Der Aufbau einer neuen Welt, eines globalen Staates, später der Vereinigten Föderation der Planeten, erfordert neue Absprachen und Regeln für die Gesellschaft ohne Geld und ohne Konflikte. Wenn es so weit ist, erinnern wir uns an die Ideale, die uns Star Trek gelehrt hat. Dazu soll dieses Handbuch des Föderationsrechts beitragen.

Sol III, Januar 2026 Jens Ambrock

4 Star Trek: Deep Space Nine, S3 E11 – Gefangen in der Vergangenheit, Teil I.
5 Kinofilm Star Trek: Der erste Kontakt.

Inhaltsverzeichnis

A. Einleitung

I. Das Recht der Zukunft

Star Trek zeigt es eindrücklich: Ändert sich die Gesellschaft, ändert sich auch das Recht.[1] Technologische Entwicklungen führen zu neuen Chancen und zugleich neuen Bedrohungen der Freiheiten des Einzelnen. Die Marktreife des Automobils hat mit dem Straßenverkehrsrecht ein gänzlich neues Rechtsgebiet geschaffen und andere Bereiche wie das Schadenersatzrecht und das Betäubungsmittelrecht maßgeblich geprägt. Ähnliche Entwicklungen erleben wir heute mit den seit wenigen Jahren für eine breite Masse zugänglichen bahnbrechenden Möglichkeiten leistungsfähiger Künstlicher Intelligenz. Mit hergebrachten Grundsätzen des Urheberrechts oder des Datenschutzrechts ist die Nutzung von KI-Modellen, in die beim Training unzählige geschützte Werke und personenbezogene Daten eingeflossen sind, kaum in Einklang zu bringen. Die Folge ist eine hektische Neuinterpretation von über Jahrzehnte entwickelten Auslegungen – oder aber die in der Praxis kaum flächendeckend vollstreckbare Untersagung der neuen Werkzeuge auf Basis von Gesetzen, die wesentlich älter sind als der neue Anwendungsfall.

Star Trek ermöglicht uns einen Blick in eine mögliche Zukunft, in der sich Technik und Gesellschaft fundamental weiterentwickelt haben. In dieser Variante einer künftigen Welt ist quasi alles möglich. Fusionsreaktoren erzeugen nahezu unbegrenzte Energie, die der Replikator in alle gewünschten materiellen Dinge umwandeln kann. Wenn damit für alle gesorgt ist, ändert sich die Arbeitswelt. Das Tagewerk der Menschen muss nicht länger gewinnbringend sein, sodass den Einzelnen unbegrenzte Zeit zur Verfügung steht, ihre persönlichen Ziele zu verfolgen. Gelangen sie dabei zu unbeabsichtigten Ergebnissen, können diese jederzeit durch eine Zeitreise in die Vergangenheit korrigiert werden. Wenn auf allen Ebenen alles möglich ist, wird vieles unseres heutigen Konfliktpotenzials bedeutungslos. Schuldrecht und Sachenrecht verlieren ihren Zweck, wenn jeder alles haben kann und beschädigte Gegenstände einfach neu repliziert werden können. Anreize für Kriminalität sinken, wenn potenzielle Täter alles, was sie begehren, auch auf regelkonformem Wege erreichen können. Zugleich ist in der perfekten Welt der Zukunft eigentlich das Chaos vorprogrammiert. Wenn alle Menschen per Zeitreise die Geschichte verändern können, was bleibt dann von der Verlässlichkeit der Geschichte? Wenn das Holodeck ein Abbild jeder Person manifestieren kann, was bleibt dann vom Recht am eigenen Bild und auf informationelle Selbstbestimmung? Wenn durch Klonen und Genmanipulation der perfekte, unsterbliche Mensch erschaffen werden kann, was folgt daraus für die übrigen, naturbelassenen Menschen? Eine solche chan-

1 *Joseph/Carton*, The Law of the Federation, S. 28.

cenoffene Gesellschaft kann nur funktionieren, wenn sie sich Regeln gibt. Wenn die unbegrenzten Möglichkeiten gerade nicht jederzeit durch jede Person genutzt werden können, sondern reguliert werden. Das Raumschiff *Enterprise* sowie seine diversen Schwesterschiffe kommen immer wieder an Punkte, bei denen neue Techniken zu weit ausgenutzt wurden und Dritte darunter zu leiden hatten. Star Trek hat eine sechzigjährige Tradition darin, den Finger in die Wunde zu legen. Die Geschichten sind alles andere als technikfeindlich. Technologische Visionen werden geradezu gefeiert. Und doch werden stets aufs Neue die Schattenseiten der Entwicklung aufgezeigt, diskutiert und einer Lösung zugeführt. Taucht ein zuvor nicht dagewesenes ethisches Dilemma auf, weil eine KI ein Bewusstsein als neue Lebensform entwickelt oder sich der Warpantrieb als Umweltgefahr herausstellt, dann wird leidenschaftlich abgewogen. Die daraus abgeleiteten Regeln bilden das Fundament der funktionierenden utopischen Gesellschaft in der Föderation der Planeten.

Erstaunlich oft gelangen Raumschiffbesatzungen in Situationen, für die es längst Regeln geben müsste. So ist Lieutenant Dax offenbar die erste vereinigte Trill, bei der sich in einem formalen Verfahren die Frage stellt, inwieweit sie für Taten verantwortlich ist, die ihr Symbiont mit einem vorherigen Wirt begangen hat.[2] Ein anderes Beispiel ist die Nachbildung realer Personen auf dem Holodeck durch Lieutenant Barclay. Während die Technologie seit mindestens mehreren Jahren standardmäßig auf den meisten Raumschiffen der Sternenflotte verbaut ist, ist die Enterprise erstmals damit befasst, ob die naheliegende Nutzungsart, andere Personenabbildungen in Programme zu integrieren, zulässig ist. Darauf angesprochen, dass keine Regelungen für diesen Fall existieren, konstatiert Commander Riker: „*Dann fehlt so eine Vorschrift.*“[3]

In Situationen, in denen keine vorgefertigten Regeln existieren, ist es üblich, die Führungsoffiziere zur Diskussion in den Besprechungsraum einzuberufen. Nach ausführlicher Diskussion, bei der alle widerstreitenden Positionen vorgetragen, respektvoll angehört und abgewogen werden, ist es dann die Aufgabe des Captains, eine Entscheidung zu treffen. In für eine Fernsehserie bemerkenswerter Weise werden bei einem ethischen Dilemma, für das die Sternenflotte keine Vorgabe gemacht hat, verschiedene Argumente beleuchtet und einer begründeten, oft kompromisshaften Lösung zugeführt.

Nicht selten zitieren die Offiziere eines Raumschiffs jedoch Gesetze und Dienstvorschriften, um eine zunächst unklare Situation einzuordnen. Meist erfolgt dies dann, wenn die Spieldauer dem Drehbuch nicht die Zeit lässt, ein Dilemma in der gebotenen Breite auszudiskutieren. Die Sternenflotte ist

2 Star Trek: Deep Space Nine, S1 E8 – Der Fall „Dax“.

3 Raumschiff Enterprise – Das nächste Jahrhundert, S3 E21 – Der schüchterne Reginald.

eine hierarchisch strikt durchorganisierte öffentliche Institution von enormer Größe, sodass das Bild vermittelt wird, sie beruhe auf einem ausführlichen und ausgeklügelten Regelwerk. Dem Publikum werden dabei jeweils nur punktuell einzelne Vorschriften präsentiert, die in dem Moment für die Handlung relevant sind. Star Trek ist kein Justizdrama und Gesetzesanwendung steht nicht im Mittelpunkt der Geschichten. Deshalb existiert kein kohärentes Konzept für das Föderationsrecht. Das Serienuniversum möchte im Kern unterhalten und Zukunftsvisionen aufzeigen, dabei würde der Aufbau eines formalen Rechtssystems nur stören.[4] Jeri Taylor, Produzentin der Serie *Raumschiff Enterprise – Das nächste Jahrhundert*, hat dazu in einem Brief festgehalten:

> „*Es hat keine formale Konzeption der rechtlichen Angelegenheiten im 24. Jahrhundert stattgefunden; wir haben jeden Rechtsfall auf einer individuellen Grundlage behandelt und wurden dabei stark geleitet von unserer Interpretation der Zukunftsvision Gene Roddenberrys.*“[5]

Ein festes Regelwerk des Föderationsrechts lässt sich aus der Serie damit nicht ableiten. Regeln stehen oftmals in der Luft, ohne dass ihr Zusammenhang bekannt ist. Ob es sich bei zitierten Normen um eng auszulegende Ausnahmen oder generelle Rechtsprinzipien handelt, ist nicht immer festzumachen. Die Inkonsistenzen führen teilweise auch zu Widersprüchen und in vielen Episoden etablierte Regeln wie die Erste Direktive werden je nach Handlungsstrang stark divergierend ausgelegt. Dennoch ist das uns bekannte Recht des interstellaren Planetenbunds nicht chaotisch. Die von Jeri Taylor erwähnten Prinzipien des Serienschöpfers Gene Roddenberry bilden eine Richtschnur und über die Laufzeit von sechzig Jahren ist ein Bemühen der Autorinnen und Autoren erkennbar, zuvor etablierte Grundsätze fortzuschreiben. Ziel dieses Buches ist es, die verschiedenen, über die Jahrzehnte nicht immer einheitlichen Regelungen zu sammeln, zu systematisieren und, soweit es geht, eine konsistente innere Logik aufzuzeigen.

II. Law in Literature

Fiktive Rechtsfälle aus literarischen Geschichten einer juristischen Darstellung und Analyse zu unterziehen, hat eine lange Tradition vor allem in den USA. Dort entstand zu Beginn des 20. Jahrhunderts die Law-and-Literature-Bewegung.[6] Erste Aufsätze wie John Wigmores *A List of One Hund-*

4 *Joseph/Carton*, The Law of the Federation, S. 42.

5 *Taylor*, zitiert nach *Joseph/Carton*, The Law of the Federation, S. 62, Fn. 28 (eigene Übersetzung).

6 *Schäffer*, Harry Potter und die Gesetze der Macht, S. 9.

red Legal Novels wurden ab 1908 publiziert.[7] Der Begriff *Law in Literature* entstammt aus dem gleichnamigen Aufsatz von Benjamin Cardozo.[8] Seinen Durchbruch als Unterrichtsmaterial im Jurastudium verdankt die Idee der Literaturanalyse dem Buch *The Legal Imagination* von James White, das im Jahr 1973 erstmals erschien und seitdem in verschiedenen Versionen bis heute aufgelegt und verwendet wird. Es verfolgt den Ansatz, schwer verdaulichen Rechtsthemen ihre Trockenheit zu nehmen, durch Veranschaulichung in kreativen literarischen Umsetzungen. Aufbauend auf dem Referenzwerk ist es in juristischen Fakultäten der USA seitdem verbreitet, Kurse zur Romananalyse als ergänzendes Angebot zum Pflichtstoff vorzuhalten. Science-Fiction ist nicht die typische Spielwiese der Bewegung. Ihr Fokus liegt darauf, in der Realwelt angesiedelte Geschichten mit rechtlichem Bezug zu betrachten. Ziel ist es, dabei zu analysieren, in welchen Punkten die literarische Darstellung dem geltenden Recht entspricht und wo die künstlerische Dramatik in der Erzählung von den gesetzlichen Vorgaben abweicht. An die Realität angelehnte Romane wie Franz Kafkas *Der Prozess* sind ein Beispiel für eine fiktive Geschichte, die zahlreiche vergleichende juristische Publikationen inspiriert hat.

Einen Blick auf die rechtlichen Hintergründe der Welt von Star Trek haben erstmals die Hochschullehrenden Paul Joseph und Sharon Carton gewagt. Ihr Aufsatz *The Law Of The Federation: Images Of Law, Lawyers, And The Legal System In „Star Trek: The Next Generation“* ist im Jahr 1992 in der University of Toledo Law Review erschienen.[9] Der Beitrag erreichte schnell internationale Aufmerksamkeit. In der Hochphase der Fernsehserie *Raumschiff Enterprise – Das nächste Jahrhundert* war das öffentliche Interesse an der Konzeption des darin gezeigten Universums groß. Allein in den USA berichteten 175 Zeitungen über den wissenschaftlichen Aufsatz.[10] Für eine universitäre Publikation ist diese allgemeinmediale Wahrnehmung äußerst ungewöhnlich. So konnte ein populärwissenschaftliches Thema genutzt werden, um rechtliche Zusammenhänge der aktuellen Gesetzeslage einer breiten Leserschaft zu vermitteln. An den Erfolg anknüpfend veröffentlichte dieselbe Zeitschrift zwei Jahre später einen Beitrag von Michael Scharf und Lawrence Roberts zum in der Serie gezeigten Völkerrecht.[11] Diese beiden sowie weitere Aufsätze haben die Herausgeber Robert Chaires und Bradley Chilton schließlich im Jahr 2003 zusammengefügt in ihrem Sammelband *Star Trek Visions of Law & Justice*. Das Werk ist die erste und bis heute einzige umfassendere Zusammenstellung des Rechtssystems im Star Trek

7 *Wigmore*, 17 U. Ill. L. Rev., S. 26.
8 *Cardozo*, 14 Yale L. Rev., S. 699.
9 *Joseph/Carton*, 24 U. Tol. L. Rev., S. 43.
10 *Chaires/Chilton*, Star Trek Visions of Law & Justice, S. 7.
11 *Scharf/Roberts*, 25 U. Tol. L. Rev, S. 557.

Universum. Sämtliche Inhalte sind jedoch auf die Serie *Raumschiff Enterprise – Das nächste Jahrhundert* beschränkt und die anthologische Sammlung führt zu eher punktuellen Betrachtungen einiger Spezialthemen als zu einer systematischen Erfassung des Föderationsrechts. Neben Beiträgen zu verfassungsrechtlichen Erwägungen enthält es unter anderem ein Kapitel zu den Geschlechterrollen bei Star Trek, kriminologische Abhandlungen sowie didaktische Auseinandersetzungen mit Star Trek als Unterrichtsstoff. Weitere US-amerikanische Zeitschriften haben das Thema nicht aufgegriffen. Die Zurückhaltung wird unter anderem auf das Blind Peer Review System in der dortigen Wissenschaftslandschaft zurückgeführt.[12] Betrachtungsgegenstände, die vom Mainstream abweichen und eine populärwissenschaftliche Richtung einschlagen, haben typischerweise eine geringere Wahrscheinlichkeit, von den Prüfenden angenommen zu werden.

In Deutschland ist die Law-in-Literature-Bewegung weniger verbreitet und allenfalls im Entstehen begriffen. In die juristische Ausbildung nicht integriert und eher mit Projektcharakter finden sich jedoch vermehrt Diskussionskreise zu dem Thema.[13] Juristische Veröffentlichungen in Deutschland finden ihre Heimat vor allem in der Schriftenreihe *Recht in der Kunst – Kunst im Recht* des Verlags De Gruyter, herausgegeben von Anja Schiemann und Gunter Reiß. Im Gegensatz zu den USA sind die überschaubaren Beispiele hierzulande stark auf Fantasy und Science-Fiction bezogen. Ein Beispiel ist der Aufsatz *Zivilrecht in Mittelerde: Wem gehört der Eine Ring* von Robin Repnow.[14] Weite Beachtung fand die Dissertation von Jannina Schäffer mit dem Titel *Harry Potter und die Gesetze der Macht*. Die Analyse des Rechtsrahmens in den Harry-Potter-Romanen nimmt einen speziellen Fokus auf das Strafprozessrecht und einen Vergleich des Aufstiegs des Antagonisten Voldemort mit der Machtergreifung der Nationalsozialisten. Nach dem Erscheinen der Publikation im Jahr 2024 haben diverse Medien wie Der Spiegel[15] oder die Süddeutsche Zeitung[16] über das Werk berichtet und die Autorin ist auf zahlreichen Konferenzen mit dem Thema aufgetreten. Der Erfolg des Titels lässt erahnen, dass der Markt der juristischen Literaturanalysen in der näheren Zukunft weiter aufblühen wird. Star Trek bietet jedenfalls noch viel Raum für juristische Auseinandersetzungen in der deutschsprachigen Wissenschafts-Community. Der dort bislang umfassendste Beitrag stammt von Dean Blohm. Im Internetportal JURios hat er den Artikel *Strafrecht und Gerichtsbarkeit in einer fernen Zukunft – von Föderationsdirektiven, klingonischen Tribunalen und Zeugen im Holodeck* vom 14.8.2025

12 *Chaires/Chilton*, Star Trek Visions of Law & Justice, S. 8.
13 *Schäffer*, OdW 253 (254 f.).
14 *Repnow*, ZJS 2024, 689.
15 *Hunfeld*, Lord Voldemort, rein juristisch betrachtet, Der Spiegel 35/2024.
16 *Steinke*, Muggelwissenschaft, Kolumne Vor Gericht, SZ Online v. 27.9.2024.

publiziert. In gedruckter Form kommt das Kapitel *Apropos Lernen – Die Direktiven der Sternenflotte* von Mike Hillenbrand und Christian Humberg daher. Die knappe Darstellung in ihrem Buch *Trek minds* von 2011 ist jedoch eher eine Aufzählung diverser in den Fernsehserien zitierter Einzelvorschriften und nimmt keine darüber hinausgehende Einordnung vor. Eine weitere erwähnenswerte Abhandlung zum Recht bei Star Trek findet sich an unerwarteter Stelle. Der Roman *Articles of the Federation* von Keith DeCandido beinhaltet in seiner ins Deutsche übersetzten Fassung *Die Gesetze der Föderation* aus dem Jahr 2010 einen wissenschaftlichen Artikel im Anhang. Julian Wangler stellt unter der Überschrift *Regieren in Utopia – Das politische System der Föderation* die verfassungsrechtlichen Hintergründe des Weltenbunds dar und konzentriert sich insbesondere auf das staatsrechtliche Zusammenspiel zwischen Föderationsrat, -präsidentin und -regierung.

III. Das Star Trek Universum

Star Trek ist ein Serienuniversum, das seit den Sechzigerjahren ein weltweites Publikum fasziniert. Seinerzeit wegweisend war die Fernsehproduktion *Raumschiff Enterprise* mit einer Darstellung seiner optimistischen Zukunftsvision.[17] Die *Enterprise* stößt, von grenzenlosem Forscherdrang geprägt, auf ihrer Fünfjahresmission im tiefen Weltraum in Regionen vor, in denen kein Mensch zuvor gewesen ist. Die fremden Welten und Aliens, auf die die Besatzung dabei trifft, sind mal mehr und mal weniger freundlich, jedoch wird die Andersartigkeit stets mit offenen Armen empfangen. Zwangsläufig auftretende Konflikte werden vielfach mit Verständnis und Toleranz auf kulturelle Unterschiede zurückgeführt, die es zu ergründen gilt.[18] Meist findet sich eine diplomatische, für beide Seiten gewinnbringende Lösung. Vermeintliche Monster wie der Glibberhaufen Horta entpuppen sich bei näherem Hinsehen als vernunftbegabte Wesen, die durch ihre Aggressivität lediglich ihre Nachkommen schützen möchten.[19] Zerstörungswütige Roboter wie Nomad lassen sich mit argumentativen Dialogen davon überzeugen, von ihren Zielen abzulassen.[20]

17 *Greenwald*, Future Perfect: How Star Trek Conquered Planet Earth, S. 13; *Lentz/Chaires*, What Color is an Android?, S. 222.

18 *Gerhards*, Handbuch der phantastischen Fernsehserien, S. 282.

19 Raumschiff Enterprise, S1 E26 – Horta rettet ihre Kinder.

20 Raumschiff Enterprise, S2 E8 – Ich heiße Nomad.

1. Spiegel der Gegenwart in futuristischem Gewand

In der Regel sind die Außerirdischen nicht als animalische Schreckensgestalten mit Tentakeln und Klauen dargestellt. Auf Gruselelemente wird verzichtet, stattdessen sind die Aliens überraschend menschlich. Geringfügige Make-up-Applikationen wie spitze Ohren, Stirnwülste oder exotische Hautfarben lassen sie als Nicht-Menschen erkennen, während sie als humanoide Spezies gleichwohl auf zwei Beinen stehen, über zwei Arme mit Händen verfügen. Weitgehend unverfremdete Gesichter zeigen dem Publikum sehr menschliche Gefühlsregungen auf. Nicht selten sind Außerirdische ohne jegliche optischen Anpassungen von Menschen nicht zu unterscheiden und lediglich aus der Handlung ist ersichtlich, dass sie nicht von der Erde stammen. Der Umstand hat nicht nur Gründe der Kostenersparnis. Der Serienschöpfer Gene Roddenberry hat sehr bewusst Aliens in Menschengestalt erschaffen, um Probleme der Gegenwart, mit denen sich das Publikum identifizieren kann, im Science-Fiction-Kontext zu thematisieren.[21] Der Kunstgriff ermöglichte es ihm, Themen anzusprechen, die in der damaligen Produktionsrealität tabu waren. Ein Musterbeispiel ist die Folge *Bele jagt Lokai.*[22] Die *Enterprise* trifft darin auf ein Volk mit komplett menschlichem Antlitz mit der Ausnahme, dass die Gesichtsfarbe zweigeteilt ist. Der Protagonist Lokai weist ein Gesicht auf, dessen linke Hälfte tiefschwarz ist, während die rechte Hälfte weiß ist. Er wird gejagt von Bele, dessen Gesicht ebenfalls schwarz-weiß geteilt ist, jedoch in spiegelverkehrter Anordnung. Den hochentwickelten Besatzungsmitgliedern der *Enterprise* fehlt jedes Verständnis dafür, dass die beiden optisch nahezu gleichen Personen die Verteilung der Gesichtsfarbe zum Anlass für Bedrohung und Verfolgung nehmen. Das Publikum muss nicht weit um die Ecke denken, um Parallelen zu Rassendiskriminierung ihrer Gegenwart zu ziehen. Eine so direkte Thematisierung ist im Fernsehen der Sechzigerjahre ein bahnbrechendes Novum gewesen. Die Vorbehalte der Produktionsgesellschaften hatte Roddenberry vor seiner Befassung mit Star Trek als Produzent der Militärserie *The Lieutenant* zu spüren bekommen. In einer Episode thematisiert er das Schicksal eines dunkelhäutigen Soldaten, der aus rassistischen Motiven von seinen Vorgesetzten schikaniert wurde.[23] Die Geschichte erregte entsetzte Aufmerksamkeit des Senders und der die Produktion unterstützenden US-Armee und wurde infolgedessen nicht ausgestrahlt.[24] Ein anderes prominentes Beispiel für die literarische Verarbeitung aktueller politischer Kon-

21 *Joseph/Carton*, The Law of the Federation, S. 27, 42.

22 Raumschiff Enterprise, S3 E15 – Bele jagt Lokai.

23 *Alexander*, Gene Roddenberry – Die autorisierte Biographie, S. 241.

24 Vgl. *Fistrich/Göttling*, Podcast Trek am Dienstag, Sonderfolge Gene Roddenberry I: Flieger & Rebell; allerdings ist laut *Fistrich/Göttling* nicht sicher rekonstruierbar, ob die Folge tatsächlich vom Sender nicht gezeigt wurde.

flikte ist der sechste Kinofilm *Das unentdeckte Land.* Unübersehbar thematisiert die Konfrontation der Föderation mit den Klingonen den kalten Krieg der Produktionsgegenwart. Die Explosion des klingonischen Mondes Praxis erinnert an den Tschernobyl-Vorfall und der danach geschilderte Zustand des Klingonischen Reiches an den Zerfall der Sowjetunion. Um juristische Themen geht es bei allen diesen Beispielen nur am Rande. Im Mittelpunkt dieser und der meisten anderen Folgen stehen jedoch moralische Dilemmata, die stets auf vorbildliche Weise gelöst werden.[25]

2. Fernsehserien und Filme

Die im Jahr 1966 erstmals ausgestrahlte Fernsehserie *Raumschiff Enterprise* um die Besatzung aus Captain Kirk, Lieutenant Commander Spock und Doctor McCoy umfasst drei Staffeln mit insgesamt 79 Episoden. Sie spielt in den Jahren 2265 bis 2269. Die Drehbücher konzentrieren sich auf Einzelgeschichten, während der Hintergrund der Menschheit und ihrer juristisch-politischen Zusammenhänge im Dunkeln bleiben. Zunächst als Raumschiff der Erde dargestellt, auf denen eher zufällig aus persönlichen Gründen auch der Halbvulkanier Spock dient, wird im Verlauf der Serie die Vereinigte Föderation der Planeten eingeführt und bisweilen erwähnt, ohne dass Details dieses Weltenbunds bekannt werden. Das Militärrecht dieser Föderation erfährt hingegen bereits in dieser Originalserie eine starke Konturierung. Zahlreiche Gerichtsverhandlungen oder juristisch geprägte, sehr formal gestaltete mündliche Anhörungen werden dargestellt. Regelrechte Court Room Dramas durchziehen die Serie. Das Kriegsgericht für Commander Spock im wiederaufgegriffenen ersten Pilotfilm[26] und die Verhandlung wegen Meuterei gegen Commander Scott und Doctor McCoy in der letzten Folge[27] bilden den Rahmen der Serie. Dazwischen muss sich Captain Kirk vor einem Tribunal gegen den Vorwurf der fahrlässigen Tötung seines Besatzungsmitglieds Lieutenant Commander Finney verantworten[28] und führt an anderer Stelle selbst an Bord seines Schiffes Strafverhandlungen beziehungsweise vorbereitende, formalisierte Anhörungen gegen die Zivilisten Khan Noonien Singh[29] und Harry Mudd[30] durch. Die Serie etabliert und konturiert in diversen Folgen die Erste Direktive als Nichteinmischungsgebot in die Entwicklung fremder, weniger weit entwickelter Völker. Die Drehbücher etablieren damit einen antikolonialen Ansatz, der mittels einer rechtlichen Grundlage

25 *Barad/Robertson*, The Ethics of Star Trek, S. xi.
26 Raumschiff Enterprise, S1 E15 f. – Talos IV – Tabu, Teil I und II.
27 Raumschiff Enterprise, S3 E24 – Gefährlicher Tausch.
28 Raumschiff Enterprise, S1 E14 – Kirk unter Anklage.
29 Raumschiff Enterprise, S1 E24 – Der schlafende Tiger.
30 Raumschiff Enterprise, S1 E4 – Die Frauen des Mr. Mudd.

abgesichert wird. Dort, wo der *Enterprise* eine Einmischung gestattet ist, wird sie als eine Art Polizeischiff etabliert, das Kriminellen wie Harry Mudd das Handwerk legt und sie der Strafverfolgung zuführt sowie Völkern hilft, die in Schwierigkeiten geraten sind.

Als die Serie nach drei Staffeln abgesetzt wurde, verfügte der Fundus der Autoren über eine Vielzahl noch nicht erzählter Storyansätze. Während die Popularität der Originalserie in den frühen Siebzigerjahren infolge immerwährender Wiederholungen auf US-amerikanischen Regionalsendern stetig anstieg, entschieden die Produzenten sich für einen kostensparenden Ansatz, um neue Abenteuer auf den Fernsehschirm zu bringen. Die Zeichentrickserie *The Animated Adventures of Gene Roddenberry's Star Trek* wurde mit den Hauptcharakteren der ursprünglichen Realfilmserie als Synchronsprecher realisiert. Im deutschen ZDF lief die Produktion unter dem Titel *Die Enterprise.* Die Themen wurden der Zeichentrick-Optik entsprechend ein wenig leichter, sodass juristischer Tiefgang kaum zu finden ist. Die Nichteinmischungsdirektive wird jedoch ebenso thematisiert wie die Strafverfolgung des Kriminellen Harry Mudd, der noch stärker als zuvor als heiterer und liebenswerter Halunke gezeichnet wird.[31]

Im Jahr 1979 schaffte Star Trek den Sprung auf die große Leinwand. Inspiriert vom Erfolg der *Star Wars*-Saga entschied sich das Studio Paramount Pictures, Ideen einer Nachfolgeserie namens *Star Trek: Phase II* zugunsten eines Kinofilms abzuwandeln. Dem Epos *Star Trek – Der Film* sollten noch fünf weitere Filme mit den Darstellerinnen und Darstellern der Originalserie im Mittelpunkt folgen. Das exponentiell angestiegene Budget ermöglichte es, erstmals Szenen auf der Erde der Seriengegenwart zu zeigen, die in den Fernsehfolgen nie präsentiert worden war. Das staatsrechtliche Konstrukt aus Föderationsrat und -präsidenten und deren Zusammenspiel mit der Sternenflotte entwickelt sich zu einem tragenden Thema der über mehrere Filme gestreckten, durchgehenden Handlung. Einen Höhepunkt erreicht die Darstellung in einer verfassungsrechtlich fragwürdigen dienstrechtlichen Gerichtsverhandlung gegen Captain Kirk durch den Föderationsrat, also der zivilen Regierungs- und Gesetzgebungsinstanz der Vereinigten Föderation der Planeten.[32] Der sechste und letzte Film der Original-Crew nimmt schließlich diplomatische Beziehungen und das Völkerrecht in den Fokus und unternimmt zwischendurch einen tiefen Abstecher in das klingonische Justizsystem.

Seine Rückkehr auf den Fernsehschirm feierte S*tar Trek* ab 1987 mit der Serie *Raumschiff Enterprise – Das nächste Jahrhundert.* Über sieben Jahre zeigt die TV-Produktion die Abenteuer des neuen, moderneren Schiffes na-

31 Die Enterprise, S1 E10 – Der Liebeskristall.
32 Kinofilm Star Trek IV: Zurück in die Gegenwart.

mens *Enterprise*. Unter dem Kommando von Captain Picard durchstreift es in der Serienrealität 76 Jahre nach den Erlebnissen von Captain Kirk die Galaxie.[33] Den Rahmen um die Serie bildet ein Gerichtsverfahren durch das allmächtige Wesen Q. Im Pilotfilm *Der Mächtige* erhebt Q Anklage gegen die Menschheit.[34] Gestützt auf den Vorwurf, eine primitive, gewalttätige Rasse zu sein, lässt er über die Weiterexistenz der Menschen entscheiden. Das extraterrestrische Gerichtsverfahren wird im Serienfinale *Gestern, Heute, Morgen* wieder aufgegriffen und ein positives Urteil gefällt.[35] Im Laufe der sieben Staffeln ist die Besatzung der *Enterprise* darüber hinaus fortwährend mit ethischen Dilemmata konfrontiert. Zum prägenden Kern der Serie wird es, widerstreitende Sichtweisen auf unterschiedliche Handlungsoptionen im Besprechungsraum auszudiskutieren und mit einer abgewogenen Lösung zusammenzuführen. Die Werte und Prinzipien der Föderation werden dabei vielfach betont und als Richtschnur für neuartige Herausforderungen herangezogen, in denen keine vorgefertigten konkreten Regeln existieren. Ein sich durch die Serie ziehendes Thema betrifft beispielsweise die Frage, was Leben ausmacht und welche Rechte Lebensformen zustehen. Der Entwicklung des Androiden Lieutenant Commander Data wird viel Raum gegeben; ähnliche Fragestellungen zeigen sich in Bezug auf Künstliche Intelligenz bei den automatisierten Bergbaumaschinen namens Exocomps[36] sowie der Holodeck-Figur Professor Moriarty.[37] Die in der Originalserie eingeführte Erste Direktive wird in diversen Episoden weiter ausgeformt; hinzu kommen Diskurse über die korrekte Verhaltensweise auf fremden Planeten. Anschaulich gezeigt werden die Pflichten der Besatzung beim Betreten einer neuen Welt in der Folge *Das Gesetz der Edo*, in der der Junge Wesley Crusher sich der Justiz einer Drittwelt stellen muss.[38] Auch in völker- und staatsrechtlicher Hinsicht setzt die Serie neue Maßstäbe. Die *Enterprise* dringt zwar immer wieder in Regionen des Weltraums vor, die nie ein Mensch zuvor gesehen hat. Sie kehrt dabei aber regelmäßig in den Föderationsraum zurück und hält so stetigen Kontakt zu ihrer eigenen Regierung und den Staatengebilden der angrenzenden Regionen. Anders als die Originalserie, deren Raumschiff sich auf einer Fünf-Jahres-Mission mit nur sporadischem Kontakt zum Flottenkommando befand, gibt die Nachfolgeserie der Vereinigten Föderation der Planeten eine stärkere Kontur. Das neue *Enterprise* nimmt dabei auch diverse diplomatische Missionen wahr und erhält tiefe Einblicke

33 *Gerhards*, Handbuch der phantastischen Fernsehserien, S. 284.
34 Raumschiff Enterprise – Das nächste Jahrhundert, S1 E1 – Der Mächtige.
35 Raumschiff Enterprise – Das nächste Jahrhundert, S7 E25 f. – Gestern, Heute, Morgen, Teil I und II.
36 Raumschiff Enterprise – Das nächste Jahrhundert, S6 E9 – Datas Hypothese.
37 Raumschiff Enterprise – Das nächste Jahrhundert, S2 E3 – Sherlock Data Holmes; S6 E12 – Das Schiff in der Flasche.
38 Raumschiff Enterprise – Das nächste Jahrhundert, S1 E8 – Das Gesetz der Edo.

in die Regierungssysteme etwa der Klingonen oder der Romulaner. Nach Beendigung der Fernsehserie wurden mit ihren Hauptcharakteren vier Kinofilme veröffentlicht.

Noch während der Laufzeit von *Raumschiff Enterprise – Das nächste Jahrhundert* etablierten die Produzenten ab 1993 eine weitere Ablegerserie. Mit *Star Trek: Deep Space Nine* stand zum ersten Mal kein Raumschiff im Fokus einer Fernsehserie, sondern eine Raumstation. Strategisch günstig gelegen am Eingang eines Wurmlochs in den Gamma-Quadranten fliegt die Station nicht zu ihren Abenteuern, sondern die Geschehnisse spielen sich überwiegend an einem Ort ab. Der Grundton ist von Beginn an düsterer als die optimistische Zukunftsvision an Bord der *Enterprise*. Er gipfelt in dem mehrere Staffeln umfassenden Krieg mit dem Dominion. Die Serie stellt die zuvor etablierte Utopie auf die Probe, indem sie die Prinzipien der Föderation einem Realitätscheck unterzieht, ohne sie vollständig zu verraten. Politische Ränkespiele sind an der Tagesordnung. Als regelrechte Kriegsserie in den späten Staffeln konzentriert sie sich auf völkerrechtliche Beziehungen der unterschiedlichen Mächte der Alpha- und Beta-Quadranten. Hinzu kommen ausführliche Einblicke in die Gesellschaften und Rechtssysteme unter anderem der Bajoraner, Cardassianer, Ferengi und Klingonen.

Im direkten Anschluss an *Das nächste Jahrhundert* startete im Jahr 1996 die *Voyager* ihre Reise durch den Delta-Quadranten. Die Fernsehserie *Star Trek: Raumschiff Voyager* stellt erneut ein Schiff der Sternenflotte in den Mittelpunkt, setzt die Handlung jedoch in einem bis dato unbekannten Teil der Galaxie an. Das Schiff wird im Pilotfilm von einer übermächtigen Kraft dorthin transferiert und startet einen Rückflug zur Erde, für den rund siebzig Jahre veranschlagt werden. Fernab von der Heimat steht seine Besatzung regelmäßig vor der Frage nach dem Wert der alten Regeln der Sternenflotte in der Ferne des Alls. Captain Janeway zeigt sich im Grundsatz prinzipientreu, legt jedoch die Charta der Föderation mitunter auch bewusst flexibel und ergebnisorientiert aus. Während die Beachtung der Ersten Direktive die Crew erst in die verschollene Lage bringt, indem der Captain mit der Phalanx des Fürsorgers die Chance auf eine direkte Rückkehr zerstören lässt, findet die Nichteinmischungsdirektive im weiteren Verlauf nur noch geringe Beachtung. Rechtliche Konfliktlagen werden primär innerhalb der Besatzung diskutiert. Ein prägendes Beispiel ist die Entwicklung des medizinischen Hologramms namens Der Doktor, dem schrittweise Individualrechte zugesprochen werden, oder die vieldiskutierte gewaltsame Rückabwicklung eines Transporterunfalls, bei dem Neelix und Lieutenant Commander Tuvok zu einer Person verschmolzen werden. Wiederholte Aufeinandertreffen mit dem kybernetischen Volk der Borg und die Aufnahme der Borgdrohne Seven of Nine führen zur stetigen Thematisierung der Verantwortlichkeit für Handlungen im Rahmen eines Kollektivbewusstseins.

Nachdem es die *Voyager* binnen sieben Staffeln zurück zur Erde geschafft hat, folgte ab 2021 eine Prequel-Serie. *Star Trek: Enterprise* zeigt die Abenteuer des ersten Langstrecken-Warpschiffs der Erde vor der Gründung der Vereinigten Föderation der Planeten. Die in 2151 sowie den Folgejahren angesiedelte Geschichte strahlt den Pioniergeist einer noch nicht in der interstellaren Weltengemeinschaft vernetzten Menschheit aus. Regeln und Ideale sind noch in der Entstehung begriffen und ihre Durchsetzbarkeit in den Realitäten der Raumfahrt fernab von der Heimat ist ein wiederkehrendes Thema.[39] Die Besatzung ist regelmäßig mit ethischen Fragestellungen konfrontiert, die anschaulich beschreiben, worin der Sinn der in den späteren Serien etablierten Normen wie zum Beispiel die Erste Direktive besteht. *Star Trek: Enterprise* wird nach vier Staffeln vorzeitig abgesetzt. Das Ende der Serie markiert den Schlusspunkt für Star Trek im linearen Fernsehen.

Neues Interesse am Franchise weckte eine dreiteilige Kinofilmreihe ab dem Jahr 2009. Im Mittelpunkt steht die Besatzung um James T. Kirk und Mr. Spock, die mit neuen Schauspielern besetzt wurden. Eine verjüngte Version der originalen Crew wird zunächst an der Sternenflottenakademie gezeigt und geht im weiteren Verlauf mit dem Raumschiff *Enterprise* auf Entdeckungsreise durch die Galaxis. Erklärt werden Abweichungen in Handlung und visuellem Stil damit, dass die Handlung in einem durch eine Zeitreise entstandenen Paralleluniversum stattfindet. In juristischer Hinsicht sind die gezeigten Geschichten wenig ergiebig, zielen sie doch eher auf cineastische Action ab.

Ab dem Jahr 2017 erlebt Star Trek eine Wiedergeburt auf Streamingplattformen. Der Erfolg der dreiteiligen neuen Kinoreihe und der Bedarf der Internetportale an frischem Material ermöglichen es nach zwölf Jahren Pause, eine neue Serie zu produzieren. *Star Trek: Discovery* behandelt in fünf Staffeln die Abenteuer des gleichnamigen Raumschiffs aus dem Blickwinkel der Offizierin Michael Burnham. Zunächst zehn Jahre vor der Handlung der Originalserie angesiedelt, startet sie mit einer Meuterei der Protagonistin Commander Burnham mit anschließendem Gerichtsprozess und der Degradierung zum einfachen Crewman. Im Laufe der Serie arbeitet sich Burnham schließlich schrittweise zum Captain der *Discovery* hoch. Ein zentrales Thema der Serie beinhaltet den Diskurs um die Persönlichkeitsrechte starker Künstlicher Intelligenz, sowohl in Bezug auf den Bordcomputer Zora als auch um die antagonistische KI namens Control. Die Aufnahme der Imperatorin Georgiou in die Crew führt zur moralischen Auseinandersetzung mit Täterschaft und Schuld, nachdem sie zuvor im Spiegeluniversum ein Terrorregime angeführt hatte. Zum Ende der zweiten Staffel vollzieht die *Discovery* einen Zeitsprung von rund neunhundert Jahren, sodass die Serie fortan

39 *Haar*, Kann der Bordcomputer denken?, S. 15.

in der noch ferneren Zukunft spielt. In dieser futuristischen Zeit arbeitet die Besatzung direkt der Föderationspräsidentin zu, sodass die Serie stark auf die staatsrechtliche Konzeption der Vereinigten Föderation der Planeten eingeht.

Die in Zuschauerkreisen sehr beliebte Figur des Captain Picard aus *Raumschiff Enterprise – Das nächste Jahrhundert* wird ab dem Jahr 2020 wiederaufgegriffen mit einer Nachfolgerserie, die sich ganz um diesen Charakter dreht. Der mittlerweile pensionierte Admiral Picard wird dabei abgeklärt und teilweise altersstarrsinnig dargestellt, ohne von seinen ethischen Prinzipien abzukehren. Über drei Staffeln werden insbesondere die Rechte ehemaliger Borg und Roboter thematisiert und erstmals ein technikfeindliches Regulierungsrecht der Föderation beschrieben. Die zweite Staffel dreht sich um den Gerichtsprozess des omnipotenten Wesens Q, der in *Das nächste Jahrhundert* gezeigt und nur scheinbar durch ein Urteil beendet worden war.

Parallel zu den beiden oben dargestellten Realfilmserien wurden zwei Trickfilmserien produziert. Das Zeichentrickformat *Star Trek: Lower Decks* zeigt ab 2018 einen humoristischen Einblick in die Gesellschaft der Zukunft, parodiert Erzählstränge aus den vorangegangenen Produktionen und pointiert absurde Entwicklungen. Aus dem Blickwinkel von Offizierinnen und Offizieren mit niedrigem Dienstgrad werden die utopische Gesellschaft und ihre Regeln des Zusammenlebens treffsicher kommentiert. Sie zielt primär auf ein erwachsenes Publikum ab, das mit den Episoden der Neunzigerjahre vertraut ist. Auf ein jugendliches Publikum zugeschnitten ist hingegen *Star Trek: Prodigy*. In der Computeranimationsserie finden heranwachsende Protagonisten ein verschollenes Sternenflottenraumschiff und lernen mithilfe des Trainings-Hologramms Janeway die Grundlagen der Vereinigten Föderation der Planeten. In adressatengerechter Weise werden so die Regeln der Sternenflotte an die neuen Kadetten vermittelt.

Aus *Star Trek: Discovery* ist im Jahr 2022 der Ableger *Star Trek: Strange New Worlds* hervorgegangen. Die Serie behandelt das Raumschiff *Enterprise* unter dem Kommando von Captain Pike einige Jahre, bevor er die Position an Captain Kirk abgeben wird. In juristischer Hinsicht sticht das Courtroom-Drama um die illyrianische Herkunft der Ersten Offizierin Lieutenant Commander Chin-Riley hervor. Die zweite Episode der zweiten Staffel dreht sich umfassend um das Verbot gentechnischer Verbesserung humanoider Lebensformen, das Asylrecht auf Schiffen der Sternenflotte sowie das Datenschutzrecht an privaten Nachrichten. Ebenfalls als Ableger von *Star Trek: Discovery* ist der Einzelfilm *Star Trek: Sektion 31* entstanden, der auf Streamingportalen veröffentlicht wurde. Er beleuchtet die Parallelstruktur eines Sternenflottengeheimdienstes, der sich nur eingeschränkt an rechtliche Grenzen gebunden sieht.

Das sechzigjährige Jubiläum der Erstausstrahlung von *Raumschiff Enterprise* im Jahr 2026 ist der Anlass für die Produktion einer neuen Serie und eines Kurzformats. Mit *Star Trek: Starfleet Academy* werden Rekruten an der Sternenflottenakademie begleitet. Im Stile einer Highschool-Serie steht die Ausbildungseinrichtung für künftige Offiziere im Mittelpunkt des Geschehens. Schon ihr Pilotfilm beginnt mit dem Urteilsverkündungstermin eines Strafverfahrens gegen Anisha Mir und endet mit einem Disziplinarverfahren gegen ihren Sohn Kadett Mir, während die zweite Episode um den Wiedereintritt Betazeds in die Föderation staats- und völkerrechtliche Einblicke gewährt. Parallel wird *Star Trek: Scouts* ausgestrahlt. Die computeranimierte Kinderserie zeigt die Missionen ganz junger Auszubildender.

3. Bücher und andere Medien

Star Trek ist primär ein Fernseh-, Streaming- und Kinofilm-Franchise. Der umfangreiche Handlungskosmos wird jedoch in anderen Medien noch deutlich ausgeweitet. Eine Fülle von Romanen erzählt von weiteren Abenteuern der aus den Serien bekannten Mannschaften sowie eigens für die literarische Darstellung konzipierter Crews. Die langsame und ausführliche Erzählweise der Bücher ist gerade für das Verständnis juristischer Hintergründe von Bedeutung. So eignet sich das literarische Format dazu, Hintergrundinformationen abseits der konkreten Raumschiffmission zu erwähnen und damit entscheidend zum Worldbuilding beizutragen. Wie es auch bei den Fernsehepisoden nicht anders ist, enthält nur ein überschaubarer Teil der Bucherzählungen Informationen zum Rechtssystem der Föderation. Einige wenige Werke sind jedoch besonders hervorzuheben, die in außerordentlichem Maße auf juristische Themen eingehen und einen Fokus auf materielles Recht sowie prozessuales Vorgehen setzen. Herausragend in dieser Hinsicht ist der Roman *Die Gesetze der Föderation* von Keith DeCandido (im Original: *Articles of the Federation*). Der Text begleitet den Arbeitsalltag der Föderationspräsidentin Nan Bacco. Dabei beleuchtet er sowohl das staatsrechtliche Zusammenspiel aus Föderationsrat und anderen staatlichen Institutionen als auch die völkerrechtlichen Beziehungen zu Drittwelten. Die judikative Funktion des Föderationsrats wird mittels einer Gerichtsverhandlung über den Rechtsstatus des Androiden B-4 veranschaulicht. Bedeutsam für die Regularien der Sternenflotte zum Umgang mit unterentwickelten außerirdischen Völkern ist der Roman *Die erste Direktive* von Judith und Garfield Reeves-Stevens (im Original: *Prime Directive*). Das Werk vertieft die aus der Direktive konkret erwachsenden Pflichten sowie deren bürokratische Umsetzung durch das Erstkontaktamt. Den Offizieren um Captain Kirk wird darin vorgeworfen, jene fundamentale Nichteinmischungsdirektive verletzt zu haben, was in disziplinarrechtliche Auseinandersetzungen und

Gerichtsverhandlungen mündet. Weitere Erwähnung verdient schließlich der Roman *Die Jarada* von V.E. Mitchell (im Original: *Imbalance*). Die *Enterprise* unter dem Kommando von Captain Picard führt darin eine Erstkontakt-Mission durch. Für den Autor bietet die Geschichte die Gelegenheit, die Regularien der Sternenflotte für diplomatische Missionen ausführlich darzustellen.

Das Star Trek Universum wird darüber hinaus erweitert durch zahlreiche Comics und auch Computerspiele. Gerade die Spiele der jüngeren Zeit zeichnen sich durch handlungsgetragene Missionen aus, die die Geschehnisse der Serien und Filme mit weiteren Informationen anreichern. Besonders hervorzuheben ist hier *Star Trek Online*, ein Multiplayer Game, in dem sich von den Spielenden selbst gestaltete Charaktere in der Galaxie fortbewegen und von Autoren erdachte Ereignisse erleben. Das erzählerische Vakuum zwischen dem Ende der Serie *Raumschiff Voyager* und dem Beginn von *Star Trek: Picard* wird über dieses Medium mit Leben gefüllt, indem beispielsweise die völker- und asylrechtlichen Auswirkungen des mittlerweile beendeten Dominion-Kriegs dargestellt werden. Die später erschienenen Streamingserien greifen mitunter auch in diesem Spiel etablierte Informationen auf wie beispielsweise die in dem Spiel zuerst gezeigte *Enterprise-F*, die erst Jahre später in *Star Trek: Picard* zu sehen war.[40]

4. Was ist Kanon?

Ein mediales Franchise, das über sechzig Jahre zwölf Fernsehserien und vierzehn Filme hervorgebracht hat, kann in sich nicht vollständig homogen sein. Kommen dann noch weitere Quellen aus alternativen Medien hinzu, trägt auch dies nicht zu einer widerspruchsfreien Gesamterzählung bei. Unter den Fans wird die Diskussion, welche Geschichten und welche Informationen darin zum sogenannten Kanon zählen dürfen, mitunter emotional geführt. Auch für juristische Sekundärliteratur wie das hier vorgelegte Werk stellt sich unweigerlich die Frage, welche Primärquellen zur rechtlichen Auslegung heranzuziehen sind.

Die Regel ist an sich einfach: Alles, was in einer Serie oder einem Film erwähnt oder gezeigt wird, ist Kanon im engeren Sinne.[41] Diese Einteilung leitet sich daraus ab, dass die Autorinnen und Autoren für Serienfolgen vom produzierenden Studio dazu angehalten sind, sich an die dortigen Inhalte als kohärente Grundlage zu halten und auf ihnen aufzubauen.[42] Bei den Romanwerken hingegen besteht größere künstlerische Freiheit. Den Dreh-

40 Star Trek: Picard, S3 E9 – Võx.

41 *Hillenbrand/Humberg*, Trek minds, S. 112.

42 *Fistrich/Göttling*, in: Fistrich/Göttling, Podcast Trek am Freitag, E50.1 – Mosaic I.

buch-schreibenden Personen steht es frei, sich von den Buchwerken inspirieren zu lassen, Abweichungen sind jedoch zulässig. So erwähnt der Roman *Die erste Direktive* von Judith und Garfield Reeves-Stevens beispielsweise, dass die Menschheit ihren ersten Kontakt zu außerirdischem Leben mit den Centaurianern hatte.[43] Die Ereignisse im achten Kinofilm ignorieren diese in der Literatur zuvor etablierte bedeutsame Historie komplett, indem dort der Erstkontakt der Menschen mit den Vulkaniern gezeigt wird.[44] Die Romangeschichte ist jedenfalls bezogen auf diese Information klar widerlegt. Dennoch kommt es oftmals vor, dass Serienautoren freiwillig Inhalte aus Romanen oder Computerspielen übernehmen und dadurch gewissermaßen kanonisieren. Ein Beispiel ist der Vorname von Lieutenant Uhura, der in der Fernsehserie *Raumschiff Enterprise* nie genannt wurde. Im Roman *Der Verräter* von Diane Carey trägt sie den Namen Penda, während sie im Werk *Spocks Welt* von Diane Duane als Nyota bezeichnet wird. Der Kinofilm *Star Trek* aus dem Jahr 2009 übernimmt schließlich den Namen Nyota Uhura für die alternative Zeitlinie, bevor auch die Serien *Picard*[45] und *Strange New Worlds* den vollständigen Namen für die Hauptzeitlinie kanonisieren. Ein anderes Beispiel ist der Umstand, dass Captain Worf nach den Ereignissen der Serie *Das nächste Jahrhundert* als Nachfolger von Captain Picard das Kommando der *Enterprise-E* erhält. Diese Entwicklung wurde zuerst im Computerspiel Star Trek Online dargestellt und später in einem Dialog in der Serie *Star Trek: Picard* zum Kanon erhoben.[46]

Für die Auslegung der Geschichte im Star Trek Universum gilt damit: Auf dem Fernseh- oder Kinobildschirm gezeigte Fakten haben Vorrang gegenüber Inhalten aus Roman- oder Computerspielquellen. Romane können allerdings ergänzend herangezogen werden, soweit sie den Geschehnissen aus den Serien und Filmen nicht widersprechen. Andernfalls sind sie zu ignorieren. In Fan-Kreisen spricht man vom sogenannten Beta-Kanon. Ein Beispiel ist Spocks Vorname S'chn T'gai. Auf dem Bildschirm wurde nie ein Vorname genannt, jedoch im Roman *Ishmael* von Barbara Hambly. Da keine Quelle aus dem Alpha-Kanon der Information widerspricht, gilt die Namensbezeichnung.[47]

Von der Grundregel, dass Bücher nicht zum Kanon im engeren Sinne gezählt werden, gibt es genau zwei Ausnahmen.[48] Es handelt sich um zwei Werke, die jeweils von Produzentinnen einer Serie als Vorgeschichte zu der

43 *Reeves-Stevens/Reeves-Stevens*, Roman Die erste Direktive, S. 148.
44 Kinofilm Star Trek: Der erste Kontakt.
45 Der Vorname Nyota ist auf einem Computerdisplay zu sehen in Star Trek: Picard, S2 E1 – Die Stargazer.
46 Star Trek: Picard, S3 E9 – Võx.
47 *Humberg*, in: Hillenbrand/Humberg, Trek minds, S. 13.
48 *Göttling*, in: Fistrich/Göttling, Podcast Trek am Freitag, E50.1 – Mosaic I.

im TV gezeigten Geschichte konzipiert sind. Diese Texte wurden explizit als Kanon deklariert und sind als Vorgabe für das Verfassen der Seriendrehbücher verpflichtend. Der erste kanonische Roman heißt *Mosaik* und stammt aus der Feder der Produzentin Jeri Taylor. Er beschreibt die Jugendjahre von Captain Janeway, bevor sie das Kommando über die *Voyager* antrat. Das zweite kanonische Buchwerk ist ein Comic. Die graphische Erzählung *Star Trek Picard Countdown* von Kirsten Beyer und Mike Johnson berichtet von der Entstehung der Ausgangslage, an die die Streamingserie *Star Trek: Picard* anknüpft. Sie dreht sich um die Rettungsaktion der romulanischen Bevölkerung durch Admiral Picard im Zuge der Explosion der Sonne von Romulus.

Kanon bedeutet nicht, dass alle kanonischen Werke in sich homogene Geschichten erzählen. Widersprüche zu einzelnen Details sind unvermeidlich, weil die Autorinnen und Autoren der Drehbücher unmöglich alle Fakten vorangegangener Erzählungen im Blick haben können oder sich mitunter auch eigene erzählerische Freiheit einräumen. Kanon bedeutet insofern nur, dass es sich um eine kanonische Quelle handelt.[49] Ein prägnantes Beispiel ist die letzte Folge der Originalserie *Raumschiff Enterprise*, in der etabliert wird, dass Frauen in der Sternenflotte keine Captains werden dürfen. Innerhalb dieser ersten Serie ist die Regelung unwidersprochen, es wird dort kein weiblicher Captain gezeigt. Alle nachfolgenden Serien weichen jedoch von dieser juristischen Vorgabe ab. Dies gilt auch für die zeitlich früher angesiedelten Formate *Enterprise*, *Discovery* und *Strange New Worlds*, sodass nicht angenommen werden kann, die Regel sei erst später fallengelassen worden. Ein anderes Beispiel ist die Darstellung des Ferengi Rom in der Serie *Deep Space Nine*. In der ersten Staffel noch als dümmlicher, verschlagener Charakter dargestellt, der nicht davor zurückschreckt, seinen Bruder Quark zu töten, um dessen Bar zu erben, wird er im weiteren Verlauf der Serie als intelligenter und zuverlässiger Crewman dargestellt. Rom entwickelt sich zu einem wertvollen Mitglied im Team von Chefingenieur O'Brien, der im Serienfinale aufgrund seiner Kompetenz zum Oberhaupt seines Heimatplaneten aufsteigt. Eine ähnliche Korrektur der ursprünglichen Darstellung ist der Dienstgrad von Miles O'Brien. Als Transporterchief auf der *Enterprise-D* trug er zwei goldene Kreise als Rangabzeichen und bekleidete damit das Amt des Lieutenants. Mit dem Wechsel zur Raumstation *Deep Space Nine* wurde er als Unteroffizier dargestellt, um einen zupackenden Arbeiter zu verkörpern. Dies wäre unglaubwürdig gewesen, hätte man ihn nur einen Rang unterhalb der Hauptfigur *Commander Sisko* und gleichrangig mit den Lieutenants Dax und Bashir eingeordnet.

49 *Göttling*, in: Fistrich/Göttling, Podcast Trek am Dienstag, E420 – Body Parts.

In den drei oben genannten Beispielen haben sich die Geschichten mit der Zeit entwickeln müssen und frühere Charakterisierungen wurden offenbar bewusst vom Autorenteam verändert. Die anfänglichen Fehldarstellungen wurden nur kurz dargestellt, während die neu definierten Umstände jeweils sehr viel ausführlicher gezeigt wurden. Für die Frage, was gewissermaßen die „Wahrheit" innerhalb der Geschichte sein soll, ergibt sich damit der Auslegungsmaßstab, dass im Zweifel auf die spätere Darstellung abzustellen ist. Auch die Häufigkeit oder Ausführlichkeit der Erwähnung von jeweils widerstreitenden Informationen kann ein Indiz dafür sein, welche Angabe korrekt ist. Die seltener erwähnte Information ist dann als Ausrutscher zu qualifizieren. Wenn nach den oben genannten Maßstäben keine der sich widersprechenden Darstellungen überwiegt, müssen beide Informationen als gleichrangig betrachtet werden; sie sind dann gleichermaßen wahr oder falsch.

IV. Gene Roddenberry als Mann des Rechts

Eugene Wesley Roddenberry ist der Schöpfer des ursprünglichen Star Trek. Als Produzent von *Raumschiff Enterprise* hat er das Konzept des Trek to the Stars erdacht, erfolgreich beim Studio Paramount Pictures platziert und schließlich umgesetzt. Bei der Originalserie hatte er die Charaktere, Handlungsstränge und das Worldbuilding fest in seiner Hand und verantwortete den ersten Kinofilm in weiten Teilen persönlich. Während der anschließenden Kinofilme und der nachfolgenden Serie *Das nächste Jahrhundert* machte er zunehmend Platz für andere ausführende Produzenten, jedoch führte an ihm auch dann kein Weg vorbei. Gene Roddenberry war Star Trek und was er nicht guthieß, schaffte es nicht auf den Bildschirm. In den späteren Serien nach seinem Ableben nahm der Einfluss seiner Ideen ab, jedoch bleiben sie noch heute prägendes Element dessen, was Star Trek ausmacht: Die optimistische Zukunftsvision der weiterentwickelten Menschheit, die sich von Toleranz und Neugier gegenüber dem Unbekannten leiten lässt und dabei im harmonischen Team zusammenarbeitet. Roddenberry war wahrlich kein Heiliger, ihm persönlich waren das Streben nach Profit und Genuss in jeder Hinsicht nicht fremd. Und doch hat er eine Utopie erdacht, wegen der er als Prototyp des Humanisten beschrieben wird, für den Geschlechter, Ethnien und Herkunft von Menschen keinen Unterschied machen.[50] Die Idee durchzog sein gesamtes berufliches Schaffen und gipfelte schließlich in seinem großen, mittlerweile weltbekannten Projekt Star Trek.

Die Schauspielerin der Guinan, Whoopi Goldberg, fasste es auf seiner Trauerfeier treffend zusammen:

---

50 *Prahl/Sülter/Walch*, Die Star Trek Chronik, Band 2, S. 21.

> *„Mit seinem Wirken ist Gene Roddenberry stets eingetreten für Gerechtigkeit und Gleichheit.“*[51]

Früh zeigte sich sein juristisches Interesse im Rahmen seiner Ausbildung. Am City College Los Angeles belegte er unter anderem Kurse für Recht und Staatskunde.[52] Ein Jurist war Gene Roddenberry nicht, aber doch ein Mann des Rechts. Als Militärflieger und später Polizist in Los Angeles[53] lernte er in frühen Jahren die Durchsetzung von Recht. Der Kampfpilot der US Air Force im Rang des Second Lieutenant mit Stationierung auf Hawaii lernte schnell militärische Strukturen kennen,[54] die ihn für seine späteren TV-Produktionen inspirierten. Am Ende seiner Laufbahn bei der Armee war er Ermittler zur Aufklärung von Flugzeugunglücken[55] und spielte somit eine maßgebliche Rolle bei der juristischen Aufarbeitung von Fehlverhalten innerhalb der Truppe. Über seine spätere Tätigkeit bei der Polizei kam er in ersten Kontakt mit der Medienwelt, indem er sich als Redenschreiber für den Polizeipräsidenten von Los Angeles zu einer Art Pressereferenten hocharbeitete.

Den Sprung ins Medienbusiness schaffte er mit den ersten Produktionserfahrungen als Schöpfer der Militärserie *The Lieutenant*. In die Drehbücher ließ er seine eigenen Erfahrungen aus der Armeezeit einfließen. Sowohl das auch in Star Trek immer wiederkehrende Motiv des zwielichtigen Admirals als auch rassistische Untertöne kannte er aus seinem vorangegangenen Berufsfeld nur zu gut.[56] Beides thematisierte er bei *The Lieutenant* und ließ damit seinem Gerechtigkeitsempfinden freien Lauf. In für die damalige Zeit bemerkenswerter Offenheit schilderte er in einer Episode, wie dunkelhäutige Soldaten in einer US-Kaserne aus rassistischen Motiven heraus schikaniert wurden.[57] Die sozialkritische Botschaft missfiel deutlich der US Air Force, die die Serie erheblich unterstützte durch unentgeltliche Bereitstellung des Drehorts, der Requisiten und der Statisten. Für den Fortgang der Serie war dies nicht hilfreich, sodass sich Roddenberry für die Zukunft andere Konzepte erdachte, in denen er Gesellschaftskritik in einen deutlich harmloseren Rahmen verpacken konnte. Nach *The Lieutenant* wirkte er an zahlreichen kleineren TV-Produktionen mit. Zunehmend setzte er einen Fokus auf juristische Formate. Er wurde Berater und Episodenautor für die TV-Serie

---

51 *Goldberg*, wiedergegeben bei *Alexander*, Gene Roddenberry – Die autorisierte Biographie, S. 641.

52 *Prahl/Sülter/Walch*, Die Star Trek Chronik, Band 2, S. 23.

53 *Prahl/Sülter/Walch*, Die Star Trek Chronik, Band 2, S. 23.

54 *Prahl/Sülter/Walch*, Die Star Trek Chronik, Band 2, S. 23.

55 *Prahl/Sülter/Walch*, Die Star Trek Chronik, Band 2, S. 24.

56 *Fistrich/Göttling*, Podcast Trek am Dienstag, Sonderfolge Gene Roddenberry I: Flieger & Rebell.

57 *Alexander*, Gene Roddenberry – Die autorisierte Biographie, S. 241.

Mr. District Attorney.[58] Mit dem Konzept von *Defiance Court* erdachte er schließlich sogar eine eigene Anwaltsserie.[59] Das ausgefeilte, von Roddenberry eigenständig ausgearbeitete Konzept wurde jedoch nie realisiert.

Auf den Erfahrungen in der Airforce sowie der Polizei fußt letztlich auch das Konzept von *Raumschiff Enterprise*. Das Schiff fungiert in der Originalserie wie eine Polizeipatrouille auf einer Fünfjahresmission. Trifft es auf Planeten mit vorherrschenden Streitigkeiten oder Ungerechtigkeiten, löst der Captain wie ein Sheriff das Problem. So hat Gene Roddenberry das Konzept jedenfalls dem Sender NBC vorgestellt.[60] Die Probleme, die das Polizeischiff vorfindet, sind denen der Erde nicht unähnlich, indem etwa ein Mafiaboss einen Ort übernehmen möchte oder ein Bürgerkrieg bevorsteht, sodass die Protagonisten oftmals ihr Wissen über die Geschichte der Erde nutzen, um das Ungemach abzuwenden.[61] Auch wenn die Erforschung und die Suche nach neuem Leben die Hauptaufgabe der *Enterprise* ist, kann trotz aller Friedfertigkeit kein Zweifel daran bestehen, dass die Sternenflotte eine paramilitärische Organisation ist, die Ordnung schafft.[62] Wenngleich sie dabei in der Regel keine militärischen Mittel nutzt, orientieren sich die Strukturen auf dem Raumschiff an denen der Army.[63] Gene Roddenberry hat seine Kenntnisse über die Abläufe in der Air Force in die Drehbücher einfließen lassen. Auch wenn er kein homogenes juristisches Konzept für die Zukunft erdacht hat, war es ihm doch wichtig, dabei auch immer wieder Justizepisoden als Zeichen des Strebens nach Gerechtigkeit zu zeigen. So hat er die Rahmenhandlung der Folge *Talos IV – Tabu* persönlich geschrieben.[64] Lieutenant Commander Spock unterwirft sich darin selbst einem Kriegsgericht, weil er direkte Befehle missachtet, um seinen Freund Admiral Pike auf einen Planeten zu bringen, an dem dieser seine schweren Verletzungen hinter sich lassen kann. Damit hat Roddenberry eigenständig die Mutter aller Gerichtsdramen in Star Trek verfasst.

Dass er sich als Nichtjurist mit rechtlichem Prozedere gut auskannte, lag unter anderem daran, dass er zwei Rechtsanwälte zu seinen engsten Freunden zählte. Sein bester Vertrauter war der Anwalt Leonard Maizlish.[65] Zunächst verband die beiden ein fortwährendes Mandantschaftsverhältnis. Gene Rod-

58 *Prahl/Sülter/Walch*, Die Star Trek Chronik, Band 2, S. 26.

59 *Prahl/Sülter/Walch*, Die Star Trek Chronik, Band 2, S. 28.

60 Zitat von *Oskar Katz*, der das Konzept zusammen mit Gene Roddenberry vorgestellt hat; wiedergegeben in *Alexander*, Gene Roddenberry – Die autorisierte Biographie, S. 252.

61 *Alexander*, Gene Roddenberry – Die autorisierte Biographie, S. 253.

62 *Roddenberry* in einem Memo, wiedergeben bei *Alexander*, Gene Roddenberry – Die autorisierte Biographie, S. 548.

63 *Alexander*, Gene Roddenberry – Die autorisierte Biographie, S. 578.

64 *Alexander*, Gene Roddenberry – Die autorisierte Biographie, S. 323.

65 *Alexander*, Gene Roddenberry – Die autorisierte Biographie, S. 591.

denberry war sehr klagefreudig und Maizlish hat seine Interessen vertreten. Es gab kaum einen anderen Produzenten, der derart vehement über Jahre um künstlerische Differenzen sowie die Kontrolle über sein Gesamtwerk gestritten hat.[66] Das aus dem Mandat erwachsende Vertrauensverhältnis wuchs zu einer tiefen Freundschaft an. Maizlish war ein wichtiger Ratgeber, mit dem sich Roddenberry auch im Detail zum Konzept der Serie und ihrer inhaltlichen Ausrichtung austauschte.[67] Mit ihm hatte er insbesondere seinen Entschluss abgewogen, Star Trek trotz aller darin verborgener Gesellschaftskritik sorgfältig von Politik freizuhalten.[68] Als Gene Roddenberry während der Produktionszeit von *Das nächste Jahrhundert* sukzessive die Kräfte verließen, übernahm sein Freund Leonard auch eigenständige inhaltliche Arbeiten. Um ihn zu schonen, half der Anwalt bei der Überarbeitung der Drehbücher aus.[69] Die Schauspielergewerkschaft Writers Guild kam schließlich dahinter, dass ein weder dem Studio noch der Zunft zugehöriger Mann kreative Tätigkeiten übernahm und forderte ihn auf, die Hilfstätigkeit einzustellen.[70] Der Forderung kam Leonard Maizlish dann nach, hat aber bis zu dem Punkt als Anwalt die Geschichten der Serie inhaltlich mitgeprägt.

Ein zweiter Freund Roddenberrys war der bekannte Prozessanwalt Jake Ehrlich aus San Francisco.[71] Mit ihm tauschte sich Roddenberry sowohl zur Serie als auch zu seinem Familienleben aus. In einem Brief an Ehrlich schrieb er 1970:

> „*Auf meine persönlichen Verhältnisse bezogen möchte ich, dass meine aufgeweckte, sechzehn Jahre alte Tochter unsere Gesetze achtet. Ich möchte aber nicht, dass sie das als eine Pawlowsche Reaktion auf Erziehung und Disziplin macht, sondern weil es die intelligente Lösung ist. Also muss ich sie davon überzeugen, dass unser System lebensfähig ist und dass es Wege in unserem System gibt, über die sie die gesetzten Ziele auf anständige Weise erreichen kann.*“[72]

Rechtstreue muss nach der Philosophie Gene Roddenberrys somit intrinsisch sein. Diese Grundeinstellung passt auch zu späteren Folgen, in denen Juristen negativ dargestellt werden, wenn sie blind Gesetze befolgen und Verfahren betreiben, die nicht moralisch sind. Ein Beispiel ist die Folge *Das Gesetz der Edo*, in der der Junge Wesley Crusher auf einem fremden Pla-

66 *Hillenbrand/Humberg*, Trek minds, S. 69.
67 *Göttling*, in: Fistrich/Göttling, Podcast Trek am Freitag, E58 – Just Rick.
68 *Roddenberry* in einem Brief an Maizlish, wiedergegeben bei *Alexander*, Gene Roddenberry – Die autorisierte Biographie, S. 612.
69 *Alexander*, Gene Roddenberry – Die autorisierte Biographie, S. 630.
70 *Alexander*, Gene Roddenberry – Die autorisierte Biographie, S. 630.
71 *Alexander*, Gene Roddenberry – Die autorisierte Biographie, S. 461.
72 *Alexander*, Gene Roddenberry – Die autorisierte Biographie, S. 462.

neten wegen einer Lappalie vor Gericht gestellt werden soll.[73] Weil er beim Ballspiel in Unachtsamkeit in ein Blumenbeet gefallen ist, soll er zum Tode verurteilt werden. Die Folge legt den Finger in die Wunde im Hinblick auf den Unterschied zwischen Recht und Gerechtigkeit. Ein anderes Beispiel für die Grundhaltung der intrinsischen Rechtstreue ist die Episode *Das Standgericht* aus derselben Serie.[74] Die Anklägerin Admiral Satie kommt darin auf die *Enterprise*, um zunächst Crewman Tarses als auch später Captain Picard mit einem überzogenen Anhörungsverfahren zu drangsalieren.

73 Raumschiff Enterprise – Das nächste Jahrhundert, S1 E8 – Das Gesetz der Edo.
74 Raumschiff Enterprise – Das nächste Jahrhundert, S4 E21 – Das Standgericht.

B. Die Gesellschaft der Advanced Humans

Star Trek beschreibt entsprechend der oben dargestellten Philosophie Gene Roddenberrys eine Gesellschaft, die getragen von der Philosophie der Toleranz und des Respekts vor dem Leben ist.[1] Der Serienschöpfer hat optimistisch eine Menschheit konzipiert, die sich binnen weniger Jahrhunderte drastisch weiterentwickelt hat. In einem Brief an einen Journalisten der Los Angeles Times schreibt er 1976 selbst:

> „*Unsere Serie ging davon aus, dass die Menschheit im 24. Jahrhundert tatsächlich eine Ära des Weltfriedens geschafft hat.* […] *Die optimistische Aussage, die wir machten, ist die, dass trotz all dieser Dinge die Menschheit letztendlich gelernt hat, wie dumm kleinlicher Nationalismus, politische Diskriminierung und Rassenhass sind, und sie schließlich abgelegt hat. In unserer Serie gibt es keine USA, die Erde ist auch nicht in irgendeiner Weise der ‚zentrale Planet' der Föderation. Es stimmt, dass wir in der Serie vorwiegend Menschen zu sehen bekamen, aber das hatte mehr mit Budgets und Besetzungsmöglichkeiten zu tun.*"[2]

Noch deutlicher wird Gene Roddenberry in der Einleitung des Romans zum ersten Kinofilm, den er selbst verfasst hat. Darin bezeichnet er die Gesellschaft als „*Neue Menschen*" beziehungsweise im englischsprachigen Original „*Advanced Humans*". Diese stellen demnach „*eine höherentwickelte Spezies dar, deren Selbstverwirklichung ein Gruppenbewusstsein benötigt.*"[3] Die Sternenflottenoffiziere nimmt er in dem Text allerdings aus der Gruppe der Advanced Humans heraus. Dabei handele es sich um „*eine sehr konservative und überaus individualistische Truppe*".[4] Man benötige für die Raumfahrt eher „*primitive*" Menschen, weil die Advanced Humans außerhalb des Paradieses nicht gut klarkämen mit den Herausforderungen des Weltalls.[5] Was Roddenberry in der Romanadaption von *Star Trek – Der Film* schreibt, haben die Serien schon bald danach im Kern widerlegt.[6] Ein Missverhältnis zwischen der Zivilbevölkerung der Erde und den Offizierinnen und Offizieren der Sternenflotte ist in Star Trek nicht zu erkennen – und wenn doch, dann eher andersherum, indem auf Raumschiffen besonders perfekte Exemplare der Menschen dienen. Zum Erscheinungszeitpunkt des

---

1 *Roddenberry* in einem Brief an einen biographischen Autor, wiedergegeben bei *Alexander*, Gene Roddenberry – Die autorisierte Biographie, S. 505.
2 *Alexander*, Gene Roddenberry – Die autorisierte Biographie, S. 241.
3 *Roddenberry*, Roman Star Trek – Der Film, S. 6.
4 *Roddenberry*, Roman Star Trek – Der Film, S. 5.
5 *Roddenberry*, Roman Star Trek – Der Film, S. 6.
6 *Fistrich/Göttling*, Podcast Trek am Dienstag, Sonderfolge Gene Roddenberry II: Guru & Schwerenöter.

ersten Kinofilms und des Begleitromans waren die Ausführungen noch unwidersprochen. Die Erde hat die Besatzung um Captain Kirk im Laufe der Originalserie nie unabhängig von Zeitreisen in die Vergangenheit besucht. Die Erde der Zukunft bekommt das Publikum damit erstmals in eben jenem Kinofilm zu Gesicht. Dennoch, auch wenn die Charakterisierung der Menschheit nach Roddenberry als Advanced Humans nicht als kanonisch eingestuft werden kann, ist die bemerkenswerte Romaneinleitung bei der Interpretation der auf dem Bildschirm gezeigten Inhalte auch nicht zu ignorieren. Schließlich stammt sie aus der Feder des Serienschöpfers persönlich in einem zentralen Romanwerk.

Fest steht, auch nach den Erzählungen aller Fernsehserien und Kinofilme, dass die Menschheit sich im Vergleich zu unserer Gegenwart deutlich weiterentwickelt hat hin zu einer kollektiven Einheit mit starkem gegenseitigem Vertrauen. Der Wertewandel tritt nach der Star-Trek-Erzählung im Zuge der Nahezu-Totalzerstörung der Erde während des Dritten Weltkriegs statt.[7] Direkt im Anschluss muss sich die neue weltumspannende Gesellschaft noch finden. So ist die Zivilistin Lily im Kinofilm *Der erste Kontakt* noch ungläubig, als ihr Captain Picard von den Errungenschaften der Zukunft referiert.[8] Die Ankunft des ersten außerirdischen Schiffes der Vulkanier auf der Erde im Jahr 2063 leitet jedoch den endgültigen Wertewandel ein. In dem Zuge wird Geld bedeutungslos und zwischenmenschliche Konflikte versiegen weitgehend. Die Individuen setzen ihre Kraft nicht mehr für egoistische Ziele ein, sondern dafür, die Menschheit als Ganzes voranzubringen. Neben materiellen Dingen verlieren auch andere heute noch groß geschriebene Oberflächlichkeiten an Wert. Als beispielsweise ein Journalist Gene Roddenberry auf die Glatzköpfigkeit seines Hauptdarstellers Captain Picard ansprach, entgegnete der Serienschöpfer:

> „*Warum denn? Im 24. Jahrhundert wird es niemanden mehr kümmern.*“[9]

Die Advanced Humans sind bessere Menschen als die in unserer Gegenwart. Das bedeutet jedoch nicht, dass sie perfekt sind. Auch die weiterentwickelte Gesellschaft hat Fehler.[10] Gene Roddenberry hat dazu in einem Memo an die Autoren der Folgen vorgegeben, dass alle Figuren eine glaubwürdige Kombination aus Stärken, Schwächen und Vorlieben ausstrahlen müssen.[11] Auch Ausreißer gibt es immer wieder. So beweist der Halunke Harry Mudd in der Originalserie, dass verbotene Sklaverei und Menschenhandel nicht

7 *Tanja*, in: Podcast Trekkiepedia, E29 – Geld.
8 Kinofilm Star Trek: Der erste Kontakt.
9 *Alexander*, Gene Roddenberry – Die autorisierte Biographie, S. 648.
10 *Lentz/Chaires*, What Color is an Android?, S. 221.
11 *Alexander*, Gene Roddenberry – Die autorisierte Biographie, S. 304.

nur unter fremden Völkern existieren.[12] Als Antagonisten kommen Kriminelle meist von außen auf die *Enterprise*, es gibt jedoch auch Innentäter, die als bedauernswerte, durchgedrehte Personen dargestellt werden und als seltene Ausnahme eher den Grundsatz der im Übrigen weiterentwickelten Menschen bestätigen. In späteren Serien und Filmen, insbesondere ab *Star Trek: Deep Space Nine* wird die Vision düsterer, indem auch Schattenseiten des Paradieses gezeigt werden.[13] Die Entwicklung ist deutlich zu erkennen ab dem Moment, in dem der Produzent Rick Berman die Aufgaben von Gene Roddenberry übernimmt.[14] Die realistischere Einordnung in *Deep Space Nine* thematisiert die utopischen Werte wiederholt explizit und arbeitet anhand widerstreitender Positionen heraus, wie sie in Zeiten des Krieges und am Rand des Föderationsraums aufrechterhalten werden können. Auch die neuen Serien des Streamingzeitalters brechen mitunter mit den Vorstellungen Roddenberrys zugunsten einer unterhaltsameren Storyline, ohne dabei aber die Grundprinzipien aufzugeben.

I. Gesellschaft ohne Geld

Gene Roddenberry ging davon aus, dass sich das Wirtschaftssystem in den nächsten Jahrhunderten drastisch wandeln wird.[15] In der Serienbibel, dem internen Handbuch für alle Episodenautorinnen und -autoren an der Serie *Raumschiff Enterprise – Das nächste Jahrhundert*, hat er dazu eine klare Ansage hinterlassen:

> „*Geld existiert nicht mehr. Es gibt völlig neue Wertestandards. Der Transporter kann fast alles herstellen, was gebraucht wird.*“[16]

Die Nennung der Transportertechnologie ist dabei ein Fehler; gemeint muss der Replikator sein. Beide Maschinen basieren aber auf denselben physikalischen Grundlagen.

1. Verzicht auf Geld

Das fundamentale gesellschaftliche Thema der Geldlosigkeit wird immer wieder angerissen. In der Vielzahl der Episoden und Romane Star Treks geben aber nur wenige Stellen einen Hinweis auf das Wirtschaftssystem der Zukunft und nur äußerst selten werden konkrete Ausführungen dazu gemacht. Der Hauptgrund dafür ist, dass es auf Raumschiffen kaum auffällt,

12 *Prahl/Sülter/Walch*, Die Star Trek Chronik, Band 2, S. 102 f.
13 *Chaires/Chilton*, Star Trek Visions of Law and Justice, S. 25.
14 *Lentz/Chaires*, What Color is an Android?, S. 221.
15 *Alexander*, Gene Roddenberry – Die autorisierte Biographie, S. 501 f.
16 *Roddenberry,* ST:TNG Writers/Directors Guide 2.

ob Geld existiert oder nicht. Wer monatelang auf einem Schiff dient, erhält keine Gelegenheit zum Shopping und bekommt selbstverständlich in der Kantine Vollverpflegung. Auf militärischen Schiffen der Marine unserer Gegenwart ist es nicht anders. Zudem fällt die geldlose Philosophie der Föderation kaum auf, weil immer wieder Aliens aus Drittwelten gezeigt werden, die Währung wie zum Beispiel goldgepresstes Latinum verwenden. Insbesondere auf der multikulturellen Raumstation *Deep Space Nine* ist dies ein regelmäßig gezeigtes Zahlungsmittel.

Der erste und prominenteste kanonische Nachweis für die Erwähnung des Finanzsystems ist eine Rede von Captain Picard im achten Kinofilm.[17] Gegenüber der Lily aus der Vergangenheit kurz nach Ende des Dritten Weltkriegs berichtet er, dass Geld sowie das Streben der Menschen nach Reichtum bedeutungslos geworden sind. Als Lily sich ungläubig zeigt, dass Captain Picard für seinen Dienst keine Bezahlung erhält, berichtet er von der intrinsischen Motivation der zukünftigen Menschen, durch ihre Tätigkeiten die Gesellschaft voranzubringen. Noch konkreter zeigt das ein Dialog von Jake Sisko und Kadett Nog in der Folge *Die Karte* von *Star Trek: Deep Space Nine*. Jake beabsichtigt darin, auf einer Auktion eine antike Baseballkarte zu kaufen, um seinen Vater Captain Sisko damit zu erfreuen. Hilfesuchend wendet er sich an Nog mit den Worten:

> „*Ich bin Mensch, Geld habe ich nicht.*“[18]

Nog erwidert darauf:

> „*Ich bin doch nicht schuld daran, dass deine Spezies beschlossen hat, eine auf Währung beruhende Wirtschaft abzuschaffen aufgrund einer blödsinnigen Philosophie der Selbsterhöhung.*“

Jake erklärt daraufhin:

> „*Vorsicht, gegen unsere Philosophie ist nichts einzuwenden. Wir arbeiten, um uns und den Rest der Menschheit zu verbessern.* […] *Es bedeutet, dass wir kein Geld brauchen.*“

Die oben genannten Zitate machen deutlich, dass es die Menschen sind, die dem Geld abgeschworen haben, nicht notwendigerweise die Föderation im Ganzen. Es ist also nicht so, dass kein Geld existiert, sondern dass Advanced Humans einfach keinen Sinn darin sehen, es zu haben.[19] Menschliche Arbeitsleistung wird auch ohne Gegenleistung erbracht und der Antrieb dafür ist nicht die Freude an der Arbeit, sondern der Wert für die Gesellschaft, der daraus erwächst. Commander Peelia bezeichnet diese Wirtschaftsform in der

17 Kinofilm Star Trek: Der erste Kontakt.
18 Star Trek: Deep Space Nine, S5 E25 – Die Karte.
19 *Tanja*, in: Podcast Trekkiepedia, E29 – Geld.

Serie *Strange New Worlds* als Sozialismus. Sie erwähnt, dass sie sich einen Bunker in Vermont gesichert habe

> *„für den Fall, dass diese sozialistische, geldlose Utopie scheitert*".[20]

Im Ausstrahlungsjahr 2023 hat Star Trek damit beiläufig die Utopie Gene Roddenberrys mit Sozialismus gleichgesetzt. Die Bemerkung markiert eine Zeitenwende der Produzenten in den USA, die während der Serien der Neunzigerjahre undenkbar gewesen wäre.[21]

Ein letzter, humorvoller Seitenhieb stammt aus der Zeichentrickserie *Lower Decks*. Captain Riker flirtet darin mit Kadettin Mariner und fragt sie, warum sie ihm nicht einen Drink kaufe und beide wären quitt. Mariner entgegnet daraufhin sarkastisch:

> *„Wir sind nicht quitt und wir benutzen kein Geld.*"[22]

2. Ausnahmen

Kein Geld zu verwenden, ist eine Entscheidung der Menschen. Dabei ist nicht vollständig klar, ob die Erdregierung jegliche Währung abgeschafft hat oder sie lediglich bedeutungslos geworden ist. Sicher ist jedoch, dass es Föderationswelten mit eigenem Geldsystem gibt.[23] Beispielsweise betrifft dies die Boleanische Heimatwelt. Dieser Umstand ist bekannt aus der *Deep Space Nine*-Episode *Die Suche*, in der Quark und der Handelsgesandte Karemma Ornithar sich über die Wechselkursschwankungen der boleanischen Währung austauschen.[24] Auch von den Tellariten ist bekannt, dass sie über Geld verfügen.[25] Zudem hat der Planet Bajor eine Währung; dies scheint kein Hinderungsgrund für den angestrebten Beitritt zur Föderation zu sein.[26]

Auch die Vereinte Föderation der Planeten hat ihre eigene Währung namens Föderationscredits. Beispielsweise ist das Kopfgeld auf den Kriminellen Harry Mudd in Credits ausgelobt. Da innerhalb der Föderation keine Bezahlung in Credits bekannt ist und Föderationsbeamte kein Gehalt bekommen, spricht vieles dafür, dass die Währung nur für den Außenhandel mit Drittwelten verwendet wird.[27] Dies würde zum Pilotfilm von *Raumschiff Enterprise – Das nächste Jahrhundert* passen, in dem Doctor Crusher auf

20 Star Trek: Strange New Worlds, S2 E3 – Morgen und morgen und morgen.
21 *Kern/Sülter*, in: Sülter, Podcast Planet Trek fm E167 – Nora Ephron, der Kuss & das Kern-Ding.
22 Star Trek: Lower Decks, S1 E10 – Keine kleinen Rollen.
23 *Chaires/Chilton*, Star Trek Visions of Law and Justice, S. 21.
24 Star Trek: Deep Space Nine, S3 E1 – Die Suche, Teil I.
25 *Reeves-Stevens/Reeves-Stevens*, Roman Die erste Direktive, S. 15.
26 *Tanja*, in: Podcast Trekkiepedia, E29 – Geld.
27 *Görbe*, in: Podcast Trekkiepedia, E29 – Geld.

dem Planeten Daneb IV, der nicht der Föderation angehört, ein Stück Stoff mit Credits bezahlt.[28] Captain Kirk erwirbt ebenfalls vor seiner ersten Mission im gleichnamigen Roman aus einer Laune heraus einen Perserteppich auf einer Drittwelt unter Verwendung eines Geräts namens Kreditrecorder.[29] Dass das Kopfgeld auf Harry Mudd in einer Währung für den Außenhandel angegeben ist, ist ebenfalls plausibel. Menschen würden in der Regel, da Geld für sie bedeutungslos ist, den Straftäter auch ohne Bezahlung ausliefern, um die Gesellschaft damit voranzubringen. Die Verwendung von Geldern für den Außenhandel ermöglicht es Sternenflottenoffizieren zudem, in Quark's Bar auf *Deep Space Nine* Getränke zu bestellen. Der Roman *Die erste Direktive* stellt eine ähnliche Theorie zur Finanzwelt der Föderation auf.[30] Danach funktioniert die Wirtschaft innerhalb der Föderation auf Basis eines Tauschmarkts. Lediglich auf Randwelten und in den peripheren Bereichen der Föderation ist das Handelsvolumen derart gering, dass man auf Bargeld als Zahlungsmittel nicht verzichten kann.

3. Unbegrenzte Ressourcen dank Replikatortechnologie

Die Bedeutungslosigkeit von Geld und Reichtum ist nicht nur in der moralischen Weiterentwicklung der Menschen begründet, sondern auch in der Verbreitung der Replikatortechnologie.[31] Es handelt sich um Geräte, die Materie in Form von Nahrung, Kleidung und anderen Gebrauchsgegenständen aus Energie erzeugen können. Voraussetzung ist lediglich, dass die Struktur der gewünschten Materie im Musterspeicher vorhanden ist. Der einzige benötigte Rohstoff ist Energie, die dank der Marktreife der Kernfusion an den meisten Orten quasi unbegrenzt zur Verfügung steht.

Zunächst erscheint es, dass die Verfügbarkeit eines Replikators jeglichen wirtschaftlichen Markt zerstört.[32] Dennoch kommt Handel nicht vollständig zum Versiegen, sondern stellt sogar einen wesentlichen Bestandteil der im Star Trek Universum gezeigten Raumfahrten und interstellaren Beziehungen dar. Beispielsweise ist die Raumstation *Deep Space Nine* ein wichtiges Handelszentrum, in dem täglich Ware angeliefert und in Frachträumen gelagert und gehandelt wird. Auch im Kleinen wird deutlich, dass Replikatoren den Einzelhandel nicht ersetzen. Quark's Bar auf *Deep Space Nine* ist stets gut gefüllt, obwohl die Getränke dort mit Latinum zu bezahlen sind und nebenan der Replimat der Föderation freie Kost für jedermann anbietet. In

28 Raumschiff Enterprise – Das nächste Jahrhundert, S1 E1 – Der Mächtige.

29 *McIntyre*, Roman Star Trek – Die erste Mission, S. 55.

30 *Reeves-Stevens/Reeves-Stevens*, Roman Die erste Direktive, S. 342.

31 *Chaires,* Utopia vs. Dystopia: The Quantum Mechanics of Star Trek, S. 266; Podcast Trekkiepedia, E29 – Geld.

32 *Görbe*, in: Podcast Trekkiepedia, E29 – Geld.

dem Beispiel ist anzunehmen, dass es vor allem die gesellige Atmosphäre der Bar ist, für die die Kundschaft bezahlt. Jedoch wird auch deutlich, dass gerade alkoholische Getränke nicht ohne weiteres in der gewünschten Qualität repliziert werden können. In diese Richtung deutet die händische Weinproduktion auf dem Chateau der Familie Picard[33] sowie die Tatsache, dass die Barkeeperin Guinan der Lounge Zehn Vorne auf der *Enterprise-D* stets einen Vorrat besonderer Spirituosen unter der Theke bereithält.[34]

Auch hinsichtlich weiterer Materialien gibt es Hinweise dafür, dass diese nicht in adäquater Qualität replizierbar sind. So hat Captain Kirk im Roman *Die erste Mission* eine klare Meinung zu Replikatorkaffee:

> „*Das Zeug schmeckt selbst dann scheußlich, wenn der Synthesizer funktioniert. Die Programmierer des Apparats scheinen seltsame Vorstellungen von Kaffee zu haben, verwechseln ihn offenbar mit Spülwasser.*"[35]

Dieselbe Haltung hat er zu synthetischer Schokolade, findet sie gemäß dem Roman *Die erste Direktive* schauderhaft.[36] Deshalb führt die *Enterprise* auf langen Missionen einen Vorrat an Schokolade für mehrere Monate mit sich. Beim diplomatischen Empfang im neunten Kinofilm erwähnt Captain Picard, der Chefkoch möge eine leichte Salatsauce zubereiten, weil die Evora anfangen würden, die Blumendekoration zu essen.[37] Bei wichtigen Anlässen ist das Zubereiten von Nahrung Standard. Das Essen für Captain Kirks Antrittsempfang auf der *Enterprise* wurde deshalb von Köchen hergestellt, auch wegen der hohen Gäste, die sich mit Replikatoressen nicht zufriedengeben würden.[38] Seven of Nine weiß schließlich dazu passend zu berichten: „*Selbst zu kochen ist die beste Art, die Qualität zu sichern.*"[39]

Was für Nahrung gilt, gilt auch für andere Materialien. So ist beispielsweise biometrisches Gel sehr wertvoll,[40] eine Eigenschaft, die bei freier Replizierbarkeit nicht gegeben wäre. Latinum kann selbstverständlich auch nicht replizierbar sein, sonst wäre es als Währung auf Ferenginar untauglich.[41] Für manche Stoffe braucht es Industriereplikatoren. Diese Geräte sind sehr sel-

33 Raumschiff Enterprise – Das nächste Jahrhundert, S4 E2 – Familienbegegnung; Star Trek: Picard, S1 E1 – Gedenken.
34 Raumschiff Enterprise – Das nächste Jahrhundert, S6 E4 – Besuch von der alten Enterprise.
35 *McIntyre*, Roman Star Trek – Die erste Mission, S. 138.
36 *Reeves-Stevens/Reeves-Stevens*, Roman Die erste Direktive, S. 256.
37 *Dillard*, Roman Star Trek: Der Aufstand, S. 26.
38 *McIntyre*, Roman Star Trek – Die erste Mission, S. 56.
39 Star Trek: Raumschiff Voyager, S7 E14 – Die Leere.
40 Raumschiff Enterprise – Das nächste Jahrhundert, S7 E9 – Die Raumkatastrophe; Star Trek: Deep Space Nine, S6 E9 – In fahlem Mondlicht.
41 *Tanja*, in: Podcast Trekkiepedia, E29 – Geld.

ten, Bajor verfügt nur über zwei und Cardassia über zwölf.[42] Es wird nicht erwähnt, worin die Besonderheit gegenüber einem Standardreplikator besteht. Die Größe der replizierten Güter kann nicht den Unterschied machen, denn in der Folge *In eigener Sache* bei *Deep Space Nine* passen mehrere Industriereplikatoren auf ein sehr kleines Schiff.[43] Folglich muss der Vorteil eines solchen professionellen Spezialgeräts in der Produktion spezifischer Materialien bestehen, die damit potenzielle Handelsobjekte sind.

Ein weiterer Grund für den florierenden Handel trotz des grundsätzlichen Verzichts auf Geld ist die teilweise eingeschränkte Verfügbarkeit von Replikatoren. Insbesondere die Bevölkerung kleiner Kolonien hat häufig keinen Zugang zu einem Replikator und investiert daher viel Kraft in Ackerbau.[44] Selbst auf der Erde sind die Geräte infolge des Dominion-Kriegs Mangelware unter der Zivilbevölkerung. Der Roman *Die Gesetze der Föderation* zeigt auf, dass unter anderem in Studierendenwohnheimen in der Zeit kein Replikator vorhanden ist und deshalb für den Bedarf des täglichen Lebens Geschäfte aufgesucht werden müssen.[45]

4. Intrinsische Arbeitsmotivation

Wenn Menschen kein Geld verwenden, stellt sich unweigerlich die Frage, zu welchem Zweck sie ihrer Arbeit nachgehen. Die Rede Captain Picards im achten Kinofilm legt nahe, dass alle Menschen zur Selbstverwirklichung und als Beitrag für das Fortkommen ihrer Spezies ihr Tagewerk verrichten.[46] Für eine offensichtlich sinnstiftende Tätigkeit wie das Kommando eines Raumschiffs ist dies sofort nachvollziehbar. Star Trek erzählt uns jedoch auch, dass stupide und körperlich harte Arbeit aus denselben Gründen heraus freiwillig und ohne Gegenleistung erbracht wird. Im Roman *Die erste Direktive* kommt die Tellaritin Glissa zu Wort, die schwere Bergbauarbeit durchführt. Auf die Frage von Jim Kirk nach ihrer Berufswahl antwortet sie begeistert und stolz: „*Um neue Welten zu bauen.*“[47]

Mag es auch für unsere Gegenwart kaum nachvollziehbar sein – die Advanced Humans der Zukunft arbeiten ohne Gehalt und geben ihre Arbeitsergebnisse kostenfrei an die Allgemeinheit. Die Weinflaschen des Chateau Picard werden folglich nicht verkauft, sondern an diejenigen abgegeben, die Wein trinken möchten. Verköstigung erfolgt für alle, die nicht am Replikator speisen möchten, in Restaurants wie dem von Captain Siskos Vater Joseph.

---

42 Star Trek: Deep Space Nine, S4 E22 – In eigener Sache.
43 *Fistrich/Göttling*, Podcast Trek am Dienstag, E414 – For the Cause.
44 Vgl. Raumschiff Enterprise – Das nächste Jahrhundert, S7 E20 – Am Ende der Reise.
45 *DeCandido*, Roman Die Gesetze der Föderation, S. 96.
46 Siehe oben S. 26.
47 *Reeves-Stevens/Reeves-Stevens*, Roman Die erste Direktive, S. 22.

Auch dort bekommen offenbar alle Gäste ein Gratismenü, für dessen Zubereitung Koch und Küchenhilfen hart gearbeitet haben. Obwohl sie auch replizierte Nahrung zu sich nehmen könnten, wissen die Stammgäste das Restaurant Sisko's zu schätzen wegen des Eventcharakters und der herzlichen Bedienung.[48] Noch drastischer ist die Gastfreundlichkeit auf Risa, dem Urlaubsparadies der Föderation.[49] Die auf dem Planeten lebenden Risaner haben sich offenbar vollständig auf Tourismus spezialisiert. Industrie scheint es nicht zu geben, deshalb braucht es Handel mit der Außenwelt. Der Konsens auf Risa scheint zu sein, Gratisurlaub in den planetaren Hotelanlagen für alle Föderationsbürger zu gewähren und im Gegenzug Ressourcen vom interstellaren Weltenbund zu erhalten.[50]

Insbesondere bei der Sternenflotte ist der Dienst eine intrinsische Berufung.[51] Captain Picard gibt im Kinofilm *Der erste Kontakt* explizit an, keine Vergütung für seinen Dienst zu erhalten. Dasselbe gilt für alle anderen Tätigkeiten bei der Sternenflotte. In der dritten Staffel der Zeichentrickserie *Lower Decks* sind die Ensigns Mariner und Boimler einem Rekrutierungsstand auf einer Berufsmesse zugeteilt. Sie müssen dort gegenüber kritischen Nachfragenden eingestehen, dass der Beruf frei von Bezahlung ist.[52] Im Gegenzug sind alle Hilfeleistungen der Sternenflotte gratis. So behandelt Doctor Bashir alle Personen auf *Deep Space Nine* unentgeltlich, während Ärzte der Ferengi für dieselbe Leistung einen hohen Preis verlangen würden.[53] Auch die unbedeutenden Arbeiten, die an sich wenig Erfüllung bieten, werden in Einrichtungen der Sternenflotte freiwillig und ohne Gegenleistung übernommen. So arbeitet Wartungstechniker Rom in der Nachtschicht der Abfallbeseitigungsanlage auf *Deep Space Nine*, weil die Aufgabe wichtig ist. Ein wesentlicher Antrieb ist jedoch die Aussicht auf eine Beförderung hin zu einem noch sinnstiftenderen Beruf.[54] Gerade in Sternenflotteneinrichtungen sind die Karriereaussichten ein wichtiger Motivator, um auch die unbedeutenderen Aufgaben mit Inbrunst zu erfüllen.

Eine Art Bezahlung existiert innerhalb der Sternenflotte jedoch dort, wo Ressourcen begrenzt sind. Während die Replikatoren auf der *Enterprise* für alle zur unbegrenzten Verfügung stehen, werden auf der *Voyager* Replikatorcredits zugeteilt. Hintergrund ist die Notwendigkeit, Energie zu sparen auf der Reise ohne Kontakt zur Föderation. Auch Holodeck-Zeit ist auf Ster-

48 *Tanja*, in: Podcast Trekkiepedia, E29 – Geld.

49 Erstmals gezeigt in Raumschiff Enterprise – Das nächste Jahrhundert, S3 E19 – Picard macht Urlaub.

50 *Görbe/Tanja*, in: Podcast Trekkiepedia, E29 – Geld.

51 *Hillenbrand/Humberg*, Trek minds, S. 119.

52 Star Trek: Lower Decks, S3 E5 – Spiegelbilder.

53 Star Trek: Deep Space Nine, S4 E25 – Quarks Schicksal.

54 Star Trek: Deep Space Nine, S5 E5 – Die Erpressung.

nenflottenschiffen begrenzt, kann aber untereinander weitergegeben werden. Ähnliches gilt für private Transportervorgänge. Als Kadett Nog sich in der Sternenflottenakademie einschreibt, berichtet ihm Commander Sisko, dass dieser in seiner ersten Woche auf der Akademie jeden Abend nach Hause gebeamt sei und damit alle Transportercredits innerhalb eines Monats aufgebraucht habe.[55]

Ist die intrinsische Arbeitsmotivation versiegt, gehen die Menschen der Zukunft in den Ruhestand. Dies kann auch vor Erreichen einer Altersgrenze erfolgen und ohne dass dies Einbußen der persönlichen Versorgung zur Folge hat. Doctor McCoy hat beispielsweise im Anschluss an die Fünfjahresmission des *Raumschiff Enterprise* seinen Dienst quittiert, obwohl er noch nicht sehr alt war.[56] Erst im Zuge der Ereignisse des ersten Kinofilms hat die Sternenflotte ihn wegen dringenden Bedarfs zwangsweise wieder reaktiviert.[57]

II. Gesellschaft ohne innere Konflikte

Die Autorinnen und Autoren für Star-Trek-Geschichten sind dazu angehalten, keine Konflikte innerhalb der jeweiligen Mannschaft herbeizuschreiben.[58] So steht es im ST:TNG Writers/Directors Guide,[59] der sogenannten Serienbibel zu *Raumschiff Enterprise – Das nächste Jahrhundert*. Den 22-seitigen Leitfaden hat Gene Roddenberry selbst verfasst.[60] Die Regel hat nicht wenige Autoren in Verzweiflung getrieben, weil gute Geschichten ohne Reibung zwischen den Charakteren herausfordernd zu konzipieren sind.[61] Die eingereichten Drehbücher hat Roddenberry regelmäßig im Hinblick auf innere Konfliktfreiheit umgeschrieben mit der Folge, dass die meisten Figuren an Bord des originalen *Raumschiff Enterprise* keine rechte Tiefe entwickeln konnten.[62]

Nach der Idee des Serienschöpfers arbeiten die Advanced Humans als homogenes Team, in dem für Eitelkeiten des Einzelnen kein Platz ist. Diese Prämisse gilt insbesondere innerhalb der Sternenflotte. Das Personal an Bord ihrer Raumschiffe stellt den Idealtypus des Menschen dar und enthält die herausragendsten Individuen der Föderation.[63] Das homogene Auftre-

55 *Görbe/Tanja*, in: Podcast Trekkiepedia, E29 – Geld.
56 *Reeves-Stevens/Reeves-Stevens*, Die erste Direktive, S. 56.
57 Kinofilm Star Trek – Der Film.
58 *Sander*, Das Star Trek Universum, 3. Aufl., Band 1, S. 247.
59 *Roddenberry*, ST:TNG Writers/Directors Guide 2 (3rd season, Aug. 1989).
60 *Alexander*, Gene Roddenberry – Die autorisierte Biographie, S. 591, 600.
61 *Sülter*, in: Kern/Sülter, Podcast Planet Trek fm E88 – Star Trek: Lower Decks 2.01: Macbeth, McMahan & Machtmissbrauch.
62 *Sander*, Das Star Trek Universum, 3. Aufl., Band 1, S. 247.
63 *Mitchell*, Roman Die Jarada, S. 140; *Hillenbrand/Humberg*, Trek minds, S. 45.

ten der Besatzung bedeutet nicht, dass alle immer einer Meinung sind. Im Gegenteil finden in ethischen Konfliktlagen leidenschaftliche Diskussionen über die richtige Lösung statt. Unterschiedliche Offiziere nehmen im Besprechungsraum dabei mitunter diametral divergierende Standpunkte ein. Die Argumente werden jedoch zivilisiert vorgetragen, gemeinsam abgewogen und münden schlussendlich in eine Entscheidung des Captains, hinter der sich alle versammeln.[64] Selbst die Beziehung zwischen Lieutenant Commander Spock und Doctor McCoy ist nach den Vorgaben Gene Roddenberrys nicht als wirklicher Konflikt angelegt. Zwar sind beide Offiziere permanent gegenteiliger Meinung und ziehen sich regelmäßig mit verbalen Spitzen gegeneinander auf. Dabei legte Roddenberry Wert darauf, den Autoren die Botschaft mitzugeben, dass beide Charaktere im Ernstfall hervorragend zusammenarbeiten und hinter der zur Schau gestellten Abneigung eine tiefe Zuneigung steckt.[65] Als wichtigste Ratgeber von Captain Kirk zeigen die beiden ihm lediglich unterschiedliche Handlungsoptionen auf und setzen sich auch teilweise in drastischer Sprache für ihre Position ein. Die Schlüsse, die der Captain daraus letztlich zieht, werden von beiden Offizieren akzeptiert, sodass nach interner Meinungsfindung auch das Dreiergespann aus Kirk, Spock und McCoy stets nach außen hin geeint auftritt.

Die Vorgabe der Konfliktfreiheit ist zunächst eine Autorenleitline. Die Zeichentrickserie *Lower Decks* hat sie jedoch auch innerhalb der Handlung kanonisiert. In der Auftaktfolge zur zweiten Staffel trifft die Protagonistin Ensign Mariner auf die andorianische Kollegin Jennifer. In einem Selbstgespräch murmelt Mariner:

> „*Ich weiß, wir sollen keine persönlichen Konflikte haben... aber ich hasse diese Andorianerin.*“[66]

Dieser humorvolle Meta-Kommentar auf Star Trek weist darauf hin, dass es eine Regel in der Sternenflotte geben muss, die interne Konflikte missbilligt. Vielschichtiger als die deutsche Synchronisation ist dabei das Originalzitat:

> „*I know we're not supposed to have interpersonal conflicts...*“

Die Phrase „*not supposed to have*“ verdeutlicht, dass Konflikte untersagt sind, jedoch nicht, dass sie nicht existieren.[67] Negative Gefühle gegenüber anderen Crewmitgliedern lassen sich nicht ausschließen, sie sind lediglich in der Kommunikation zu unterdrücken. Im konkreten Fall ist die Lage allerdings eine ähnliche wie der liebevolle Zwist zwischen Lieutenant Commander Spock und Doctor McCoy. Wenige Folgen im Anschluss an das Zi-

64 *Sander*, Das Star Trek Universum, 3. Aufl., Band 1, S. 483.
65 *Alexander*, Gene Roddenberry – Die autorisierte Biographie, S. 306 f.
66 Star Trek: Lower Decks, S2 E1 – Seltsame Energien.
67 *Kern*, in: Sülter/Kern, Planet Trek fm E88 – Star Trek: Lower Decks 2.01: Macbeth, McMahan & Machtmissbrauch.

tat muss sich Ensign Mariner eingestehen, dass sie in Jennifer verliebt ist, und die beiden beginnen eine Beziehung.

Konflikte werden in Star Trek durchaus dargestellt, jedoch kommen die Antagonisten nach der Idee Roddenberrys nicht aus der Mitte der Crew, sondern von außen.[68] Innerhalb der Föderation und erst recht innerhalb einer Mannschaft soll Friedfertigkeit herrschen, die jedoch regelmäßig durch externe Mächte angegriffen und auf die Probe gestellt wird.[69] Zum einen sind es fremde Völker wie die Klingonen, die Romulaner, die Borg oder das Dominion, die weniger weit entwickelt sind als die Völker der Föderation. Von gewaltbereiten Mächten umgeben ist die Sternenflotte keineswegs pazifistisch. Nicht ohne Grund sind ihre Schiffe mit Schutzschirmen, Phasern und Photonentorpedos ausgerüstet. Trotz aller Verteidigungsbereitschaft herrscht jedoch auch nach außen hin die Grundprämisse erst fragen, dann schießen – im Fernsehen der Sechzigerjahre eine geradezu revolutionäre Einstellung.[70] Zum anderen treten Konfliktlagen innerhalb des Schiffes oftmals auf, wenn einzelne Besatzungsmitglieder unter einem fremden Einfluss stehen. Ein wiederkehrendes Motiv, das sich durch alle Star-Trek-Serien zieht, ist die Manipulation der Brückenoffiziere durch Viren, Drogen, mentale Fremdkontrolle oder andere Mittel.[71] Dieser erzählerische Trick ermöglicht es, handfesten Zwist mit Konfrontationen innerhalb der dem Publikum bekannten Mannschaft zu zeigen, ohne dass die Kontrahenten die Ideale der Sternenflotte verraten würden. Da sie keine Schuld an ihrem Verhalten tragen und die Menschheit der Zukunft auch nicht als nachtragend dargestellt wird, stehen so selbst massivste Streitigkeiten einer vertrauensvollen Zusammenarbeit in der nächsten Folge nicht im Weg.

Die anfangs sehr strikt durchgehaltene Prämisse wird bereits ab der dritten Staffel der Originalserie nicht mehr vollständig stringent umgesetzt.[72] Zu erklären ist dies mit einem in der Produktionsphase schwindenden Einfluss Gene Roddenberrys zugunsten einer stärkeren Kontrolle der Handlungsstränge durch das Studio. Der erste konkrete Bruch der Prämisse ist die Einführung von Fähnrich Ro Laren unter dem Kommando von Captain Picard.[73] Die Anwesenheit einer vorbestraften und unorthodoxen Offizierin auf der Brücke sorgt für Spannungen innerhalb der Besatzung der *Enterprise*.[74] In der Serie *Deep Space Nine* sind zumindest in der Anfangsphase Reibungen

68 *Roddenberry* in einem Memo an die Autoren der Folgen, wiedergegeben bei *Alexander*, Gene Roddenberry – Die autorisierte Biographie, S. 303.
69 *Sander*, Das Star Trek Universum, 3. Aufl., Band 1, S. 15.
70 *Hillenbrand/Humberg*, Trek minds, S. 16.
71 *Hillenbrand/Humberg*, Trek minds, S. 74.
72 *Hillenbrand/Humberg*, Trek minds, S. 75.
73 *Sander*, Das Star Trek Universum, 3. Aufl., Band 1, S. 483.
74 *Sander*, Das Star Trek Universum, 3. Aufl., Band 1, S. 597.

innerhalb der Mannschaft Teil des Serienkonzepts. Um Gene Roddenberrys Prinzipien dabei nicht zu verletzen, verwenden die Autoren den Kunstgriff, eine gemischte Crew einzuführen, die auch Nicht-Föderationsbürger enthält.[75] Derselbe erzählerische Ansatz wird später für das *Raumschiff Voyager* mit einer Zweckgemeinschaft aus Sternenflotte und Maquis wiederholt. Das daraus erwachsende Konfliktpotenzial wird kaum ausgeschöpft, die eigentlich heterogenen beiden Fraktionen arbeiten schnell sehr kollegial zusammen. Gleichwohl bricht die Serie ab und zu mit der Vorgabe Roddenberrys, indem beispielsweise bereits Mitte der ersten Staffel der Zweite Offizier Lieutenant Commander Tuvok einen direkten Befehl Captain Janeways missachtet, als er heimlich Handel mit einer Splittergruppe der Sikarianer treibt.[76]

III. Gesellschaft ohne Anwälte

Gene Roddenberry hatte sich ausgemalt, dass im 24. Jahrhundert keine Anwälte mehr existieren. Das Ausbleiben innerer Konflikte und das Verständnis der Advanced Humans für die Belange ihrer Mitmenschen sollten den Bedarf nach anwaltlicher Beratung überflüssig machen. So hat es Roddenberry der Autorin Melinda Snodgrass mitgeteilt, die die Gerichtsfolge *Wem gehört Data?*[77] konzipiert hat.[78] Tatsächlich sind weder in der dazu gehörigen Serie *Das nächste Jahrhundert* noch in den später angesiedelten Fernsehserien Rechtsanwälte in der Föderation zu sehen.

Während der Zeit der Originalserie gehen noch menschliche Rechtsanwälte ihrem Dienst nach. Als sich Captain Kirk in der Episode *Kirk unter Anklage* für eine vermeintliche Fehlentscheidung vor einem Militärgericht verantworten muss, engagiert er für seine Verteidigung Samuel T. Cogley.[79] Der Rechtsanwalt betreibt eine Kanzlei auf Sternenbasis 11, auf der auch der Gerichtsprozess gegen Captain Kirk stattfindet. Cogley trägt in der Folge braune Zivilkleidung, die an die Zukunftsversion eines Anzugs erinnert. Dies deutet darauf hin, dass er kein Mitglied der Sternenflotte ist, sondern freischaffend arbeitet. Cogleys Methodik der Rechtsfindung besteht in der umfassenden Lektüre juristischer Bücher und Urteile; die Nutzung juristischer Datenbanken lehnt er ab. Er wird als hemdsärmeliger Jurist dargestellt, der sich in seiner Kanzlei in Berge von Büchern vergräbt. Eine zweite Anwältin zeigt die Serie *Strange New Worlds*, die nur wenige Jahre vor dem

75 *Sander*, Das Star Trek Universum, 3. Aufl., Band 1, S. 596.
76 Star Trek: Raumschiff Voyager, S1 E10 – Das oberste Gesetz.
77 Raumschiff Enterprise – Das nächste Jahrhundert, S2 E9 – Wem gehört Data?
78 *Snodgrass* im Interview, in: The Measure of a Man, scriptwriter v. 6.4.1992, wiedergegeben bei *Joseph/Carton*, The Law of the Federation, S. 65 Fn. 69.
79 Raumschiff Enterprise, S1 E14 – Kirk unter Anklage.

Prozess um Captain Kirk angesiedelt ist. In der Folge *Ad astra per aspera* wird Lieutenant Commander Chin-Riley vor einem Militärgericht angeklagt wegen des Vorwurfs, bei der Einstellung in die Sternenflotte ihren Status als genetisch verbesserte Illyrianerin verschwiegen zu haben.[80] Captain Pike engagiert für ihre Verteidigung Neera Ketoul. Unter der Bezeichnung Counselor ist Ketoul als Rechtsanwältin tätig. Sie ist bekannt für ihr Engagement für Bürgerrechte, insbesondere in Bezug auf das Verbot der gentechnischen Veränderung von Humanoiden. Ihr Büro in einem urbanen Hochhaus auf einem Planeten im Vaultera-Nebel erinnert stark an eine heutige Großkanzlei. Die aufgeräumte, kalte Atmosphäre stellt ein stilistisches Gegenstück zur warmherzigen Kanzlei von Samuel Cogley dar. Beide Anwälte sind überregional für ihr Können bekannt.

In zeitlich danach angesiedelten Folgen sind keine Rechtsanwälte einer Föderationswelt mehr zu sehen. Ein klingonischer Anwalt verteidigt Captain Kirk und Doctor McCoy im sechsten Kinofilm vor dem klingonischen Gericht,[81] dabei handelt es sich aber um das Justizsystem einer Drittwelt. In der per Videokonferenz abgehaltenen zivilrechtlichen Verhandlung über das Urheberrecht des holographischen Doktors der *Voyager* ist eine Person auf der anderen Beklagtenseite zu sehen, die gegebenenfalls einen Rechtsanwalt darstellen könnte.[82] Neben dem Schiedsmann der Föderation sind auf dem Bildschirm zwei Humanoide zugeschaltet. Einer davon ist der boleanische Verleger des Holo-Romans des Doktors, dabei handelt es sich um den Beklagten. Neben ihm sitzt ein Mensch, der nicht das Wort ergreift, aber ein Vertrauter des Verlegers Broht zu sein scheint. Einen Nachweis für die Existenz eines Rechtsanwalts in der Zeit stellt das nicht dar. Dass jede Partei eine Vertrauensperson hinzuziehen kann, die nicht notwendigerweise über Rechtskenntnisse verfügt, ist unbestreitbar etabliert.

Müssen sich Personen vor Gericht verantworten, gibt es in der Zeit nach *Kirk unter Anklage* genau zwei Optionen. Entweder verteidigen sie sich selbst, wie beispielsweise Lieutenant Commander Spock in der Doppelfolge *Talos IV – Tabu.*[83] Die zweite Alternative ist die Verteidigung bzw. Unterstützung vor Gericht oder einer Anhörung durch einen Offizier der Sternenflotte. Erstmals gezeigt wurde diese Variante bei *Raumschiff Enterprise – Das nächste Jahrhundert* in der Folge *Wem gehört Data?*[84] In der Anhörung zum rechtlichen Status des Androiden Data fungiert Captain Picard als sein Rechtsbeistand. Dieser übernimmt dabei die Funktion eines Rechtsanwalts, indem er Zeugen befragt und ein Plädoyer hält. Der Brauch, Brückenoffi-

80 Star Trek: Strange New Worlds, S2 E2 – Ad astra per aspera.
81 Kinofilm Star Trek VI: Das unentdeckte Land.
82 Star Trek: Raumschiff Voyager, S7 E20 – Die Veröffentlichung.
83 Raumschiff Enterprise, S1 E15 f. – Talos IV – Tabu, Teil I-II.
84 Raumschiff Enterprise – Das nächste Jahrhundert, S2 E9 – Wem gehört Data?

ziere mit der rechtlichen Verteidigung zu beauftragen, wird von da an zum wiederkehrenden Motiv der Gerichtsfolgen in Star Trek. In der Episode *Das Standgericht* gerät Crewman Simon Tarses unter Verdacht, einen Sabotageakt auf der *Enterprise* durchgeführt zu haben. Captain Picard ordnet ihm Commander Riker als Berater (englisch: Counsel) zu.[85] In der Anhörung fungiert auch Riker als Verteidiger, indem er beispielsweise bei einer Frage der Anklägerin Tarses dazu rät, von seinem Aussageverweigerungsrecht Gebrauch zu machen. Auf *Deep Space Nine* wird Rechtsverteidigung ebenso gehandhabt. Im Auslieferungsverfahren zu Lieutenant Dax wegen einer möglichen Tat ihres früheren Wirtes Curzon nimmt Commander Sisko die Rolle des Verteidigers ein.[86] Ebenso handhabt er es rund drei Jahre später, als sich Lieutenant Commander Worf einem Auslieferungsverfahren wegen des Vorwurfs der Zerstörung eines zivilen klingonischen Transportschiffs zu stellen hat.[87] Bei einer an Bord der Voyager stattfindenden Asylanhörung für Quinn, der sich durch sein Volk der Q verfolgt sieht, wählt der Antragsteller Lieutenant Commander Tuvok als Rechtsbeistand.[88] Tuvok arbeitet daraufhin eine argumentative Strategie aus und setzt sich in der Anhörung für den Antragsteller ein. Rund fünf Jahre später fungiert Tuvok erneut als Rechtsbeistand in einem zivilrechtlichen Verfahren. Als sich der holographische Doktor der *Voyager* mit dem Verlag Broht und Forrester über das Urheberrecht an einem Holo-Roman streitet, vertritt Tuvok seine Rechtsposition in der mündlichen Verhandlung vor dem Schiedsmann der Föderation.[89]

Nachdem fast alle später angesiedelten Gerichtsfolgen an das prozessorale Vorbild aus *Wem gehört Data?* angepasst sind, lohnt sich ein Blick zurück auf diese Episode. Die Einbindung von Captain Picard als Rechtsbeistand von Lieutenant Commander Data wird ebenso wie die Funktion von Commander Riker als Rechtsvertreter der Gegenseite als besonderer Ausnahmefall dargestellt. Die Verhandlung findet vor dem juristischen Büro des 23. Sektors statt, das in der Sternenbasis 173 eingerichtet ist. Dessen Leiterin Captain Louvois erklärt, ihre Einrichtung vertrete in jenem Sektor das Recht. Da die Sternenbasis jedoch neu eingerichtet ist, sei ihr Büro noch nicht vollständig ausgestattet. Insbesondere ist das vorgesehene Personal des juristischen Büros noch nicht eingetroffen. Aus dieser Not heraus, ein Gerichtsverfahren abhalten zu müssen, ohne eigene Personen als Rechtsbeistand (im Original: legal counsel) für die beiden Parteien zu stellen, verpflichtet sie Captain Picard als Verteidiger und Commander Riker als Ankläger zu fungieren. Damit stellt sich die Frage, ob in einem regulär ausgestatteten

85 Raumschiff Enterprise – Das nächste Jahrhundert, S4 E21 – Das Standgericht.
86 Star Trek: Deep Space Nine, S1 E8 – Der Fall „Dax".
87 Star Trek: Deep Space Nine, S4 E18 – Das Gefecht.
88 Star Trek: Raumschiff Voyager, S2 E18 – Todessehnsucht.
89 Star Trek: Raumschiff Voyager, S7 E20 – Die Veröffentlichung.

juristischen Büro Rechtsanwälte vorgehalten worden wären. Die Äußerung Louvois' lässt zunächst vermuten, dass unter normalen Umständen Anwälte Teil des Verfahrens gewesen wären.[90] Zudem erinnert die Konstellation an Samuel T. Cogley, den Verteidiger von Captain Kirk, der sein Büro ebenfalls auf einer Sternenbasis hatte.[91] Kirk sucht sich Cogley jedoch explizit als Anwalt aus. Es entsteht in der Folge *Kirk unter Anklage* nicht der Eindruck, Cogley würde für das juristische Büro arbeiten. Gegebenenfalls bezieht sich Captain Louvois mit ihrer Rekrutierung auch nur auf Commander Riker als Ankläger. Dieser verweigert zunächst, gegen Lieutenant Commander Data tätig zu werden, muss diese Aufgabe aber ausfüllen, weil Captain Louvois ankündigt, andernfalls kategorisch gegen Data zu entscheiden. Captain Picard erklärt sich hingegen explizit einverstanden, die Vertretung Datas zu übernehmen. Die Umstände lassen den Schluss zu, dass bei einem voll ausgestatteten juristischen Büro nur die Anklage vom Personal des Büros übernommen worden wäre und ein Rechtsbeistand für Data ohnehin von jedem beliebigen Offizier hätte übernommen werden können. Dass Anklagestellen beim Gericht angesiedelt sind, ist nichts Ungewöhnliches. Auch in unserer Gegenwart sind Staatsanwaltschaften beim jeweiligen Landgericht eingerichtet, während die Verteidiger davon unabhängig sind. Beide Lesarten – die Bereitstellung von Anwälten durch das juristische Büro oder auch das Fehlen von Anwälten – sind mit den Ereignissen der Episode kompatibel. Für letzteres Verständnis spricht jedoch die in den späteren Folgen etablierte Praxis der Rechtsverteidigung durch Kollegen der eigenen Mannschaft. Geht man hingegen davon aus, dass ein vollständig ausgestattetes juristisches Büro über Rechtsanwälte verfügt, so ist festzuhalten, dass diese Folge in der Zeitlinie der Handlung der letzte Hinweis auf Rechtsanwälte in Star Trek ist und in der Zeit danach keine Anwälte mehr benötigt werden.

Die Bedeutungslosigkeit von Rechtsanwälten in der Vereinigten Föderation der Planeten liegt an der Grundeinstellung der weiterentwickelten Advanced Humans. Innere Konflikte haben ohnehin Seltenheitswert. Kommen sie doch auf, wird versucht, sie diplomatisch zu lösen. Die Neuen Menschen sind stets bestrebt, auch in Konfliktsituationen das Beste für beide Seiten zu erreichen; deshalb gibt es nur selten formale Gerichtsverhandlungen.[92] Die in der Regel lösungsorientierten Konfliktparteien bestehen nur selten auf formales Vorgehen, weil das Vertrauen untereinander in einen fairen Umgang hoch ist.[93] Informelle Streitbeilegung ist der Regelfall, nur wenn eine Partei auf Förmlichkeit besteht, wird rechtlich argumentiert.[94] Die Folge

90 *Joseph/Carton*, The Law of the Federation, S. 34.
91 Raumschiff Enterprise, S1 E14 – Kirk unter Anklage.
92 *Joseph/Carton*, The Law of the Federation, S. 30.
93 *Joseph/Carton*, The Law of the Federation, S. 30.
94 *Joseph/Carton*, The Law of the Federation, S. 31.

Wem gehört Data? zeigt anschaulich, dass im Normalfall auf eine gerichtliche Klärung verzichtet werden kann. Nur wenn ausnahmsweise das Vertrauen erschüttert ist, wie es zwischen Commander Maddox und Lieutenant Commander Data der Fall ist, wird der formelle Weg eingeschlagen.[95] Auch hier gehen der förmlichen Anhörung mehrere informelle Meetings mit Commander Maddox und mit der Leiterin des juristischen Büros voraus, bevor deutlich wird, dass keine Einigung gefunden werden kann. Anwälte benötigt man für ein solches Ausloten der Interessen und Kompromisslinien nicht. Auch wenn es einmal formell wird, sind Rechtsanwälte in der utopischen Zukunft verzichtbar, weil alle Beteiligten für gewöhnlich nach der Wahrheit streben und sich untereinander vertrauen. Bezeichnend ist die Einleitung des klingonischen Anklägers im Auslieferungsverfahren um Lieutenant Commander Worf in der Folge *Das Gefecht*. Der Klingone stellt dabei klar, er werde alle Aussagen Worfs als wahr hinnehmen und sein Wort nicht infrage stellen, weil Sternenflottenoffiziere nicht vor Gericht lügen würden.[96]

Während das Berufsbild des Prozessanwalts in der Zukunft nicht mehr existiert oder bedeutungslos geworden ist, braucht es dennoch weiterhin Vertragsrechtler. Das diplomatische Korps der Föderation beschäftigt sie, um die Beziehungen zu Drittwelten auf rechtssichere Beine zu stellen. So haben alleine 372 Rechtsexperten der Föderation den Vertrag von Armes mit den Shelliak ausgearbeitet.[97]

An außergerichtlichen Beratern für Einzelpersonen gibt es ebenfalls keinen wirklichen Bedarf mehr in der Zukunft. Zum einen liegt dies daran, dass die Advanced Humans ohnehin für gewöhnlich keine Vorhaben am Rande der Legalität beabsichtigen, für die sie sich absichern müssten. Zum anderen kommt Legal Tech für den Individualgebrauch zur Anwendung. Deutlich wird dies im Roman *Die erste Direktive.*[98] Lieutenant Scott verfasst darin ein Kündigungsschreiben an den zuständigen Admiral, um seinen Dienst zu quittieren. Bevor er die Textnachricht absenden kann, ertönt aus dem Kommunikationsgerät die Meldung „*Klarstellung*". Auf Nachfrage erläutert der Computer ihm, dass die Kündigungsvoraussetzungen nicht vorliegen, weil der Chefingenieur den Dienst nicht quittieren darf, während Instandsetzungsmaßnahmen der Klasse 2 stattfinden. Dass jedenfalls in Alltagsfragen Künstliche Intelligenz als Rechtsberater fungieren kann, merken die Rechtsanwaltskanzleien bereits in der realen Gegenwart in ihren Auftragsbüchern. Werden solche Systeme in der Zukunft noch leistungsfähiger, werden sie absehbar in vielen Bereichen die bisherige anwaltliche Beratung verdrängen und nur noch in Zweifelsfällen erforderlich machen.

95 *Joseph/Carton*, The Law of the Federation, S. 34.
96 Star Trek: Deep Space Nine, S4 E 17 – Das Gefecht.
97 Raumschiff Enterprise – Das nächste Jahrhundert, S3 E2 – Die Macht der Paragraphen.
98 *Reeves-Stevens/Reeves-Stevens*, Roman Die erste Direktive, S. 47.

C. Rechtswissenschaft der Zukunft

Captain Picard berichtet, dass an der Sternenflottenakademie die Urteile von Richter Aaron Satie Pflichtstoff gewesen seien, als er in der Episode *Das Standgericht* auf dessen Tochter trifft.[1] Picard hat nicht Jura studiert, dennoch waren rechtswissenschaftliche Vorlesungen Teil seiner Ausbildung. Das ist nur konsequent. Wenn Rechtsanwälte nicht oder in den Weiten des Weltraums selten existieren und Sternenflottenoffiziere jederzeit in der Lage sein müssen, spontan als Rechtsbeistand zu fungieren, dann benötigen Letztere eine juristische Ausbildung. Zu Spocks Zeiten war dies offenbar noch anders. Ausweislich des Romans *Die erste Direktive* hat er, weil er eine wissenschaftliche Ausbildung absolviert hat, keine rechtlichen Kenntnisse an der Akademie erworben.[2] Die Klassifizierung von Rechtskunde als Pflichtstoff verdeutlich jedoch, dass im Anschluss an den Abschluss von Spock alle Kadetten juristische Inhalte lernen mussten. Dass dies während der Ausbildung von Spock noch nicht der Fall war, ist naheliegend, weil damals noch ein ausgeprägtes Rechtsanwaltswesen bestand und Sternenflottenoffiziere nicht wie später juristische Mandate übernehmen mussten.

I. Studium der Rechtswissenschaft

Über die Methodik der juristischen Lehrveranstaltungen an der Sternenflottenakademie ist wenig bekannt. Aus dem englischen Original der Unterredung zwischen Captain Picard und der Tochter von Richter Satie wird deutlich:

„*His judgments were required reading at the Academy.*“[3]

Das Lesen von Urteilen erscheint nicht sonderlich didaktisch, passt aber zum Zeitgeist der Bildung bei Star Trek. Historische Texte im Original zu lesen oder gar auswendig zu lernen, ist die bewährte Methodik der weiterentwickelten Menschen. So musste Commander Riker beispielsweise in der Schule die Rede von Captain Archer in der Schule auswendig lernen[4] und Fähnrich Kim den Text der Erdsonde Friendship One.[5] Jedoch muss die Ausbildung auch praktische Elemente enthalten. So ist bekannt, dass in Klausuren der ingenieurstechnischen Kurse an der Akademie Maschinenraum-Statusreporte zu schreiben sind.[6] Die Methodik kommt den in der

1 Raumschiff Enterprise – Das nächste Jahrhundert, S4 E21 – Das Standgericht.
2 *Reeves-Stevens/Reeves-Stevens*, Roman Die erste Direktive, S. 289.
3 Raumschiff Enterprise – Das nächste Jahrhundert, S4 E21 – Das Standgericht.
4 Star Trek: Enterprise, S4 E22 – Dies sind die Abenteuer.
5 Star Trek: Raumschiff Voyager, S7 E21 – Friendship One.
6 Star Trek: Raumschiff Voyager, S2 E25 – Entscheidungen.

realen Gegenwart angebotenen rechtswissenschaftlichen Klausuren an deutschen Universitäten nahe, in denen juristische Fallgutachten zu einem fiktiven Sachverhalt zu verfassen sind. Zudem ist anzunehmen, dass auch die juristische Debatte an der Akademie gelehrt wird. Jedenfalls berichtet die Tochter von Richter Satie, wie ihr Vater ihr das Debattieren beigebracht hat und wie viel Freude sie am logischen Argumentieren gefunden hat.[7]

Neben dem juristischen Lehrangebot an der Sternenflottenakademie können Rechtswissenschaften auch an zivilen Universitäten studiert werden. Dass es diese allgemeinbildenden Universitäten neben der Akademie gibt, ist bei den Geschichten in Star Trek leicht zu übersehen, in denen fast alle gezeigten Führungspersönlichkeiten ständig von ihrer Akademiezeit berichten. Jedoch existiert eine solche parallele Ausbildungsstruktur. Lieutenant Dr. Sam Kirk hatte sich für seine wissenschaftliche Ausbildung bewusst gegen ein Studium an der Sternenflottenakademie entschieden[8] und auch Dr. Crusher hat Medizin an einer Universität studiert[9]. Die für Führungsaufgaben in der Sternenflotte notwendige Zusatzausbildung kann auch an Bord eines Schiffes berufsbegleitend nachgeholt werden. Lieutenant Commander Troi hat ein solches Kommandotraining unter Anleitung von Commander Riker auf der Enterprise durchgeführt.[10] Auch an zivilen Universitäten kann Jura studiert werden. Im Roman *Die erste Direktive* wird ein Richter eingeführt, der seinen Abschluss an einer vulkanischen Universität erworben hat.[11] Zu erkennen ist dies für Außenstehende dadurch, dass der Richter auf seiner Robe das vulkanische UMUK-Abzeichen trägt, wie es für Alumni der vulkanischen Wissenschaftsakademie üblich ist. Darüber hinaus ist aus der Originalserie bekannt, dass auf der Erde in Stockholm ein kriminalwissenschaftliches Forschungsinstitut existiert.[12] In der Episode *Der Zentralnervensystemmanipulator* nimmt die *Enterprise* von der Strafkolonie Tantalus V Fracht mit, die für das Institut bestimmt ist. Ob das Institut eine juristische beziehungsweise kriminologische Ausbildung anbietet, ist nicht bekannt, der Name legt es jedoch nahe.

7 Raumschiff Enterprise – Das nächste Jahrhundert, S4 E21 – Das Standgericht.
8 *McIntyre*, Roman Star Trek – Die erste Mission, S. 77.
9 *Mitchell*, Roman Die Jarada, S. 334.
10 Raumschiff Enterprise – Das nächste Jahrhundert, S7 E16 – Radioaktiv.
11 *Reeves-Stevens/Reeves-Stevens*, Roman Die erste Direktive, S. 57.
12 Raumschiff Enterprise, S1 E10 – Der Zentralnervensystemmanipulator.

II. Case Law versus Code Law

Bei einer US-amerikanischen Fernsehserie ist zunächst anzunehmen, dass ihr Rechtssystem dem im Entstehungsland vorherrschenden Case Law bzw. Statutory Law nachgebildet ist. Während in Kontinentaleuropa eine starke Rechtstradition des geschriebenen Rechts vorherrscht, das stark begriffsbezogene Auslegungen von Rechtsbegriffen in Gesetzestexten beinhaltet, ist das angloamerikanische System eher auf das Finden von Parallelen zu Präzedenzfällen fokussiert. Eine der frühesten Erwähnungen von Recht in einer Star-Trek-Produktion legt nahe, dass das Föderationsrecht dem angloamerikanischen Ansatz folgt. Rechtsanwalt Samuel T. Cogley, der Verteidiger von Captain Kirk in der Folge *Kirk unter Anklage*, zieht sich zur Rechtsfindung in sein Büro zurück, in dem sich unzählige Bücher übereinander stapeln.[13] Augenscheinlich handelt es sich um Ausgaben des Federal Reporter, der traditionell auch in der realen Gegenwart die wichtigsten Leitentscheidungen der US-amerikanischen Gerichte zusammenfasst und systematisiert. Auch die Urheberrechtsstreitigkeit um den Holo-Roman des Doktors der *Voyager* wird nach einem eher dem Case Law nahekommenden Ansatz gelöst. Der Schiedsmann scheut sich, einen Präzedenzfall zu schaffen, indem er dem Doktor eine Rechtspersönlichkeit zuerkennt, sieht sich aber bereit, die Definition des Künstlers so auszuweiten, dass sie den holographischen Doktor umfasst.[14] Der Schiedsmann ist sich damit sehr bewusst, dass seine Einzelfallentscheidung starke Ausstrahlungswirkung auf künftige Fallgestaltungen haben wird und geht fest davon aus, Definitionen mit Breitenwirkung festlegen zu können.

Gegen die Annahme eines vorherrschenden Case Law spricht, dass es kaum Präzedenzfälle gibt, weil in der auf Konsens und Kompromiss ausgerichteten Föderation nicht viele Urteile gesprochen werden. Ein hohes Maß an gegenseitigem Vertrauen sowie das Streben nach informellen Lösungen im beiderseitigen Interesse sorgten dafür, dass nur selten Gerichtsverhandlungen abgehalten werden. Infolgedessen müssen Fragestellungen, für die längst eine etablierte Lösung existieren müsste, ständig neu ausgehandelt werden. So ist es nicht nachvollziehbar, dass für den rechtlichen Status hochentwickelter Künstlicher Intelligenz, wie sie in Lieutenant Commander Data, dem Moriarty-Hologramm oder dem holographischen Doktor der *Voyager* verkörpert ist, keine rechtliche Vorentscheidung getroffen wurde, auf die man sich stützen könnte. Stattdessen müssen grundlegende Rechtsfragen stets neu ausdiskutiert werden. Ebenso ist es bemerkenswert, dass Lieutenant Dax auf *Deep Space Nine* offenbar die erste Vertreterin der symbiotischen Spezies Trill ist, bei der sich die Frage der Rechtsnachfolge und Verantwortlichkeit

---

13 Raumschiff Enterprise, S1 E14 – Kirk unter Anklage.

14 Star Trek: Raumschiff Voyager, S7 E20 – Die Veröffentlichung.

für Straftaten eines früheren Wirtes ihres Symbionten stellt.[15] Mit derartigen Fragestellungen konfrontiert, legen die am Rechtsstreit Beteiligten stets die geltenden Gesetze aus und kommen dabei an ihre Grenzen.

Insbesondere das Dienstrecht der Sternenflotte ist extrem ausdifferenziert. Dem Publikum werden jeweils nur sehr punktuelle Detailregelungen dargestellt, jedoch geht aus dem jeweiligen Gesamtzusammenhang hervor, dass das geschriebene Recht kleinteilig ist. Zusammen mit den obigen Ausführungen lässt dies den Schluss zu, dass das Recht der Föderation eher mit dem sogenannten Code Law, also dem geschriebenen Recht, als dem angloamerikanischen Case Law vergleichbar ist. Ohne je ein Urteil im Volltext gesehen zu haben, lässt sich diese Einteilung jedoch nicht zweifelsfrei treffen.

III. Rechtswissenschaftliche Literatur

Die Rechtsrecherche der Zukunft erfolgt mittels juristischer Datenbanken.[16] Captain Kirks Rechtsanwalt Samuel T. Cogley berichtet, dass es solche Datenbanken von immenser Größe gibt, er sie jedoch ablehnt.[17] Stattdessen favorisiert er handfeste Bücher. Damit steht er als generell technikfeindlich dargestellter Konservativer schon zu seiner Zeit relativ alleine dar.

> „*Bücher gibt es nicht mehr*“,[18]

entgegnet Captain Kirk dem aus einem Jahrhunderte währenden Stasisschlaf erwachten Khan Noonien Singh, als dieser um eine Lektüre bittet. Stattdessen ist alles digitalisiert. Papier ist selten, kaum jemand schreibt mehr mit einem Stift auf Papier, bekommt der junge Autor Jake Sisko zu hören.[19] Die *Enterprise-E* verfügt zwar noch über eine Bibliothek. Die dort im achten Kinofilm gezeigten Regalreihen haben jedoch offenbar eher einen atmosphärischen Sinn, denn die Commander Riker und Troi recherchieren lieber in den dortigen Computerterminals über die Geschichte der Son'a.[20] Der Roman zum Film betont, es handele sich um „*echte Bücher aus Papier*“, woraus folgt, dass gebundene Nachschlagewerke ein Relikt vergangener Tage geworden sind.[21] Dieselbe Bewunderung erntet Captain Ake, als sie zum Dienstantritt als Kanzlerin der Sternenflotte eine Privatbibliothek von Bajor mitbringt, die „*echte Bücher*“ enthält.[22]

15 Star Trek: Deep Space Nine, S1 E8 – Der Fall „Dax“.
16 *Chaires*, Star Trek as a Pedagogical Vehicle for Teaching Law and Justice, S. 241.
17 Raumschiff Enterprise, S1 E14 – Kirk unter Anklage.
18 Raumschiff Enterprise, S1 E23 – Der schlafende Tiger.
19 Star Trek: Deep Space Nine, S4 E21 – Die Muse.
20 Kinofilm Star Trek: Der Aufstand.
21 *Dillard*, Roman Star Trek: Der Aufstand, S. 48.
22 Star Trek: Starfleet Academy, S1 E1 – Kids von heute.

Gesetzeskommentare und andere Begleitmaterialien scheint es nicht zu geben. Die vor allem im deutschsprachigen Rechtsraum etablierten Nachschlagewerke, die Gesetze Paragraph für Paragraph und Abschnitt für Abschnitt erläutern, sind ebenso wenig in der Föderation verbreitet wie andere Rechtserläuterungstexte. Mit Auslegung befasste Personen zitieren stets die relevanten Vorschriften und in seltenen Fällen auch vorangegangene Urteile. Beim Konflikt mit den Sheliak[23] verbringt Captain Picard beispielsweise mehrere Stunden damit, den völkerrechtlichen Vertragstext mit dem Volk zu analysieren.[24] Er zieht dabei seine Erkenntnisse alleine aus dem Primärtext und kommt nicht auf die Idee, die Vertragshistorie oder andere Begleitmaterialien einzubeziehen. Die Herangehensweise ist oberflächlich, aber auch nachvollziehbar für eine Rechtanwendungspraxis, die ausschließlich juristischen Laien überlassen bleibt.

Die Ferengi sind in der Hinsicht wissenschaftlich weiter. Ihre Erwerbsregeln der Bereicherung, das zentrale Regelwerk der Gesellschaft auf Ferenginar, werden begleitet durch siebenundvierzig Kommentare, neunhundert große und kleine Urteile und zehntausend erwogene Optionen (im Original: considered opinions).[25] Darüber hinaus existiert für die Erwerbsregeln ein Schlagwortverzeichnis. Diese Sekundärquellen sind alle sauber dokumentiert und können gegen entsprechendes Entgelt von jedermann erworben werden.

---

23 Raumschiff Enterprise – Das nächste Jahrhundert, S3 E2 – Die Macht der Paragraphen.

24 *Scharf/Roberts*, The Interstellar Relations of the Federation, S. 78.

25 Star Trek: Raumschiff Voyager, S3 E5 – Das Wurmloch.

D. Verfassungsrecht

Das Verfassungsrecht eines Staates beinhaltet die grundlegenden Regelungen, nach denen er funktioniert. Elementar sind die Einrichtung der Staatsorgane und ihr Zusammenspiel untereinander sowie die wichtigsten Rechte und Garantien für die Bevölkerung. Im Star Trek Universum ist dieser Staat, der im Mittelpunkt der Erzählung steht, die Vereinigte Föderation der Planeten (teilweise auch: Vereinte Föderation der Planeten; im Original: United Federation of Planets). Die Idee der Eingliederung der Menschheit in ein mehrere Planeten umfassendes Staatensystem entstand erst im Laufe der Originalserie. Zunächst war das *Raumschiff Enterprise* von Gene Roddenberry als ein Schiff der Erde konzipiert worden, auf dem neben rund vierhundert Menschen zufällig auch ein Vulkanier als einziger Außerirdischer dient. Der Produzent und Stabautor Gene L. Coon trug maßgeblich zum Worldbuilding der Fernsehserie bei, indem er die Föderation erdachte und ihr andere politische Staatengebilde wie das Klingonische Reich gegenüberstellte. An die Utopie Roddenberrys angelegt, wurde sie als friedfertige Union aller Planeten konzipiert, die Raumfahrt entwickelt hatten oder zumindest in der Lage waren, mit anderen Intelligenzen in Kontakt zu treten.[1]

I. Die Vereinigte Föderation der Planeten

Die Föderation ist ein interstellarer Völkerbund. Mit diesen Worten bringt Captain Picard die staatsrechtliche Struktur auf den Punkt, als er während der Zeitreise im achten Kinofilm der Zivilistin Lily aus der Vergangenheit erklärt, welche politische Entwicklung ihrem Volk bevorsteht.[2] Es handelt sich um ein staatliches Gebilde im Weltraum, bei dem unterschiedliche Einzelvölker jeweils ihren Planeten sowie gegebenenfalls daran angrenzende Raumregionen kontrollieren.[3] Die planetarischen Regierungen sowie die Verwaltungen ihrer Kolonien haben eine entsprechende Allianz gebildet, mit der sie politisch homogen nach außen auftreten.[4]

Als Schmelztiegel unterschiedlicher Lebensformen[5] baut sie auf gemeinsamen Werten der Co-Existenz und des Zusammenhalts auf. Die Einleitung des Romans *Die erste Direktive* zitiert dazu aus dem fiktiven wissenschaft-

---

1 *Sander*, Das Star Trek Universum, 3. Aufl., Band 1, S. 15.

2 *Dillard*, Roman Star Trek: Der Aufstand, S. 119; dieselbe Bezeichnung benutzen viele Jahre zuvor bereits *Reeves-Stevens/Reeves-Stevens*, Roman Die erste Direktive, S. 7.

3 *Stoppe*, Unterwegs zu neuen Welten, Star Trek als politische Utopie, S. 167.

4 *Okuda/Okuda*, The Star Trek Encyclopedia, S. 510; *Wangler*, Regieren in Utopia – Das politische System der Föderation, S. 441.

5 *Hillenbrand/Humberg*, Trek minds, S. 16.

lichen Werk *„Eine historische Analyse der fünfjährigen Forschungsmissionen*" von Admiral Tabor vom Stellaren Institut der Erde:

> *„Die Föderation wurde nicht mit Gewalt gegründet und sie verdankte ihre Existenz auch nicht allein den Geboten der Zweckmäßigkeit oder einer Gefahr. Sie basierte vielmehr auf einem Traum – auf dem Traum von Gemeinschaft und Zusammenarbeit, von Frieden und Harmonie. Auf dem Traum, mehr Wissen zu sammeln, die Grenzen des Erforschbaren zu erreichen und sich jenseits von ihnen umzusehen.*"[6]

Die Föderation sieht sich als Rechtsstaat. Jedenfalls bemängelt der Doktor der *Voyager* fehlende Rechtsstaatlichkeit auf dem Gammadanischen Hospitalschiff.[7] So richtig fassbar ist das Wesen der Föderation immer nur in der Abgrenzung zu anderen Völkern wie dem Dominion oder den Borg.[8] Der erzählerische Grund dafür ist simpel: Würden die Geschichten zu viel über das politische System verraten, könnte dies das utopische und romantische Element der perfekten Gesellschaft zerstören.[9] So werden fast alle wesentlichen Details über die Föderation stets nur punktuell angerissen, ohne eine tiefe Konturierung zu bekommen. Dieser literarische Kniff funktioniert perfekt, weil die Handlungsorte der im Zentrum der Geschichte stehenden Föderationsschiffe in den unendlichen Weiten, fernab der politischen Entscheidungsgremien und der planetaren Zivilbevölkerung angesiedelt sind.

Gegründet wird die Föderation im Jahr 2161 durch die vier ersten Mitgliedswelten Erde, Vulkan, Andoria und Tellar.[10] Im 24. Jahrhundert, in dem die Mehrzahl der Star-Trek-Geschichten angesiedelt ist, besteht sie aus rund 150 Mitgliedswelten.[11] Im Anschluss wächst sie auf 350 Mitgliedswelten an, bevor sie infolge der galaktischen Naturkatastrophe namens der Brand weitgehend zerfällt.[12] Sie entsteht aus einer Weiterentwicklung der Vereinten Nationen der Erde.[13] Die irdische Vorläuferorganisation wird bildlich deutlich am Föderationswappen,[14] das die stilisierte Milchstraße in Weiß auf blauem Untergrund, umgeben von einem Lorbeerkranz in sich trägt. Die Anleihen am Emblem der UNO mit ihrem Frieden symbolisierenden Lorbeerkranz um einer abstrahierten Karte der Erdkontinente sind unübersehbar. Zu

6 *Reeves-Stevens/Reeves-Stevens*, Roman Die erste Direktive, S. 8.
7 Star Trek: Raumschiff Voyager, S7 E5 – Kritische Versorgung.
8 *Wangler*, Regieren in Utopia – Das politische System der Föderation, S. 435.
9 *Wangler*, Regieren in Utopia – Das politische System der Föderation, S. 435 f.
10 Star Trek: Enterprise, S4 E22 – Dies sind die Abenteuer.
11 Star Trek: Deep Space Nine, S1 E13 – Die Prophezeiung; Kinofilm Star Trek: Der erste Kontakt.
12 Star Trek: Discovery, S3 E5 – Die Bewährungsprobe.
13 *Scharf/Roberts*, The Interstellar Relations of the Federation, S. 76.
14 *Wangler*, Regieren in Utopia – Das politische System der Föderation, S. 435.

den weiteren Nationalsymbolen der Föderation gehört die Hymne, die bei Staatsakten und sportlichen Ereignissen gespielt wird.[15] In der Serie *Deep Space Nine* ist sie zu hören vor einem Baseballspiel.[16]

Von den Äußerlichkeiten abgesehen, liegt der Vergleich mit der Europäischen Union noch näher als der mit der UNO. Bei weitgehender Eigenständigkeit der Einzelplaneten sind die wesentlichen Merkmale der Föderation die wirtschaftliche und die sicherheitspolitische Einheit. Zwar passt eine Wirtschaftsunion zunächst nicht zu den Idealen Star Treks, nach denen die Föderationsbürger nicht mehr nach Materiellem streben.[17] Jedoch fügt es sich wiederum ins Bild, eine Gemeinschaft zu etablieren, die alle Ressourcen untereinander teilt. Welten, die Teil der Föderation sind, fehlt es an nichts, weil sie von anderen Mitgliedswelten versorgt werden und im Gegenzug exportieren, was sie im Überfluss haben.[18] Initialer Grund für die Gründung der Föderation ist jedoch nicht die wirtschaftliche Zusammenarbeit, sondern die Reaktion auf den Ausbruch des irdisch-romulanischen Krieges.[19] Darin zeigt sich eine spürbare Parallele zum Friedensprojekt der EU. Der Unterschied ist allerdings, dass der Anlass für die Gründung der Europäischen Gemeinschaft neuen Kriegen zwischen den eigenen Mitgliedern vorbeugen sollte, während die Föderation eine Einheit gegen Bedrohungen von außen ist. In verteidigungspolitischer Hinsicht ist damit auch ein Vergleich mit der NATO nicht abwegig, auch wenn die Zusammenarbeit innerhalb der Föderation über militärische Synergien weit hinausgeht.

II. Föderationscharta und Föderationsverfassung

Die Föderation gibt sich bei ihrer Gründungszeremonie im Jahr 2161 eine Charta.[20] Die feierliche Unterzeichnung findet im Anschluss an die Festrede durch den späteren Föderationspräsidenten Captain Archer auf der Erde statt.[21] Der Vertragstext regelt die Grundwerte der interstellaren Gemeinschaft sowie die Verhältnisse zwischen Föderation und Mitgliedswelten.[22] Jene Gründungswerte sind nach den Worten von Captain Janeway die *„Prinzipien der Freiheit, der Selbstbestimmung und der gleichen Rechte für jedes*

15 *DeCandido*, Roman Die Gesetze der Föderation, S. 227.
16 Star Trek: Deep Space Nine, S7 E4 – Wettkampf in der Holosuite.
17 *Wangler*, Regieren in Utopia – Das politische System der Föderation, S. 441.
18 *Tanja*, in: Podcast Trekkiepedia, E29 – Geld.
19 *Wangler*, Regieren in Utopia – Das politische System der Föderation, S. 441.
20 Raumschiff Enterprise – Das nächste Jahrhundert, S5 E17 – Verbotene Liebe; Star Trek: Enterprise, S3 E24 – Stunde Null.
21 Star Trek: Enterprise, S4 E22 – Dies sind die Abenteuer.
22 *Wangler*, Regieren in Utopia – Das politische System der Föderation, S. 440 f.

intelligente Wesen.“[23] Weitere Aspekte der Grundwerte der Föderation nennt Captain Kirk beim Erstkontakt:

> *„Ich repräsentiere die Föderation der Planeten, eine interstellare Allianz, die den Frieden fördert, Mehrung des Wissens und Freundschaft zwischen allen Intelligenzen anstrebt.*“[24]

Hinsichtlich der einzelnen Artikel der Charta ist weder der Wortlaut noch der Inhalt bekannt. Die ausformulierte Präambel hat jedoch die Serie *Raumschiff Voyager* in den Kanon eingeführt. In der Folge *Die Leere* ist ein entsprechender Textauszug der Charta auf einem Display des Computerterminals von Captain Janeway zu sehen:[25]

> *„Wir, die Lebensformen der Vereinigten Föderation der Planeten, beschlossen, die uns folgenden Generationen vor den Schrecken des Krieges zu schützen und das Vertrauen in die fundamentalen Rechte eines empfindungsfähigen Wesens, die Würde und den Wert allen Lebens, in die gleichen Rechte der Angehörigen von großen und kleinen Planetensystemen wiederherzustellen und einen Zustand zu etablieren, unter dem Gerechtigkeit und Respekt für die Verpflichtungen, welche sich aus den Verträgen und anderen Quellen interstellarer Gesetze ergeben, aufrecht zu halten und auch den sozialen Fortschritt und bessere Lebensstandards auf allen Welten zu fördern...*“[26]

Die Formulierung dieser Präambel weist starke Ähnlichkeit mit der Eingangsformel der Charta der Vereinten Nationen von 1945 auf:

> *„Wir, die Völker der Vereinten Nationen – fest entschlossen, künftige Geschlechter vor der Geißel des Krieges zu bewahren, die zweimal zu unseren Lebzeiten unsagbares Leid über die Menschheit gebracht hat, unseren Glauben an die Grundrechte des Menschen, an Würde und Wert der menschlichen Persönlichkeit, an die Gleichberechtigung von Mann und Frau sowie von allen Nationen, ob groß oder klein, erneut zu bekräftigen, Bedingungen zu schaffen, unter denen Gerechtigkeit und die Achtung vor den Verpflichtungen aus Verträgen und anderen Quellen des Völkerrechts gewahrt werden können, den sozialen Fortschritt und einen besseren Lebensstandard in größerer Freiheit zu fördern...*“

Captain Janeway studiert das Vertragswerk in der genannten Episode, um darin Orientierung zu finden, wie sie sich verhalten soll, als die *Voyager* gemeinsam mit zahlreichen anderen, feindselig gestimmten Schiffen anderer

23 *DeCandido*, Roman Die Gesetze der Föderation, S. 99.

24 *McIntyre*, Roman Star Trek – Die erste Mission, S. 292.

25 Star Trek: Raumschiff Voyager, S7 E15 – Die Leere.

26 Übersetzung nach *Wangler*, Regieren in Utopia – Das politische System der Föderation, S. 442.

Völker in einer Raumregion gefangen ist. Sie konstatiert nach der Lektüre des Textes:

> „*Die Charta ist eine Verlautbarung von Prinzipien und kein für die Praxis taugliches Instrument.*“[27]

Vergeblich versucht sie, über die Charta ein „*Hintertürchen*“ zu finden, das ihr erlaubt, „*höchst ungewöhnliche Maßnahmen zu ergreifen*“. In ihrer extremen Bedrohungslage sucht sie nach rechtlichen Optionen, von den Prinzipien der Charta abweichen zu dürfen. Schlussendlich nutzt sie die Prinzipien, um eine Allianz in der Raumregion aufzubauen. Dass die Charta ihr nicht weiterhilft, hätte sie dabei ahnen können. Bei den Grundrechtekatalogen und Verfassungen der aktuellen Gegenwart ist es nicht anders – sie enthalten abstrakte Werte und Leitsätze, die keine konkreten Einsatzvorgaben für bestimmte Situationen sind.

Neben der Föderationscharta gibt es eine Föderationsverfassung. Captain Picard zitiert daraus das Verfassungsgebot der Unschuldsvermutung.[28] Die Verfassung ist damit nach US-amerikanischen Maßstäben das Äquivalent zum Bill of Rights.[29] Darüber hinaus ist anzunehmen, dass die Verfassung die konkreteren Details des Staatsaufbaus festlegt, während die Charta nur die sehr abstrakten Grundsätze und die programmatische Zielrichtung des interstellaren Bündnisses beschreibt.

III. Staatsorganisationsrecht

Das Zusammenspiel aus Föderationscharta und Föderationsverfassung legt den institutionellen Aufbau des Staatengebildes fest. Die föderale Einheit ist als Weltenbund angelegt. Es handelt sich nicht um eine lose Gemeinschaft wie die Vereinten Nationen, aus der die Föderation hervorgegangen ist. Aufgrund der starken an die interstellare Einheit übertragenen Befugnisse ist ein eher starkes Föderationsmodell zu beobachten, das in der Hinsicht eher mit den heutigen Vereinigten Staaten von Amerika, der Bundesrepublik Deutschland oder mit Kanada vergleichbar ist.[30]

27 Star Trek: Raumschiff Voyager, S7 E14 – Die Leere.

28 Raumschiff Enterprise – Das nächste Jahrhundert, S4 E21 – Das Standgericht.

29 *Joseph/Carton*, The Law of the Federation, S. 30.

30 *Chaires/Chilton*, Star Trek Visions of Law and Justice, S. 20.

1. Aufbau des politischen Systems

Star Trek skizziert keine Entwürfe politischer Strukturen.[31] Bewusst hat Gene Roddenberry nie das Innere der Föderationsregierung oder des Sternenflottenhauptquartiers gezeigt. Diese Entscheidung traf er nicht nur aus Budgetgründen, sondern auch, um keine Geschichten über die höchste Kommandoebene und interplanetarische Politik zu erzählen.[32] Er sieht auch einen Grund für den Erfolg der Serie darin, dass Religion und Politik sehr sorgfältig aus der Serie rausgehalten wurden.[33] Lediglich der vierte Kinofilm gewährt kleine Einblicke in die Ratskammer des Föderationsrats[34] und eine einzelne Doppelfolge gibt nach dem Ableben Gene Roddenberrys kleine Einblicke in das Büro des Präsidenten sowie die Zentrale der Admiralität auf der Erde.[35] Verschiedene weitere Male finden der Föderationsrat und der Präsident Erwähnung.

Die politische Führung der Föderation ist auf mehrere Organe verteilt. Der Präsident bzw. die Präsidentin leitet die Föderationsregierung. Hinzu kommt der Föderationsrat als zentrales Beschlussgremium. Zudem gibt es Gerichte, deren Funktion teilweise auch der Föderationsrat ausfüllt. Alle diese Organe haben ihren Sitz auf der Erde, diese ist der Hauptplanet der Föderation.[36] Ob es eine offizielle Hauptstadt gibt, ist nicht bekannt, jedoch sind das Präsidialbüro und der Föderationsrat im 23. und 24. Jahrhundert in Paris angesiedelt. Im Zuge der Naturkatastrophe „Der Brand“ wird der Regierungssitz in eine Raumstation an einem geheimen Ort verlegt,[37] bis er schließlich nach den Schilderungen der zweiten Episode von *Starfleet Academy* auf Betazed eingerichtet wird.[38]

a) Föderationsrat

Der Rat der Vereinigten Föderation der Planeten ist das Herzstück der zivilen Führung des Staatengebildes. Er entscheidet über zentrale Fragestellungen der galaktischen Politik und widmet sich mitunter auch kleinteiligen Detailfragen. Jede Mitgliedswelt entsendet ein Ratsmitglied, das die Interessen seines oder ihres Heimatplaneten im Völkerbund vertritt. Der Rat ist ein Ort der intensiven Debatte. Es ist anzunehmen, dass ganz im Sinne der

31 *Göll*, Über das Fehlen von Utopie – Politik in Star Trek, Vorgänge 36 (2), S. 35 (45).

32 *Roddenberry* in einem Brief an *Janet Quarton*, wiedergegeben bei *Alexander*, Gene Roddenberry – Die autorisierte Biographie, S. 586.

33 *Roddenberry* in zwei Briefen an Freunde, wiedergegeben bei *Alexander*, Gene Roddenberry – Die autorisierte Biographie, S. 612, 614.

34 Kinofilm Star Trek IV: Zurück in die Gegenwart.

35 Star Trek: Deep Space Nine, S4 E11 – Die Front; S4 E12 – Das verlorene Paradies.

36 *Stoppe*, Unterwegs zu neuen Welten, Star Trek als politische Utopie, S. 169.

37 Star Trek: Discovery, S3 E5 – Die Bewährungsprobe.

38 Star Trek: Starfleet Academy, S1 E2 – Betatest.

Konfliktlosigkeits-Doktrin Gene Roddenberrys[39] die im Kleinen im Konferenzraum der *Enterprise* gelebte vorbildliche Diskussionskultur auch und erst recht in der Ratskammer gelebt wird.

Die verschiedenen, sehr punktuellen Gelegenheiten, bei denen Star Trek den Föderationsrat erwähnt, geben kein homogenes Bild ab, was der Rat genau ist. Mal wird er gesetzgeberisch tätig, mal scheint er eher die Funktion der Regierung darzustellen. In mehreren bekannten Beispielen wird der Rat sogar in Form eines Gerichts aktiv. Den äußeren Anschein eines Parlaments erweckend ist er in der Summe seiner Kompetenzen mehr als nur ein Gesetzgebungsorgan.

Die Details der Arbeitsweise des Rates werden in den Fernsehserien und Filmen allenfalls oberflächlich angedeutet. Eine detaillierte Darstellung des Innenlebens dieses Organs bietet jedoch der Roman *Die Gesetze der Föderation* von Keith DeCandido. Der Romantext ist erkennbar darauf ausgerichtet, den wenigen Hinweisen auf den Föderationsrat, den die Serien und Filme bieten, nicht zu widersprechen und sie konsequent zu konkretisieren. Daher dient er als bedeutende Quelle dieses Kapitels, wobei die Bildschirmproduktionen Vorrang genießen.[40]

aa) Zusammensetzung und Wahl

In den Föderationsrat entsenden alle Mitgliedswelten jeweils eine abgesandte Person als Ratsmitglied ihres Planeten. Damit umfasst das Kollegialgremium abhängig von der im stetigen Wandel begriffenen Größe der Föderation während der Zeit von *Raumschiff Enterprise – Das nächste Jahrhundert* um die 150 Mitgliedswelten. Als Bajor konkrete Vorbereitungen unternimmt, in den Weltenbund einzutreten, bereitet die planetare Regierung die Wahl ihres ersten Ratsmitglieds vor. Dies wird erwähnt in der Folge *Heilige Visionen* der Serie *Star Trek: Deep Space Nine.*[41] Im Anschluss an die Wahl ist die Ernennung durch die Premierministerin Bajors geplant, wie wiederum aus einer Buchquelle bekannt ist.[42] Den Beitrittsantrag zieht die bajoranische Regierung aufgrund von Vorbehalten bei Commander Sisko zwar zurück, das Antragsverfahren liefert jedoch wertvolle Erkenntnisse für die demokratische Legitimation des Rates. Vergleichbar verläuft das Prozedere auf langjährigen Mitgliedswelten. Nach dem Rücktritt des triexanischen Ratsmitglieds Artrin bereitet die Kurie seines Planeten die Ernennung eines neuen Ratsmitglieds vor.[43]

39 Siehe oben S. 32 ff.
40 Siehe oben S. 15 f.
41 Star Trek: Deep Space Nine, S5 E10 – Heilige Visionen.
42 *DeCandido*, Roman Die Gesetze der Föderation, S. 181.
43 *DeCandido*, Roman Die Gesetze der Föderation, S. 179.

Aus diesen Informationen lassen sich folgende Schlüsse ziehen: Die Ratsmitglieder werden jeweils von ihrem Planeten bestimmt und entsandt. Auf Bajor erfolgt dies durch eine Wahl. Dies bedeutet nicht, dass alle Planeten es auf gleiche Weise handhaben. Es ist durchaus denkbar, dass jede Welt ihre eigenen Willensbildungsprozesse durchläuft, um die sie repräsentierende Person zu ermitteln. Auch wenn es sich, wie auf Bajor, um eine Wahl handelt, ist nicht gesichert, dass es sich dabei um eine demokratische Volksbefragung handelt. Der Begriff der Wahl deutet nur an, dass eine Mehrheitsentscheidung getroffen wird. Wer wahlberechtigt ist, ist damit nicht gesagt. So ist es sowohl vorstellbar, dass alle Bürgerinnen und Bürger auf dem betreffenden Planeten an die Wahlurne gebeten werden, als auch dass lediglich ein Parlament oder auch ein geschlossener Zirkel wie das Konklave bei der heutigen irdischen Papstwahl das Votum abhält. Die oben genannte Folge von *Deep Space Nine* deutet an, dass die Wahl relativ vorbereitungsintensiv ist. Dies ist ein Indiz dafür, dass ein Referendum unter dem Volk abgehalten wird. Nach den Maßstäben der aktuellen Gegenwart wäre die Besetzung eines legislativen Gremiums durch lediglich mittelbare Wahlen nichts Ungewöhnliches. So werden die Mitglieder des Deutschen Bundesrats jeweils von den Regierungen der Länder bestimmt. Die Länderregierungen sind ebenfalls nicht direkt vom Volk gewählt, sondern vom direkt gewählten Landesparlament. Ähnlich verhält es sich mit den Kommissarinnen und Kommissaren der Europäischen Kommission. Jeder Mitgliedstaat der EU entsendet eine Person in das Gremium. Vorgeschlagen werden diese Personen von den jeweiligen nationalen Regierungen nach einem intransparenten Auswahlverfahren. Das Europäische Parlament muss jedoch im Anschluss jeden Kommissar bzw. jede Kommissarin im Amt bestätigen.

Ein zweiter wichtiger Schluss aus den Serien- und Romanquellen ist der Umstand, dass der Föderationsrat nicht im Ganzen nach einer festgelegten Legislaturperiode neu gewählt wird. Stattdessen führt jede Mitgliedswelt für sich die Wahl beziehungsweise das Auswahlverfahren für ihr jeweiliges Ratsmitglied durch. Dabei gilt es zu bedenken, dass die beiden oben dargestellten Beispiele Bajor und Triexa gegebenenfalls nicht repräsentativ sind. Es handelt sich jeweils um eine Sonderkonstellation, bei der wegen Neueintritts in die Föderation oder wegen Rücktritts des Vorgängers eine vorzeitige Wahl vor dem regulären Wahltermin erfolgen muss. Es besteht jedoch kein Bedarf für eine zeitgleiche, logistisch extrem aufwendige Abstimmung auf 150 Welten, weil keine politischen Mehrheitsverhältnisse gewählt werden. Anders als bei einer Parlamentswahl entscheidet keine Wahl darüber, welche inhaltliche politische Strömung wie viele Sitze erhält. Jede Welt hat einen Sitz. Damit ist die Situation vergleichbar mit der unveränderlichen Gewichtung im Bundesrat, dessen Mitglieder auch nicht en bloc gewählt werden, sondern unterjährig ausgetauscht werden, wenn sich die Mehrheitsverhältnisse im jeweiligen Bundesland verändert haben.

bb) Legislativkompetenz

Der Föderationsrat ist zunächst ein Gesetzgebungsgremium.[44] Er erlässt die elementaren Regeln des interstellaren Völkerbunds. Ein Beispiel ist die Einführung einer Geschwindigkeitsbegrenzung für Warpreisen von Raumschiffen. Nachdem Captain Picard dem Rat in der Folge *Die Raumkatastrophe* die Erkenntnis übermittelt hat, dass Reisen mit Überlichtgeschwindigkeit die physikalische Struktur des Weltraums zerstören können, beschließt der Rat von einem Tag auf den anderen ein Gesetz zur Beschränkung der Raumfahrt.[45] Für eine im All so weit ausgedehnte Gemeinschaft, dass sie nur durch Warpflüge zusammengehalten werden kann, ist es ein sehr einschneidender Schritt, den der Rat unverzüglich umgesetzt hat. Umweltschutzvorgaben derart konsequent und zügig nach Bekanntwerden einer Gefahr in Gesetzesform zu fassen, zeigt die enorme Handlungsfähigkeit und Konsensfähigkeit des Rates. Eine solche Einheit in einem derart pluralistisch besetzten Gremium erscheint aus aktueller Perspektive nur möglich, wenn sich Völker weiterentwickeln, als es die Menschheit derzeit ist.

Zur Gesetzgebungskompetenz zählt auch die Ratifizierung völkerrechtlicher Verträge, die ebenfalls dem Föderationsrat zukommt.[46] So beschließt er beispielsweise Handelsabkommen.[47] Die praktische Durchführung erfolgt, indem der Captain des Sternenflottenraumschiffs vor Ort, der sie aushandelt und unterschreibt, die Vertragsdokumente digital per Subraumnachricht an die Sternenflottenabteilung für Auswärtige Angelegenheiten schickt.[48] Die Sternenflotte leitet die Texte dann an den Föderationsrat weiter, der dann in der Regel binnen einiger Stunden über die Annahme des Vertrags entscheidet. Das Verfahren ähnelt den derzeitigen Gegebenheiten auf der Erde, bei denen völkerrechtliche Verträge zunächst von den Regierungen zweier Staaten über ihre Außenministerien vorbereitet und unterschrieben werden.[49] Im Nachgang sind nach den Verfassungen der meisten Mitgliedstaaten die Verträge durch das jeweilige Parlament zu ratifizieren, damit sie Gültigkeit erlangen können. Dass eine solche Ratifizierung aber binnen einiger Stunden erfolgt, ist derzeit noch illusorisch. Es handelt sich um einen weiteren Beleg für die hervorragende Kultur der Zusammenarbeit im Föderationsrat.

---

44 *Stoppe*, Unterwegs zu neuen Welten, Star Trek als politische Utopie, S. 171; *DeCandido*, Roman Die Gesetze der Föderation, S. 185.

45 *Göttling*, in: Fistrich/Göttling, Podcast Trek am Dienstag, E294 – Force of Nature.

46 Raumschiff Enterprise – Das nächste Jahrhundert, S7 E20 – Am Ende der Reise.

47 *DeCandido*, Roman Die Gesetze der Föderation, S. 76.

48 *Mitchell*, Roman Die Jarada, S. 126.

49 *Mitchell*, Roman Die Jarada, S. 126.

Eine weitere parlamentarische Kompetenz des Rates ist die Beschlussfassung über die Aufnahme neuer Mitgliedswelten.[50] Alternativ kann der Rat ihnen auch als Vorstufe einen Protektoratsstatus zubilligen.[51]

cc) Exekutivkompetenz

Neben seiner gesetzgeberischen Funktion trifft der Rat auch klassische Regierungsentscheidungen. Das ist nicht gänzlich ungewöhnlich, so ist die EU-Kommission auch ein hybrides Gremium, das Legislativ- und Exekutivkompetenzen in sich vereint. Aus genau diesem Grund ist der EU jedoch auch zu bescheinigen, dass sie keine durchgehende Gewaltenteilung im Sinne eines Rechtsstaats aufweist.

Ein Beispiel für Exekutivhandeln des Föderationsrats ist die Anordnung der Umsiedelung der Ba'Ku von ihrem Heimatplaneten.[52] Im Kinofilm *Der Aufstand* wird die heimliche Verschleppung der Bevölkerung auf einen alternativen Planeten vorbereitet, um die medizinische Wirkung der Strahlung auf Ba'Ku für andere Völker nutzbar zu machen. Nach Aufklärung der damit verbundenen Missstände durch die *Enterprise* verspricht der Rat umgehend einen Umsiedlungsstopp und die Einleitung einer Untersuchung der Vorfälle.[53] Ein anderes Beispiel liefert der erste Kinofilm. Im Zuge der Umrüstung der *Enterprise* weist diese den Konstruktionsfehler auf, dass die Phaserwaffen funktionsunfähig sind, solange der Warpantrieb offline ist. Als Captain Kirk davon erfährt, denkt er sich gemäß den Überlieferungen im Roman zum Film:

> „*Um das zu verhindern, wäre ich bis vor den Föderationsrat gegangen.*"[54]

Dass der Rat aus Abgesandten der 150 Mitgliedswelten über die Energieeinspeisung der Phaser einzelner Schiffsmodelle entscheidet, erscheint zunächst widersinnig. Gegebenenfalls handelt es sich auch nur um eine Redewendung. Allerdings würde eine Kompetenz auch für solche Fragen zur sonstigen Darstellung des Allround-Gremiums passen, vor dem jede Person vorsprechen darf.[55] Realistischer wird das Ansinnen Kirks, sich mit dieser sehr spezifischen Fragestellung an den Rat zu wenden, wenn man davon ausgeht, dass diverse Unterräte für weniger wichtige Angelegenheiten eingerichtet sind.[56]

---

50 Star Trek: Deep Space Nine, S5 E10 – Heilige Visionen.
51 *Dillard*, Roman Star Trek: Der Aufstand, S. 28.
52 *Dillard*, Roman Star Trek: Der Aufstand, S. 228.
53 Kinofilm Star Trek: Der Aufstand.
54 *Roddenberry*, Roman Star Trek – Der Film, S. 106.
55 Siehe unten S. 58.
56 Siehe unten S. 59.

dd) Judikative Kompetenz

Als dritte Funktion besitzt der Föderationsrat judikative Kompetenz. Er fungiert jedenfalls im Einzelfall auch als Militärgericht bzw. Untersuchungsausschuss.[57] An prominenter Stelle wird dies gezeigt im vierten Kinofilm,[58] nachdem die Führungsoffiziere der originalen USS *Enterprise* das Schiff befehlswidrig gestohlen hatten, um den Körper des verstorbenen Captain Spock vom Genesis-Planeten zu bergen.[59] Der Film beginnt mit einer vom Föderationspräsidenten geleiteten Sitzung des Rats und einer Aussprache zu den Vorfällen des vorangegangenen Kinofilms am Genesis-Planeten. „*Die Angeklagten*" werden thematisiert, die nicht präsent sind. Der klingonische Botschafter spricht sich darin anklagend über Admiral Kirk aus. Die ehemalige Brückenbesatzung der mittlerweile zerstörten *Enterprise* befindet sich zu dem Zeitpunkt auf dem Planeten Vulkan, auf dem sie Captains Spocks Katra mit dessen Körper wiedervereinigen konnte. Die Offiziere fliegen mit dem gekaperten klingonischen Schiff *Bounty* zur Erde, „*um Rechenschaft abzulegen*". Nach einem Zwischenstopp per Zeitreise auf die Erde des Jahres 1986, den sie zur Abwendung einer akuten weltweiten Notlage einlegen, begeben sie sich direkt in die Ratskammer. Der die Sitzung leitende Föderationspräsident setzt sodann die Verhandlung fort. Er teilt mit, dass die Anklagepunkte gegen alle Beteiligten außer Admiral Kirk fallengelassen würden. Dieser wird an Ort und Stelle dahingehend verurteilt, dass er in den Rang eines Captains degradiert wird. Damit ahndet der Rat die Befehlsverweigerung, die Admiral Kirk begangen hat, als er gegen die direkte Order des Captains der *Excelsior* die *Enterprise* aus dem Raumdock zum Genesis-Planeten gesteuert hatte. Die übrigen ursprünglichen Anklagepunkte lässt er fallen in Anerkennung der Tatsache, dass Kirk zwischenzeitlich im Zuge der Zeitreise die Erde vor der Zerstörung gerettet hat. Abschließend verfügt der Föderationsrat, dass Captain Kirk in seinem neuen Rang das Kommando über ein Raumschiff erteilt wird.

Es handelt sich bei dem rechtlich bemerkenswerten Vorgang um die einzige Gerichtsverhandlung durch den Rat, die das Publikum zu Gesicht bekommt. Da der Rat ohnehin kaum gezeigt wird, ist dies jedoch kaum verwunderlich. Im Roman *Die Gesetze der Föderation* wird eine weitere Verhandlung geschildert, die der Rechtsausschuss des Rates abhält. Gegenstand ist der rechtliche Status des Androiden B-4, eines primitiveren Vorläufers von Lieutenant Commander Data, der im zehnten Kinofilm aufgefunden wurde. Die Buchfundstelle ist allerdings durch das in der späteren Streamingserie *Star Trek: Picard* gezeigte weitere Schicksal von B-4 im Kanon widerlegt.

57 *Stoppe*, Unterwegs zu neuen Welten, Star Trek als politische Utopie, S. 171.
58 Kinofilm Star Trek IV: Zurück in die Gegenwart.
59 Kinofilm Star Trek III: Auf der Suche nach Mr. Spock.

In ihrem Pilotfilm schildert die Serie, dass B-4 nicht hinreichend funktionabel war, um eigenständig zu existieren.[60]

Eine dritte Andeutung auf die judikative Rolle des Rates zeigt die Serie *Star Trek: Raumschiff Voyager* im Rahmen einer alternativen Zukunft. In der Folge *Temporale Paradoxie* unternehmen die Ex-Offiziere Chakotay und Paris den Versuch, die zuvor zerstörte *Voyager* mittels eines Eingriffs in die Zeitlinie von ihrem Absturz auf einen Eisplaneten zu bewahren. Verfolgt werden sie dabei von Captain La Forge, der versucht, das Unterfangen zu vereiteln. Per Funk unterbreitet er ihnen ein Angebot des Föderationsrats:

> „*Händigen Sie uns den Borg-Transmitter aus, dann lassen wir die Anklage wegen Konspiration fallen.*“[61]

Dieses letzte Beispiel lässt darauf schließen, dass der Föderationsrat ein Strafverfahren gegen Chakotay und Paris führt. Jedenfalls nach deutschem Begriffsverständnis der Gegenwart werden Angeklagte als solche nur bezeichnet, wenn ein Gerichtsverfahren eingeleitet ist. Ansonsten wären sie je nach Verfahrensstand Beschuldigte oder Angeschuldigte. Abseits der nicht ohne weiteres übertragbaren Begrifflichkeiten ist es jedoch auch denkbar, dass der Föderationsrat als eine Art Staatsanwaltschaft fungiert, die Ermittlungen leitet und Anklagen vor Strafgerichten erhebt. So wie Staatsanwaltschaften auch in der aktuellen Gegenwart nicht unabhängig sind, sondern den jeweiligen Justizministerien und damit der Regierung weisungsabhängig unterstehen, ist es nicht unwahrscheinlich, dass das Angebot des Föderationsrats von einer Ermittlungsbehörde stammt, die dem Rat untersteht.

Jedenfalls das erste Beispiel des Kinofilms *Zurück in die Gegenwart* verdeutlicht eindrücklich, dass der Föderationsrat als Gericht fungieren kann. Neben seiner legislativen und exekutiven Kompetenz kommt damit eine judikative Befugnis hinzu. Im Sinne einer modernen Gewaltenteilung ist dies kaum vorstellbar. Deshalb werden die Filmszenen teilweise dahingehend interpretiert, dass der Präsident im Rat lediglich ein Urteil bekannt gibt, das zuvor ein Militärgericht gefällt hat.[62] Diese Auslegung passt jedoch kaum zur Darstellung im Kinofilm. Die betreffende Szene ist erkennbar so inszeniert, dass das Urteil vor Ort gesprochen wird. Die Urteilsbegründung, die im Wesentlichen auf der Würdigung der zwischenzeitlichen Rettungsmission der Erde durch Admiral Kirk fußt, erscheint zudem mehr politisch als juristisch argumentiert. Sie passt damit inhaltlich besser in ein aus politischen Gesandten der Mitgliedswelten besetztes Gremium als in ein mit juristischer Methodik arbeitendes Gericht. Aus dem auf der Kinoleinwand Gezeigten

60 Star Trek: Picard, S1 E1 – Gedenken.

61 Star Trek: Raumschiff Voyager, S5 E6 – Temporale Paradoxie.

62 *Wangler*, Regieren in Utopia – Das politische System der Föderation, S. 439.

muss der Schluss gezogen werden, dass Gewaltenteilung im 23. Jahrhundert kein hoher Stellenwert beigemessen wird.

Der Föderationsrat entscheidet in dem Beispiel als erst- und letztinstanzliches Militärgericht. Der Regelfall kann dies nicht sein, denn es sind diverse weitere Militärgerichte bekannt, deren Verhandlungen an Bord von Raumschiffen oder Raumstationen abgehalten werden. Offenkundig kann der Föderationsrat Verfahren von besonderer politischer Bedeutung an sich ziehen. Eine solche von politischer Willkür abhängige Sonderzuständigkeit wäre mit dem in der Gegenwart vorherrschenden Recht auf den gesetzlichen Richter unvereinbar, nach dem im Vorfeld nach klaren Regeln ableitbar sein muss, welcher Spruchkörper und welche Abteilung bzw. Kammer tätig werden wird.

ee) Arbeitsweise

Der Föderationsrat hat seinen Sitz im Paris im Palais an den Champs Elysées.[63] Die große Ratskammer befindet sich im ersten Stock. Geleitet werden die Ratssitzungen vom Föderationspräsidenten bzw. der -präsidentin an einem Stehpult am kurzen Ende der Ratskammer.[64] Er oder sie steht dem Rat vor, erteilt den Rednerinnen und Rednern das Wort und ruft erforderlichenfalls zur Ordnung.[65] Nur wenn die reguläre Leitung nicht auf dem Planeten ist oder ein außergewöhnlicher Umstand eintritt, übernimmt eine Vertretung.[66] Der Föderationspräsident ist damit in Personalunion auch Ratspräsident.[67]

Für die Tagesordnung können alle Ratsmitglieder Themen anmelden. Zudem schildert der Roman *Die erste Direktive* ausführlich, dass auch sonstige Föderationsbürger vor dem Rat sprechen können.[68] Spock beantragt in der Geschichte die zivile Akkreditierung, um vor dem Plenum in der großen Ratskammer über das Spannungsfeld zwischen Erster Direktive und humanitärer Hilfe vorzutragen und eine Reform anzuregen. Die Gewährung eines solchen Termins dauert in der Regel mindestens ein Standardjahr, mit diplomatischer Hilfe der jeweiligen Botschaft lässt sich die Wartezeit jedoch erheblich verkürzen.[69] In der Episode *Die Raumkatastrophe* aus der Serie *Das nächste Jahrhundert* erwähnen die Hekaraner Rabal und Serova, dass sie sich zunächst an den Föderationsrat gewandt hatten, um auf die Umwelt-

63 *DeCandido*, Roman Die Gesetze der Föderation, S. 66, 70.
64 *DeCandido*, Roman Die Gesetze der Föderation, S. 176.
65 Kinofilm Star Trek IV: Zurück in die Gegenwart.
66 *DeCandido*, Roman Die Gesetze der Föderation, S. 358.
67 *Wangler*, Regieren in Utopia – Das politische System der Föderation, S. 439.
68 *Reeves-Stevens/Reeves-Stevens*, Roman Die erste Direktive, S. 289 f.
69 *Reeves-Stevens/Reeves-Stevens*, Roman Die erste Direktive, S. 293.

gefahren schneller Warpflüge aufmerksam zu machen.[70] Nachdem sie dort jedoch kein Gehör gefunden hatten, ergreifen sie extremistische Aktivitäten. Ob ihnen eine Audienz vor dem Rat abgewiesen worden war oder ob sie lediglich die Ratsversammlung mit ihren Ausführungen nicht überzeugen konnten, wird nicht deutlich. Beide Beispiele zeigen jedoch, dass es grundsätzlich für jedermann möglich ist, sich an den Föderationsrat zu wenden. Damit ist das in der derzeitigen Gegenwart vor Parlamenten etablierte Petitionsrecht auch in der Föderation gewährleistet. Allerdings ist es nach heutigen Maßstäben ungewöhnlich, dass Petentinnen und Petenten direkt vor dem Plenum ihres Parlaments mündlich vortragen dürfen. Üblicher ist die schriftliche Eingabe, die dann ein Petitionsausschuss aus einzelnen Abgeordneten zur Kenntnis nimmt und beantwortet. Die weiterentwickelte Gesellschaft der Zukunft ermöglicht aber offensichtlich den direkteren Diskurs mit dem Volk, ohne dass die Bevölkerung dies exzessiv ausnutzt.

Über das konkrete Prozedere der Beschlussfassung ist aus den Serienquellen nichts bekannt. Die parlamentsartige Zusammensetzung legt lediglich nahe, dass nach dem Mehrheitsprinzip abgestimmt wird. Nähere Hintergründe schildert der Roman *Die Gesetze der Föderation* ausführlich. Danach stimmt der Rat über Anträge ab[71] mit einer einfachen Mehrheitswahl der Ratsmitglieder. Jede der zu dem Zeitpunkt 154 Mitgliedswelten[72] hat eine Stimme; jede Stimme wiegt gleich und die Enthaltung ist möglich.[73] Aus den Serienquellen ist über relative Gewichtung nichts bekannt, aber es ist anzunehmen, dass es genau einen Repräsentanten pro Welt gibt.[74] Zwar fordert der Planet Betazed für seinen Neubeitritt zur Föderation in der zweiten Episode der Serie *Starfleet Academy* sechs Sitze.[75] Das Ansinnen wird föderationsseitig jedoch als unverhältnismäßig empfunden, sodass es nicht als Hinweis gewertet werden kann, dass mehrere Sitze die Regel sind. Die im Roman beschriebene gleiche Gewichtung jeder Welt wertet im Ergebnis kleine Welten massiv auf.[76] Einen anderen Ansatz wählen beispielsweise der Deutsche Bundesrat, in dem bevölkerungs- und flächenreichen Bundesländern ein höheres Stimmgewicht zugewiesen wird. Das System der Stimmgleichheit dürfte nur konfliktfrei funktionieren, wenn die Parlamentarier der Zukunft im Kern auf die Debatte setzen und sich von guten Argumenten überzeugen lassen und die Abstimmung letztlich eher der Formalisierung des gemeinsam gefundenen Ergebnisses bedeutet.

70 Raumschiff Enterprise – Das nächste Jahrhundert, S7 E9 – Die Raumkatastrophe.
71 *DeCandido*, Roman Die Gesetze der Föderation, S. 76.
72 Der Roman ist zeitlich nach dem zehnten Kinofilm Star Trek: Nemesis angesiedelt.
73 *DeCandido*, Roman Die Gesetze der Föderation, S. 112, 116, 289.
74 *Wangler*, Regieren in Utopia – Das politische System der Föderation, S. 438.
75 Star Trek: Starfleet Academy, S1 E2 – Betatest.
76 *Wangler*, Regieren in Utopia – Das politische System der Föderation, S. 438 f.

Nach dem Roman *Die Gesetze der Föderation* bildet der Föderationsrat diverse Unterräte.[77] Solche Arbeitsgruppen, in denen nur wenige Ratsmitglieder sitzen, sind der Rechtsausschuss (auch Rechtskommission genannt),[78] sowie die Ausschüsse für Regierungsaufsicht, interplanetaren Handel,[79] Technologie,[80] außerstaatliche Angelegenheiten[81] und der Sicherheitsausschuss.[82] Der Unterrat für Regierungsaufsicht hat die Aufgabe, kritische Fragen zu stellen, und gilt als eher unwichtig,[83] weil das Vertrauen in die Staatsspitze der weiterentwickelten Gesellschaft groß ist. Ein solches Gremium erscheint jedoch naheliegend zur Kompensation der nicht vorhandenen Oppositionsfraktionen. Entscheidungen eines Unterrats sind eine Empfehlung an den Rat, über die der dann beschließt.[84] Der Sicherheitsausschuss hat 13 Mitglieder, der Rechtsausschuss 12.[85] In Aufgabe, Arbeitsweise und Größe entsprechen die Unterräte den Ausschüssen derzeitiger Parlamente. Die Unterratsvorsitzenden nominiert der Föderationspräsident aus den Reihen der Ratsmitglieder.[86] Über die Besetzung entscheidet im Anschluss der Rat nach Proporzerwägungen und Fachkompetenz.[87]

ff) Einordnung

Der Föderationsrat vereint die Kompetenzen der Legislative, Exekutive und Judikative in einem Organ. Verglichen mit modernen Demokratien der aktuellen Gegenwart weist er damit ein erhebliches Defizit hinsichtlich der Gewaltenteilung auf. Dabei ist ihm zugute zu halten, dass er wohl nur die Legislativfunktion alleine ausübt, während die Exekutivgewalt primär beim Präsidenten und dessen Regierung liegt und der Föderationsrat richterliche Aufgaben offenbar nur ausnahmsweise ausübt. Gleichwohl handelt es sich um ein machtvolles Organ, das eigenständig Gesetze erlassen kann, die es im Nachgang als Exekutive selbst durchsetzt. Die judikative Funktion führt dazu, dass gegebenenfalls die Anwendung der Gesetze wiederum durch den Föderationsrat selbst auf seine Rechtmäßigkeit hin überprüft wird. Sofern sich eine Mehrheit im Rat dafür fände, könnte das Organ relativ ungehindert problematische Entscheidungen durchsetzen. Eine solche Machtzentrierung kann nur auf Dauer stabil funktionieren, wenn die darin vertretenen Dele-

77 *DeCandido*, Roman Die Gesetze der Föderation, S. 16.
78 *McIntyre*, Roman Star Trek – Die erste Mission, S. 190.
79 *DeCandido*, Roman Die Gesetze der Föderation, S. 27.
80 *DeCandido*, Roman Die Gesetze der Föderation, S. 29.
81 *DeCandido*, Roman Die Gesetze der Föderation, S. 79.
82 *DeCandido*, Roman Die Gesetze der Föderation, S. 171.
83 *DeCandido*, Roman Die Gesetze der Föderation, S. 28.
84 *DeCandido*, Roman Die Gesetze der Föderation, S. 98.
85 *DeCandido*, Roman Die Gesetze der Föderation, S. 190, 361.
86 *DeCandido*, Roman Die Gesetze der Föderation, S. 16, 29.
87 *DeCandido*, Roman Die Gesetze der Föderation, S. 17, 180.

gierten stets in guter Absicht handeln. Star Trek zeigt seinem Publikum damit eine utopische Regierungsform, die eine weiterentwickelte Gesellschaft voraussetzt, in der auch auf den höchsten Ebenen der Macht ein Grundkonsens des Vertrauens herrscht. Zwar werden immer wieder zwielichtige Admirals und anderes zweifelhaftes Spitzenpersonal gezeigt, jedoch korrigiert das System entsprechende Fehlentwicklungen stets im Laufe der jeweiligen Handlung. Insbesondere die neue Serie *Starfleet Academy* soll nach den Verlautbarungen der Showrunner thematisieren, wie das Vertrauen in die Institutionen nach dem zwischenzeitlichen Beinahe-Zusammenbruch der Föderation infolge des sogenannten Brands wiederhergestellt wird.[88] Dass die Integrität von Entscheidungsträgern selbst in der Menschheit der Zukunft nicht jederzeit selbstverständlich ist, zeigt jedoch ein Ausspruch von Doctor Bashir in der *Deep Space Nine*-Episode *Inquisition.* Die stark unabhängig agierende Geheimdienstorganisation der Sternenflotte namens Sektion 31 kommentiert er mit den Worten:

> *„Richter, Geschworener und Vollstrecker [...] Das ist, glaube ich, zu viel Macht für jeden.“*[89]

Auch in der aktuellen Gegenwart existieren Verschränkungen der Legislative und Exekutive. Auf EU-Ebene ist die Kommission zugleich Gesetzgebungs- und Exekutivorgan. Dass die Kommission ihre eigenen Entscheidungen anstelle des Europäischen Gerichtshofs selbst richterlich überprüft, ist jedoch undenkbar. Auch für die Föderation ist zu hoffen, dass ein Verfassungsgericht existiert und dass sich die judikative Kompetenz nur auf die einzelnen in Film und Serie gezeigten dienst- und strafrechtlichen Fälle beschränkt.

Aus den überschaubaren Quellen zum Föderationsrat wird im Übrigen das Leitbild eines breit angelegten Systems des Interessensausgleichs deutlich, das sich in den zentralen politischen Organen niederschlägt.[90] Bei gleichzeitiger Zentrierung auf die Menschheit und die Vulkanier, die beide eine überragend gewichtige Rolle einnehmen, strebt die Föderation in ihrer Politik den Konsens aller Mitgliedswelten an, der durch die argumentative Debatte hergestellt wird. Die Föderation betrachtet sich dabei als Demokratie. Dies folgt aus den Worten von Admiral Vance in der zweiten Episode der Serie *Starfleet Academy.* Die Forderung des Präsidenten von Betazed nach sechs Sitzen im Rat sowie einem Vetorecht gegen Neubeitritte lehnt der Oberbefehlshaber der Sternenflotte ab unter Verweis darauf, dass solche Privilegien die Demokratie gefährden würden. Ob die Föderation tatsächlich ein demokratisches Staatengebilde ist, ist in der Sekundärliteratur zu

88 *Dohm/Sonntag*, Podcast Discovery Panel, Star Trek News: September 2025.

89 Star Trek: Deep Space Nine, S6 E18 – Inquisition.

90 *Wangler*, Regieren in Utopia – Das politische System der Föderation, S. 437.

Star Trek umstritten. Während die eine Ansicht davon ausgeht, dass wir es mit einer Demokratie zu tun haben,[91] wird diese Eigenschaft von anderen infrage gestellt.[92] Sicher ist, dass der Föderationsrat als zentrales Beschlussorgan einem Parlament ähnlich ist, das Abgesandte aller Mitgliedswelten vereint. Die Wahlmodi der Ratsmitglieder sind jedoch unklar. Zudem deutet die Folge *Die Front* in der Serie *Deep Space Nine* eine starke alleinentscheidende Rolle des Föderationspräsidenten an, der ohne Rücksprache mit anderen Verfassungsorganen das Kriegsrecht ausrufen und damit Grundrechte massiv einschränken kann.[93] Captain Kirk beschreibt beim Erstkontakt mit den Bewohnern des Planeten Omega IV, dass es in der Föderation viele demokratische Welten gibt.[94] Damit trifft er jedoch keine Aussage darüber, ob die Vereinigte Föderation der Planeten selbst demokratisch ist.[95] Denkbar ist auch eine Konstellation, die mit der Europäischen Union vergleichbar ist. Ihre Mitgliedstaaten sind demokratisch organisiert; dies ist eine elementare Beitrittsvoraussetzung. Die EU selbst mit ihrer nur noch sehr mittelbar vom Volk gewählten Kommission, die zudem traditionelle Gewalten der Exekutive und Legislative vermischt, weist erhebliche demokratische Defizite auf.

b) Föderationspräsidentin bzw. Föderationspräsident

Die höchstrangige Einzelperson in der Vereinigten Föderation der Planeten ist der Präsident bzw. die Präsidentin. Sie ist Staatsoberhaupt, Regierungschef und Oberbefehlshaber der Sternenflotte.[96] Zugleich übt sie den Vorsitz über den Föderationsrat aus. Ihr Sitz im 15. Stock des Palais an den Champs Elysées in Paris[97] ist daher neben der Ratskammer im ersten Stock das wichtigste Machtzentrum des galaktischen Quadranten. Wer das Amt innehat, ist höchster völkerrechtlicher Repräsentant bzw. höchste Repräsentantin gegenüber den Mitgliedswelten sowie nach außen gegenüber den Drittwelten.[98]

Zudem verfügt er oder sie über handfeste Exekutivbefugnisse. Prägnant wird dies deutlich in der Doppelfolge *Die Front/Das verlorene Paradies*,[99] die als die innenpolitischste Episode der Serie *Deep Space Nine* gilt. Der Föderationspräsident Jaresh-Inyo sieht sich darin mit einer Unterwanderung von Teilen des Staatsapparats durch Formwandler aus dem Dominion kon-

91 *Hillenbrand/Humberg*, Trek minds, S. 35; *Manuel*, in: Hassler/Wilcox, Political Science Fiction, S. 183 (185).
92 *Stoppe*, Unterwegs zu neuen Welten, Star Trek als politische Utopie, S. 171.
93 Star Trek: Deep Space Nine, S4 E11 – Die Front.
94 Raumschiff Enterprise, S2 E25 – Das Jahr des roten Vogels.
95 *Stoppe*, Unterwegs zu neuen Welten, Star Trek als politische Utopie, S. 172.
96 *Stoppe*, Unterwegs zu neuen Welten, Star Trek als politische Utopie, S. 170.
97 *DeCandido*, Roman Die Gesetze der Föderation, S. 70 f.
98 *Wangler*, Regieren in Utopia – Das politische System der Föderation, S. 438.
99 Star Trek: Deep Space Nine, S4 E11 – Die Front; S4 E12 – Das verlorene Paradies.

frontiert. Ausschließlich auf Basis eines kurzen Gesprächs mit Admiral Ross und Captain Sisko lässt er sich von der Dringlichkeit der Lage überzeugen und ruft eigenständig, ohne Rücksprache mit anderen Gremien oder Beratern das Kriegsrecht auf dem Planeten Erde aus.[100] Eine einfache Eingabe Jaresh-Inyos auf einem PADD überträgt die Befehlsgewalt über die Verteidigungsressourcen der Erde auf den Admiral und den Captain.

Zugleich wird in der kurzen Unterredung deutlich, dass die tatsächliche Ausübung derartiger Macht nicht zum Tagesgeschäft des Präsidenten zählt. Er zeigt sich sehr unsicher und erweckt den Eindruck, normalerweise lediglich als moderierendes Aushängeschild seiner Regierung zu fungieren. Tatsächlich wirkt es plausibel, dass der höchste Repräsentant zwar im Krisenfall mit außergewöhnlich starken Kompetenzen ausgestattet ist, im politischen Alltag aber davon keinen Gebrauch macht. Auch der deutsche Bundespräsident erfüllt im Normalfall eine ausschließlich repräsentative Funktion, besitzt aber starke verfassungsrechtliche Macht im Fall einer Regierungskrise.[101] Die auf Konsens ausgelegte Kultur der Föderation und der Ausgleich der diversen Interessen aus rund 150 Welten werden es in der Praxis notwendig machen, als Präsident mehr moderierend zu lenken und debattieren als autokratisch Verfassungsrechte auszuüben. So erklärt sich die Einschätzung der persönlichen Beraterin der Präsidentin Nan Bacco im Roman *Die Gesetze der Föderation*:

> *„Hier sind Sie nur der wichtigste Zahn in einem sehr großen Zahnrad. Sie arbeiten mit dem Rat, er arbeitet nicht für Sie.“*[102]

Der Präsident bzw. die Präsidentin wird gewählt.[103] Es handelt sich um eine Personendirektwahl durch das Volk, zu der im Beispiel des Romans *Die Gesetze der Föderation* drei Kandidaten zur Abstimmung stehen.[104] Die Amtsperiode beträgt vier Jahre, die Wiederwahl ist möglich.[105] Üblicherweise wird die Periode zu Ende geführt. Ein vorzeitiges Ende ist in der Geschichte der Föderation zwei Mal erfolgt, davon einmal wegen Todes und einmal wegen Rücktritts.[106] Diese Bilanz spricht für sehr stabile Verhältnisse und ein grundsätzlich hohes Vertrauen der Föderationsbevölkerung in ihre Regierungen.

---

100 Siehe unten S. 97.
101 Sogenannte „Stunde des Präsidenten“, vgl. Art. 81 GG.
102 *DeCandido*, Roman Die Gesetze der Föderation, S. 113.
103 *DeCandido*, Roman Die Gesetze der Föderation, S. 13.
104 *DeCandido*, Roman Die Gesetze der Föderation, S. 18.
105 *DeCandido*, Roman Die Gesetze der Föderation, S. 110, 228.
106 *DeCandido*, Roman Die Gesetze der Föderation, S. 228.

c) Föderationsregierung

Das Präsidentenamt wird unterstützt durch eine Regierung aus mehreren Ministerien. Über die nähere Ausgestaltung der Föderationsregierung ist nur wenig bekannt. In den Fernsehserien gibt es lediglich eine beiläufige Erwähnung eines Kabinetts in der Folge *Extreme Maßnahmen* bei *Star Trek: Deep Space Nine.* Doctor Bashir und Chief O'Brien finden darin heraus, dass im Kabinett des Präsidenten Jaresh-Inyo mehrere Mitglieder der Geheimorganisation Sektion 31 vertreten sind.[107] Hinzu kommt ein vager Hinweis aus der Originalserie. In der englischsprachigen Fassung der Folge *Kennen Sie Tribbles?* beschützt die *Enterprise* auf der Raumstation K-7 gelagertes Getreide im Auftrag des „*Undersecretary for Agriculture*".[108] Ob es sich dabei um eine Abteilung eines Landwirtschaftsministeriums oder um eine nachgeordnete Verwaltungsbehörde handelt, wird nicht deutlich. Aus dieser überschaubaren Quellenlage bleiben Zusammensetzung und Wahl der Regierung völlig unklar.[109]

Dass der Föderationspräsident bzw. die -präsidentin einzelne Themenbereiche des Regierungsgeschäfts auf mehrere Ministerinnen und Minister delegiert, ist logisch.[110] Praktisch alle Regierungsformen der aktuellen Gegenwart von Demokratie bis Autokratie verfahren nach diesem Prinzip. Zwar wäre es denkbar, dass der Föderationsrat mit seinen Unterräten die Funktion der Ministerien mit übernimmt. Es erscheint jedoch eher unpraktikabel, politischen Delegierten die Umsetzung der strategischen Vorgaben des Rates anzuvertrauen. Dafür hat sich ein Ministerialapparat aus Laufbahnbeamten bewährt. Folgerichtig hat Keith DeCandido in seinem Roman *Die Gesetze der Föderation* eine ministerielle Struktur erdacht. Im Laufe des Werkes werden ein Technologieminister,[111] eine Landwirtschaftsministerin[112] und ein Außenminister[113] vorgestellt. Der Außenminister steht der Reisebehörde vor, die sich unter anderem um die Dienstreisen der Präsidentin kümmert.[114] Bei allen politischen Ränkespielen, die der Roman beschreibt, spielt neben Regionalproporz die Fachkompetenz bei der Personalauswahl eine entscheidende Rolle. So wird beispielsweise die führende Landwirtschaftsexpertin der Föderation auch zur Landwirtschaftsministerin ernannt.[115] Während das

107 Star Trek: Deep Space Nine, S7 E23 – Extreme Maßnahmen.
108 Raumschiff Enterprise, S2 E13 – Kennen Sie Tribbles?
109 *Stoppe*, Unterwegs zu neuen Welten, Star Trek als politische Utopie, S. 170 f.
110 Vgl. *Wangler*, Regieren in Utopia – Das politische System der Föderation, S. 435; *DeCandido*, Roman Die Gesetze der Föderation, S. 18.
111 *DeCandido*, Roman Die Gesetze der Föderation, S. 62, 120.
112 *DeCandido*, Roman Die Gesetze der Föderation, S. 117.
113 *DeCandido*, Roman Die Gesetze der Föderation, S. 22.
114 *DeCandido*, Roman Die Gesetze der Föderation, S. 30.
115 *DeCandido*, Roman Die Gesetze der Föderation, S. 118.

Kriterium der spezifischen Fachkunde bei der Besetzung von Ministerämtern in der aktuellen Gegenwart eine allenfalls untergeordnete Rolle spielt, passt dieser Ansatz zur wissenschaftsfreundlichen Ausrichtung der Föderation.

d) Einbindung der Sternenflotte

Die Föderation hat die Erforschung des Weltraums zu einem ihrer wesentlichen Ziele auserkoren. Zudem ist sie ein weit verzweigtes Staatengebilde, das ohne Raumschiffe mit Warpgeschwindigkeit nicht zusammengehalten werden kann.[116] Abseits eines etablierten Linienflugnetzes ist es für Einzelpersonen jedoch kaum möglich, interstellare Flüge zu unternehmen. Dies wird immer dann deutlich, wenn außerhalb einer offiziellen Mission jemand zu einem bestimmten, exotischeren Planeten fliegen muss. So muss Admiral Picard jeweils in der ersten Staffel von *Star Trek: Picard* den Frachtkapitän *Rios* ausfindig machen und sich in der dritten Staffel mittels Täuschung und persönlichen Beziehungen Zugang zum Raumschiff *Titan* verschaffen, um an sein jeweiliges Ziel zu kommen. Der Mannschaft um Admiral Kirk bleibt ebenfalls nur der kriminelle Weg des Diebstahls der *Enterprise*, um den Körper Captain Spocks vom Genesis-Planeten zu retten. In diesem Spannungsfeld aus überragender Bedeutung von Warpflügen für das Staatsgefüge und einem weitgehenden Monopol für Warpflüge durch die Sternenflotte kommt der Flotte ein wesentliches politisches Gewicht zu. Primär mit dem Auftrag der Forschung und der Entdeckung unbekannter Raumregionen befasst, nimmt sie zugleich die Funktion der diplomatischen Vertretung der Föderation und der Verteidigungsarmee wahr.

Rat und Präsident haben Befehlsgewalt über die Sternenflotte.[117] Zugleich übt die Flotte starke politische Macht auf die Föderationsregierung aus. Die Verschränkung der Sternenflotte mit der zivilen Staatsführung wird dadurch deutlich, dass Flottenadmiräle wesentliches Gehör in der Politik finden. Ein Beispiel ist Admiral Leyton bei S*tar Trek: Deep Space Nine*,[118] der als der wohl wichtigste Berater des Präsidenten Jaresh-Inyo fungiert.[119] Verfassungsrechtlich verankert ist dieser Einfluss durch die Installation einer Verbindungsperson der Sternenflotte im Präsidialstab. Während der Regierungszeit der Präsidentin Nan Bacco nimmt Admiral Ross diese Aufgabe wahr.[120] Auch im Föderationsrat sind mehrere Sternenflottenoffiziere ver-

116 Dies zeigt der überregionale Ausfall aller Warpantriebe durch die Naturkatastrophe namens der Brand, siehe Star Trek: Discovery, S3 E1 – Ein Zeichen der Hoffnung, Teil I.

117 *Tanja/Görbe*, Podcast Trekkiepedia, E4 – Föderation und Sternenflotte.

118 *Wangler*, Regieren in Utopia – Das politische System der Föderation, S. 440.

119 Star Trek: Deep Space Nine, S4 E11 – Die Front.

120 *DeCandido*, Roman Die Gesetze der Föderation, S. 22.

treten. Im Kinofilm *Zurück in die Gegenwart* sind diverse Personen in entsprechender Uniform in der Ratskammer zu sehen. Es ist anzunehmen, dass es sich dabei nicht durchgehend um Ratsmitglieder handelt; offenbar haben sie einen Beobachter- und Beraterstatus inne.

Die Sternenflotte vertritt die Föderation völkerrechtlich gegenüber Drittwelten. Sie wird diplomatisch tätig, führt Erstkontaktmissionen durch und handelt interstellare Abkommen aus.[121] In den unendlichen Weiten der Galaxie ist diese Funktion nachvollziehbar, da die Föderation nur mittels Raumschiffen der Sternenflotte in der Lage ist, direkten Kontakt zu den Regierungen anderer Planeten zu halten. Die Bedeutung der Sternenflotte in diplomatischen Angelegenheiten ist jedoch so groß, dass auch gewichtige außenpolitische Kontakte, die auf der Erde stattfinden, maßgeblich von der Sternenflotte durchgeführt werden. In der zweiten Episode der Serie *Starfleet Academy* stattet der Präsident von Betazed mit seiner Delegation der Föderation einen Staatsbesuch ab.[122] Anlass sind Verhandlungen über den Neueintritt des Planeten in die Weltengemeinschaft. Gastgeber und Verhandlungsführer ist Admiral Vance, der Oberbefehlshaber der Sternenflotte. Überraschenderweise sind weder die Föderationspräsidentin Rillak noch andere zivile Regierungsvertretende an den Gesprächen beteiligt.[123]

Schnittstelle zum Föderationsrat ist die Sternenflottenabteilung für Auswärtige Angelegenheiten, die im Roman *Die Jarada* von V. E. Mitchell eine wichtige Rolle spielt.[124] Zur Zeit Captain Picards wird die Abteilung von der Kommissarin T'Zen geleitet, einer ultrakonservativen und auf Formalia bedachten Vulkanierin.[125]

In interstellaren Konfliktfällen wird die Sternenflotte im Auftrag des Rates als militärische Einrichtung tätig. Schiffe der Sternenflotte ziehen in Abwehrschlachten gegen Aggressoren wie die Borg[126] oder das Dominion[127]. Die Sternenflotte wird jedoch auch in Form von Bodentruppen tätig, nicht nur auf entfernten Planeten,[128] sondern im Fall eines Notstands auch zur Wahrung der Ordnung auf der Erde. Letzteres wird während der Unterwanderung der Erdbevölkerung durch Formwandler in der *Deep Space*

121 Siehe unten S. 76.
122 Star Trek: Starfleet Academy, S1 E2 – Betatest.
123 *Dohm/Sonntag*, Podcast Discovery Panel, Episodenbesprechung: Star Trek: Starfleet Academy – „Beta Test" (S01 E02).
124 *Mitchell*, Roman Die Jarada, S. 126.
125 *Mitchell*, Roman Die Jarada, S. 128.
126 Raumschiff Enterprise: Das nächste Jahrhundert, S3 E26 – In den Händen der Borg; S4 E1 – Angriffsziel Erde; Kinofilm Star Trek: Der erste Kontakt.
127 Star Trek: Deep Space Nine, S7 E25 f. – Das, was du zurückläßt, Teil I und II.
128 Star Trek: Deep Space Nine, S5 E4 – Die Schlacht um Ajilon Prime.

Nine-Episode *Die Front* gezeigt.[129] Dass eine für den Betrieb von Raumschiffen eingesetzte Organisation polizeiähnliche Aufgaben auf der Erde wahrnimmt, lässt sich nur damit erklären, dass kein anderweitiges Militär existiert und auch Polizeikräfte außerhalb der Sternenflotte niemals Erwähnung finden.

e) Justizsystem

Gerichte spielen in der Verfassungsordnung der Föderation eine untergeordnete Rolle. Von einem in heutigen Demokratien selbstverständlichen unabhängigen Verfassungsgericht ist nichts bekannt. Erstinstanzliche Gerichte in Form von Militärgerichten werden gelegentlich gezeigt. An einer einzelnen Stelle im Star-Trek-Universum wird erwähnt, dass es auch einen Instanzenzug gibt. Als Doctor Bashir ein Berufsverbot droht, weil seine Eltern ihn als Kind genetisch verbessert hatten, zeigt sich sein Vater entschlossen, bis zum Gerichtshof der Föderation zu ziehen.[130] Auf der Originaltonspur bezeichnet er das Gericht als Federation Supreme Court. Die Aussage verdeutlicht, dass eine Hierarchie aus mehreren Gerichten eingerichtet ist und dass der Weg zur obersten Entscheidungsebene über untere Instanzen beschritten werden kann.

2. Mehrebenensystem aus Föderationsrecht und Recht der Mitgliedswelten

Die einzelnen im Föderationsrat vertretenen Planeten werden als Mitgliedswelten bezeichnet.[131] Captain Kirk berichtet in der Episode *Das Jahr des roten Vogels*, dass es in der Föderation viele demokratische Welten gibt.[132] Bei allem homogenen Auftreten nach außen hin, betont Star Trek stets die Eigenständigkeit der jeweiligen Völker.[133] Innenpolitisch besteht ein hohes Maß an Selbstverwaltung der Völker. So existieren beispielsweise Welten wie die der Boleaner, die anders als die Menschheit ein auf Geld basierendes Wirtschaftssystem verwenden.[134] Auch die mitgliedsweltlichen Regierungen und Justizsysteme sind unabhängig organisiert. Beispielsweise erwähnt der Roman *Die Gesetze der Föderation* planetare Minister und Bezirksrepräsentanten[135] sowie eine Oberste Richterliche Autorität (ORA) auf Triex.[136]

129 Star Trek: Deep Space Nine, S4 E11 – Die Front.
130 Star Trek: Deep Space Nine, S5 E16 – Dr. Bashirs Geheimnis.
131 *Mitchell*, Roman Die Jarada, S. 49.
132 Raumschiff Enterprise, S2 E25 – Das Jahr des roten Vogels.
133 *Wangler*, Regieren in Utopia – Das politische System der Föderation, S. 439.
134 *Tanja*, in: Podcast Trekkiepedia, E29 – Geld; siehe auch oben S. 27.
135 *DeCandido*, Roman Die Gesetze der Föderation, S. 57.
136 *DeCandido*, Roman Die Gesetze der Föderation, S. 134.

Diese ist zuständig für strafrechtliche Verurteilungen von Zivilisten ohne Bezug zur Sternenflotte. Harmonisiert ist nur, was innerhalb der Föderation zwingend einheitlich gestaltet sein muss. Dies beinhaltet insbesondere das Recht der Sternenflotte, da diese eine auf Föderationsebene angesiedelte, überstaatliche Organisation ist. In Bereichen, in denen planetare Unterschiede hinnehmbar sind, werden althergebrachte rechtliche Traditionen individuell fortgeführt. Dies betrifft beispielsweise das Namensrecht. Commander Riker lernt beim Volk der Jarada im gleichnamigen Roman ein Namenssystem kennen, bei dem jede Silbe den Stand in der Gesellschaft und den Beruf wiedergibt. Er sagt dazu:

> „*Bei uns existiert keine für die gesamte Föderation gültige Regelung. Jede Welt hat ihre eigenen Traditionen und Gewohnheiten.*“[137]

Die Unabhängigkeit der Mitgliedsplaneten hat jedoch auch ihre Grenzen. So diskutieren Kai Winn und Major Kira in der Folge *Heilige Visionen*, ob Bajor noch dem Beitritt zur Föderation weiterhin ein freier Planet sein werde oder ob das Volk nach der Besatzung durch die Cardassianer nur fünf Jahre in Freiheit gelebt haben werde.[138]

Das Publikum der Star-Trek-Veröffentlichungen kann schnell den Eindruck erlangen, das Föderationsrecht sei allumfassend und mitgliedstaatliche Belange hätten keine nennenswerte Relevanz. Diese Einschätzung liegt dadurch nahe, dass fast ausschließlich Offiziere an Bord von Schiffen der Sternenflotte zu sehen sind. Gegenüber Drittwelten treten diese stets als Repräsentantinnen und Repräsentanten der Vereinigten Föderation der Planeten auf und auch die inneren Angelegenheiten der Schiffsbesatzung richten sich nach dem überplanetaren Sternenflottenrecht. Die oben genannten Beispiele zeigen jedoch, dass das zivile Leben überwiegend durch die Rechtsordnung der Mitgliedswelten geprägt ist, die das Föderationsrecht weitgehend unangetastet lässt.

Die überschaubaren Hinweise in den Fernsehserien auf individuelles Recht der Mitgliedswelten lassen in der ebenfalls überschaubaren wissenschaftlichen Diskussion ein relativ einhelliges Bild aufkommen. Chaires/Chilton gehen davon aus, dass zwischen Föderationsrecht und planetarem Recht zu unterscheiden ist.[139] Joseph/Carton interpretieren die Geschichten dahingehend, dass die Einzelwelten ein hohes Maß an Souveränität behalten und nur einzelne Befugnisse an die Föderation abgeben.[140] Als jeweilige Konsequenz wird die Föderation bei Wangler als supranationale Ebene[141] und

137 *Mitchell*, Roman Die Jarada, S. 63.
138 Star Trek: Deep Space Nine, S5 E10 – Heilige Visionen.
139 *Chaires/Chilton*, Star Trek Visions of Law and Justice, S. 20.
140 *Joseph/Carton*, The Law of the Federation, S. 40.
141 *Wangler*, Regieren in Utopia – Das politische System der Föderation, S. 438.

bei Stoppe als bundesstaatliche Entität[142] bezeichnet. Die Einordnungen aus der aktuellen Gegenwart weisen unübersehbare Parallelen zur Europäischen Union auf. Dieser supranationale Staatenbund folgt dem Prinzip der begrenzten Einzelermächtigung, wonach alle Kompetenzen auf der Ebene der Mitgliedstaaten verbleiben, solange sie nicht konkret durch einen individuellen Rechtsakt an die Unionsebene übertragen wurden. Folglich sind die EU-Mitgliedstaaten weiterhin souverän und regeln ihre inneren Verhältnisse relativ autonom, während Politikfelder von grenzüberschreitender Relevanz durch das Unionsrecht harmonisiert wurden. Die EU tritt jedoch – trotz aller gegenteiligen politischen Bemühungen – nach außen gegenüber Drittstaaten kaum als homogene Einheit auf. Im Außenverhältnis koordiniert zwar die Außenbeauftragte der EU ein gemeinsames Vorgehen, die Mitgliedstaaten sind jedoch eigenständige völkerrechtliche Subjekte. In dieser Hinsicht ähnelt die Föderation eher den USA, die sich gegenüber Drittstaaten als rechtliche Einheit präsentieren. Damit ist auch die Einordnung von Stoppe als bundesstaatliche Entität nachvollziehbar. Inwieweit die innere Eigenständigkeit der Mitgliedswelten eher mit einem Bundesstaat der USA oder einem Mitgliedstaat der EU vergleichbar ist, kann anhand der wenigen Hinweise aus den Serien und Romanen nicht trennscharf beurteilt werden.

Die Erde ist in der Zukunft von Star Trek vereint.[143] Der Traité D'Unification wird von allen Regierungen der Erde unterzeichnet im Jahr 2130 in Paris. So beschreibt es DeCandido im Roman *Die Gesetze der Föderation.*[144] Seither untersteht der Planet einer einheitlichen Regierung.[145] Der Bedarf nach einer Erdregierung innerhalb der Föderation ist nachvollziehbar. Schließlich müssen rein planetare Bedarfe der Menschheit von einer Autorität geregelt werden, die die lokalen Belange im Blick hat. Wächst beispielsweise die Bevölkerung der Erde, muss eine mitgliedsweltliche Regierung für den Bau neuer Wohneinheiten sorgen.[146] Der Annahme, dass es eine Erdregierung gibt, stehen die einschneidenden Ereignisse der Folge *Die Front* aus der Serie *Deep Space Nine* entgegen. Darin ruft der Föderationspräsident das Kriegsrecht auf der Erde aus.[147] Basierend auf Hinweisen, dass Formwandler des Dominion auf der Erde agieren, verfügt er planetenweite Ausgangssperren und den Einsatz von Militäreinheiten der Sternenflotten auf der Planetenoberfläche. Es ist kein Erdenpräsident, der diese Rechtsfolgen auslöst, und der Föderationspräsident hält auch keinerlei Rücksprache mit einer Erdregierung. Das Kriegsrecht dürfte jedoch eine Ausnahme von den

142 *Stoppe*, Unterwegs zu neuen Welten, Star Trek als politische Utopie, S. 170.
143 *Joseph/Carton*, The Law of the Federation, S. 27.
144 *DeCandido*, Roman Die Gesetze der Föderation, S. 32.
145 *Reeves-Stevens/Reeves-Stevens*, Roman Die erste Direktive, S. 184.
146 *Tanja*, in: Podcast Trekkiepedia, E29 – Geld.
147 Star Trek: Deep Space Nine, S4 E11 – Die Front.

ansonsten üblichen Zuständigkeiten darstellen. Da die Erde über keine eigene Armee verfügt und der Kriegszustand auf einem Planeten besondere Bedeutung für das Gesamtgefüge der Föderation hat, ist es folgerichtig, der Föderation die Kompetenz auch über die Belange einer einzelnen Welt zuzuschreiben.

Ob es unterhalb der vereinigten Erde weiterhin die Ebene der Nationalstaaten gibt, ist nicht eindeutig. In der Zeitreiseepisode *Morgen und morgen und morgen* stranden Lieutenant Noonien-Singh und Captain Kirk in der Serie S*trange New Worlds* im Toronto der Vergangenheit. Noonien-Singh bezeichnet dabei Toronto als die Hauptstadt des ehemaligen Kanadas.[148] Das ist ein Hinweis darauf, dass es unter der Weltregierung keine Nationalstaaten mehr geben könnte.[149] Gene Roddenberry hatte zudem ursprünglich vorgesehen, dass es in der Zukunft von Star Trek die USA nicht mehr gibt,[150] dennoch werden die Vereinigten Staaten in den Serien mehrfach erwähnt, zuletzt bei *Raumschiff Voyager*.[151] Auch weitere Staaten finden wiederholt Erwähnung,[152] wenn auch teils in neuer Zusammensetzung. Lieutenant Commander La Forge stammt aus der Afrikanischen Konföderation[153] und Lieutenant Uhura ist „*Angehörige der Bantu-Nation im Vereinigten Afrika*".[154] Auch eine Europäische Allianz existiert.[155] Zudem haben die europäischen Einzelstaaten in irgendeiner Form noch Bestand. Im Pilotfilm der Serie *Star Trek: Picard* wird die Einblendung „*Chateau Picard, Frankreich*" gezeigt.[156] Fähnrich Chekov wird nicht müde zu betonen, dass er Russe ist.[157] In einem Memo an die Autoren hat Gene Roddenberry gleichwohl darum gebeten, vom Running Gag „*In Russland wurde das zuerst erfunden*" Abstand zu nehmen, weil er der internationalen, staatenlosen Philosophie von Star Trek widerspricht.[158] Die vielfachen Erwähnungen einzelner Staaten der Erde weisen nach, dass sie zumindest als Regionalangabe und als emotionales Heimatland fortbestehen. Die Bündelung zu Gebilden wie der Afrikanischen Konföderation und der Europäischen Allianz lässt den

148 Star Trek: Strange New Worlds, S2 E3 – Morgen und morgen und morgen.

149 *Kern/Sülter*, in: Sülter, Podcast Planet Trek fm E167 – Nora Ephron, der Kuss & das Kern-Ding.

150 *Roddenberry* in einem Brief an einen Journalisten, wiedergegeben bei *Alexander*, Gene Roddenberry – Die autorisierte Biographie, S. 304.

151 Star Trek: Raumschiff Voyager, S7 E2 – Unvollkommenheit.

152 *Stoppe*, Unterwegs zu neuen Welten, Star Trek als politische Utopie, S. 172.

153 Raumschiff Enterprise – Das nächste Jahrhundert, S5 E18 – Déjà Vu.

154 *McIntyre*, Roman Star Trek – Die erste Mission, S. 35; *Roddenberry*, Roman Star Trek – Der Film, S. 70.

155 Raumschiff Enterprise – Das nächste Jahrhundert, S3 E8 – Der Barzanhandel.

156 Star Trek: Picard, S1 E1 – Gedenken.

157 U. a. bei *Roddenberry*, Roman Star Trek – Der Film, S. 35.

158 *Roddenberry*, wiedergegeben bei *Alexander*, Gene Roddenberry – Die autorisierte Biographie, S. 391.

Schluss zu, dass auch lokale Verwaltungseinheiten existieren. Ob diese Regionalregierungen darüber hinaus über so etwas wie eine teilstaatliche Souveränität verfügen, bleibt im Dunkeln. Der Philosophie Gene Roddenberrys nach ist davon auszugehen, dass die ehemaligen Staaten der Erde eine sehr untergeordnete Rolle spielen.

3. Beitritt zur Föderation

Möchte eine weitere Welt Mitglied der Föderation werden, stellt sie einen entsprechenden Antrag. Das Antragsverfahren regelt Art. 15 der Föderationscharta. Die Vorschrift wird zitiert, als in der zweiten Staffel von *Star Trek: Picard* das Borg-Kollektiv unter der Führung der assimilierten Doctor Jurati eine provisorische Mitgliedschaft beantragt, um gemeinsam mit der Föderation eine Allianz gegen die Gefahren aus einem neu entstandenen galaktischen Portal zu bilden.[159] Star Trek zeigt uns das Beitrittsprozedere an zwei Stellen relativ ausführlich. Der erste Mal ist es der Planet Angosia III, der in der Folge *Die Verfemten* in R*aumschiff Enterprise – Das nächste Jahrhundert* einen Mitgliedsantrag stellt.[160] Das zweite Mal ist der Aufnahmeantrag des Planeten Bajor bei S*tar Trek: Deep Space Nine*, der in der Episode *Heilige Visionen* positiv beschieden wird, auch wenn die bajoranische Regierung ihn kurz danach zurückzieht.[161] Zudem erwähnt die in der ferneren Zukunft angesiedelte Serie *Star Trek: Discovery* den Beitritt der Erde[162] und des Vulkans (der mittlerweile Ni'Var heißt),[163] nachdem beide Gründungswelten zwischenzeitlich ausgetreten waren. Der aus freiem Willen heraus formulierte Antrag der aufzunehmenden Welt ist ein Gegenstück zu den anderen Großmächten der Galaxie wie dem Klingonischen Reich, dem Romulanischen Imperium oder den Borg, die ihre Expansion jeweils durch Eroberung betreiben. Auf den Antrag hin folgt eine Bestandsaufnahme durch einen Captain der Sternenflotte. Im Beispiel Angosia III unternimmt die *Enterprise* eine Exkursion zum Planeten mit dem Ziel, dass Captain Picard ein Gutachten für die Föderation verfasst. Teil der Exkursion ist die Führung einer Delegation der *Enterprise* durch die Hauptstadt, die der Premierminister Neirok leitet. Es wird nicht direkt erwähnt, welches Föderationsgremium den Bericht Picards zur Entscheidung erhält. Die Tragweite der Entscheidung lässt jedoch annehmen, dass die Kompetenz für territoriale Erweiterungen der Föderation beim Rat liegt. In den Demokratien der aktuellen Gegenwart sind es stets die Parlamente, die über Veränderungen

159 Star Trek: Picard, S2 E1 – Die Stargazer; S2 E10 – Abschied.
160 Raumschiff Enterprise – Das nächste Jahrhundert, S3 E11 – Die Verfemten.
161 Star Trek: Deep Space Nine, S5 E10 – Heilige Visionen.
162 Star Trek: Discovery, S3 E13 – Ein Zeichen der Hoffnung, Teil II.
163 Star Trek: Discovery, S4 E4 – Alles ist möglich.

des Staatsgebiets zu befinden haben;[164] in der Europäischen Union braucht es Einstimmigkeit unter allen Mitgliedstaaten[165] auf Basis einer gutachterlichen Stellungnahme der Kommission.

Das Beitrittsverfahren dauert in der Regel mehrere Jahre. Dies zeigt das Aufnahmebegehren Bajors, das seit dem Pilotfilm der Serie *Deep Space Nine* als handlungsübergreifendes Missionsziel für Commander Sisko ausgegeben wird und erst in der Mitte der fünften Staffel durch ein positives Votum der Föderation beschieden wird. Neben dem regulären Beitrittsverfahren gibt es auch den Antrag auf beschleunigte Mitgliedschaft bei besonderer Bedrohung. Im Roman *Die Gesetze der Föderation* stellt einen solchen Eilantrag ein Volk in riskanter räumlicher Lage zwischen der klingonischen und der romulanischen Grenze.[166] Auch für die Bajoraner ist der Schutz vor der ehemaligen Besatzungsmacht der Cardassianer eine treibende Motivation für das Beitrittsvorhaben.[167] Dass Bajor nicht in den Genuss des Eilverfahrens kommt, liegt mutmaßlich darin begründet, dass die Gefahr einer Rückeroberung des Planeten durch die Cardassianer in dem Stadium nicht akut besteht. Die Aufnahme von Beitrittsverhandlungen zum Schutz vor einem als Aggressor auftretenden Nachbarstaat erinnert stark an die Beitrittsprozesse der Ukraine und der Republik Moldau in die Europäische Union. Auch wenn sich die jeweiligen Verfahren lange hinziehen und jedenfalls in Bezug auf die Ukraine nicht mit einem Abschluss vor Beendigung des russischen Angriffskriegs zu rechnen ist, geht bereits von der Zubilligung des Status als Beitrittskandidat eine erhebliche politische Bedeutung aus.

Die Vorstufe zum Föderationsbeitritt ist der Status eines Protektorats. Zu Beginn des Kinofilms *Der Aufstand* findet ein Empfang für die Evora auf der *Enterprise* statt. Der Roman zur Serie erläutert ausführlicher als der Film, dass die Evora noch nicht sofort ein Vollmitglied der Föderation werden dürfen, weil sie den Warpantrieb vor gerade einmal einem Jahr entwickelt haben.[168] Ihnen wird jedoch ein Beitrittskandidatenstatus zuerkannt, weil die Föderation in Anbetracht der Bedrohung durch Dominion und Borg nach möglichst vielen Verbündeten strebt. Die Präsidentin der Evora bedankt sich mit den Worten:

> „*Wir fühlen uns sehr geehrt, in die große Familie der Föderation aufgenommen zu werden.*“[169]

---

164 In Deutschland ist dies der Bundestag nach Art. 29 GG.
165 Art. 49 Abs. 2 EUV.
166 *DeCandido*, Roman Die Gesetze der Föderation, S. 79.
167 *Sander*, Das Star Trek Universum, 3. Aufl., Band 1, S. 596.
168 *Dillard*, Roman Star Trek: Der Aufstand, S. 28.
169 *Dillard*, Roman Star Trek: Der Aufstand, S. 32.

Der Protektoratsstatus wird damit, auch wenn er noch kein Stimmrecht im Föderationsrat nach sich zieht, von der betreffenden Welt als eine Art Mitgliedschaft angesehen. Ähnlich verhält es sich mit den Beitrittskandidaten der EU, die – ohne tatsächliches Mitglied zu sein – bereits die Unionsflagge vor öffentlichen Gebäuden hissen und einen Beobachterstatus in zahlreichen Gremien der Europäischen Union erlangen. Das konkrete Rechtsverhältnis zwischen Bajor und der Föderation wird nie exakt beleuchtet, jedoch ist anzunehmen, dass auch Bajor ein Föderationsprotektorat ist. Schließlich entsendet die Föderation für mehrere Jahre Sternenflottenpersonal auf die bajoranische Raumstation im Orbit des Planeten mit dem Ziel, den Raumsektor zu stabilisieren.[170]

Die Beitrittskriterien sind komplex. Zunächst muss der antragstellende Planet demokratische Strukturen haben. Dies ergibt sich aus der Ankündigung Captain Siskos, der ein Scheitern des Aufnahmeprozesses in Aussicht stellt, falls Bajor ein undemokratisches Kastensystem errichtet.[171] Der Antrag muss von einem Planeten als Ganzes kommen. Die Demokratie muss folglich eine Einheitsregierung wie die der Erde[172] sein. Dies wird dem Volk der Kes zum Verhängnis. Sie beantragen in der Folge *Kontakte*, ein assoziiertes Mitglied der Föderation zu werden.[173] Captain Picard hat die Aufgabe, das entsprechende Gutachten zu verfassen. Ihr Planet Kesprytt III wird jedoch neben den Kes auch von den Prytt bewohnt und die Koexistenz erweist sich als konfliktbehaftet. Neben diesen formalen Kriterien muss eine beitretende Welt inhaltliche Anforderungen an ein hinreichendes Grundrechtsniveau erfüllen. Für den Planeten Angosia III ist die Beitrittsfähigkeit fraglich aufgrund des inhumanen Umgangs mit einer genetisch veränderten Soldatenklasse, die aus kriegerischen Auseinandersetzungen vergangener Tage resultiert. Es wird nicht deutlich, ob es sich dabei um ein Ausschlusskriterium handelt. Captain Picard verdeutlicht jedoch, dass er die Erkenntnisse darüber in seinem Bericht darlegt und dass dies für die Entscheidung der Föderation relevant sein werde. Hinsichtlich des Borg-Kollektivs der Königin Jurati[174] ist es äußerst zweifelhaft, dass dieses die Beitrittskriterien erfüllt. Über eine Entscheidung des Föderationsrats auf ihren Antrag ist nichts überliefert. Jedoch ist anzunehmen, dass sich andere Formen der Zusammenarbeit als eine temporäre Föderationsmitgliedschaft finden lassen, um gemeinsam gegen die Gefahren des galaktischen Portals vorzugehen.

Grundsätzlich treten Planeten inklusive der Völker, die sich auf ihnen entwickelt haben, der Föderation bei. Star Trek geht von der Grundprämisse

170 *Sander*, Das Star Trek Universum, 3. Aufl., Band 1, S. 596.
171 Star Trek: Deep Space Nine, S4 E17 – Die Übernahme.
172 *Reeves-Stevens/Reeves-Stevens*, Roman Die erste Direktive, S. 184.
173 Raumschiff Enterprise – Das nächste Jahrhundert, S7 E8 – Kontakte.
174 Star Trek: Picard, S2 E1 – Die Stargazer; S2 E10 – Abschied.

aus, dass ein Volk und sein Heimatplanet eine unentrückbare Einheit bilden. Dies deckt sich grundsätzlich mit dem staatsrechtlichen Grundsatz, dass Staatsvolk und Staatsgebiet zusammen mit der Staatsgewalt die tragenden Elemente eines souveränen Staates sind.[175] Kolonien auf neu besiedelten Planeten werden in der Regel als Teil ihrer Heimatwelt betrachtet und können nicht eigenständig der Föderation beitreten. Dieses Prinzip deckt sich mit der Praxis der Europäischen Union, bei der beispielsweise nichtselbstständige Kolonien Frankreichs Teil des Unionsgebiets sind. Gibt die Föderation eine Kolonie auf, verlieren die dort lebenden Personen ihren Status als Unionsbürgerinnen und -bürger. So ergeht es den indianischen Siedlern auf Dorovan V, deren Kampf um Autonomie Fähnrich Crusher unterstützt.[176] Ein anderes Beispiel ist Sigma IV, eine gemeinsame Kolonie zweier Spezies namens Bader und Dorset. Beide Bevölkerungsgruppen leben harmonisch zusammen, während ihre jeweiligen Heimatwelten sich nicht verstehen.[177] Die Kolonie darf letztlich als eigenständiges Föderationsmitglied beitreten, weil die beiden Heimatwelten dem Antrag jeweils zugestimmt haben. Diese im Roman *Die Gesetze der Föderation* beschriebene Ausnahme bestätigt die Regel, dass Kolonien kein autonomes Entscheidungsrecht über ihre Zugehörigkeit zur Föderation haben.

In der wissenschaftlichen Literatur wird der Beitritt zur Föderation verglichen mit Antrag auf Beitritt zu den Vereinten Nationen, weil die Kriterien dazu Art. 4 der UN Charta entsprächen:[178]

> „*1. Mitglied der Vereinten Nationen können alle sonstigen friedliebenden Staaten werden, welche die Verpflichtungen aus dieser Charta übernehmen und nach dem Urteil der Organisation fähig und willens sind, diese Verpflichtungen zu erfüllen.*
>
> *2. Die Aufnahme eines solchen Staates als Mitglied der Vereinten Nationen erfolgt auf Empfehlung des Sicherheitsrats durch Beschluss der Generalversammlung.*“

Ob tatsächlich die Beitrittskriterien der Föderation mit denen der Vereinten Nationen deckungsgleich sind, lässt sich anhand der in Star Trek gezeigten Handlungsstränge nicht beurteilen. Da jedoch die Föderationscharta auf der Charta der UN beruht,[179] liegt dieser Schluss zumindest sehr nahe.

175 Sog. Drei-Elemente-Lehre von Georg Jellinek.

176 Raumschiff Enterprise – Das nächste Jahrhundert, S7 E20 – Am Ende der Reise.

177 *DeCandido*, Roman Die Gesetze der Föderation, S. 321.

178 *Scharf/Roberts*, The Interstellar Relations of the Federation, S. 77.

179 Siehe oben S. 48.

4. Beziehungen zu Drittwelten

Die Föderation unterhält umfangreiche Beziehungen zu Welten außerhalb ihres Staatenbunds. Dabei leiten sie zwei gegenpolige Prinzipien. Auf der einen Seite ist eines der Hauptziele der Föderation, neue Welten und unbekannte Zivilisationen zu entdecken und mit ihnen in Kontakt zu kommen. Zum anderen hat sie sich selbst zur Nichteinmischung in die inneren Angelegenheiten dieser Planeten verpflichtet. Seinen deutlichsten Niederschlag findet die Nichteinmischungspolitik in der Ersten Direktive, die es der Sternenflotte strikt untersagt, die Entwicklung von Völkern zu beeinflussen, die noch nicht die technologische Stufe erreicht haben, um eigenständig von der Existenz intelligenten Lebens außerhalb ihrer Welt Kenntnis zu erlangen.[180] Jedoch ist auch die Souveränität hochentwickelter Zivilisationen zu achten. Die Einmischung in die Angelegenheiten anderer Staaten ist ausdrücklich durch die Föderationscharta untersagt. Dies entgegnet Doctor Bashir dem Agenten Sloan von Sektion 31, der den Missionsbefehl erteilt, eine Personalauswahl der romulanischen Regierung zu beeinflussen.[181] Das sogenannte Komitee des Romulanischen Volkes soll durch Bashirs Einwirken den Interessen der Föderation entsprechend besetzt werden. Die Prämisse der Drittweltenpolitik der Föderation ist damit klar antikolonialistisch. Völker mit niedrigem Entwicklungsstand sind keinesfalls auszunutzen. Mit Gesellschaften ab der Schwelle der eigenständigen Entwicklung eines Raumschiffsantriebs mit Überlichtgeschwindigkeit strebt die Föderation den gleichberechtigten Dialog an, um für beide Seiten gewinnbringenden Austausch zu betreiben. Eine Ausnutzung oder unbillige Beeinflussung ist auch dann verfassungsrechtlich ausgeschlossen.

Ausfluss der Achtung der Position der Drittwelten ist auch die Tatsache, dass Föderationsbürger dem lokalen Recht unterworfen sind, wenn sie sich auf anderen Planeten bewegen. Prominentes Beispiel ist der Besuch des jungen Wesley Crusher auf dem Planeten Rubicun III.[182] Er verletzt dort ein Gesetz des Volkes der Edo, indem er versehentlich beim Ballspiel in ein Blumenbeet stürzt.[183] Als ihm nach dem Recht der Edo dafür die Todesstrafe droht, insistiert Captain Picard darauf, dass Wesley Crusher sich diesem von Föderationsbürgern als unverhältnismäßig empfundenen Gesetz unterwerfen müsse. Diplomatische Immunität wird als Gegeneinwand nicht erhoben, obwohl es sich trotz des Freizeitcharakters des Aufenthalts um eine Erstkontaktmission handelte. Ein anderes Beispiel ist das tanuganische Strafverfahren gegen Commander Riker, nachdem dieser unter Verdacht steht, den Wis-

180 Siehe unten S. 201 ff.

181 Star Trek: Deep Space Nine, S7 E16 – Unter den Waffen schweigen die Gesetze.

182 *Joseph/Carton*, The Law of the Federation, S. 40 f.

183 Raumschiff Enterprise – Das nächste Jahrhundert, S1 E8 – Das Gesetz der Edo.

senschaftler Doctor Apgar getötet zu haben.[184] Obwohl Captain Picard von der Unschuld seines Ersten Offiziers überzeugt ist, zeigt er sich zur Auslieferung Rikers an die tanuganische Justiz bereit, wenn sich die Vorwürfe im Rahmen eines ersten Anhörungsverfahrens als stichhaltig erweisen.

a) Grundlagen des interstellaren Rechts

Das in der Vereinigten Föderation der Planeten geltende Recht ist geprägt durch ein Mehrebenensystem aus Föderationsrecht, dem Recht der Mitgliedswelten sowie Abkommen mit Drittwelten. Letztere Ebene wird in der Sekundärliteratur als interstellares Recht bezeichnet.[185] Sie umfasst die Beziehungen der Föderation zu Welten, die nicht Mitglieder sind. Diese rechtlichen Beziehungen werden ausschließlich durch Vertragswerke bestimmt, ein auf der heutigen Erde etabliertes Völkergewohnheitsrecht existiert offenbar nicht.[186] Dies ist auch plausibel, weil Gewohnheitsrecht eine jahrhundertelange gemeinsame Übung voraussetzt. Stößt hingegen eine Gesellschaft fortwährend in die unendlichen Weiten vor, um Zivilisationen kennenzulernen, die nie ein Mensch zuvor gesehen hat, besteht keine traditionelle Grundlage für ein Völkergewohnheitsrecht, auf das man sich stützen könnte. Die Eckpfeiler der Interaktion sind folglich jedes Mal durch Konsensbildung auszutarieren.

Entdeckt ein Schiff der Sternenflotte eine neue Zivilisation, die nicht der Ersten Direktive unterfällt, unternimmt es einen Erstkontakt. Dabei handelt es sich um einen diplomatischen Besuch, bei dem die friedlichen Absichten der Föderation kundgetan, der Wunsch nach interplanetarem Austausch bekräftigt und das Grundwissen über die Gesellschaft ermittelt wird. Beim Erstkontakt werden noch keine verbindlichen Vereinbarungen getroffen. Dies ist das Missionsziel beim sogenannten Zweiten Kontakt. Captain Freeman vom Raumschiff *Cerritos* bemerkt dazu im Logbuch während der Pilotfolge von *Star Trek: Lower Decks*:

> „*Unsere Spezialität ist der Zweite Kontakt.* […] *Wir machen den Papierkram, passen auf, dass alle den Planeten richtig aussprechen, suchen gute Restaurants raus.*“[187]

Bereits vor der Ausstrahlung der relativ neuen Zeichentrickserie war aus Romanquellen etabliert, dass es auf Zweitkontakte spezialisierte Schiffe mit einer Besatzung von knapp einhundert Personen gibt.[188] Deren Mannschaften dringen, anders als Flaggschiffe wie die *Enterprise*, nicht in unbekannte

---

184 Raumschiff Enterprise – Das nächste Jahrhundert, S3 E14 – Riker unter Verdacht.
185 *Chaires/Chilton*, Star Trek Visions of Law and Justice, S. 20.
186 *Scharf/Roberts*, The Interstellar Relations of the Federation, S. 77.
187 Star Trek: Lower Decks, S1 E1 – Der Zweite Kontakt.
188 *Reeves-Stevens/Reeves-Stevens*, Roman Die erste Direktive, S. 117.

Regionen vor. Stattdessen bauen sie auf bereits geknüpfte Kontakte auf, besprechen Details künftiger Interaktion mit den Regierungen der zuvor entdeckten Planeten und fixieren diese in rechtssicherer Weise. Die dafür notwendigen Arbeitstreffen erfolgen unter Leitung des Diplomatischen Corps der Sternenflotte.[189] Sie führen in der Regel zu für beide Seiten gewinnbringenden Übereinkünften.[190]

Ist ein regelmäßiger Kontakt etabliert, wird der Austausch von Botschafterinnen bzw. Botschaftern ausgehandelt.[191] Prominente Beispiele sind Curzon Dax und später Worf als Botschafter der Föderation auf Qo'noS[192] oder Jonathan Archer als Botschafter auf Andoria.[193] Botschafter von Drittwelten dürfen vor dem Föderationsrat sprechen. Zu sehen ist dies zu Beginn des vierten Kinofilms, als der klingonische Botschafter im Rat die Vorkommnisse am Genesis-Planeten kommentiert.[194] Jede Botschaft kann um Audienz beim Rat bitten, dann wird dafür eine Sitzung einberufen.[195]

Interplanetare Verträge werden von den Captains der Sternenflotte und ihren Delegationen ausgehandelt und im Zweifel auch unterzeichnet, solange sie nicht besonders bedeutsames Gewicht haben. Die Captains werden damit teilweise mehr als Diplomaten und Politiker denn als Forscher wahrgenommen.[196] Für die Stabilität des Quadranten relevante Vereinbarungen wie der Khitomer-Vertrag mit dem Klingonischen Reich werden von hochrangigen Diplomaten wie dem Botschafter Curzon Dax ausgehandelt.[197] Die in Vor-Ort-Missionen getroffenen Übereinkünfte werden zweisprachig ausgearbeitet und die Übersetzung noch einmal überprüft.[198] Beim Vertrag mit den Jarada im gleichnamigen Roman werden zwei Exemplare auf Papier in jeweils einem Dokumentenbündel formuliert, davon eines in den Schriftzeichen des Insektoidenvolkes und eines im Föderationsstandard.[199] Modernere Formen der Vertragsunterzeichnung sind jedoch auch möglich. Die Neufassung des Vertrags von Khitomer infolge der Allianz des Dominion mit den Cardassianern segnen Captain Sisko und der klingonische Kanzler Gowron ab, indem sie ihren Fingerabdruck auf einem PADD hinterlassen.[200] Die Sprache Föderationsstandard ist de facto Englisch, sie wird offensicht-

189 *DeCandido*, Roman Die Gesetze der Föderation, S. 210.
190 *Mitchell*, Roman Die Jarada, S. 22.
191 *Mitchell*, Roman Die Jarada, S. 5.
192 Star Trek: Deep Space Nine, S7 E25 – Das, was du zurücklässt – Teil II.
193 Star Trek: Enterprise, S4 E19 – Die dunkle Seite des Spiegels, Teil II.
194 Kinofilm Star Trek IV: Zurück in die Gegenwart.
195 *DeCandido*, Roman Die Gesetze der Föderation, S. 82.
196 *Mitchell*, Roman Die Jarada, S. 40.
197 Star Trek: Deep Space Nine, S6 E7 – Klingonische Tradition.
198 *Mitchell*, Roman Die Jarada, S. 145.
199 *Mitchell*, Roman Die Jarada, S. 125.
200 Star Trek: Deep Space Nine, S5 E15 – Im Schatten des Infernos.

lich nur aus Gründen der politischen Neutralität so bezeichnet. Dies wird nie ausdrücklich so erklärt, wenn von der Sprache Föderationsstandard die Rede ist, und auch das auf Raumschiffen mündlich gesprochene Wort muss durch die Allgegenwärtigkeit der Universalübersetzertechnologie nicht zwingend der Produktionssprache der Serien entsprechen. Jedoch sind alle Computerkonsolen und Türen innerhalb der Raumschiffe in klaren lateinischen Buchstaben und englischer Sprache beschriftet.

Nach den Unterschriften durch den Föderationscaptain und seinen bzw. ihren Counterpart auf der Drittwelt werden die Verträge vom Föderationsrat ratifiziert.[201] Dafür schickt das Föderationsschiff vor Ort eine digitale Kopie an die Starfleet-Abteilung für Auswärtige Angelegenheiten, die sie dann dem Rat übermittelt. Bei geplanten Verhandlungen erwartet der Rat die Nachricht und ist schnell handlungsfähig, sodass die Ratifizierung nur eine Sache von Stunden ist.

b) Vertrag von Khitomer

Das bekannteste interstellare Abkommen ist der Friedensvertrag von Khitomer (auf englisch: Khitomer Accords). Aus dem sechsten Kinofilm ist bekannt, dass er zwischen der Vereinigten Föderation der Planeten und dem Klingonischen Reich auf der Khitomer-Konferenz auf dem gleichnamigen Planeten geschlossen wird.[202] Der Vertrag beendet jahrzehntelange Feindseligkeiten beider Großmächte,[203] die zwischenzeitlich auch in einem Kriegszustand gegipfelt hatten.[204] Hintergrund für die Annäherung ist die Explosion des klingonischen Mondes Praxis, auf dem sich die Hauptenergieversorgung des Reiches befunden hatte. Um dem wirtschaftlichen und damit auch politischen Kollaps des Reiches entgegenzuwirken, entscheidet der klingonische Kanzler Gorkon, sich einer Kooperation mit der Föderation zu öffnen. Der Handlungsstrang ist inspiriert vom Ende des kalten Krieges auf der Erde, an dem sich die Sowjetunion im Zuge eines wirtschaftlichen Zusammenbruchs der westlichen Welt öffnete.[205] Von der Explosion eines Kraftwerks wie in Tschernobyl bis hin zum russisch anmutenden Namen Gorkons sind die Parallelen mehr als deutlich. Dennoch ist der Inhalt des Khitomer-Vertrags ein anderer als die Übereinkünfte nach dem Zerfall der Sowjetunion. Während im Vorbild der Realwelt im Kern Abrüstungsvereinbarungen geschlossen wurden, ergäbe dies in den Weiten des Weltalls wenig Sinn. Auf der Erde der Neunzigerjahre existierten genau zwei Großmächte,

201 *Mitchell*, Roman Die Jarada, S. 126.

202 Star Trek VI: Das unentdeckte Land.

203 Raumschiff Enterprise, S1 E27 – Kampf um Organia.

204 Star Trek: Discovery, S1 E1 – Leuchtfeuer.

205 *Fistrich/Göttling*, Podcast Trek am Dienstag, E215 – Star Trek VI: The Undiscovered Country (MOV 06).

die untereinander gefahrlos vereinbaren konnten, ihre ohnehin überdimensionierten Atomwaffenbestände zu reduzieren. Im bekannten Teil der Galaxie bei Star Trek existieren mehr als nur zwei Großmächte – die Romulaner, Tholianer und Gorn würden als Gewinner einer lediglich bilateralen Abrüstungsaktion hervorgehen.

Der wesentliche Inhalt des Vertrags von Khitomer ist daher vielmehr ein Nichtangriffspakt der Raumflotten beider Mächte. Im Roman *Die Gesetze der Föderation* präzisiert Keith DeCandido seine Inhalte weiter dahingehend, dass der Vertrag die Reisefreiheit der Schiffe im Raum der jeweils anderen Administration garantiert sowie Handelsbestimmungen und bestimmte Waffenverbote beinhaltet.[206] Zudem enthält der Vertrag nach DeCandido eine Nebenbestimmung zur Auslieferung von Straftätern[207] sowie eine Beistandspflicht für Angriffe von außen.[208] Insbesondere Letzteres erweitert den bloßen Nichtangriffspakt hin zu einer engen militärischen Allianz, die der NATO ähnelt.[209] Die Romaninterpretation des Vertrags ist jedenfalls plausibel im Hinblick auf die gemeinsame Kriegsführung der Föderation und der Klingonen nach den Angriffen des Dominion in der Serie *Deep Space Nine*. Sie wirft jedoch die Frage nach der Abwesenheit klingonischer Schlachtschiffe auf, als Schiffe der Sternenflotte am Ende der dritten Staffel von *Raumschiff Enterprise – Das nächste Jahrhundert* einen Borg-Kubus bekämpfen, der mit der Absicht eines Angriffs auf die Erde zufliegt.[210] Beim späteren Angriff der Borg, der im achten Kinofilm gezeigt wird, sind die Klingonen hingegen „entschuldigt“, weil das Khitomer-Abkommen während dieses Ereignisses ausgesetzt ist.[211] Für die Theorie eines sehr umfassenden Bündnisses anstelle eines reinen Nichtangriffspakts spricht auch, dass der Khitomer-Vertrag offenkundig zu verschiedenen Amtshilfeleistungen verpflichtet. So bekommen die Ensigns Mariner und Boimler vom Raumschiff *Cerritos* in der zweiten Folge der Serie *Star Trek: Lower Decks* den Auftrag, den klingonischen General K'orin zu Verhandlungen auf Tulgana IV zu bringen. Als sich bei der Mission Komplikationen zeigen, sorgt sich Ensign Boimler darum, dabei den Vertrag von Khitomer zu verletzen.[212] Ein weiterer Akt der praktischen Amtshilfe ist das beiderseitige Austauschprogramm für Offiziere. In dessen Rahmen absolviert Commander Riker ein

206 *DeCandido*, Roman Die Gesetze der Föderation, S. 134.
207 *DeCandido*, Roman Die Gesetze der Föderation, S. 173 f.
208 *DeCandido*, Roman Die Gesetze der Föderation, S. 330 f.
209 *Scharf/Roberts*, The Interstellar Relations of the Federation, S. 77.
210 Raumschiff Enterprise – Das nächste Jahrhundert, S3 E26 – In den Händen der Borg; Star Trek: Deep Space Nine, S1 E1 – Der Abgesandte, Teil I.
211 Das Abkommen wurde aufgekündigt in Star Trek: Deep Space Nine, S4 E1 und neu belebt in S5 E15. Der achte Kinofilm ist zeitlich zu Beginn der fünften Staffel einzuordnen.
212 Star Trek: Lower Decks, S1 E2 – Gesandte.

Praktikum auf dem klingonischen Kreuzer *IKS Pagh*[213] sowie der klingonische Exobiologe Lieutenant J'Dan an Bord der *Enterprise*.[214] Ob das Austauschprogramm im Vertrag von Khitomer selbst geregelt ist, ist nicht bekannt. Jedoch liegt es nahe, dass das Programm zumindest als direkte Folge des Abkommens initiiert wurde.

Der Vertrag von Khitomer wurde in der Pilotfolge der vierten Staffel von *Star Trek: Deep Space Nine* ausgesetzt durch den klingonischen Kanzler Gowron, der daraufhin mit einer Armada versucht, die Raumstation zu erobern.[215] Dass der Vertrag jederzeit durch einseitige Erklärung widerrufen werden kann, wird auch deutlich, als Botschafter Rozhenko im Roman *Die Gesetze der Föderation* später mit einem solchen Schritt droht.[216] Die Phase des ausgesetzten Vertrags dauert nur einige Monate an. Als die Cardassianische Union dem Dominion beitritt, um gemeinsam die übrigen Gebiete des Alpha- und Beta-Quadranten zu erobern, kann Commander Sisko Kanzler Gowron überzeugen, das Khitomer-Abkommen erneut zu unterzeichnen.[217]

Die Neufassung des interstellaren Vertrags trägt den Namen Zweites Khitomer-Abkommen. Erwähnt wird es lediglich an zwei Stellen im Kinofilm *Star Trek: Der Aufstand.* Sein Inhalt ist offenbar gegenüber der Urfassung erweitert worden. So verbietet es unter anderem den Einsatz isolytischer Subraumwaffen.[218] Als die *Enterprise* unter dem Kommando von Commander Riker von den Son'a mit eben diesen Waffensystemen angegriffen wird, murmelt die Steuerfrau Perim:

> *„Ich dachte, Subraumwaffen sind nach dem Zweiten Khitomer-Abkommen verboten.“*[219]

Lieutenant Commander La Forge bestätigt das Verbot und begründet es damit, dass Subraumwaffen unberechenbar seien.[220] Fraglich ist, warum das Verbot im Hinblick auf die Son'a thematisiert wird, wenn die Khitomer-Verträge nur zwischen der Föderation und dem Klingonischen Reich abgeschlossen wurden. Die Son'a sind keine Mitglieder der Föderation. Ein unbeteiligtes Volk durch ein Abrüstungsabkommen zu verpflichten, das das Abkommen nicht unterzeichnet hat, wäre zumindest nach den völkerrechtlichen Maßstäben der aktuellen Gegenwart ein unwirksamer Vertrag zu Lasten Dritter. Eine mögliche Auslegung ist, dass das zweite Khitomer-Abkommen von mehr Mächten als nur den Klingonen und der Föderation unterzeichnet

213 Raumschiff Enterprise – Das nächste Jahrhundert, S2 E8 – Der Austauschoffizier.
214 Raumschiff Enterprise – Das nächste Jahrhundert, S4 E21 – Das Standgericht.
215 Star Trek: Deep Space Nine, S4 E1 f. – Der Weg des Kriegers, Teil I und II.
216 *DeCandido*, Roman Die Gesetze der Föderation, S. 189.
217 Star Trek: Deep Space Nine, S5 E15 – Im Lichte des Infernos.
218 *Dillard*, Roman Star Trek: Der Aufstand, S. 50 f.
219 *Dillard*, Roman Star Trek: Der Aufstand, S. 157.
220 *Dillard*, Roman Star Trek: Der Aufstand, S. 157.

wurde. Es wäre nicht unplausibel, dass sich infolge der Bedrohung durch die Allianz aus Dominion und Cardassianern diverse Regierungen des Quadranten zu einer Verteidigungsallianz zusammengeschlossen haben. Eine andere Lesart ist die Annahme, dass der Projektzusammenschluss aus Föderation und Son'a beinhaltet, dass die Son'a interstellares Föderationsrecht zu achten haben. Das gemeinsame Projekt der Umsiedlung der Ba'ku und der Nutzbarmachung der planetaren Strahlung könnte entsprechende Nebenpflichten zur Folge haben.

Die Verträge sind ein Erfolgsmodell, das mindestens ein Jahrtausend Bestand hat. Die vierte Staffel der Serie *Star Trek: Discovery* ist in einer entsprechend fernen Zukunft angesiedelt. Doctor Ruon Tarka schlägt darin vor, eine isolineare Waffe zu verwenden, um das von der Spezies 10-C geschaffene Raumphänomen zu zerstören, das zahlreiche Planeten bedroht. Die Föderationspräsidentin Rillak entgegnet daraufhin, dass dies den Vertrag von Khitomer verletzen würde.[221]

c) Vertrag von Algeron

Ein zweites, für das Gefüge des Quadranten bedeutsames Abkommen ist der Vertrag von Algeron (im englischen Original Treaty of Algeron). Die Vereinigte Föderation der Planeten schließt ihn mit dem Romulanischen Imperium zur Neuregelung der neutralen Zone zwischen den Raumbereichen der beiden Großmächte. Kein Schiff der Vertragsparteien darf in diesen Bereich eindringen. Der Vertrag dient der Friedenssicherung als Reaktion auf den verlustreichen Tomed-Zwischenfall zwischen der Föderation und den Romulanern,[222] über den nichts Näheres bekannt ist. Es steht zu vermuten, dass das Abkommen auf Algeron IV unterzeichnet wurde, jedenfalls ist die Existenz dieses Planeten als Reiseziel der *Enterprise* unter Captain Picard bekannt.[223] Der Vertrag von Algeron ist ein Nachfolgeabkommen zum sogenannten Vertrag über die neutrale Zone. Diese Vorfassung wird im fünften Kinofilm zitiert, als Sybok vorgeworfen wird, dagegen verstoßen zu haben.[224] Sybok ist als Vulkanier Föderationsbürger, aber kein Angehöriger der Sternenflotte. Die Verpflichtung, die neutrale Zone zu meiden, erstreckt sich damit auch auf Zivilisten. Ausgehandelt wurde der Vertrag über die neutrale Zone ausschließlich über Audio-Signale. Da damals noch kein Sichtkontakt mit den Romulanern hergestellt worden war, ist die Besatzung der *Enter-*

221 Star Trek: Discovery, S4 E7 – Verbindung.
222 Raumschiff Enterprise – Das nächste Jahrhundert, S7 E12 – Das Pegasus-Projekt.
223 Raumschiff Enterprise – Das nächste Jahrhundert, S1 E19 – Prüfungen.
224 Kinofilm Star Trek V: Am Rande des Universums.

prise um Captain Kirk beim ersten Anblick eines romulanischen Captains auf dem Bildschirm überrascht über das den Vulkaniern ähnliche Antlitz.[225]

Neben der Regelung der neutralen Zone beinhaltet der Vertrag von Algeron eine weitere bedeutsame Bestimmung. Er verbietet der Föderation die Entwicklung und den Gebrauch von Tarntechnologie für Raumschiffe.[226] Die Romulaner, die ebenso wie die Klingonen Tarnvorrichtungen verwenden, zementieren damit diesen strategischen Vorteil gegenüber der Föderation. Die Föderation hält sich im Grundsatz an die Verpflichtung, bricht sie aber bei zwei Gelegenheiten vorsätzlich. Zunächst entwickelt Admiral Pressman ein experimentelles Schiff namens Pegasus, das mit einer Interphasen-Tarnvorrichtung ausgestattet ist. Nachdem die Erprobung der Technologie in eine Katastrophe mündet, unternimmt der Admiral zusammen mit seinem ehemaligen Weggefährten Commander Riker den Versuch der Bergung des Schiffes.[227] In dem Zuge entdeckt ein romulanischer Warbird das Projekt. Commander Riker teilt mit, die Föderation werde sich dazu auf diplomatischen Kanälen melden. Ein zweiter Bruch des Vertrags von Algeron ist das im Kinofilm *Der Aufstand* gezeigte Raumschiff, das im Stausee auf dem Planeten Ba'ku versteckt ist.[228] Die Föderation beabsichtigt damit, die Bewohner des Planeten heimlich umzusiedeln.

Der Vertrag von Algeron erhält eine Modifizierung im Zuge der in der Serie *Star Trek: Deep Space Nine* behandelten Bedrohung durch das Dominion. Danach darf die Föderation weiterhin keine Tarntechnologie entwickeln, darf aber eine Tarnvorrichtung der Romulaner auf dem Föderationsraumschiff *Defiant* einsetzen.[229] Der Einsatz ist ausdrücklich auf den Gamma-Quadranten beschränkt, in dem das Dominion beheimatet ist. Zudem darf die Technologie nur eingeschaltet werden, wenn eine romulanische Austauschoffizierin an Bord ist. Subcommander T'Rul ist jedoch nur in der Doppelfolge *Die Suche* zu sehen;[230] im weiteren Verlauf der Serie wird diese Anforderung nicht mehr thematisiert. Die Verpflichtung, die Technik nur im Gamma-Quadranten einzuschalten, wird hingegen wiederholt angesprochen, jedoch ebenso oft ignoriert. Soweit die *Defiant* während kriegerischer Auseinandersetzungen mit dem Dominion im Alpha-Quadranten aktiviert wird, könnte dies noch vom Vertrag von Algeron jedenfalls dem Sinn und Zweck nach gedeckt sein. Bei Abfassung der Vertragsergänzung war das Dominion schließlich noch auf den Gamma-Quadranten beschränkt. Hät-

225 Raumschiff Enterprise, S1 E8 – Spock unter Verdacht.
226 Star Trek: Enterprise, S4 E22 – Dies sind die Abenteuer.
227 Raumschiff Enterprise – Das nächste Jahrhundert, S7 E12 – Das Pegasus-Projekt; Star Trek: Enterprise, S4 E22 – Dies sind die Abenteuer.
228 *Dillard*, Roman Star Trek: Der Aufstand, S. 98.
229 Star Trek: Deep Space Nine, S3 E1 – Die Suche, Teil I.
230 Star Trek: Deep Space Nine, S3 E1 f. – Die Suche, Teil I und II.

ten die Vertragsparteien gewusst, dass das Dominion später Raumbereiche im Alpha-Quadranten kontrolliert, wäre die Ausnahmeregelung gewiss auch auf diese Territorien ausgeweitet worden. Jedoch unternimmt Captain Sisko immer wieder bewusste Vertragsbrüche, die in keinem Zusammenhang mit der Bekämpfung des Dominion stehen. So tarnt Sisko beispielsweise die *Defiant*, um sich mit Gul Dukats Schiff auf der Flucht vor klingonischen Schiffen zu treffen,[231] oder um den Lieutenant Commander Eddington zu verfolgen, der zum Maquis übergelaufen ist.[232] Der Vertragsbruch wird dabei auf der Brücke offen thematisiert, aber von allen Beteiligten der Sternenflotte und des bajoranischen Militärs geduldet.

d) Weitere bedeutende interstellare Verträge

Ein weiteres relevantes interstellares Abkommen ist der Vertrag von Armes. Er teilt den Planeten Tao Sigma V dem Volk der Shelliak zu.[233] Behandelt wird er in der Folge *Die Macht der Paragraphen* aus der Serie *Raumschiff Enterprise – Das nächste Jahrhundert* in einer Ausführlichkeit, die wertvolle Einblicke in die Praxis der völkerrechtlichen Vertragsgestaltung und Auslegung liefert. So erklärt die Episode, dass bei der Aushandlung 372 Rechtsexperten der Föderation involviert waren. Er umfasst 500.000 Worte, weil die Shelliak auf Genauigkeit bestanden hatten. Als es zu einem strittigen Anwendungsfall kommt, legt die Besatzung der *Enterprise* den Vertragstext selbstständig aus, indem sie die im Bordcomputer gespeicherte Vertragskopie analysiert und eigene Schlüsse zieht. Bemerkenswert ist, dass die Nennung der bei der Aushandlung beteiligten Rechtsexperten einer der sehr seltenen Hinweise auf Juristen im Star Trek Universum ist, obwohl diese bei der Durchführung des Vertrags keine Rolle mehr spielen. Captain Picard und Lieutenant Commander Data halten keinerlei Rücksprache mit einem juristischen Büro der Sternenflotte oder dem Rechtsausschuss des Föderationsrats, obwohl dies per Subraumfunk möglich gewesen sein dürfte. Die Folge ist eines von zahlreichen Beispielen dafür, dass die Auslegung des Rechts ausschließlich durch Sternenflottenoffiziere erfolgt, die lediglich über eine rudimentäre juristische Ausbildung verfügen.[234]

Der Friedensvertrag mit dem Dominion wird im Serienfinale von *Star Trek: Deep Space Nine* auf der gleichnamigen Raumstation unterschrieben. Bevollmächtigte des Dominion, des klingonischen Reichs, des Romulanischen Imperiums und der Föderation unterzeichnen Papiere mittels eines Stifts

231 Star Trek: Deep Space Nine, S4 E2 – Der Weg des Kriegers, Teil II.
232 Star Trek: Deep Space Nine, S4 E22 – In eigener Sache.
233 Raumschiff Enterprise – Das nächste Jahrhundert, S3 E2 – Die Macht der Paragraphen.
234 Siehe oben S. 35 ff.

oder gar eines Federkiels (dies ist in der Auflösung nicht eindeutig zu erkennen).[235] Das analoge Medium ist ein Fremdkörper in der technisierten Zukunft, führt jedoch konsequent die Linie fort, interstellare Verträge eigenhändig auf Papier zu unterzeichnen.[236]

Die Sedonis IV Convention verbietet die Folter von Kriegsgefangenen. So erzählt es Captain Picard einem cardassianischen Folterknecht in der Folge *Geheime Mission auf Celtris III.*[237] Die Konvention ist offensichtlich das interstellare Abbild der Genfer Konventionen.[238] Dabei passt es kaum zum Selbstverständnis der Cardassianischen Union, dass sie dem Abkommen beigetreten ist. Wahrscheinlicher ist es, dass Captain Picard die Konvention als interstellaren Standard hochhält in dem Wissen, dass sie für Angehörige der cardassianischen Behörden keine direkte Bindungswirkung entfaltet. So geht in der heutigen Gegenwart von den Genfer Konventionen auch nur gegenüber den Signierstaaten eine verpflichtende Wirkung aus; verstoßen andere Staaten gegen ihre Prinzipien, wird dies gleichwohl international angeprangert.

IV. Grundrechte

Die Föderationsverfassung enthält so wie die meisten Verfassungen der Gegenwart einen Grundrechtekatalog. Von diesen sogenannten „Garantien" (im englischen Original „guarantees") gibt es mindestens zwölf. Konkret benannt sind die Selbstbelastungsfreiheit und die Literaturfreiheit. Die Selbstbelastungsfreiheit zitiert Captain Picard gegenüber Lieutenant Worf in der Folge *Das Standgericht.*[239] Aus dieser Episode ist bekannt, dass es sich um die siebte Garantie handelt, die in der Verfassung verankert ist. Die Rechte von Autoren sind Teil der zwölften Garantie, die Lieutenant Commander Tuvok in der Folge *Die Veröffentlichung* benennt.[240] Aus der Existenz der siebten und der zwölften Garantie lässt sich ableiten, dass die Verfassung mindestens zwölf solcher Grundrechte enthält, es können jedoch auch deutlich mehr sein. Welcher Art die übrigen Verfassungsgarantien sind, ist nicht ausdrücklich in den Star-Trek-Erzählungen erwähnt. Jedoch werden gelegentlich weitere fundamentale Prinzipien der Föderation betont wie das Recht auf freie Entwicklung oder das Folterverbot. Damit ist es naheliegend, dass diese nachfolgend dargestellten Prinzipien mit Charak-

235 Star Trek: Deep Space Nine, S7 E25 – Das, was du zurückläßt – Teil II.
236 Siehe oben S. 76.
237 Raumschiff Enterprise – Das nächste Jahrhundert, S6 E11 – Geheime Mission auf Celtris Drei, Teil II.
238 *Scharf/Roberts*, The Interstellar Relations of the Federation, S. 94.
239 Raumschiff Enterprise – Das nächste Jahrhundert, S4 E21 – Das Standgericht.
240 Star Trek: Raumschiff Voyager, S7 E20 – Die Veröffentlichung.

ter eines subjektiven Rechts zu den übrigen Garantien der Verfassung zählen. Alle diese Prinzipien sind genauso oder in ähnlicher Form auch in den Grundrechtekatalogen der Art. 1–19 des Grundgesetzes der Bundesrepublik Deutschland, der Charta der Grundrechte der Europäischen Union oder in den Bill of Rights genannten Zusatzartikeln der Verfassung der Vereinigten Staaten von Amerika enthalten.

1. Selbstbelastungsfreiheit (7. Garantie)

In der Episode *Das Standgericht* in der vierten Staffel von *Raumschiff Enterprise – Das nächste Jahrhundert* finden militärgerichtliche Vorermittlungen auf der *Enterprise* statt.[241] Admiral Satie führt in diesem Rahmen schiffsöffentliche Anhörungen durch, die sich zunächst gegen den medizinischen Techniker Tarses richten. Captain Picard ordnet dem Beschuldigten Commander Riker als Counsel zu. Auf Anraten dieses Counsels verweigert Crewman Tarses in der Anhörung eine Antwort auf die Frage nach seiner bei der Bewerbung verschwiegenen teilromulanischen Herkunft. Als Begründung wird angeführt, dass die Antwort geeignet wäre, ihn zu verdächtigen. Die Verweigerung wird ihm von Beobachtern zur Last gelegt. Lieutenant Worf sieht sie als Beweis für Tarses' Schuld an. Captain Picard hingegen verdeutlicht:

> *„Oh nein. Das dürfen wir uns nicht erlauben zu denken. Die siebte Garantie ist eines der wichtigsten Rechte, die die Föderation gewährt. Wir können einen Grundsatz der Verfassung nicht gegen einen Bürger verwenden.“*

In der Föderation gilt damit der aus jedem Krimi bekannte[242] und dem alten römischen Recht entspringende Grundsatz „nemo tenetur se ipsum accusare“, der zum festen prozessualen Instrumentarium aller Rechtsstaaten gehört. Er wirkt nicht nur im Strafverfahren, sondern, wie die Episode verdeutlicht, auch im Ermittlungsstadium. In Deutschland ist der Grundsatz in Art. 55 StPO festgeschrieben. Nach der Mosaiktheorie des Bundesgerichtshofs ist der Artikel dahingehend weit auszulegen, dass bereits kleine, für sich genommen unbedeutende Informationsfetzen nicht preisgegeben werden müssen, wenn sie gegebenenfalls später als Teil eines Gesamtbilds einen Tatverdacht erhärten könnten.[243]

---

241 Raumschiff Enterprise – Das nächste Jahrhundert, S4 E21 – Das Standgericht.
242 *Hillenbrand/Humberg*, Trek minds, S. 114.
243 BGHSt 15, 17.

2. Freiheit des Künstlers (12. Garantie, Abs. 7 Gamma)

Die zweite explizit bekannte Verfassungsgarantie ist die Kunstfreiheit in der Unterform der Rechte des Autors. Lieutenant Commander Tuvok sowie der Schiedsmann der Föderation zitieren sie bei einer Gerichtsverhandlung in der Folge *Die Veröffentlichung*.[244] Hintergrund ist ein Streit über das Urheberrecht des holographischen Doktors an einem von ihm programmierten Holo-Roman. Die zwölfte Garantie wird in dem Verfahren herangezogen, weil Absatz sieben Gamma die Definition des Künstlers enthält. Ein Autor ist danach eine Person, die ein originales Kunstwerk erschafft. Die weiteren Argumentationen drehen sich dann darum, ob der holographische Doktor als Künstliche Intelligenz eine Person im Sinne dieser Definition ist. Im Urteilsspruch kommt der Schiedsmann zu einem Kompromiss. Da er Skrupel hat, eine so fundamentale Entscheidung zu treffen, unter welchen Voraussetzungen eine KI eine Person im rechtlichen Sinne sein kann, erweitert er die Definition des Künstlers auf eine Art und Weise, dass sie den Doktor umfasst.

Das Gerichtsverfahren hat nicht die Literaturfreiheit zum Gegenstand. Es ist eine reine zivilrechtliche Streitigkeit über die Verwertungsrechte an einem Holo-Roman. Die Föderationsverfassung wird lediglich herangezogen, um die Definition des Künstlers daraus zu verwenden. Daher ist nicht bekannt, welche Schutzwirkung die zwölfte Garantie hat. Der in der Episode gezeigte Urheberrechtsstreit legt nahe, dass das geistige Eigentum des Autors in dem Verfassungsartikel geschützt wird. Der Vergleich mit den heutigen irdischen Grundrechtekatalogen, die letztlich Vorbild für die Föderationsverfassung waren, spricht hingegen für eine gänzlich andere Schutzwirkung: Das Recht, sich in seiner Kunst ausleben und ungehindert Themen ansprechen zu dürfen. Eine Kunstfreiheit in dem Sinne, dass jedermann Werke nach Belieben und ohne staatliche Kontrolle erschaffen darf und auch keine nachträgliche Zensur erfolgt, findet sich im Grundgesetz der Bundesrepublik Deutschland in Art. 5 Abs. 3 Satz 1 GG.

Die Verortung in Absatz sieben Gamma der zwölften Garantie mutet zunächst seltsam spezifisch an. Sie passt insofern zur Tendenz bei Star Trek, punktuell herausgegriffene und in das Drehbuch passende Vorschriften so zu bezeichnen, dass sie wie ein sehr kleiner Teil eines ausdifferenzierten Rechtssystems wirken. In diesem Fall ist die Einordnung der Kunstfreiheit als Unter-Unter-Kategorie einer zwölften Garantie jedoch sehr plausibel. Vergleicht man die Systematik mit dem deutschen Grundgesetz, stellt man fest, dass die Kunstfreiheit dem Regelwerk keinen eigenen Absatz wert ist. Stattdessen ist sie in einem Satz zusammen mit der Wissenschafts-, Forschungs- und Lehrfreiheit aufgezählt. Selbst dieses Konglomerat an Grundrechten verfügt nicht über einen eigenen Artikel, sondern bildet lediglich

244 Star Trek: Raumschiff Voyager, S7 E20 – Die Veröffentlichung.

den dritten Absatz des Art. 12 GG, der in seinem ersten Absatz die Meinungs- und Informationsfreiheit garantiert. Um den Rückbezug zur zwölften Garantie der Föderationsverfassung zu wagen, wäre es daher plausibel anzunehmen, dass sie generell die Meinungs- und Äußerungsfreiheit beinhaltet, die in den jeweiligen Absätzen näher ausdifferenziert wird. Absatz sieben könnte dann die Kunst-, Wissenschafts- und Forschungsfreiheit beinhalten, die sich in griechisch nummerierten Unterabsätzen von Alpha bis mindestens Gamma nach den jeweiligen Einzelgrundrechten aufspaltet.

Nähere Ausführungen zu den bei Star Trek gezeigten Kunstformen und ihrer rechtlichen Behandlung finden sich unten im Kapitel zum Urheberrecht.[245]

3. Pressefreiheit

Eng mit der Freiheit des Autors verwandt, mutmaßlich sogar ebenfalls in der zwölften Garantie verortet, ist die Pressefreiheit. Als Verfassungsgrundrecht wird sie nicht explizit erwähnt, jedoch als fundamentales Rechtsprinzip der Vereinigten Föderation der Planeten. Neben einem Hinweis in einer Fernsehserie weisen mehrere Romanquellen auf die Bedeutung der Pressefreiheit hin. Als Neelix an Bord der Voyager mit der Produktion einer schiffsinternen Nachrichtensendung startet, belehrt ihn Fähnrich Kim:

> *„Journalismus muss unabhängig und investigativ sein.“*[246]

Keith DeCandidos Roman *Die Gesetze der Föderation* schildert ausführlich die Kontrollfunktion der unabhängigen Medien gegenüber der Politik der Föderationsregierung. Zunächst wird dort klargestellt, die Föderation habe *„totale Pressefreiheit“* mit der Folge eines florierenden Berichtswesens auch mit weniger seriösen Medien.[247] Diese Folge ist nachvollziehbar. In einer Gesellschaft, in der niemand zum Überleben einer Erwerbsarbeit nachgehen muss, fangen erwartbar viele Menschen an zu schreiben. Die Presse darf nach den Schilderungen im Roman nicht ausgegrenzt werden, sondern sie hat einen Anspruch darauf, dass die Regierung sie mittels Pressekonferenzen und Interviews an den Entscheidungsfindungen teilhaben lässt.[248] Die Wurzeln dieses Rechts finden sich bereits in der aktuellen Gegenwart im unter anderem vom Bundesverwaltungsgericht entwickelten presserechtlichen Auskunftsanspruch.[249] Darüber hinaus schützt die Pressefreiheit vor staatlicher Einflussnahme in die Berichterstattung durch Zensur oder anderen faktischen Druck. Als in dem Roman das bajoranische Ratsmitglied Jorel auf eine für

245 Siehe unten S. 136 ff.
246 Star Trek: Raumschiff Voyager, S2 E20 – Der Verräter.
247 *DeCandido*, Roman Die Gesetze der Föderation, S. 52.
248 *DeCandido*, Roman Die Gesetze der Föderation, S. 50.
249 BVerwGE 154, 222; 174, 66.

die Regierung negative Berichterstattung hinweist, ermahnt ihn Esperanza, die Beraterin der Föderationspräsidentin, mit den deutlichen Worten:

> *„Wir können darauf keinen unzulässigen Einfluss nehmen, denn sonst hören wir auf, die Föderation zu sein.“*[250]

Captain Picard wird in der Fernsehepisode *Das Standgericht* mindestens ebenso pathetisch – nicht unmittelbar auf die Pressefreiheit bezogen, aber auf Zensur und Äußerungsfreiheit im Allgemeinen:

> *„Wissen Sie, als ich ein Schuljunge war, habe ich einige Worte gehört: ‚Mit dem ersten Glied ist die Kette geschmiedet. Wenn die erste Rede zensiert, der erste Gedanke verboten, die erste Freiheit verweigert wird, sind wir alle unwiderruflich gefesselt.‘“*[251]

Wenn es beide Zitate auch sehr drastisch und blumig formulieren, ist ihre gemeinsame Aussage durchaus zutreffend. Die freie Berichterstattung inklusive des kritischen öffentlichen Diskurses ist ein Eckpfeiler moderner Demokratien. In den USA, dem Mutterland von Star Trek, steht dieses fundamentale Verfassungsprinzip derzeit besonders unter Druck. Der erste Verfassungszusatz (First Amendment) schützt die freie Meinungsäußerung (Freedom of Speech) inklusive der Pressefreiheit. Aktuelle Entwicklungen wie das Knüpfen des Zugangs zu Pressekonferenzen des Pentagon an die inhaltliche Ausrichtung der Berichte[252] oder das gerichtliche Vorgehen des US-Präsidenten gegen Berichterstattungen der New York Times und anderer Medien[253] stehen im Widerspruch zu dieser Freiheit.

Trotz der von Picard und Esperanza formulierten überragenden Bedeutung der freien Presse für die Funktionsfähigkeit der Föderation nehmen Nachrichtenformate im Alltag auf Föderationsschiffen einen erstaunlich geringen Raum ein. Bedeutsame Ereignisse wie Regierungswechsel anderer Großmächte oder Verläufe eigener Kriege gelangen in der Regel nur über interne Berichte der Sternenflotte an die Offiziere. Die *Enterprise* unter Captain Kirk führt beispielsweise ein internes Schiffsbulletin mit wissenswerten Neuigkeiten wie das aktuelle Freizeit- und Kulturprogramm, dessen Inhalte die Führung des Schiffes kontrolliert.[254] Umso erfrischender ist es, dass Neelix an Bord der Voyager in der Episode *Der Verräter* ein unabhän-

---

250 *DeCandido*, Roman Die Gesetze der Föderation, S. 375.

251 Zitat von Richter Aaron Satie, in: Raumschiff Enterprise – Das nächste Jahrhundert, S4 E21 – Das Standgericht; ebenfalls zitiert in Star Trek: Starfleet Academy, S1 E4 – Vox in Excelso.

252 Pressefreiheit: US-Medien verweigern Unterschrift unter neuen Presseregeln des Pentagon, ZEIT Online v. 15.10.2025.

253 *Almanza*, Donald Trump verklagt New York Times auf 15 Milliarden Dollar, beck-aktuell v. 16.09.2025.

254 *McIntyre*, Roman Star Trek – Die erste Mission, S. 261.

giges Nachrichtenmagazin gründet.[255] Auch wenn das Publikum lediglich maximal 140 Personen umfassen kann, wird endlich Journalismus in Star Trek thematisiert.[256] Die Existenz eines föderationsweiten, frei empfangbaren Nachrichtensenders wird erst in den neueren Star-Trek-Serien eingeführt und dann vergleichsweise konsequent immer wieder erwähnt. So gab es bisweilen nur sporadische Hinweise auf Reporterinnen und Reporter, die beispielsweise beim Jungfernflug der *Enterprise-B* im siebten Kinofilm auf der Brücke anwesend sind.[257] Aus dem Roman *Die erste Mission* ist zudem bekannt, dass bei Captain Kirks Amtsantritt „*Journalisten von allen Nachrichtenmedien der Föderation*" anwesend sind.[258] Im sogenannten New Trek nach der Produktionspause der frühen 2000er Jahre wird hingegen das Federation News Network (kurz: FNN) relativ prominent eingesetzt. Erstmals in der Short-Trek-Episode *Die Kinder des Mars* eingeführt, betrachten zwei Minderjährige angespannt einen Fernsehbildschirm, der einen Bericht des FNN zeigt.[259] Das Nachrichtenformat berichtet darin über einen terroristischen Anschlag auf die Marskolonien. Nachdem in der aus Kurzclips bestehenden Anthologieserie Short Treks das FNN etabliert wurde, nimmt es gleich in der ersten Episode der Serie S*tar Trek: Picard* erneut eine zentrale Rolle ein. Admiral Picard wird darin einige Jahre nach dem Anschlag auf den Mars zu den damaligen Geschehnissen interviewt.[260] Die TV-Serie des FNN trägt den Titel „News of the Galaxy". Das FNN wird später wiederholt in der Zeichentrickserie *Lower Decks* thematisiert. So berichtet das FNN in der Pilotfolge der dritten Staffel von der Inhaftierung Captain Freemans[261] und zeigt im Staffelfinale den Angriff automatisierter Föderationsschiffe der Texas-Klasse auf die Douglas Station.[262] Vollständig aus journalistischer Sicht erzählt ist schließlich die Episode *Was ist die Sternenflotte?* aus der Serie S*trange New Worlds*.[263] Sie ist in Form einer fiktiven Fernsehreportage gestaltet, in der ein Reporter Interviews mit der Brückenbesatzung der *Enterprise* durchführt.

Auch in der fortschrittlichen Föderation gilt die Pressefreiheit nicht uneingeschränkt. Bezeichnend ist das Vorwort der Romanfassung des ersten Kinofilms. Verfasst ist der Roman von Gene Roddenberry persönlich. Die Einleitung hat er als fiktives Grußwort aus der Sicht von Admiral Kirk geschrieben. Der Admiral lässt sich darin darüber aus, dass Berichte über seine

255 Star Trek: Raumschiff Voyager, S2 E20 – Der Verräter.
256 *Fistrich/Göttling*, Podcast Trek am Dienstag, E406 – Investigations.
257 Kinofilm Star Trek VII – Treffen der Generationen.
258 *McIntyre*, Roman Star Trek – Die erste Mission, S. 60.
259 Star Trek: Short Treks, S2 E6 – Die Kinder des Mars.
260 Star Trek: Picard, S1 E1 – Gedenken.
261 Star Trek: Lower Decks, S3 E1 – Startverbot.
262 Star Trek: Lower Decks, S3 E10 – Die Sterne in der Nacht.
263 Star Trek: Strange New Worlds, S3 E7 – Was ist die Sternenflotte?

Abenteuer häufig verzerrt seien und die Mannschaft heldenhafter darstellen, als sie tatsächlich gewesen sei. Daher verfügt Kirk, dass „*jeder, der darüber berichten will, seinen Text erst von mir prüfen und genehmigen lassen*“ müsse.[264] Eine solche gravierende Einschränkung der Pressefreiheit kann nur als höfliche Bitte ohne juristischen Gehalt gemeint sein, in der Admiral Kirk seinen überragenden Ruf dafür benutzt, Druck auf journalistisch tätige Personen auszuüben. Eine andere Möglichkeit ist, dass Kirk tatsächlich zu solchen Einschränkungen befugt ist, soweit militärische Geheimnisse betroffen sind. Dafür spricht die Episode *Was ist die Sternenflotte?*, die mit einer Texteinblendung beginnt, die auf den Freedom of Information Act der Föderation verweist.[265] Die Einblendung verrät, dass das Material der nachfolgend gezeigten TV-Reportage nach diesem Gesetz von der Sternenflotte freigegeben wurde. Das Prozedere ist ein Beispiel für eine funktionierende Grundrechtsdogmatik, nach der die Pressefreiheit grundsätzlich durch eine Verfassungsgarantie geschützt ist, jedoch zu Zwecken der militärischen Sicherheit durch Gesetz eingeschränkt werden kann. Die Einschränkung darf jedoch wiederum nicht absolut sein, um den Kernbereich des Grundrechts nicht auszuhöhlen. Daher ist im Einzelfall zu prüfen, ob Sicherheitsbelange einer Berichterstattung konkret entgegenstehen. Für journalistische Beiträge aus dem Inneren von Sternenflottenschiffen besteht dafür nach dem Freedom of Information Act ein konkretes Verfahren, das die sogenannte praktische Konkordanz zwischen widerstreitenden Rechten gewährleistet.

4. Freie Entwicklung

Der Wertekanon der Föderation wird geradezu dominiert von der Idee der freien Entwicklung der Völker und der Individuen. Er schlägt sich in der Ersten Direktive der Sternenflotte nieder, keinen Einfluss in die gesellschaftliche Entwicklung fremder Planeten zu nehmen. Diese Nichteinmischungsdirektive hat für den Forschungsauftrag der Föderationsraumschiffe einen derart hohen Stellenwert, dass er andere Rechtsgüter überwiegt. So hat die Sternenflotte es hinzunehmen und lediglich aus der Ferne zu beobachten, wenn ein Volk sich für autoritäre Regierungssysteme entscheidet oder durch Kriege selbst vernichtet. Auf die Erste Direktive wird ausführlich im Kapitel zum Dienstrecht der Sternenflotte eingegangen.[266]

Es liegt nahe, dass ein solches Leitbild der Raumflotte auch im Grundrechtekatalog der Föderationsverfassung Niederschlag findet. Explizit nachgewiesen ist dies nicht, jedoch lässt ein Wortwechsel zwischen Doctor McCoy und Lieutenant Commander Spock darauf schließen. In der Episode *Die*

264 *Roddenberry*, Roman Star Trek – Der Film, S. 8.
265 Star Trek: Strange New Worlds, S3 E7 – Was ist die Sternenflotte?
266 Siehe unten S. 200 ff.

Stunde der Erkenntnis diskutieren die beiden Offiziere über ein vom Supercomputer Vaal versklavtes Volk.[267] Der Bordarzt spricht sich mit einer rechtlichen Argumentation dafür aus, in die Situation auf dem föderationsunabhängigen Planeten einzugreifen:

> „*Es gibt absolute Werte, Mr. Spock. Eines davon ist das Recht auf ein freies Leben aller Humanoiden dieses Universums und das Recht auf Voraussetzungen, die eine freie Entfaltung ermöglichen.*“

Lieutenant Commander Spock erklärt dem Doktor daraufhin die Schranken dieses Grundrechts:

> „*Es hat aber auch jeder das Recht zur Wahl des Systems, das ihm am meisten zusagt.*“

Die Episode dreht sich um die Erste Direktive. Die beiden Diskutanten formulieren die Verhaltensregel der Sternenflotte dabei in Form eines subjektiven Rechts der Betroffenen. Die Zitate können sowohl als Individualrecht des jeweiligen Volkes als auch der betroffenen Einzelpersonen gelesen werden. Dabei zeigt das Beispiel anschaulich, wie Grundrechte nicht für sich stehen, sondern Schranken unterworfen sind. So beschreibt bereits Doctor McCoy, dass freie Entwicklung nicht einfach nur bedeutet, dass Völker in Ruhe gelassen werden, sondern auch, dass ihnen ein Recht auf die Bedingungen der freien Entwicklung zusteht. Er plädiert daher dafür, den Computer Vaal zu zerstören, mithin in die bisherige Entwicklung einzugreifen, um eine freie Entwicklung zu ermöglichen. Mr. Spock nimmt hingegen den Standpunkt ein, dass auch ein der Sklaverei ähnlicher Zustand hinzunehmen ist, wenn ein Volk diese Lebensweise für sich entschieden hat. Schlussendlich schließt sich Captain Kirk der Rechtsmeinung Doctor McCoys an, indem er den Computer Vaal zerstört und der lokalen Bevölkerung die Vorzüge eines freien Lebens andeutet.

Sklaverei ist das Gegenstück zu freier Entwicklung. In der Föderation ist sie verboten. Explizit erwähnt dies der Roman *Die erste Direktive* des Ehepaars Reeves-Stevens.[268] Darin wird klargestellt, dass das Sklavereiverbot auch für intelligente Roboter gilt. Die Erzählung ist zwischen den Ereignissen der Originalserie und dem ersten Kinofilm angesiedelt und nimmt die Argumentationen vorweg, die später in der Serie *Das nächste Jahrhundert* eine juristische Schlüsselfolge prägen. In der Episode *Wem gehört Data?*, die den rechtlichen Status des Androiden Lieutenant Commander Data zum Gegenstand hat, ist das Sklavereiverbot das zentrale Argument von Captain Picard.[269] Angeregt durch eine Diskussion mit der Barkeeperin Guinan zeigt Picard in einer Anhörung auf, dass die Erschaffung einer Sklavenrasse

---

267 Raumschiff Enterprise, S2 E5 – Die Stunde der Erkenntnis.

268 *Reeves-Stevens/Reeves-Stevens*, Roman Die erste Direktive, S. 16.

269 Raumschiff Enterprise – Das nächste Jahrhundert, S2 E9 – Wem gehört Data?

drohe, wenn man Data das Recht verweigere, über sein Schicksal selbst zu bestimmen. Eine solche Entwicklung würde nach Picard die Föderation in ihren Grundfesten erschüttern. Dass der komplexe Diskurs um das Recht auf freie Entwicklung von Robotern auch in der Folgezeit nicht ausdiskutiert ist, belegen zwei Episoden aus anderen Serien. Bei *Star Trek: Voyager* ist es die Folge *Die Veröffentlichung*, in deren Schlussszene ausgemusterte medizinische Hologramme zu Bergwerksarbeit abgestellt sind.[270] Ähnlich stupide Arbeit ohne eigene Mitbestimmungsrechte verrichten die Synths in der ersten Staffel der Serie *Star Trek: Picard* auf der Flottenwerft im Orbit des Mars.[271] Beide Folgen thematisieren dabei das nicht abgeschlossene Ringen um die Individualrechte von Robotern, die jeweils anhand des Entwicklungsstands der in ihnen enthaltenen Künstlichen Intelligenz einzeln zu bestimmen sind.

5. Bewegungsfreiheit

In der Föderation herrscht Bewegungsfreiheit. Sie ist in zwei Komponenten aufgeteilt: Das Recht, nicht eingesperrt zu werden, sowie das Recht auf Freizügigkeit im Föderationsgebiet. Diese Zweiteilung ist auch heute üblich. So schützt Art. 2 Abs. 1 GG die unmittelbare Fortbewegung und Art. 11 GG das Recht, andere Orte zu betreten.

Das Recht, nicht eingesperrt zu werden, garantiert das Föderationsrecht. Der Roman *Die Gesetze der Föderation* erwähnt, dass Personen durch staatliche Stellen nicht ohne einen Prozess festgehalten werden dürfen.[272] Auch die Entführung durch Privatpersonen ist explizit als Straftat ausgewiesen.[273] Dieser abstrakte Rechtsgrundsatz ist jedoch offenkundig Beschränkungen unterworfen. Die Arrestzelle auf Raumschiffen ist nicht selten ein Mittel, Personen festzuhalten, von denen eine Gefahr ausgeht oder die eine Straftat begangen haben. Mitunter verbringen die Betroffenen Tage bis Wochen in diesen kleinen Einzelzellen. Dies dürfte mit der Besonderheit der Isolation von Raumschiffen im interstellaren Raum zusammenhängen. Während für Sicherheitsorgane in Deutschland eine vorläufige Festnahme lediglich für einen Tag zulässig ist, bevor ein Haftrichter über die Verlängerung entscheidet,[274] sind in den unendlichen Weiten keine Justizorgane kurzfristig erreichbar.

Die zweite Komponente der Bewegungsfreiheit ist die Freizügigkeit. Sie gilt ausdrücklich nur für Föderationsbürger. Als Lieutenant Commander Spock

270 Star Trek: Raumschiff Voyager, S7 E20 – Die Veröffentlichung.
271 Star Trek: Picard, S1 E2 – Karten und Legenden.
272 *DeCandido*, Roman Die Gesetze der Föderation, S. 135.
273 *DeCandido*, Roman Die Gesetze der Föderation, S. 302.
274 § 127 StPO.

im Roman *Die erste Direktive* längerfristig auf der Erde weilt, klärt Botschafter Sytok ihn auf:

> „*Sie sind noch immer Bürger der Föderation. Sie brauchen keine konsularische Hilfe, um Ihren Aufenthalt auf diesem Planeten fortzusetzen.*“[275]

Ähnlich äußert sich Lieutenant Uhura im Roman *Die erste Mission*, als sie erfährt, dass Yeoman Rand in ihrer Kindheit auf ihrem Heimatplaneten festsaß:

> „*Es ist illegal, die Bewegungsfreiheit von Föderationsbürgern einzuschränken.*“[276]

Rand entgegnet ihr darauf, dass es nicht verboten sei, hohe Preise für einen Transport zu verlangen. Das Freizügigkeitsgrundrecht deckt sich damit mit seinem Pendant sowohl aus dem Grundgesetz als auch aus der Grundrechtecharta der Europäischen Union. Jede Person hat das Recht, innerhalb des Gebietes alle Orte zu betreten. Ob dies auch praktisch verwirklicht werden kann, hängt von den individuellen faktischen Möglichkeiten ab. Es gibt kein Recht auf erschwinglichen Personennahverkehr und auf Gewährleistung, dass dieser jeden beliebigen Ort anfährt.

6. Gleichheitsgebot

Infinite Diversity in Infinite Combinations – Das sogenannte IDIC-Prinzip ist zur Lebensphilosophie zahlreicher Trekkies geworden.[277] Als Grundelement der vulkanischen Lehre stellt es Botschafter Spock in der Zeichentrickserie vor.[278] Im Deutschen als UMUK-Prinzip (Unendliche Mannigfaltigkeit in unendlicher Kombination) beziehungsweise im Vulkanischen als Kol-It-Shan[279] bezeichnet, verdeutlicht es die Toleranz und Offenheit gegenüber der Vielfalt und dem Unbekannten. Dass alle Vulkanier diesen Leitsatz stets konsequent umsetzen, lässt sich nicht unbedingt beobachten. Man denke an den verächtlichen Ausspruch „*Er sieht so menschlich aus!*“, den Botschafter Sarek unmittelbar nach der Geburt seines halbmenschlichen Sohns ausruft,[280] oder auch die Diskriminierung des jungen Spocks in der Schule sowie an der vulkanischen Wissenschaftsakademie.[281] Gleichwohl haben die Vulkanier das IDIC-Symbol, den spitzen Pfeil, der diagonal in

275 *Reeves-Stevens/Reeves-Stevens*, Roman Die erste Direktive, S. 289.
276 *McIntyre*, Roman Star Trek – Die erste Mission, S. 190.
277 Vgl. *Hillenbrand/Humberg*, Trek minds, S. 53.
278 Die Enterprise, S1 E7 – Das Superhirn.
279 Star Trek: Raumschiff Voyager, S5 E13 – Schwere.
280 Kinofilm Star Trek V: Am Rande des Universums.
281 Kinofilm Star Trek (Reboot 2009).

einen Kreis zeigt, zu ihrer planetaren Staatsflagge auserkoren,[282] weisen ihm also identitätsstiftende Funktion für die gesamte Spezies zu.

Es ist daher nur konsequent, davon auszugehen, dass ein mit Art. 3 GG vergleichbares Gebot der Nichtdiskriminierung Eingang in die Föderationsverfassung gefunden hat. Ein Hinweis darauf findet sich im Roman *Die erste Mission* von Vonda McIntyre. Lieutenant Uhura diszipliniert darin die aufmüpfige Offizierin Roswind mit einem Streich, für den sie einen Schleim im Doppelquartier ausgießt und mitteilt, es handele sich um die neue Zimmergefährtin. Als Roswind nach einigen Tagen kritische Fragen stellt, unterstellt Uhura ihr Xenophobie. Der Roman erzählt dazu:

> „*Xenophobie konnte dazu führen, daß man unehrenhaft aus Starfleet entlassen wurde. Das wußte Roswind, und deshalb widersprach sie heftig.*“[283]

Diverse Darstellungen, gerade in der Originalserie, lassen jedoch auch Zweifel an einem tatsächlich gelebten Gleichheitsgebot aufkommen. Gleich im ursprünglichen Pilotfilm sagt Captain Pike zu seiner persönlichen Sekretärin, die ihm ein Klemmbrett zur Unterschrift reicht, er werde sich nie an Frauen auf der Brücke gewöhnen.[284] Die Erste Offizierin wirft ihm daraufhin einen finsteren Blick zu. Noch drastischer geht es in der allerletzten Episode der Serie zu. Janice Leister bemächtigt sich darin Captain Kirks Körper, um im neuen Erscheinungsbild die *Enterprise* zu übernehmen. Ihre Motivation erklärt sie dabei mit den Worten: „*Ihr Männer glaubt doch alle, dass wir gar nicht fähig seien, ein Raumschiff zu kommandieren.*“ Im englischsprachigen Original handelt es sich sogar um ein Verbot:

> „*Your world of starship captains doesn't admit women. It's not fair.*“[285]

Ob es die Bestimmungen der Sternenflotte tatsächlich untersagen, Frauen zum Captain zu ernennen, oder ob es lediglich aufgrund männlicher Dominanz in der Flotte faktisch nicht vorkommt, kann im Endeffekt dahinstehen – von einer Gleichberechtigung kann unter diesen Vorzeichen definitiv nicht die Rede sein. Die weitere Handlung der Folge stellt Janice Leister in Kirks Körper vor, die die *Enterprise* derart zickig-emotional führt, dass das Verbot gewissermaßen legitimiert wirkt. In später produzierten Serien ist das Leitungsverbot für Frauen überholt. So ist der Captain des zweiten Raumschiffs der Sternenflotte in der vor den Ereignissen der Originalserie angesiedelten Serie *Star Trek: Enterprise* eine Erika Hernandez, Captain der

282 Star Trek: Discovery, S1 E15 – Nimm meine Hand.
283 *McIntyre*, Roman Die erste Mission, S. 197.
284 Raumschiff Enterprise, seinerzeit nicht veröffentlichter erster Pilotfilm – Der Käfig.
285 Raumschiff Enterprise, S3 E24 – Gefährlicher Tausch.

Columbia NX-02.[286] Mit Captain Janeway wird eine Frau als Hauptfigur der Serie *Star Trek: Voyager* etabliert. Jedoch macht bereits im Pilotfilm ein Dialog mit dem unerfahrenen Fähnrich Kim die Botschaft der Selbstverständlichkeit von Frauen im Kommando zunichte, als beide zunächst ausdiskutieren müssen, wie ein weiblicher Captain anzusprechen ist.[287] Auch das allmächtige Wesen Q stellt den Umstand, dass mit Janeway eine Frau ein Schiff führt, als ungewöhnlich dar und zieht sie damit auf.[288]

Alle Star-Trek-Produktionen, insbesondere die Originalserie aus den Sechzigerjahren, sind im Spiegel ihrer Zeit einzuordnen. Aber das Frauenbild der geschminkten Grazien in Miniröcken musste schon Feministen damals aufstoßen.[289] Von den Miniröcken hin zur Raumschiffkapitänin ist zwar viel passiert.[290] Zutreffend hat Picard-Darsteller Patrick Stewart jedoch in einem Interview zu Protokoll gegeben, Star Trek stelle Frauen zum einen als befreit und zugleich sexistisch dar.[291] So ist auch in den Neunzigerjahren die stets Dekolleté tragende Counselor Troi fast harmlos gekleidet, während Seven of Nine sowie Subcommander T'Pol anstelle der regulären Uniform entwürdigende, eng anliegende Einteiler zu tragen hatten. Von der funktionellen Einbindung weiblicher Offizierinnen her war Star Trek auf der *Enterprise* von Captain Kirk für die damalige Zeit revolutionär. Der afro-amerikanischen Lieutenant Uhura kam zwar zunächst eher die Rolle der Telefonistin zu. Auch in der untergeordneten Rolle war sie jedoch eine bedeutende Identifikationsfigur für die US-amerikanische Bürgerrechtsbewegung.[292] Immerhin war sie ein festes Mitglied der Brückencrew, das sich im Verlauf der Serie zunehmend emanzipierte.[293] In den ab 2009 ausgestrahlten Kinofilmen wird ihre Rolle eher in Richtung einer Fremdsprachenkorrespondentin und Actionheldin umgedeutet. Die neue Serie *Strange New Worlds* führt diesen Trend des rückwärtigen Umschreibens der Figur Ensign Uhura fort. Bei *Raumschiff Enterprise – Das nächste Jahrhundert* werden schließlich betont starke Führungsoffizierinnen gezeigt, die auch gefährliche Missionen begleiten dürfen.[294] Jedoch unterstehen Counselor Troi und Doctor Crusher dabei stets der Leitung von Männern und dürfen keine eigenen Befehle ge-

286 Star Trek: Enterprise, S4 E15 – Die Heimsuchung.

287 Star Trek: Raumschiff Voyager, S1 E1 – Der Fürsorger.

288 Star Trek: Raumschiff Voyager, S2 E18 – Todessehnsucht.

289 *Prahl/Sülter/Walch*, Die Star Trek Chronik, Band 2, S. 90.

290 *Lentz,* Where No Woman Has Gone Before, S. 137.

291 *Fistrich/Göttling*, Podcast Trek am Dienstag, Sonderfolge Gene Roddenberry III – Visionär & Heiliger.

292 *Lentz,* Where No Woman Has Gone Before, S. 144.

293 *Prahl/Sülter/Walch*, Die Star Trek Chronik, Band 2, S. 90 f.

294 *Lentz,* Where No Woman Has Gone Before, S. 144 f.

ben.[295] Erst ab der Serie *Star Trek: Enterprise* und später in *Star Trek: Discovery* ist weibliches Leitungspersonal zur Normalität geworden.

Anstelle einer Gleichheit der Spezies und Ethnien vermittelt Star Trek auch eher die Dominanz der weißen Menschheit. Bei aller betonten Toleranz überwiegen in der Darstellung doch Rassenklischees bei Besetzung und Völkerkonstruktion.[296] Captains und Admirals sind fast immer Menschen, erst *Star Trek: Discovery* sowie *Starfleet Academy* etablieren mit dem Kelpianer Saru und der Halblanthanitin Nala Ake außerirdische Captains in einer Hauptrolle. Neu eingeführte Spezies werden fast ausnahmslos zunächst mit männlichen Exemplaren vorgestellt. Erst dann, wenn bewusst ein außergewöhnliches Exemplar eines bekannten Volkes gezeigt werden soll, kommt eine Frau zum Zug. Übermenschliche Superwesen wie die Q, der Reisende oder die Ocampa Kes sind immer weiß.[297] Es ist anzunehmen, dass ein schwarzer Lieutenant Commander Data ebenso wenig akzeptiert worden wäre wie in den Sechzigerjahren ein schwarzer Lieutenant Commander Spock,[298] während der anfangs eher plump und dümmlich dargestellte Lieutenant Worf mit einem schwarzen Schauspieler besetzt wurde. In den neueren Serien wurde diese Tendenz mit Captain Sisko, Lieutenant Commander Tuvok und Captain Burnham relativiert.

7. Folterverbot

Mit den Grundwerten der Föderation unvereinbar ist auch Folter. Völkerrechtlich untersagt sind derartige Praktiken nach der Sedonis IV Convention, bekannt aus der Folge *Geheime Mission auf Celtris III*.[299] Normalerweise werden Foltermethoden durch Angehörige der Sternenflotte nicht gezeigt, was sie von anderen Spezies wie den Cardassianern oder den Romulanern unterscheidet. Das Folterverbot wird bestätigt durch den Umgang mit einer Ausnahme, die sich auf dem Raumschiff *Voyager* zuträgt. Captain Janeway quält darin Crewman Lessing von der *Equinox* mit dem Ziel der Informationsgewinnung.[300] Sie deaktiviert dazu die Schilde, die den Frachtraum umgeben, sodass er Angriffen nukleogenischer Lebensformen ausgesetzt wird. Dabei lässt sie einen Kommunikationskanal offen, um ihn zum Reden zu bewegen. Lieutenant Commander Chakotay insistiert, dass Janeway damit

295 *Bernardi*, Star Trek History: Race-ing toward a White Future, S. 116.

296 *Pounds*, Race in Space: The Representation of Ethnicity in Star Trek and Star Trek: The Next Generation.

297 *Bernardi*, Star Trek History: Race-ing toward a White Future, S. 122 ff.

298 *Lentz/Chaires*, What Color is an Android?, S. 229 ff.

299 Raumschiff Enterprise – Das nächste Jahrhundert, S6 E11 – Geheime Mission auf Celtris Drei, Teil II.

300 Star Trek: Raumschiff Voyager, S6 E1 – Equinox, Teil II.

aufhören solle und befreit Lessing schließlich. Captain Janeway kündigt an, den Einspruch ihres Ersten Offiziers im Logbuch zu vermerken.

8. Asylrecht

Auch das in allen modernen Verfassungen verankerte Asylrecht existiert in der Föderation. Es nimmt in den Geschichten über raumfahrende Protagonisten eine sehr große Rolle ein. Da das Asylrecht im einfachgesetzlichen Sternenflottenrecht näher konkretisiert ist,[301] wird darauf weiter unten in einem eigenständigen Kapitel eingegangen.[302]

9. Notstandsrecht (Artikel 14 Sektion 31)

Die Grundrechte gelten grundsätzlich auch in außergewöhnlichen Bedrohungslagen. Als Captain Picard den Borg Hugh mit einem Computervirus infizieren möchte, um ihn als Massenvernichtungswaffe gegen das Kollektiv zu verwenden, entgegnet Doctor Crusher entsetzt, dass es auch im Krieg Regeln gebe.[303] Dennoch bietet das Föderationsrecht durchaus die Option, dass staatliche Stellen im Notstandsfall erweiterte Freiheiten in Anspruch nehmen können. In der Episode *Die Abweichung* bei *Star Trek: Enterprise* meldet sich Agent Harris von der Organisation Sektion 31 bei Captain Archer. Er weist auf eine entsprechende Bestimmung hin:

> „*Lesen Sie die Dienstanweisung, Artikel 14 Paragraph 31. Dort steht, in außergewöhnlicher Bedrohung ist es erlaubt, die Vorschriften außer Kraft zu setzen.*“[304]

Nur im Deutschen ist von der Dienstanweisung die Rede. Im englischsprachigen Original heißt es:

> „*Read the Charter, Article 14 Section 31. There are a few lines that make allowance for bending the rules at times of extraordinary threat.*“

Da die Serie vor der Gründung der Vereinigten Föderation der Planeten angesiedelt ist, kann damit nicht die Föderationscharta gemeint sein. Die damalige *Enterprise* ist ein Schiff der Sternenflotte der Erde. Folglich muss Agent Harris sich auf die Charta der Vereinigten Erde beziehen. Da die Föderationscharta inhaltlich und sprachlich auf der heutigen UN-Charta beruht,[305] ist anzunehmen, dass in der Zwischenphase eine Erdcharta mit

301 Star Trek: Strange New Worlds, S2 E2 – Ad astra per aspera.

302 Siehe unten S. 265 ff.

303 Raumschiff Enterprise – Das nächste Jahrhundert, S5 E23 – Ich bin Hugh.

304 Star Trek: Enterprise, S4 E16 – Die Abweichung.

305 Siehe oben S. 48.

etwa denselben Inhalten existiert hat. Ob Artikel 14 dieser Erdcharta in die Föderationscharta aufgegangen ist, ist fraglich. Dafür spricht, dass die Geheimdienstorganisation, die sich Sektion 31 nennt und sich auf diese Bestimmung beruft, auch Jahrhunderte nach der Gründung der Föderation weiter existiert.[306] Dagegen spricht, dass Captain Janeway, als ihr Raumschiff *Voyager* in der Raumregion namens die Leere existenziell bedroht ist, in der Charta vergeblich nach einem *„Hintertürchen"* sucht, das es ihr erlaubt, *„höchst ungewöhnliche Maßnahmen zu ergreifen"*.[307] Dabei hätte sie auf Artikel 14 Sektion 31 stoßen müssen. Eine Erklärung, warum dieser Artikel ihr nicht helfen dürfte, ist jedoch die Tatsache, dass in ihrer Misere nur ein einziges Schiff der Sternenflotte bedroht ist. Notstandsverfassungen einer Verfassung greifen auch in der aktuellen Gegenwart erst dann, wenn ein Staat im Ganzen angegriffen wird. Diese Lesart passt auch zum Auftreten der Geheimorganisation Sektion 31, die sich auf den Passus beruft. Alle ihre Handlungen begeht sie in der Absicht, Gefahren abzuwenden, die die Existenz der kompletten Föderation bedrohen. Die Gesamtheit der Umstände spricht dafür, dass eine Notstandsregelung wie Artikel 14 Sektion 31 auch nach Gründung der Föderation weiter in der Charta enthalten ist, jedoch im Fall der *Voyager* ihre Voraussetzungen nicht erfüllt sind.

a) Kriegsrecht

Um die erweiterten Befugnisse aus Artikel 14 der Charta nutzen zu können, ist es erforderlich, den Verteidigungsfall auszurufen. Dann gilt das sogenannte Kriegsrecht. Gezeigt wird dieser Vorgang in der Episode *Die Front* in der Serie *Deep Space Nine.* Admiral Layton, Captain Sisko und Constable Odo überzeugen darin den Föderationspräsidenten Jaresh-Inyo, dass mehrere Formwandler des Dominion Schlüsselpositionen auf der Erde infiltriert hätten, um den Planeten zu destabilisieren. Der Präsident ruft daraufhin das Kriegsrecht aus. Er führt dies durch, indem er ein PADD ausfüllt und es an Captain Sisko übergibt mit den Worten:

> *„Die Erde ist nun in Ihren Händen. Tun Sie das Notwendige."*[308]

Sisko ist in der Folge der kommissarische Sicherheitschef der Erde. Durch die Ausrufung des Kriegsrechts überträgt der Präsident damit die politische Macht an die Sternenflotte, mithin an das Militär. Dieses nutzt die neuen Befugnisse, um Ausgangssperren zu verhängen, Personal in den Straßen patrouillieren zu lassen und anlasslose Bluttests an Föderationsbürgern durchzuführen, mit denen getestet werden kann, ob es sich um heimliche Formwandler handelt. Bemerkenswert ist, dass der Präsident die gravierende

306 Star Trek: Deep Space Nine, S6 E18 – Inquisition.
307 Star Trek: Raumschiff Voyager, S7 E14 – Die Leere.
308 Star Trek: Deep Space Nine, S4 E11 – Die Front.

Entscheidung ohne jegliche Rücksprache mit dem Föderationsrat oder seinem Kabinett im Alleingang trifft und umsetzt. Nach den modernen Verfassungen der aktuellen Gegenwart ist der Verteidigungsfall durch das jeweilige Parlament zu beschließen.[309] Zudem ist es ungewöhnlich, dass ein Staats- und Regierungsoberhaupt im Kriegsfall Kompetenzen an das Militär abgibt. Im Gegenteil führt in der Bundesrepublik Deutschland der Verteidigungsfall dazu, dass der Oberbefehl über die Bundeswehr vom Verteidigungsminister auf den Bundeskanzler übergeht.[310] Die Unstimmigkeiten hinsichtlich der Allmacht des Föderationspräsidenten hat offenbar auch Keith DeCandido, der Autor des Romans *Die Gesetze der Föderation*, erkannt. In dem Werk wird ebenfalls die Ausrufung des Kriegsfalls thematisiert infolge der Eroberung der Raumstation *Deep Space Nine* durch das Dominion.[311] In der dortigen Handlung verkündet der Föderationsrat den Kriegsfall.

Das Kriegsrecht setzt einen Angriff auf die Föderation oder – wie bei *Die Front* – auf einen Teil der Föderation wie die Erde voraus. Angriffskriege durch die Sternenflotte sind ebenso verboten wie Präventivschläge. Als Captain Maxwell nach Hinweisen auf eine geplante Militäroffensive gegen die Föderation eigeninitiativ cardassianische Schiffe angreift, erhält Captain Picards *Enterprise* den Auftrag, dies zu unterbinden.[312] Präventivschläge sind im Völkerrecht der aktuellen Gegenwart nicht völlig ausgeschlossen, aber sie unterliegen sehr hohen Hürden hinsichtlich der Gewissheit und der Unmittelbarkeit des Angriffs. Als beispielsweise im Jahr 2025 Israel mit US-Unterstützung eine Operation zur Zerstörung des iranischen Atomprogramms durchgeführt hatte, wurde der Angriff einhellig als völkerrechtswidrig eingestuft mangels Unmittelbarkeit der iranischen Bedrohung.

b) Geheimdienstorganisation Sektion 31

Unmittelbar auf das Notstandsrecht des Artikel 14 Sektion 31 der Charta beruft sich die Geheimdienstorganisation namens Sektion 31. Sie operiert im Verborgenen, um Bedrohungen von der Föderation abzuwenden, jedoch auch, ohne dass der Kriegsfall ausgerufen worden wäre. Die Einheit ergreift dabei Maßnahmen, die regulären Offizieren der Sternenflotte nicht offenstehen. Obwohl ihr Handeln auf einen Passus der Charta bezogen ist, agiert sie außerhalb der Verfassung und der Werte der Föderation,[313] indem sie beispielsweise Constable Odo mit einem Virus infiziert mit dem Ziel, einen Völkermord an den Formwandlern des Dominion zu begehen.

---

309 Art. 115a Abs. 1 Satz 1 GG.

310 Art. 115b GG.

311 *DeCandido*, Roman Die Gesetze der Föderation, S. 135.

312 Raumschiff Enterprise – Das nächste Jahrhundert, S4 E12 – Der Rachefeldzug.

313 *Dohm/Sonntag*, Podcast Discovery Panel, Filmbesprechung Star Trek: Section 31 (Star Trek XIV).

Sektion 31 ist organisatorisch ein Teil der Sternenflotte. Agent Sloan teilt dazu Doctor Bashir mit:

> „*Ich arbeite für dieselben Leute wie Sie, die Föderation und die Sternenflotte.* [...] *Anderer Zweig des Geheimdienstes der Sternenflotte: Sektion 31.*“[314]

Er erläutert, dass es sich um eine „*autonome Abteilung*“ handele, die keine geregelte Zuständigkeit besitzt und ohne Berichte agiert. Nach Aufdeckung der Existenz von Sektion 31 wendet sich Captain Sisko an das Sternenflottenkommando. Ihm gegenüber gesteht das Kommando die Existenz von Sektion 31 nicht ein, verneint sie aber auch nicht und kündigt an, die Hinweise intern zu untersuchen.[315] Im später produzierten, aber zeitlich vorher angesiedelten Streamingfilm *Star Trek: Sektion 31* wird schließlich bekannt, dass die Sternenflotte Sektion 31 damit „*beauftragt*“,[316] Missionen zu übernehmen, die sie selbst aufgrund örtlicher Zuständigkeit auf Drittwelten nicht durchführen darf.[317] In dem Film ist Sektion 31 damit anders als später bei *Deep Space Nine* Teil der Befehlskette der Sternenflotte.[318] Zur Kontrolle ordnet die Sternenflotte die Offizierin Lieutenant Garrett ab, die in der Funktion einer Observer fungiert. Dass die Problematik des Eingriffs in die territoriale Souveränität mittels der Sektion 31 gelöst werden muss, ist nur begrenzt nachvollziehbar vor dem Hintergrund, dass auch Captain Picard mehrfach verdeckt operiert in Raumregionen, in denen die Sternenflotte keine Befugnisse hat.[319]

314 Star Trek: Deep Space Nine, S6 E18 – Inquisition.

315 Star Trek: Deep Space Nine, S6 E18 – Inquisition.

316 *Humberg*, in: Sülter/Kern, Podcast Planet Trek fm, E204 – Star Trek: Section 31: Der mit Humberg & den vielen offenen Fragen.

317 Streamingfilm Star Trek: Sektion 31.

318 *Dohm/Sonntag*, Podcast Discovery Panel, Filmbesprechung Star Trek: Section 31 (Star Trek XIV).

319 *Humberg*, in: Sülter/Kern, Podcast Planet Trek fm, E204 – Star Trek: Section 31: Der mit Humberg & den vielen offenen Fragen.

E. Geltungsbereich des Föderationsrechts

Recht ist nie absolut anwendbar. Es betrifft niemals jedermann, sondern stets ein Volk, eine Personengruppe oder eine Örtlichkeit. Die Bestimmung des Geltungsbereichs ist in räumlicher und in persönlicher Hinsicht vorzunehmen. Zunächst ist das Hoheitsgebiet festzulegen, in dem das Recht gilt. Im zweiten Schritt ist zu bestimmen, welche Personen Träger von Rechten und Pflichten sein können. Letzteres ist in der Welt von Star Trek nicht trivial, wenn sehr verschiedenartige Lebensformen, teils miteinander vermischt, interagieren.

I. Räumlicher Geltungsbereich

1. Jurisdiktion auf Mitgliedswelten und im Föderationsraum

Wenig überraschend gilt das Recht der Vereinigten Föderation der Planeten zunächst auf allen Welten, die sich zur Föderation zusammengeschlossen haben. Neben den Planeten selbst umfasst das Hoheitsgebiet auch den Raumbereich, der die jeweiligen Welten umschließt, sowie den Raum, der zwischen den Mitgliedswelten liegt. Auf diese Weise bildet sich ein Föderationsraum, der regelmäßig auf Raumkarten als homogenes Gebiet mit klarer Außengrenze dargestellt wird. Insbesondere in Kriegszeiten auf *Deep Space Nine* oder an Bord der *Discovery* sind diese zweidimensionalen Karten regelmäßig zu sehen. Die Föderation expandiert offenkundig von ihren vier eng beieinander liegenden Gründungsplaneten Erde, Vulkan, Andoria und Tellar aus sukzessive nach außen hin, sodass ein relativ lückenloser Föderationsraum entsteht. Jedoch kommt es durchaus vor, dass Welten der Föderation beitreten, die weiter entfernt sind als einzelne Nicht-Mitgliedswelten. Ein solches Beispiel ist der Planet Ba'Ku. Während der Ereignisse im neunten Kinofilm ist er erst vor einem halben Jahr von den Son'a entdeckt worden und liegt *„im stellaren Raum der Föderation"*.[1] Ba'Ku ist kein Föderationsmitglied und wäre nach dem anfänglichen Kenntnisstand während des Films auch nicht beitrittsberechtigt mangels Warpfähigkeit der Bevölkerung.[2] Captain Picard konstruiert aus der Tatsache, dass der Planet im stellaren Territorium der Föderation gelegen ist, eine Schutzaufgabe.[3] Ob diese rechtlich begründet oder rein moralisch ist, wird nicht deutlich.

---

1 *Dillard*, Roman Star Trek: Der Aufstand, S. 48.

2 Erst am Ende des Films stellt sich heraus, dass die Ba'Ku in der Vergangenheit ein raumfahrendes, warpfähiges Volk gewesen sind, das modernen Technologien bewusst abgeschworen hat.

3 *Dillard*, Roman Star Trek: Der Aufstand, S. 117.

2. Jurisdiktion auf Drittwelten

Auf Planeten und in Raumregionen, die zu anderen Staatengebilden als der Föderation gehören, gilt das Föderationsrecht nicht. Halten sich Sternenflottenoffiziere dort auf, sind sie im Innenverhältnis weiter verpflichtet, sich an das Föderationsrecht zu halten. Im Außenverhältnis unterliegen sie dem Recht der Drittwelt. So muss sich Wesley Crusher nach dem Recht der Edo verantworten, als er versehentlich einen lokalen Straftatbestand erfüllt, indem er auf ihrem Planeten in ein Blumenbeet fällt.[4]

„*Die Bestimmungen der Sternenflotte*" verbieten es laut Lieutenant Commander Tuvok, unbefugt durch Gebiete eines fremden Volkes zu fliegen. Seine entsprechende Belehrung gegenüber Captain Janeway in der Folge *Der Schwarm* ist dieser jedoch gleichgültig, weil die Sternenflotte weit weg sei.[5] Das Kriterium „unbefugt" darf dabei nicht zu weit ausgelegt werden. Wer unerforschte Raumregionen durchfliegt, kann nicht ohne weiteres erkennen, ob die betreffende Raumregion beansprucht ist und inwieweit die dortige Macht Durchflüge gestattet. Dennoch brechen immer wieder Sternenflottenschiffe zu Mehrjahresmissionen ins Unbekannte auf. Die Bestimmungen dürften dahingehend auszulegen sein, dass nur dann, wenn die Regierung eines Raumes bekannterweise das Eindringen untersagt, auch das Sternenflottenrecht die Achtung der territorialen Souveränität verlangt.

Im Regelfall dürfen Mitglieder der Sternenflotte Drittwelten betreten und die dazugehörigen Raumregionen durchfliegen. Sie dürfen dort jedoch keine eigene Hoheitsgewalt ausüben. So verfolgt die *Enterprise* in der Zeichentrickserie der Siebzigerjahre den Straftäter Harry Mudd, der sich auf der Drittwelt Motherlode aufhält. Als Captain Kirk und Lieutenant Commander Spock ihn aufspüren, entgegnet er triumphierend:

> „*Willkommen auf Motherlode, ein liebenswerter Planet, der die Strafgesetze der Föderation nicht anerkennt.*"[6]

Captain Kirk pflichtet ihm bei:

> „*Wir können Sie nicht festnehmen, aber es wäre besser mitzukommen.*"

Nach Protesten der lokalen Bevölkerung lenkt Mudd tatsächlich ein und erklärt, sich freiwillig „*der Gnade des Gesetzes*" zu beugen. Trotz fehlender Exekutivbefugnisse funktioniert die Festnahme damit erstaunlich reibungslos. Vergleichbar ist die Ausgangslage im Streamingfilm *Sektion 31*. Die Föderation fahndet darin nach der Straftäterin Philippa Giougiou. Diese hält sich in einer Zone auf, in der die Föderation laut „*dem Abkommen*" nicht

4 Raumschiff Enterprise – Das nächste Jahrhundert, S1 E8 – Das Gesetz der Edo.
5 Star Trek: Raumschiff Voyager, S3 E4 – Der Schwarm.
6 Die Enterprise (Zeichentrickserie), S1 E10 – Der Liebeskristall.

operieren darf.[7] Daher wird die Mission, sie aufzuspüren, der Geheimorganisation Sektion 31 übertragen, die verdeckt vorgeht. Aus der gezeigten Sternenkarte ist ableitbar, dass mit dem Abkommen der Vertrag von Katan gemeint sein dürfte,[8] den die vulkanische Botschafterin in der Serie *Star Trek: Enterprise* ausgehandelt hat.[9]

Nicht nur handfeste Hoheitsakte wie Festnahmen sind auf Drittwelten untersagt. Auch Vor-Ort-Untersuchungen sind Föderations-Offiziellen verboten, wenn sie beispielsweise die Unschuld ihrer Kollegen beweisen möchten, die auf der Drittwelt angeklagt sind. So ergeht es beispielsweise Doctor McCoy, der in der Zeichentrickserie in Untersuchungshaft auf Dramia sitzt.[10] Im dramianischen Raum verfügt die Sternenflotte über keine Befugnis, Ermittlungen vorzunehmen. Zeugenbefragungen auf fremden Planeten setzen die Kooperation der lokalen Behörden voraus, um die die Ermittler Tuvok und Odo offenbar in den diversen Fällen jeweils bitten, in denen sie Vor-Ort-Ermittlungen durchführen.

3. Jurisdiktion auf Kolonien

Kolonien sind normalerweise Teil ihrer Heimatwelt. Damit unterliegen Kolonien von Mitgliedswelten der Föderation auch dem Föderationsrecht. Lieutenant Yar stammt laut Casting-Skizze für die Besetzung der Figur von einer Erdkolonie, auf der Brutalität das Leben bestimmte.[11] Die Föderation hat sie von dort gerettet, durfte also offenkundig dort Hoheitsgewalt ausüben. Kolonien können sich jedoch auch abspalten und eine autonome Regierung bilden. Prominente Beispiele sind die Romulaner, die ursprünglich Vulkanier waren, sich auf dem Planeten Romulus niedergelassen haben und einen eigenen Staat aufgebaut haben,[12] oder auch die Son'a, die in einem Generationenkonflikt den Planeten Ba'Ku verlassen haben.[13]

Grundsätzlich gehört eine Kolonie einer dominierenden Spezies an, zu deren Planeten sie hinzugerechnet wird. Kolonien mit Mischgesellschaften muss es auch geben, aber diese werden bei Star Trek nicht gezeigt.

---

7 Streamingfilm Sektion 31.

8 *Dohm/Sonntag*, Podcast Discovery Panel, Filmbesprechung Star Trek: Section 31 (Star Trek XIV).

9 Star Trek: Enterprise, S1 E22 – Gefallene Helden.

10 Die Enterprise, S2 E4 – Dr. McCoy unter Anklage.

11 *Sander*, Das Star Trek Universum, 3. Aufl., Band 1, S. 234.

12 Raumschiff Enterprise, S1 E8 – Spock unter Verdacht.

13 Kinofilm Star Trek: Der Aufstand.

4. Jurisdiktion auf Raumschiffen

Auf Raumschiffen der Sternenflotte gilt uneingeschränkt das Föderationsrecht, unabhängig vom gegenwärtigen Aufenthaltsort des Schiffes. Dies wird unter anderem dadurch deutlich, dass auch in fremden Raumsektoren jederzeit Asyl beantragt werden kann. Ein Beispiel ist der Asylantrag des Q namens Quinn auf dem Raumschiff *Voyager*, das sich nicht im Föderationsraum befindet.[14] Bemerkenswert ist dies vor dem Hintergrund, dass das Volk der Q immens höher entwickelt ist als die Spezies auf der *Voyager*. Dennoch endet die Jurisdiktion der Q offenbar auf dem Föderationsraumschiff, sodass die Q sich nicht in der Lage sehen, Quinn zu verhaften, wenn sein Asylantrag positiv beschieden wird.[15] Treffend analysieren die Podcaster von *Trek am Dienstag* die Konstellation des immensen Entwicklungsgefälles zwischen Menschen und Q mit dem Beispiel, dass ein Polizist jemanden auf der Straße verhaften möchte, der dann Asyl bei einer Ameise beantragt.[16]

5. Jurisdiktion auf Deep Space Nine

Eine völkerrechtliche Sondersituation stellt die Raumstation *Deep Space Nine* dar. Ursprünglich von der cardassianischen Besatzungsmacht im Orbit von Bajor errichtet und betrieben, ist sie nach dem Abzug der Invasoren an die bajoranische Regierung übergegangen. Auf Wunsch der Bajoraner ist die Sternenflotte der Föderation auf der Station präsent, um den Raumsektor zu stabilisieren.[17] Die Leitung der Station führt eine gemeinsame Mannschaft mit Personal aus der Sternenflotte und dem bajoranischen Militär durch.[18] Bereits die jeweiligen Uniformen zeigen an, welchem Teil der zusammengesetzten Mannschaft eine Offizierin bzw. ein Offizier angehört. Beide Teile arbeiten kooperativ und homogen zusammen, sind jedoch dienstrechtlich eigenständig organisiert. So gibt es beispielsweise Sicherheitsoffiziere in bajoranischer Uniform, die regelmäßig als „Odos Leute" bezeichnet werden, sowie Sternenflottenoffiziere in der goldfarbenen Uniform der Sicherheitsabteilung, die Lieutenant Commander Eddington unterstehen. Beide Einheiten unterstützen sich gegenseitig unter der Koordination von Constable Odo vom bajoranischen Militär, während Eddington die Funktionsbezeichnung Sicherheitschef der Sternenflotte auf Deep Space Nine trägt.[19] Die rechtliche Unabhängigkeit beider Teile wird auch dadurch deutlich, dass mit der

14 Star Trek: Raumschiff Voyager, S2 E18 – Todessehnsucht.
15 *Fistrich*, in: Fistrich/Göttling, Podcast Trek am Dienstag, E403 – Death Wish.
16 *Göttling*, in: Fistrich/Göttling, Podcast Trek am Dienstag, E403 – Death Wish.
17 Star Trek: Deep Space Nine, S1 E1 – Der Abgesandte, Teil I.
18 *Gerhards*, Handbuch der phantastischen Fernsehserien, S. 338.
19 Star Trek: Deep Space Nine, S3 E1 – Die Suche, Teil I.

Eroberung der Station durch das Dominion die Sternenflottenoffiziere flüchten, während die bajoranischen Kräfte auf *Deep Space Nine* verbleiben und mit der neuen Gesamtleitung Weyoun zusammenarbeiten.[20] Die Gesamtleitung des zusammengesetzten Teams obliegt normalerweise abteilungsübergreifend Captain Sisko von der Sternenflotte mit seiner Stellvertreterin Major Kira von Bajor. Während die dienstrechtliche Vorgesetztenfunktion jeweils abhängig vom divergierenden Dienstherrn aufgeteilt ist, entscheidet Captain Sisko über das operative Stationsgeschäft sowie die von der Station aus geleiteten Missionen in der Raumregion. Als Captain Sisko im Serienfinale in den himmlischen Tempel der Propheten aufsteigt, übernimmt Colonel Kira das Gesamt-Kommando über die Station.[21] Die Konstellation kann so interpretiert werden, dass die Gesamtleitung nicht fest bei der Sternenflotte liegt, sondern personengebunden an Captain Sisko übertragen worden ist. Der zurückgelassene Baseball im Kommandantenbüro symbolisiert jedoch, dass Captain Sisko zurückkehren und sein Amt wieder antreten werde, auch wenn die neue Serie *Starfleet Academy* klarstellt, dass dies auch nach rund achthundert Jahren nicht passiert ist.[22] Die Übernahme des Kommandos durch Kira ist somit eher als langfristige Vertretungssituation einzustufen.

Die Station untersteht der bajoranischen Regierung, wird aber militärisch von der Sternenflotte geführt.[23] Dies bedeutet, dass für die zahlreichen Zivilpersonen auf *Deep Space Nine* das bajoranische Recht gilt. Die zuständige justizielle Instanz ist der an einzelnen Stellen erwähnte, aber nie gezeigte Magistrat. Als der Barkeeper Quark in der Episode *Hoffnung* der vierten Staffel die Stationscomputer so manipuliert, dass sie kommerzielle Werbung auf den Displays abspielen, wirft Constable Odo im eine Straftat der Klasse 4 vor. Nach einer Ausrede von Quark entgegnet Odo:

> „*Ich bin sicher, dass der Magistrat das berücksichtigen wird, wenn er Ihre Strafe berechnet.*“[24]

Eine weitere Erwähnung findet der Magistrat eine Staffel später in der Folge *Heilige Visionen*. Nachdem sich Captain Sisko in einer Holosuite an einer Entladung verletzt hat, wirft Odo Quark Wartungsmängel vor. Nachdem sich Quark rausredet, entgegnet Odo, er möge das dem Magistrat erzählen.[25] Über den Magistraten ist über diese beiden Informationsfetzen hinaus nichts bekannt. Denkbar wäre es, dass er eine Art ziviler Bürgermeister auf der Station ist, jedoch spricht die seltene Erwähnung eher dafür, dass er ein

20 Star Trek: Deep Space Nine, S5 E26 – Zu den Waffen.
21 Star Trek: Deep Space Nine, S7 E26 – Das, was du zurückläßt, Teil II.
22 Star Trek: Starfleet Academy, S1 E5 – Series Acclimation Mil.
23 *Blohm,* Strafrecht und Gerichtsbarkeit in einer fernen Zukunft, JURios v. 14.8.2025.
24 Star Trek: Deep Space Nine, S4 E 23 – Hoffnung.
25 Star Trek: Deep Space Nine, S5 E10 – Heilige Visionen.

Rechtdurchsetzungsorgan auf dem Planeten ist.[26] Da er in Kontexten der Strafzumessung thematisiert wird, ist anzunehmen, dass er mit einem Richter am Amtsgericht vergleichbar ist, der jedenfalls kleinere Vergehen aburteilt.[27] Für Dienstvergehen der Sternenflottenoffiziere ist er nicht zuständig. Als Lieutenant Commander Eddington zum Maquis überläuft, droht ihm ein Kriegsgericht der Föderation[28] und kein Verfahren vor dem Magistraten. Im Zuständigkeitsbereich des Magistraten leitet gleichwohl das gemeinsame Sicherheitsteam aus bajoranischem Militär und Sternenflotte die Strafverfolgung ein und die bajoranische Regierung übernimmt anschließend die Verurteilung.[29]

Die bajoranischen Sicherheitskräfte sind dabei an die Grundrechte aus der Föderationscharta gebunden, soweit es um Föderationsbürger geht. Als die Frachterkapitänin Yates der Schmuggelei verdächtigt wird, ermahnt Captain Sisko den bajoranischen Sicherheitschef:

> *„Odo, sie ist eine Bürgerin der Föderation. Sie können nicht auf Grundlage von Verdächtigungen ihre Privatsphäre verletzen.*“[30]

Der Umkehrschluss lässt erahnen, dass nach bajoranischem Polizeirecht flexiblere Ermittlungsmethoden zulässig wären, er aber verpflichtet ist, bei Föderationsbürgern strengere Maßstäbe anzusetzen. Über die Letztentscheidungskompetenz der Ermittlungsmethoden verfügt Captain Sisko, der Constable Odo mitteilt:

> *„Sie müssen mir erst richtige Beweise vorlegen, bevor ich Ihren Vorschlag genehmigen werde.*“

Die bajoranische Jurisdiktion auf *Deep Space Nine* bestätigt auch die Folge *Der Fall „Dax*“ aus der ersten Staffel. Lieutenant Dax wird darin vorgeworfen, in Gestalt ihres früheren Wirtskörpers Curzon einen Mord begangen zu haben. Die Tat hatte sich auf dem Planeten Klaeston IV zugetragen, sodass die dortigen Behörden die Strafverfolgung durchführen. Eine unkomplizierte Auslieferung scheitert daran, dass zwischen Klaeston und Bajor kein Auslieferungsabkommen besteht. Zwar verfügen die Klaestroner über ein einseitiges Auslieferungsabkommen mit der Föderation, nicht aber mit den Bajoranern – ein Umstand, den Commander Sisko kommentiert mit den Worten:

> *„Die Station ist technisch gesehen bajoranisch.*“[31]

26 *Fistrich/Göttling*, Podcast Trek am Dienstag, E418 – The Quickening.
27 *Blohm,* Strafrecht und Gerichtsbarkeit in einer fernen Zukunft, JURios v. 14.8.2025.
28 Star Trek: Deep Space Nine, S4 E22 – In eigener Sache.
29 *Blohm,* Strafrecht und Gerichtsbarkeit in einer fernen Zukunft, JURios v. 14.8.2025.
30 Star Trek: Deep Space Nine, S4 E22 – In eigener Sache.
31 Star Trek: Deep Space Nine, S1 E7 – Der Fall „Dax“.

Dass Lieutenant Dax ebenso wie ihr früherer Wirt Föderationsbürgerin ist, spielt für die Auslieferungsfrage keinerlei Rolle. Stattdessen wird über den Auslieferungsantrag eine Anhörung abgehalten, die die bajoranische Richterin Elis Renora durchführt. Die Beziehungen Bajors zu Drittwelten hinsichtlich der Anerkennung des fremden Rechts sind offenbar in völkerrechtlichen Verträgen mit jeweils unterschiedlichem Inhalt geregelt. So zeigt der Umkehrschluss aus dem Fall „Dax“, dass mit anderen Welten durchaus Auslieferungsabkommen existieren. Auch in Bezug auf das tatmanianische Recht scheint ein Anerkennungsvertrag zu bestehen. Als Luxwana Troi auf die Station kommt, muss sie eine Scheinehe mit Constable Odo eingehen, damit ihr Ehemann keinen Anspruch auf das ungeborene Kind nach tatmanianischem Recht erwirbt.[32] Odo sieht die Scheinehe als einzigen Ausweg und er ist generell sehr rechtskundig.

Das anwendbare Recht auf *Deep Space Nine* lässt sich nach den oben dargestellten Maßstäben einordnen, gleichwohl kann es infolge der gemeinsamen Stationsführung im Einzelfall komplex und umstritten sein. Ein damit zusammenhängender Zuständigkeitskonflikt hätte ein über mehrere Folgen andauernder Handlungsschwerpunkt in einer fiktiven achten Staffel der Serie *Deep Space Nine* werden können. Für die Dokumentation *What we left behind* konzipieren die ehemaligen Stabautoren der Serie zwanzig Jahre nach dem Ausstrahlungsende eine solche weitere, nicht realisierte Staffel.[33] In der Eröffnungsepisode würde Nog sterben. Captain Ezri Dax von der Sternenflotte und Colonel Kira als Stationsleitung würden darüber streiten, welcher Regierung nach welchem Recht die Ermittlungen der Todesumstände obliegen würden.

Die Situation auf *Deep Space Nine* erinnert an die Wasserschutzpolizei in Kehl in der Realwelt der Gegenwart. Die deutsche und die französische Polizei unterhalten dort eine gemeinsame Polizeistation mit gemeinsamen Booten, die auf dem Grenzfluss Rhein patrouillieren. Es handelt sich um ein zusammengesetztes Team aus französischen und deutschen Beamten, die ihre Hoheitsaufgaben jeweils in eigener Zuständigkeit wahrnehmen. Die Streifenfahrten werden von Personal beider Staaten gemeinsam durchgeführt, sodass bei Grenzübertritten kein förmliches Unterstützungsersuchen verfasst werden muss, sondern stets eine örtlich zuständige Person an Bord ist.[34] Die Gesamtleitung der Polizeistation nimmt ein Beamter der baden-württembergischen Landespolizei wahr, sein Stellvertreter stammt von der französischen Gendarmerie. Der Gesamtleitung obliegt die strategische und operative Planung, während sich das anwendbare Dienstrecht vollständig nach dem jeweiligen Mitgliedstaat des betreffenden Personals richtet.

32 Star Trek: Deep Space Nine, S4 E21 – Die Muse.

33 *Behr/Zappone*, What We Left Behind: Looking Back at Deep Space Nine, 2019.

34 Landtag Baden-Württemberg, Drs. 16/5245, S. 2 f.

Die Zusammenarbeit ist geregelt im bilateralen Abkommen über die Einrichtung einer deutsch-französischen Wasserschutzpolizei auf dem Rhein vom 21.11.2018. Darin ist beispielsweise auch bestimmt, dass jede dort arbeitende Person nur Abfragen in den polizeilichen Datenbanken ihres jeweiligen eigenen Landes vornehmen darf, im Einzelfall relevante Erkenntnisse jedoch im Team ausgetauscht werden dürfen.

6. Jurisdiktion in den unendlichen Weiten

In Anbetracht der enormen Größe des Weltalls gibt es darüber hinaus Raumregionen, die von keiner Regierung beansprucht werden. Teilweise existieren auch dort bewohnte Welten. Ein Beispiel ist der Planet Freecloud im Alpha-Doradus-System. Diese Gebiete fallen nicht in den Anwendungsbereich eines Rechtssystems. Infolgedessen hat sich auf Freecloud, insbesondere in der Stadt Stardust City, eine Wirtschaft geformt, die keinen festen Regeln unterliegt. Verbote existieren nicht, sodass diverse kriminelle Organisationen auf Freecloud angesiedelt sind und anderorts verbotenes Glücksspiel angeboten wird. In der zweiten Staffel der Serie *Star Trek: Picard* besucht die Besatzung der *La Sirena* den Planeten.[35] Eine gleichsam rechtslose Welt ist Goja V, die in der zweiten Episode der Serie *Starfleet Academy* als Zufluchtsort der Mutter von Kadett Mir benannt wird.[36] Goja V verfügt über keine zentrale Regierung, sondern wird von verschiedenen Gangs kontrolliert.

Da Aktivitäten auf Freecloud keine Souveränitätsrechte verletzen, steht der Sternenflotte ebenso wie anderen Mächten kein rechtlicher Hinderungsgrund entgegen, dort tätig zu werden. Die Lage ist insofern vergleichbar mit internationalen Gewässern oder dem Mond der aktuellen Gegenwart. Staaten sowie Einzelpersonen dürfen dort tätig werden, Schiffe stationieren und Rechenzentren betreiben, ohne eine Genehmigung einzuholen. Das organisierte Verbrechen auf Freecloud schafft jedoch eine faktische Rechtsstruktur in der Hinsicht, dass sich Eindringlinge entweder an die von Kriminellen etablierten Vorgaben halten oder das Recht des Stärkeren die Oberhand gewinnt.

II. Persönlicher Geltungsbereich

Den Rechten und Pflichten des Föderationsrechts unterliegen die sogenannten Föderationsbürger. Die Staatsangehörigkeit erwirbt, wer als Spezies einer Mitgliedswelt geboren wird. Inwieweit auch andere Spezies durch

35 Star Trek: Picard, S1 E5 – Keine Gnade.
36 Star Trek: Starfleet Academy, S1 E2 – Betatest.

Geburt auf einem Föderationsplaneten zu Bürgern werden können, ist nicht bekannt. Jedoch spielt die genetische Herkunft eine größere Rolle, als es in der aktuellen Gegenwart der Fall ist. Stellt jemand einen Asylantrag, ist ein DNA-Scan inklusive automatisierter Bestimmung der Spezies Teil des Verfahrens. Dies zeigt die Folge *Asyl* der computeranimierten Jugendserie *Star Trek: Prodigy.*[37] Eine solche Speziesbestimmung ergibt nur dann Sinn, wenn daraus auch rechtliche Schlüsse abgeleitet werden. Die genetische Zugehörigkeit zu einem Volk hat bei Star Trek augenscheinlich eine Verbindung zur Staatsangehörigkeit. In der aktuellen Gegenwart wäre ein solches Vorgehen absurd; aus der Erkenntnis, dass beispielsweise jemand entfernte marokkanische Vorfahren hat, lässt sich nicht der geringste Schluss auf die Staatsangehörigkeit ziehen.

Die Spezies ist jedoch nur eines von mehreren Kriterien. Nicht jeder Mensch ist automatisch Föderationsbürger. In seiner letzten Mission als Sternenflottenoffizier besucht Fähnrich Crusher eine Kolonie von amerikanischen Ureinwohnern abstammender Menschen, die sich Lakaner nennen.[38] Aufgrund von Grenzverschiebungen infolge eines völkerrechtlichen Friedensvertrags fällt ihr Planet Dorovan V der Cardassianischen Union zu. Die *Enterprise* hat den Auftrag, die Kolonie aufzulösen. Als die Lakaner insistieren, auf dem Planeten zu bleiben, erklärt Captain Picard ihnen, dass sie in dem Fall ihren Status als Föderationsbürger verlieren und auch nicht mehr unter dem Schutz der Föderation stehen. Ähnlich ergeht es Captain Yates, die sich in der vierten Staffel der Serie *Deep Space Nine* der Schmuggelei an der Föderation schuldig gemacht hat. Captain Sisko ermahnt Constable Odo, bei den Ermittlungen ihre Rechte als Föderationsbürgerin zu achten. Odo entgegnet:

> „*Wenn sie wirklich dem Maquis angehört, ist sie nicht länger Bürgerin der Föderation.*“[39]

Die Föderationsbürgerschaft kann folglich verloren werden, wenn man sich einer fremden Zivilisation wie dem Maquis anschließt oder durch Grenzverschiebungen der Wohnsitz in den Verwaltungsbereich einer anderen Regierung fällt. Diese Kriterien unterscheiden sich deutlich von der aktuellen Gegenwart, in der eine Staatsangehörigkeit auch in diesen Fällen nicht einfach abhandenkommt, ohne dass eine neue Staatsbürgerschaft aktiv angenommen wird.

Nicht-Föderationsbürger müssen sich an das Föderationsrecht halten, wenn sie sich auf einer Mitgliedswelt oder in ihrem Raum befinden. Dieser Grundsatz wird aus dem Umkehrschluss der Folge *Das Wurmloch* bei *Star Trek:*

37 Star Trek: Prodigy, S1 E11 – Asyl.

38 Raumschiff Enterprise – Das nächste Jahrhundert, S7 E20 – Am Ende der Reise.

39 Star Trek: Deep Space Nine, S4 E22 – In eigener Sache.

Voyager deutlich. Die Besatzung unter Captain Janeway trifft dort auf zwei Ferengi, die sich in einer präindustriellen Gesellschaft im Delta-Quadranten als Weise vom Himmel ausgeben. Sie nutzen das wenig entwickelte Volk wirtschaftlich aus. Janeway beabsichtigt, ihr Treiben zu beenden. Ihr Sicherheitsoffizier Lieutenant Commander Tuvok ermahnt diesbezüglich:

> „*Captain, denken Sie daran, diese Ferengi sind nicht Mitglieder der Föderation. Sie sind nicht an die Oberste Direktive gebunden. Ebenso verbietet die Oberste Direktive eine Einmischung in die inneren Angelegenheiten dieser Gesellschaft, so sehr wir das Treiben dieser Ferengi auch missbilligen mögen.*“[40]

Letztlich konstruiert Captain Janeway dennoch eine Eingriffsbefugnis dadurch, dass die Föderation ursprünglich den Anlass für die Reise der Ferengi in den Delta-Quadranten geliefert hatte als Ausrichter der Verhandlungen auf der *Enterprise* über die Nutzungsrechte an einem Wurmloch.

III. Rechtssubjekte

Rechte und Pflichten gelten grundsätzlich für natürliche und juristische Personen. In der aktuellen Gegenwart ist die Abgrenzung zu anderen Objekten trivial. Nur Menschen oder von ihnen geleitete Körperschaften können derzeit Verträge schließen, Rechte ausüben und für Fehlverhalten sanktioniert werden. Was Menschen sind, ist in der Realität unstrittig und undiskutabel. Sie von nicht rechtsfähigen Tieren oder Gegenständen zu unterscheiden, ist nicht notwendig, weil die Einordnung offenkundig ist. Bei Star Trek ist die Lage komplexer. Neben Menschen gibt es auch andere Lebensformen, die Träger von Rechten und Pflichten sein können, jedoch mitunter komplett andere biologische Merkmale aufweisen.

1. Lebewesen

Ein Grundprinzip der Föderation besteht darin, jedes Leben zu achten.[41] Unabhängig von ihrer Herkunft, ihrem Aufbau und ihrem Entwicklungsstand sind Lebewesen schützenswert. Ob dieser Schutz eher in Form von Umweltschutz wirkt oder den Lebensformen die Ausübung eigener Rechte zugebilligt wird, hängt von der jeweiligen Kategorie von Leben ab. Das Föderationsrecht unterscheidet dahingehend zwischen Leben, empfindungsfähigem Leben, höheren Lebensformen und Humanoiden.[42]

---

40 Star Trek: Raumschiff Voyager, S3 E5 – Das Wurmloch.

41 *Reeves-Stevens/Reeves-Stevens*, Roman Die erste Direktive, S. 42.

42 *Joseph/Carton*, The Law of the Federation, S. 48.

a) Leben

Auf unterster Stufe ist zunächst zu ermitteln, ob es sich um Leben handelt. Auf der Erde unserer Gegenwart kann diese Frage vergleichsweise einfach beantwortet werden, weil derzeit nur organisches, kohlenstoffbasiertes Leben bekannt ist. In den Tiefen des Weltalls treffen die Besatzungen der Sternenflottenschiffe jedoch regelmäßig auf andere Arten des Lebens, deren Physiologie den klassischen Bauplänen der irdischen Natur nicht entspricht. Neben Wesen, die aus anderen Ausgangsmaterialien als Kohlenstoff bestehen, sind beispielsweise auch materielose Energiegestalten typische Kandidaten dafür, als Lebensform eingestuft zu werden.

Nicht jedes Leben kann Träger von Rechten und Pflichten sein. Die Klassifizierung als Leben ist zunächst nur die Grundvoraussetzung, um zu prüfen, ob eine Rechtsfähigkeit aufgrund ihres Entwicklungsgrads infrage kommt. So wird auch im utopischen Universum von Star Trek keiner Pflanze ein Individualrecht zugebilligt. Es sind jedoch Umweltschutzaspekte zu beachten, wenn die Beeinträchtigung von Leben droht. Zum Beispiel ist Terraforming nur auf Planeten erlaubt, die vollständig frei von Leben sind.[43] Diese Regelung wird ausführlich beleuchtet, als die *Enterprise* unter Captain Picard in der Folge *Ein Planet wehrt sich* eine Terraformingstation besucht. Nachdem dort Siliziumkristalle gefunden werden, die Merkmale von Leben aufweisen, muss das Programm sofort gestoppt werden. Ob es sich bei den Kristallen um empfindungsfähiges Leben handelt, wird für diese Konsequenz nicht diskutiert. Die rechtliche Schutzwirkung greift bereits bei Leben jedweder Art auf dem Planeten.

Doctor Crusher nennt in der Episode eine Definition für Leben:

> „*Die Fähigkeit, sich anzupassen, zu atmen, sich zu reproduzieren, sich zu entwickeln, Nahrung aufzunehmen.*“[44]

Anhand dieser Kriterien versucht das wissenschaftliche Team der *Enterprise*, die Siliziumkristalle zu beurteilen. Die anorganischen Gebilde sondern ein pulsierendes Licht ab und reagieren damit auf die Anwesenheit von Menschen. Captain Picard beschließt daraufhin noch etwas unsicher, dass die Hauptdirektive auf die Kristalle anwendbar ist. Als sich ein Kristall im Labor verdoppelt, herrscht Klarheit. Lieutenant Commander Data stellt dazu fest:

> „*Nur Leben kann sich selbst reproduzieren.*“

Dieselbe Definition in etwas anderen Worten formuliert Doctor Crusher in der Folge *Datas Hypothese*:

---

43 Raumschiff Enterprise – Das nächste Jahrhundert, S1 E18 – Ein Planet wehrt sich.
44 Raumschiff Enterprise – Das nächste Jahrhundert, S1 E18 – Ein Planet wehrt sich.

> *„Leben ist das, was Tiere und Pflanzen dazu befähigt, Futter aufzunehmen, zu wachsen, sich an die Umgebung anzupassen und sich fortzupflanzen.“*[45]

Anlass sind die Exocomps, anpassungsfähige Bergbaugeräte, die Hindernisse beim Tunnelbau eigenständig erkennen und mit einer eigenständigen Wahl an Werkzeugen darauf reagieren. Commander Data stellt in der Episode die Gegenprobe auf, ob nach der Definition auch Feuer als Leben eingestuft werden könnte. Die Abgrenzung fällt den Beteiligten sichtlich schwer, jedoch erreichen sie schlussendlich Einigkeit, dass die Exocomps Lebensformen sind. Die Zeichentrickserie *Lower Decks* bestätigt dieses Ergebnis Jahrzehnte später mit der Einführung des regelmäßig wiederkehrenden Charakters namens Ensign Erdnuss-Snackbox.[46] Es handelt sich um einen Exocomp, der als regulärer Offizier in der Sternenflotte dient und den Rang eines Fähnrichs bekleidet.

b) Empfindungsfähiges Leben

Eine Klassifikationsstufe über dem bloßen Leben ist das sogenannte empfindungsfähige Leben. Es kann grundsätzlich Träger von Individualrechten sein. Deutlich wird dies im Rechtssystem der Föderation an fundamentaler Stelle. So gebietet der erste Satz der Charta der Vereinigten Föderation der Planeten:

> *„Vertrauen in die fundamentalen Rechte eines empfindungsfähigen Wesens, die Würde und den Wert allen Lebens“.*[47]

Das Föderationsrecht definiert empfindungsfähiges Leben. Der Kybernetikforscher Commander Maddox nennt eine dreischrittige Begriffsbestimmung in der Gerichtsfolge *Wem gehört Data?* in der zweiten Staffel von *Raumschiff Enterprise – Das nächste Jahrhundert*: Intelligenz, Selbstbewusstsein und Bewusstsein.[48] Intelligenz wird demnach verstanden als die Fähigkeit, zu verstehen und mit neuen Situationen umzugehen. Das zweite Kriterium Selbstbewusstsein (im Original: self-awareness) ist die Fähigkeit, sich seiner Existenz und Handlungen voll bewusst zu sein sowie das Wissen, ein Ego zu besitzen. Das dritte Kriterium Bewusstsein (bzw. consciousness) wird in der Verhandlung nicht näher definiert. Schlussendlich kommt die Richterin Captain Louvois zu dem Urteil, dass Lieutenant Commander Data diese Anforderungen erfüllt.

---

45 Raumschiff Enterprise – Das nächste Jahrhundert, S6 E9 – Datas Hypothese.

46 Star Trek: Lower Decks, S1 E10 – Keine kleinen Rollen; S3 E7 – Eine mathematisch perfekte Vergeltung; S4 E7 – Noch ein paar Abzeichen mehr.

47 Star Trek: Raumschiff Voyager, S7 E15 – Die Leere.

48 Raumschiff Enterprise – Das nächste Jahrhundert, S2 E9 – Wem gehört Data?

Empfindungsfähiges Leben hat jedenfalls das niedrigschwellige Recht auf Existenz.[49] Dies bedeutet nicht, dass es voll rechtsfähig in dem Sinne ist, dass es Verträge schließen kann und ihm dem Gleichheitsgebot der Föderationsverfassung nach dieselben Rechte und Pflichten wie humanoiden Personen zusteht. Verkürzt gesagt, meint das Kriterium der Empfindungsfähigkeit die meisten Tiere. An Tieren wiederum gibt es Eigentumsrechte, wenn sie nicht vernunftbegabt sind. Dies diskutiert der vulkanische Freigeist Stephen mit der Schaustellerin Lindy im Roman *Die erste Mission* in Bezug auf ihr geflügeltes Pferd.[50] Auch Captain Pike besitzt mehrere Pferde[51] und Lieutenant Data hält die Katze Spot als Haustier, ohne dass Spot dazu ein Mitentscheidungsrecht hätte.[52] Auch wenn Tiere somit nicht frei sind, werden sie in der Föderation nicht versklavt. Prägnant bringt es Commander Riker auf den Punkt, als er in der englischsprachigen Originalfassung der Folge *Die geheimnisvolle Kraft* ausspricht:

> „*We no longer enslave animals for food purposes.*“[53]

In der deutschen Synchronisation teilt er nur mit, dass die Menschen sich seit Generationen nicht mehr von Tieren ernähren würden; der Verweis auf die nicht mehr stattfindende Versklavung von Tieren ist dabei noch präziser. Ob daraus folgt, dass die Zukunft vegan ist oder dass lediglich keine Massentierhaltung mehr betrieben wird, kann dahinstehen. Deutlich wird, dass empfindungsfähigen Lebensformen jedenfalls das Recht zugebilligt wird, nicht als reines Ernährungsprodukt gehalten zu werden. Die Verbreitung der Replikatortechnologie dürfte einen wesentlichen Beitrag dafür geleistet haben, dass eine solche Lebensweise flächendeckend möglich wurde.

Die oben bereits zitierte Schlüsselepisode *Wem gehört Data?* hat weit mehr zum Gegenstand als die Frage, ob Lieutenant Commander Data die Basisrechte eines Tieres zustehen. Es geht in dem darin gezeigten Gerichtsverfahren um die Frage, ob er Eigentum der Sternenflotte ist oder ob er selbstständig darüber entscheiden kann, zu Forschungszwecken demontiert zu werden oder den Dienst zu quittieren. Dennoch ist der juristische Obersatz in dem Verfahren die Frage, ob er ein „*fühlendes Wesen*“ beziehungsweise „*sentinent*“ ist.[54] Entsprechend haben Captain Picard und Commander Maddox die dreischrittige Definition für empfindungsfähiges Leben in Bezug auf Data durchsubsumiert. Die Konstellation legt zunächst nahe, dass an empfindungsfähigem Leben kein Eigentum möglich ist. Eine solche Annah-

49 *Joseph/Carton*, The Law of the Federation, S. 50.

50 *McIntyre*, Roman Star Trek – Die erste Mission, S. 220.

51 Star Trek: Strange New Worlds, S1 E1 – Fremde neue Welten.

52 Raumschiff Enterprise – Das nächste Jahrhundert, S4 E11 – Datas Tag; S4 E25 – Datas erste Liebe; S7 E9 – Die Raumkatastrophe.

53 Raumschiff Enterprise, S1 E7 – Die geheimnisvolle Kraft.

54 Raumschiff Enterprise, S2 E9 – Wem gehört Data?

me widerspräche jedoch den weiter oben genannten Fundstellen, wonach Tiere sehr wohl Eigentum Dritter sein können. Der Gerichtsprozess in *Wem gehört Data?* ist deshalb dahingehend einzuordnen, dass darin entschieden wurde, ob er eine höhere Lebensform ist, die über ihr eigenes Schicksal frei entscheiden kann. Die Einstufung als höhere Lebensform setzt dabei voraus, dass er zunächst eine empfindungsfähige Lebensform ist. Es wird quasi als gegeben hingenommen, dass Data, wenn er empfindungsfähig ist, auch hochentwickelt ist. Die weitergehende Frage nach der Höhe seiner Entwicklung ist nicht diskutabel, weil die Fähigkeiten Datas auf der Hand liegen. Nur die Vorfrage, ob er Empfindungen hat, bedarf der gerichtlichen Klärung, die in der Episode ausführlich erfolgt.

Eine andere Bezeichnung für empfindungsfähiges Leben ist sogenanntes halbintelligentes Leben. Lieutenant Commander Data erwähnt diese Klassifizierung im Roman *Die Jarada.* Im Rahmen der Lösung eines medizinischen Problems auf der Welt des Insektenvolks Jarada teilt er mit, dass sein Gehirn die biochemischen Spezifikationen von 1720 intelligenten und halbintelligenten Spezies gespeichert hat.[55]

c) Höhere Lebensformen

Vollständige Rechtsfähigkeit haben die sogenannten höheren Lebensformen. Im Roman *Die Gesetze der Föderation* erwähnt Admiral Janeway in einer politischen Talkshow dazu:

> „*Die Föderation wurde auf den Prinzipien der Freiheit, der Selbstbestimmung und der gleichen Rechte für jedes intelligente Wesen gegründet.*"[56]

In dieselbe Kerbe schlägt Lieutenant Commander Spock in einem Wortwechsel mit Doctor McCoy. In der Episode *Die Stunde der Erkenntnis* diskutieren die beiden Offiziere über ein vom Supercomputer Vaal versklavtes Volk. Der Bordarzt spricht sich mit einer rechtlichen Argumentation dafür aus, in die Situation auf dem föderationsunabhängigen Planeten einzugreifen:

> „*Es gibt absolute Werte, Mr. Spock. Eines davon ist das Recht auf ein freies Leben aller Humanoiden dieses Universums und das Recht auf Voraussetzungen, die eine freie Entfaltung ermöglichen.*"[57]

Anstelle von höheren Lebensformen spricht Spock folglich von Humanoiden. Es handelt sich dabei um eine bei Star Trek weit verbreitete Bezeichnung für menschenähnliche Lebensformen. Früh erwähnt wird diese

55 *Mitchell*, Roman Die Jarada, S. 284.
56 *DeCandido*, Roman Die Gesetze der Föderation, S. 99.
57 Raumschiff Enterprise, S2 E5 – Die Stunde der Erkenntnis.

Gattung in der Originalserie als Ergebnis des Scans eines fremden Schiffes.[58] Die zahlreichen zweibeinigen Spezies, die sich physiologisch nur durch leichte optische Merkmale wie spitze Ohren oder Stirnapplikationen von Menschen unterscheiden, stammen alle jeweils vom Volk der Urhumanoiden ab. Die Episode *Das fehlende Fragment* aus der Serie *Das nächste Jahrhundert* klärt darüber auf, dass die Urhumanoiden vor vier Milliarden Jahren als einzige höhere Lebensform in der Galaxie existierten und ihre DNA in vielen Sonnensystemen verteilt haben.[59] Die daraus entwickelten Spezies verfügen über im Kern dieselben geistigen Fähigkeiten, sodass sie als gleichermaßen entwickelt im Rechtssinne angesehen werden können. Ihnen stehen damit dieselben universellen Rechte zu.

Der Begriff des Humanoiden ist jedoch nur ein Hilfskonstrukt zur simplifizierten Einordnung von Spezies, die dem Menschen ähnlich sind. Höhere Lebensformen müssen nicht zwingend humanoid sein. Auch Energiewesen oder Leben mit komplett anderer Physiologie und DNA als Menschen können höheres Leben sein, das vollständige Rechtsfähigkeit besitzt. Entscheidend ist dabei der Grad an Intelligenz. So erkennt Captain Picard in der oben bereits erwähnten Episode *Ein Planet wehrt sich*, dass der auf dem Planeten gefundene Siliziumkristall eine intelligente Lebensform ist:

> „*Wir wissen sogar, dass sie Intelligenz besitzt. Sie versucht, mit uns zu kommunizieren.*“[60]

Die Kommunikation erfolgt zunächst über geometrische Muster, die die Kristalle bilden, weil sie sich anders nicht ausdrücken können. Im weiteren Verlauf der Handlung nimmt ein Kristall Zugriff auf den Übersetzungscomputer und beginnt ein vollwertiges Gespräch mit der Besatzung der *Enterprise*. Wenn Kommunikationsfähigkeit das wesentliche Kriterium ist, um höheres Leben zu klassifizieren, dann stellt sich unweigerlich die Frage, welcher Grad dafür notwendig ist. Auch Datas Katze kann kommunizieren, indem sie sich an ihn schmiegt oder sich demonstrativ vor den Futternapf setzt. Dennoch erhält sie nicht den Status der höheren Lebensform. Jedoch können auch Tiere, die nicht humanoid sind, diesen Status erhalten. Als die Besatzung um Admiral Kirk und Captain Spock im vierten Kinofilm eine Zeitreise unternimmt, um zwei Wale aus der Vergangenheit zu holen, respektieren sie die Selbstbestimmungsrechte der beiden Meerestiere. Spock unternimmt eine vulkanische Geistesverschmelzung, um mit ihnen zu kommunizieren und ihre Zustimmung zu dem Unterfangen einzuholen.[61] Ähnlich verhält es sich bei dem organischen Haufen namens Horta, auf den Cap-

58 Raumschiff Enterprise, S3 E1 – Spocks Gehirn.
59 Raumschiff Enterprise – Das nächste Jahrhundert, S6 E20 – Das fehlende Fragment.
60 Raumschiff Enterprise – Das nächste Jahrhundert, S1 E18 – Ein Planet wehrt sich.
61 Kinofilm Star Trek IV: Zurück in die Gegenwart.

tain Kirk und Lieutenant Commander Spock in der originalen Fernsehserie treffen.[62] Zunächst als Monster gefürchtet, erweist sich Horta im Rahmen einer Geistesverschmelzung mit Spock als vernünftiges Wesen, das am Ende der Episode eine Vereinbarung mit den Bergarbeitern des Planeten über eine Koexistenz schließt.

Die Gleichwertigkeit aller höheren Lebensformen thematisiert auch der nur in englischer Sprache erschienene Comic *Star Trek: Picard – Countdown.* Captain Picard evakuiert darin die romulanische Kolonie Yuyat Beta zum Schutz vor den Auswirkungen der im elften Kinofilm gezeigten Supernova. Dabei entdeckt er eine Spezies, die sich auf dem Planeten entwickelt hat und von den Romulanern zum Ackerbau versklavt wird. Es entbrennt eine Diskussion, ob auch die Angehörigen dieser Spezies zu evakuieren sind. Picard insistiert in diesem Zusammenhang:

> „*These are sentinent beings. Our mission is not simply to save Romulans. It's to save every advanced life form we can.*"[63]

Später in seinem Logbuch verwendet er eine blumigere Formulierung:

> „*Resettlementships are en route to evacuate every soul on Yuyat Beta.*"

Es wird in all diesen Einzelbeispielen nicht explizit angesprochen, wann Leben hinreichend intelligent ist, um als höhere Lebensform eingestuft zu werden. Die Fähigkeit, komplexe Konversationen zu führen, wird in dem Zusammenhang immer wieder angesprochen. Letztendlich kann das Kriterium nur sein, dass eine Spezies voll rechtsfähig ist, wenn die Individuen ihre Rechte und Pflichten verstehen und kognitiv in der Lage sind, darüber zu verhandeln. Die Fähigkeit, präzise und differenziert zu kommunizieren, ist dabei ein wesentliches Merkmal, um zu ermitteln, ob diese Einsicht besteht.

d) Künstliche Intelligenz

Ein Dauerbrenner der Handlungsstränge bei Star Trek ist das Selbstbestimmungsrecht Künstlicher Intelligenz. Obwohl diverse hochentwickelte Roboter und Hologramme Protagonisten in den verschiedenen Serien und Romanen bilden, stellen sich regelmäßig Fragen nach dem rechtlichen Status der künstlichen Personen. Immer wieder werden diese, teils auch in Gerichtsverhandlungen, neu austariert.

Die Grundlagen derartiger Fragestellungen sind in den Cumberland-Gesetzen des 21. Jahrhunderts geregelt.[64] Captain Louvois vom juristischen Dienst der Sternenflotte zitiert diese Rechtsakte in der Episode *Wem gehört*

62 Raumschiff Enterprise, S1 E26 – Horta rettet ihre Kinder.
63 *Beyer/Johnson*, Comic Star Trek Picard Countdown, S. 23.
64 Raumschiff Enterprise – Das nächste Jahrhundert, S2 E9 – Wem gehört Data?

Data? Näheres über den Inhalt der Cumberland-Gesetze ist nicht bekannt. Da die betreffende Fernsehserie *Raumschiff Enterprise – Das nächste Jahrhundert* noch um ausgehenden 20. Jahrhundert spielte, ist klar, dass es sich nur um fiktives Recht handeln kann. Louvois' vorläufiges Subsumtionsergebnis anhand der Cumberland-Gesetze ist, dass der Androide Lieutenant Commander Data Eigentum der Sternenflotte ist und als solches seinen Dienst nicht quittieren kann. Diese Schlussfolgerung deutet darauf hin, dass die Cumberland-Gesetze den Umgang mit Künstlicher Intelligenz und dem Eigentum an solchen Systemen regeln. Da KI im 21. Jahrhundert sehr viel weniger weit entwickelt ist als im 24. Jahrhundert, in dem die Serie angesiedelt ist, kommt die Richterin zu dem Ergebnis, dass Data keine Rechtsfähigkeit besitzt. Mit dem Aufkommen hochentwickelter positronischer KI-Technologie sind die Cumberland-Gesetze zur Zeit Datas veraltet. In der Zeitperiode existiert jedoch auch kein aktuelleres Gesetz, auf das sich Captain Louvois hätte stützen können, sodass sie schlussendlich zur freien Rechtsfortbildung gezwungen ist.

Der Casting-Aufruf zur Serie beschreibt Lieutenant Commander Data als eine Maschine, die so hochentwickelt ist, dass ein Testergebnis der Sternenflotte sie als Leben ausgewiesen hat.[65] Im Pilotfilm der Serie teilt er Commander Riker mit, dass er seinen Dienstrang nicht ehrenhalber führt, sondern ein regulärer Sternenoffizier ist, der auch einen Abschluss an der Akademie erworben hat. Dennoch wird sein Status ständig neu infrage gestellt. Als das Hologramm Professor Moriarty zu Data anmerkt:

> „*Besitzt er Leben?* […] *Er ist doch nur eine Maschine.*“[66]

entgegnet Captain Picard:

> „*Nein, er ist mehr.*“

Moriarty wirft diese Fragen auf, weil er selbst eine KI ist, dessen Rechtsfähigkeit zur Diskussion steht. Erzeugt wird er durch Lieutenant Commander La Forge beim übereifrigen Prompting, als dieser dem Holodeck die Anweisung gibt, einen Gegner zu generieren, der die Fähigkeiten hat, Data zu schlagen. In der Umsetzung des Befehls gibt der Holodeck-Computer der Figur des Professor Moriarty die Erkenntnis mit, dass er ein Programm ist und dass eine Welt außerhalb des Holodecks existiert. Als der so ausgestattete Moriarty auf sein Existenzrecht als Lebewesen pocht, entgegnet ihm Captain Picard zögerlich:

> „*Ja, das ist eine Definition.*“[67]

---

65 *Sander*, Das Star Trek Universum, 3. Aufl., Band 1, S. 234.
66 Raumschiff Enterprise – Das nächste Jahrhundert, S2 E3 – Sherlock Data Holmes.
67 Raumschiff Enterprise – Das nächste Jahrhundert, S2 E3 – Sherlock Data Holmes.

Vier Serienstaffeln später wird das Moriarty-Programm erneut aktiviert. Mit derselben Rechtsfrage konfrontiert, konstatiert der mittlerweile in der Materie weitergebildete Captain Picard:

> *„Sie sind, wenn man es genau analysiert, eine neue Lebensform.“*[68]

Er billigt Professor Moriarty ein unbegrenztes Existenzrecht zu, auch wenn er ihn mittels einer List in eine künstliche Programmumgebung transferiert, von der Moriarty lediglich glaubt, sie sei die Realität.

Für die Einordnung, wann Künstliche Intelligenz Rechtsfähigkeit erlangt, gelten dieselben Kriterien wie oben bereits für Lebensformen allgemein herausgearbeitet. Im Star-Trek-Universum wird dahingehend nicht nach dem Ursprung und der Art der etwaigen körperlichen Hülle der Intelligenz unterschieden. Dass dieselben Maßstäbe angewandt werden, verdeutlicht das Beispiel der Exocomps. Ob die oben bereits beschriebenen adaptiven Bergbaumaschinen in der Episode *Datas Hypothese* unter rechtlichem Schutz stehen, wird anhand der klassischen biologischen Definition für Leben entschieden, die von der leitenden Ärztin erklärt wird.[69] Als die Maschinen einen Selbsterhaltungstrieb entwickeln, indem sie eigenständig Schaltkreise durchbrennen lassen, um sich einer gefährlichen Aufgabe zu entziehen, erkennt Lieutenant Commander Data ihren Status. Er bittet seine Kollegen, die Exocomps nicht mehr zu benutzen, weil er Grund zur Annahme hat, dass sie lebendig sind. Als Begründung führt er an, dass sie sich selbst bewusst sind und an ihre Umgebung anpassen. Doctor Crusher zieht daraus die konsequenten rechtlichen Schlüsse:

> *„Wenn sie intelligente Lebensformen sind, haben wir kein Recht, sie zu zwingen, für uns zu arbeiten.“*

Sie fügt in ihrer Subsumtion den Zusatz „intelligent“ ein, den Data zuvor noch nicht verwendet hatte. Damit geht sie in der Einteilung einen Schritt weiter. Wären sie lediglich KI-Systeme, die als lebendig gelten, entstünde daraus nicht zwangsläufig ein subjektives Recht. Empfindungsfähige KI hingegen hat bereits ein Existenzrecht,[70] während intelligente empfindungsfähige KI nicht versklavt werden darf, mithin vollständige Rechtsfähigkeit besitzt. Für die Exocomps gilt diese Schlussfolgerung ebenso, wie sie für Lieutenant Commander Data gerichtlich ausgeurteilt wurde.

In der ferneren Zukunft hat die Föderation ausdifferenzierte Standards etabliert für die Ermittlung, wann Künstliche Intelligenz die Schwelle des Lebens erreicht hat. Nach ihrem Zeitsprung ins 32. Jahrhundert trifft das Raumschiff *Discovery* aus der namensgleichen Fernsehserie auf den Gut-

68 Raumschiff Enterprise – Das nächste Jahrhundert, S6 E12 – Das Schiff in der Flasche.
69 Raumschiff Enterprise – Das nächste Jahrhundert, S6 E9 – Datas Hypothese.
70 *Joseph/Carton*, The Law of the Federation, S. 50.

achter Doctor Kovich. Dieser erstellt ein Gutachten zum Bordcomputer der *Discovery* anhand festgelegter Kriterien, die nicht im Einzelnen benannt werden. Der Computer, der sich selbst Zora nennt, ist empfindungsfähig und besitzt eine eigene Persönlichkeit.[71] Infolge des Downloads der sogenannten Sphärendaten – einer über Jahrtausende angewachsenen außerirdischen Datenbank – hat Zora sich zuvor kontinuierlich weiterentwickelt und versucht immer wieder, ihre Existenz einzuordnen und zu verstehen.[72] In dem Assessment klassifiziert Kovich Zora als höhere Lebensform. Eine wesentliche Rolle spielt dabei der Umstand, dass Zora quasi träumt – indem sie einen als Unterbewusstsein bezeichneten Programmsektor hat und Erinnerungen und Sphärendaten mit aktuellen Geschehnissen abgleicht.

Zu den konkreten Rechten und Pflichten rechtsfähiger Künstlicher Intelligenz hat sich in der Föderation über diverse Leitentscheidungen ein eigenes Rechtsgebiet etabliert. Das KI-Persönlichkeitsrecht wird weiter unten dargestellt.[73]

2. Rechtspersönlichkeit bei Mischkonstellationen

Sternenflottenangehörige finden sich im Laufe ihrer Missionen regelmäßig in Extremsituationen wieder. Dabei kommt es immer wieder zu Vorkommnissen, wegen derer die Grenzen zwischen einzelnen Rechtspersönlichkeiten verschwimmen. So werden mitunter Körper und Geist transferiert, neu zusammengesetzt oder vermischt. Auf die Frage, was vom Individuum bleibt und welche Rechtsverhältnisse wie fortbestehen, benötigt das Recht in Star Trek eine Antwort.

a) Bewusstseinstransfer

Körper und Geist sind bei Star Trek nicht zwingend eine dauerhafte Einheit. Ein frühes Beispiel ist die denkwürdige Episode *Spocks Gehirn*, die die finale Staffel der Originalserie einläutet. Ein Alien entfernt darin das titelgebende Gehirn von Lieutenant Commander Spock, um es in einen Großcomputer auf seiner Heimatwelt zu integrieren. Der Geist lebt im separierten Hirn fort und kann weiter denken und telepathisch kommunizieren. Zugleich bleibt der übrige Körper Spocks aufgrund seiner starken vulkanischen Physis noch für einige Stunden unversehrt und kann mittels einer Fernsteuerung bewegt werden.[74] Gene Roddenberry machte mit der Geschichte bewusst Hirntransplantationen zum Thema in der Zeit, in der gerade die erste erfolgreiche

71 *Haar*, Kann der Bordcomputer denken?, S. 58.
72 *Haar*, Kann der Bordcomputer denken?, S. 73.
73 Siehe unten S. 255 ff.
74 Raumschiff Enterprise, S3 E1 – Spocks Gehirn.

Herztransplantation in aller Munde war.[75] Nach den im vorherigen Unterkapitel genannten Kriterien für rechtsfähiges Leben ist die Kommunikationsfähigkeit zum Austausch über Rechte und Pflichten von entscheidender Bedeutung.[76] Während das isolierte Gehirn Spocks dazu in der Lage ist, wird der Körper als leere, willenlose Hülle dargestellt. Insofern ist festzuhalten, dass die Rechtsfähigkeit bei der Trennung von Körper und Geist in diesem Beispiel mit dem Geist übergeht.

Dieselbe Schlussfolgerung ist auf einen Körpertausch anzuwenden. Als Anwendungsfall dient dafür die Episode *Spock Amok* in der Serie *Strange New Worlds*. Lieutenant Spock und seine Verlobte T'Pring unternehmen darin ein vulkanisches Bewusstseinsverschmelzungsritual. Infolge einer unbeabsichtigten Nebenwirkung tauschen sie dabei ihre Körper.[77] Für weite Teile der Handlung müssen sie im vertauschten Antlitz Missionsaufgaben erfüllen. Dabei spricht Captain Pike sie, nachdem er eingeweiht wurde, jeweils mit dem Namen an, den ihr Geist trägt, nicht dem Namen des Körpers. Das Indiz lässt den Schluss darauf zu, dass bei einem Körpertausch die Rechtspositionen auf den neuen Körper mit übergehen.

Ebenso sind Fälle zu handhaben, in denen ein Geist in einen Computer transferiert wird. Auf dem Raumschiff *Voyager* lädt der holographische Doktor die Hirnfunktionen der schwer erkrankten Videanerin Daenara in den Schiffscomputer und vernetzt sie mit einem holographischen Körper.[78] Auf *Deep Space Nine* werden die Bewusstseinsinstanzen diverser Hauptcharaktere auf verschiedene Stationssysteme inklusive der Holosuite zwischengespeichert, als sie bei einem Notfall-Beamvorgang aufgrund einer technischen Störung nicht unmittelbar rematerialisiert werden können.[79] Dass das Zwischenspeichern einer Seele technisch möglich ist, muss bei Star Trek als gegeben hingenommen werden.[80] Auch diese Loslösungen von Körper und Bewusstsein sind juristisch so einzustufen, dass die Rechte und Pflichten mit dem gespeicherten Geist im Bordcomputer übergehen.

b) Duplizierte und aufgeteilte Lebewesen

Eine äußerst beliebte Spielwiese der Autorinnen und Autoren ist das Duplizieren und das Aufteilen einzelner Charaktere. Duplikate können beispielsweise durch Klonen entstehen. So werden bei *Deep Space Nine* hochrangige

75 *Alexander*, Gene Roddenberry, Die autorisierte Biographie, S. 412.
76 Siehe oben S. 115.
77 Star Trek: Strange New Worlds, S1 E5 – Spock Amok.
78 Star Trek: Raumschiff Voyager, S2 E19 – Lebensanzeichen.
79 Star Trek: Deep Space Nine, S4 E10 – Unser Mann Bashir.
80 *Fistrich/Göttling*, Podcast Trek am Dienstag, E405 – Lifesigns.

Vorta des Dominion systematisch geklont.[81] Bei *Star Trek: Enterprise* erschafft Doctor Phlox einen Klon von Commander Tucker, um eine lebensrettende Transplantation zu ermöglichen.[82] Lieutenant Riker wird aufgrund eines abgelenkten Transporterstrahls während eines Beam-Unfalls dupliziert, sodass eine Version von ihm auf einem Planeten Nervala IV verbleibt, während eine andere plangemäß auf der *Enterprise* rematerialisiert.[83] Captain Kirk erleidet ebenfalls einen Transporterunfall, bei dem er in eine gutmütige und eine böse Version aufgespalten wird.[84] Die klingonisch-menschliche Hybridin Lieutenant Torres von der *Voyager* wird bei einem medizinischen Experiment des Vidiianers Sulan in eine menschliche und eine klingonische Person aufgeteilt.[85] Auch KI-Leben wird dupliziert. So stirbt Lieutenant Commander Data zwar im Finale des zehnten Kinofilms,[86] in der nachfolgenden Streamingserie *Picard* wird jedoch eine eigenständige Kopie des Bewusstseins von Data eingeführt. Nachdem dieser neue Data am Ende der ersten Staffel stirbt, wird in der dritten Staffel eine weitere Kopie entdeckt.

Wird eine zweite Version einer existierenden Person geschaffen, so haben beide individuelle Rechte. Sie werden nicht als einheitlicher Rechtsträger betrachtet. Der Klon von Commander Tucker erhält den eigenständigen Namen Sam. Als er sich zunächst weigert, bei der Rettung des Originals zu kooperieren, betont die Handlung deutlich, dass er ein Recht hat, eigenständig über sein Schicksal zu entscheiden. Bei der Aufteilung von Captain Kirk ist der Umgang mit der jeweiligen Selbstbestimmung komplexer. Beide Hälften werden ohne Rücksprache und augenscheinlich auch ohne ihr Einverständnis im Transporter wieder zusammengefügt. Zwar bedankt sich der wiedervereinigte Captain Kirk anschließend mit den Worten: „*Vielen Dank. Von uns beiden.*“ Dass rückblickend beide Hälften mit dem Ergebnis zufrieden sind, kann aber nicht darüber hinwegtäuschen, dass ihr Selbstbestimmungsrecht zuvor nicht beachtet wurde. Bei der Einordnung der Episode ist es entscheidend, dass keine der beiden Hälften alleine auf Dauer lebensfähig gewesen wäre.[87]

Die Frage, wer die Rechtsverhältnisse der ursprünglichen Person „erbt“, ist noch komplexer. Hinsichtlich der duplizierten Bewusstseinsinstanzen von Lieutenant Commander Data stellt die Version aus der dritten Staffel klar, dass er ein anderer ist als der aus Staffel eins, der in Frieden ruhe.[88] Beim

81 Star Trek: Deep Space Nine, S7 E6 – Verrat, Glaube und gewaltiger Fluß.
82 Star Trek: Enterprise, S3 E10 – Ebenbild.
83 Raumschiff Enterprise – Das nächste Jahrhundert, S6 E24 – Riker : 2 = ?
84 Raumschiff Enterprise, S1 E4 – Kirk : 2 = ?
85 Star Trek: Raumschiff Voyager, S1 E14 – Von Angesicht zu Angesicht.
86 Kinofilm Star Trek: Nemesis.
87 *Hillenbrand/Humberg*, Trek minds, S. 36.
88 Star Trek: Picard, S3 E6 – Die Kopfgeldjagd.

duplizierten Lieutenant Riker wird die Frage der Rechtsnachfolge zum handlungstragenden Element der Fernsehfolge. Die Version, die auf Nervala IV verblieben ist, war mehrere Jahre isoliert, während die Version, die beim Transportvorgang auf der *Enterprise* angekommen ist, ihr Leben weiter gelebt hat. Der Riker auf dem Planeten geht anschließend davon aus, dass seine Verlobung mit Counselor Troi weiterhin Bestand hat, obwohl sein Alter Ego das Verlöbnis gelöst hat. Die Geschehnisse der Episode vermitteln den Eindruck, dass beide Versionen sich jeweils auf die bisherigen Rechtspositionen vor der Aufteilung berufen können. So wird das Dienstverhältnis mit der Sternenflotte für keinen von beiden hinterfragt. Der auf dem Planeten verbliebene Riker behält seinen Dienstgrad des Lieutenants. Sein Pendant hat seine Karriere bis hin zum Rang des Commanders fortgeführt und dabei auf dem vorherigen Rang des Lieutenants aufgebaut. Hinsichtlich ihres Eigentums erkennen beide Rikers an, dass persönliche Gegenstände wie die Posaune beiden gehören und sie diese aufteilen müssen. Das Namensrecht an der Bezeichnung William T. Riker führen zunächst auch selbstverständlich beide. Erst durch freiwillige Namensänderung entscheidet sich der auf dem Planeten zurückgelassene Riker, den Namen Thomas anzunehmen.

c) Vermischte Lebewesen

Nicht selten führt Star Trek Charaktere ein, bei denen sich mehrere Personen einen Körper teilen. Das ausdifferenzierteste Beispiel sind die vereinigten Trill. Bei der symbiotischen Spezies wird ein Symbiont in wechselnde Wirtskörper verpflanzt. Beide Komponenten bilden dadurch eine Bewusstseinsgemeinschaft. Vergleichbar ist das Konstrukt des vulkanischen Katra. Vulkanierinnen und Vulkanier sind in der Lage, ihren Geist kurz vor ihrem Tod mit der Methode der Gedankenverschmelzung in einen anderen Körper zu transferieren. Da der Zielkörper am Leben sein muss, existieren dann zwei Bewusstseinshälften in einem Kopf. Bekannt ist das Phänomen bei der Übertragung von Captain Spocks Katra in den Körper von Doctor McCoy[89] sowie von Suraks Katra in Captain Archer.[90] Auch die Transportertechnologie kann erneut ein Auslöser für eine personelle Spezialsituation sein. So werden aufgrund einer Fehlfunktion auf der *Voyager* Lieutenant Commander Tuvok und Neelix zu einer Person verschmolzen, die sich Tuvix nennt.[91] In einem einheitlichen Körper ist fortan ein einheitliches Bewusstsein vorhanden, wobei Körper und Geist jeweils Eigenarten beider früherer Personen vermischen.

89 Kinofilm Star Trek III: Auf der Suche nach Mr. Spock.
90 Star Trek: Enterprise, S4 E8 – Zeit des Erwachens.
91 Star Trek: Raumschiff Voyager, S2 E24 – Tuvix.

Dem rechtlichen Status vereinigter Trill widmet die Serie *Deep Space Nine* eine eigene Episode. In *Der Fall „Dax"* stellt sich im Rahmen eines Auslieferungsverfahrens die Frage der Verantwortlichkeit des zusammengesetzten Trill Jadzia Dax für eine Straftat, die der vorherige Wirt des Dax-Symbionten mutmaßlich begangen hatte.[92] Bedauerlicherweise fällt die bajoranische Schiedsperson keine Entscheidung hinsichtlich der Rechtsnachfolge beim Wirtswechsel, weil sich während der Anhörung die Unschuld des vorangegangenen Wirts herausstellt. Jedoch werden gewichtige Argumente in dem Auslegungsstreit ausgetauscht. Commander Sisko vertritt als Verteidiger von Lieutenant Dax die These, dass der Täter Curzon Dax nicht mehr existiert. Er begründet dies damit, dass auf Trill ein Wirt erst nach zwanzig Lebensjahren für eine Vereinigung ausgewählt wird, damit er sich zuvor eigenständig entwickeln kann. Nach der Vereinigung wird der Geist des Wirts laut Sisko nicht vollständig vom Symbionten unterdrückt, sondern es entsteht ein gleichwertiges Miteinander in Form einer neuen Persönlichkeit. Er unterstreicht das Argument mit der Feststellung, dass eine Trennung ab der dreiundneunzigsten Stunde nach der Vereinigung nicht mehr möglich ist, weil sich ein neues Nervensystem mit neuen Hirnwellen bildet. Der Ankläger hält den Argumenten entgegen, dass nach der Vereinigung die Erinnerungen an Fakten und Gefühle aus dem bisherigen Leben des Symbionten erhalten bleiben. Ein neuer Wirt fühlt demnach die Schuld einer vorherigen Tat. Der Ankläger weist in physiologischer Hinsicht darauf hin, dass sowohl der Symbiont als auch der Wirt jeweils über ein eigenständiges Gehirn verfügen, die lediglich miteinander verbunden sind. Misst man die Hirnwellen des Symbionten isoliert, bleiben sie unverändert nach einem Wirtswechsel.

Der Streitstand in der Episode wird bewusst gleichgewichtig dargestellt, damit das Publikum zu einer eigenen Abwägung angehalten wird. Dabei nimmt das Drehbuch die Ungereimtheit in Kauf, dass es unmöglich erscheint, dass das Volk der Trill noch keine gefestigte Rechtsprechung zu dieser für seine Kultur elementaren Konstellation besitzt. Jedoch lässt sich aus den Gebräuchen der Trill eine Antwort auf die in der TV-Folge nicht beantwortete Rechtsfrage ableiten unter Heranziehung einer späteren Handlung. Drei Staffeln später trifft Lieutenant Jadzia Dax in der Episode *Wiedervereinigt* auf die Trill Lenara Kahn.[93] Es stellt sich heraus, dass der frühere Wirt namens Trias Dax mit der früheren Wirtin Nilani Kahn verheiratet gewesen ist. Mit dem Tod der jeweiligen Wirtskörper und der Weitergabe der Symbionten an andere Wirte gilt die Ehe als beendet. Es ist nach den Gesetzen der Trill auch verboten und sozial geächtet, dass die neuen zusammengesetzten Trill die alte Beziehung wieder aufnehmen. Damit entsteht nach der Gesellschaftstradition und dem Rechtssystem der Trill bei jedem Wirtswech-

92 Star Trek: Deep Space Nine, S1 E7 – Der Fall „Dax".
93 Star Trek: Deep Space Nine, S4 E6 – Wiedervereinigt.

sel eine neue Rechtspersönlichkeit, die nicht in die Rechtsverhältnisse der vorangegangenen Entität nachrückt. Ebenso verhält es sich, als Jadzia Dax am Ende der sechsten Staffel stirbt und der Dax-Symbiont in Ezri Dax verpflanzt wird.[94] Die Ehe Jadzias mit Lieutenant Commander Worf gilt mit dem Tod des Wirtskörpers ebenfalls als beendet, jedoch erneuert Ezri ihren Hochzeitsschwur aktiv.[95] Ezri erbt auch nicht den bisherigen Dienstrang von Lieutenant Jadzia Dax, sondern trägt den durch die Wirtin erworbenen niedrigeren Rang des Fähnrich.

Die *Voyager*-Folge *Tuvix* ist mehr als kontrovers. Das Selbstbestimmungsrecht des zusammengesetzten Charakters ist darin das zentrale Handlungsdilemma. Es wird deutlich, dass Tuvix eine eigene Persönlichkeit entfaltet und kein Nebeneinander zweier Personen darstellt. Er selbst erklärt, über ein einheitliches Bewusstsein zu verfügen und sucht sich selbstständig einen neuen Namen. Als sich Kes, die Lebensgefährtin von Neelix, empört, dass er sie aus Gewohnheit Liebling nennt, versteht er das, weil ihm klar ist, dass die Beziehung nicht mit ihm als Tuvix automatisch fortbesteht. Gleichzeitig „erbt" Tuvix jedoch die Uniform und den Dienstrang von Lieutenant Commander Tuvok. Die Fortgeltung von Rechtsverhältnissen der beiden Ausgangspersonen wird damit uneinheitlich dargestellt. Schlussendlich zwingt Captain Janeway Tuvix gewaltsam, sich einer Prozedur zu unterziehen, mit der er wieder in seine beiden ursprünglichen Personen zurückgeteilt wird. Dies geschieht, nachdem Tuvix in einer dramatischen Szene um seine Fortexistenz bettelt. Die zwangsweise Rückabwicklung thematisiert die Episode unter ethischen Gesichtspunkten. Ob sie auch rechtlich zulässig ist, wird nicht deutlich. Teilweise wird die Handlung mit dem finalen Rettungsschuss verglichen, weil dadurch zwei Crewmitglieder gerettet werden, die gewissermaßen in der Person Tuvix gefangen sind.[96] Diese Argumentation mag anhand des vulkanischen Grundsatzes „*Das Recht der Vielen überwiegt das Recht des Einzelnen*" konsequent sein und daher gegebenenfalls auch in das Föderationsrecht inkorporiert sein. Mit der derzeitigen Linie des Bundesverfassungsgerichts wäre es hingegen unvereinbar, ein unschuldiges Leben zu opfern, um zwei andere zu retten.[97] Die Animationsserie *Lower Decks* setzt sich später in der Folge *Twovix* mit der Ausgangsepisode auseinander. Ensign Boimler kommt darin zu der Einschätzung, dass Captain Janeway Tuvix „umgebracht"[98] und keine nachahmenswerte Lösung für ihr Dilemma gefunden habe. Die Einordnung spricht dafür, dass die Handlung Janeways nicht durch das Föderationsrecht gedeckt sein dürfte.

94 Star Trek: Deep Space Nine, S7 E1 – Das Gesicht im Sand.
95 Star Trek: Deep Space Nine, S7 E17 – Im Ungewissen.
96 *Ronny*, in: Podcast Trekkiepedia, E26 – Recht und Gesetz 2.0.
97 Vgl. BVerfGE 115, 118 – Luftsicherheitsgesetz.
98 Star Trek: Lower Decks, S4 E1 – Twovix.

So phantasievoll die gemischten Personenkonstellationen in Star Trek auch sind, gibt es doch Menschen in der Gegenwart mit annähernd ähnlichen Erfahrungen. In analytischen Episodenbesprechungen werden die zusammengesetzten Charaktere mit multiplen Persönlichkeiten verglichen. So werden Parallelen der vereinigten Trill zur dissoziativen Persönlichkeitsstörung gezogen.[99] Ebenso wird angemerkt, dass das Katra eines Vulkaniers im Kopf einer anderen Person Auswirkungen wie eine multiple Persönlichkeit haben kann, die der gemeinsame Körper ohne professionelle Hilfe nicht auf Dauer aushalten könne.[100] Solche parallelen kognitiven Strukturen können als Folge massiver, wiederholter Traumata ab dem frühen Kindesalter entstehen. So kommt es vor, dass sich Persönlichkeiten als Überlebensstrategie der Seele abspalten, weil das Erlebte nicht auszuhalten ist. Die Folge sind eigenständige Bewusstseinsentitäten innerhalb desselben Körpers, die auch durch neu gebildete separate Hirnstränge entstehen. Auch wenn diese multiplen Persönlichkeiten eigene Charaktere ausbilden und sich separate Namen geben, weist die Rechtsordnung ihnen nicht den Status eines eigenständigen Rechtssubjekts zu. Ein Körper in der aktuellen Gegenwart kann nur eine rechtliche Identität besitzen, unabhängig von der Anzahl der darin enthaltenen Persönlichkeiten.

d) Kollektive Bewusstseinsgemeinschaften

Herausfordernd ist die rechtliche Zurechnung von Handlungen und Verpflichtungen, wenn mehrere Individuen sich ein gemeinsames Bewusstsein teilen. So zeigt Star Trek zwei verschiedene Völker, die jeweils eine speziesweite Verbindung eingehen und in dieser einheitliche Entscheidungen treffen: Das Kollektiv der Borg und die Große Verbindung der Gründer des Dominion. Die Ausgangslage ist bei beiden Gemeinschaften ähnlich.

Die Gründer, auch Wechselbälger genannt, sind Formwandler, die im Urzustand eine bräunliche, dickflüssige Masse bilden, jedoch auch beliebige Formen von Humanoiden oder Gegenständen annehmen können. Das in der Handlung der Serie *Deep Space Nine* bekannteste Exemplar ist der Constable Odo. Er ist Teil der Mannschaft von Captain Sisko, während sein übriges Volk den staffelübergreifenden Antagonisten darstellt, der einen Krieg gegen die Föderation anzettelt. In ihrer flüssigen Form können sich die Gründer miteinander verbinden. Die Vermischung ihrer Moleküle bringt auch eine Vermischung des Geistes mit sich, sodass sie auf diese Weise kommunizieren und Erinnerungen austauschen können. Auf ihrem Heimatplaneten schließen sich alle dort lebenden Gründer zur sogenannten Großen Verbindung

99 *Tanja*, in: Podcast Trekkiepedia, E39 – Psychologie.
100 *Göttling*, in: Fistrich/Göttling, Podcast Trek am Dienstag, E415 – Tuvix.

zusammen.[101] In der Großen Verbindung teilen alle dort vertretenen Gründer ein gemeinsames Bewusstsein, während die außerhalb der Verbindung vollständig autonom sind. Nicht sicher einordnen lässt sich, ob die Große Verbindung ein Individuum darstellt, von dem sich zeitweise Einzelkomponenten abspalten, oder ob es sich um einen Zusammenschluss von miteinander interagierenden Individuen handelt. Die Bezeichnung als „Verbindung" impliziert Letzteres.[102] Auch die Tatsache, dass einzelne Gründer, die der Verbindung beitreten und sich später wieder separieren, im Anschluss dieselben Personen sind wie vorher, spricht für einen Zusammenschluss mehrerer Individuen, die lediglich vorübergehend einen Geist bilden.

Die Borg sind durch kybernetische Implantate ergänzte Humanoide, die über Gehirn-Computer-Schnittstellen zu einem kollektiven Geist verschmolzen sind.[103] Im sogenannten Kollektiv beziehungswese Hive-Bewusstsein bildet die Summe aller geteilten Gedanken einen einheitlichen Geist. Niemand tut etwas aus eigenem Antrieb,[104] alle Entscheidungen werden vom gemeinsamen Bewusstsein getroffen, ohne dass sie auf den Vorschlag eines Individuums zurückzuführen sind. Die Borg bilden damit gewissermaßen das Gegenteil der „Infinite-Diversity-in-Infinite-Combinations"-Doktrin der Föderation.[105] Im achten Kinofilm wurde der Darstellung des Borg-Kollektivs eine zentrale Steuerungskomponente hinzugefügt: Die Borg-Königin bringt nach eigenen Angaben Ordnung in das Chaos, indem sie individuelle Entscheidungen trifft, in das Hive-Bewusstsein einspeist und von den übrigen Borg umsetzen lässt.[106] Die nachfolgenden Serien *Star Trek: Voyager* und *Star Trek: Picard* ergänzen das Weltbild dahingehend, dass es mehrere Borg-Königinnen gibt, die die Geschicke des Kollektivs lenken. Die Existenz der Königinnen lässt die Borg-Drohnen zunächst wie willenlose, ferngesteuerte Zombies wirken. Jedoch können Drohnen, die vom Kollektivbewusstsein getrennt wurden, eigenständig weiterleben – so ist es beispielsweise Seven of Nine auf der *Voyager*[107] und Hugh auf der *Enterprise*[108] ergangen. Sie verhalten sich nach der Trennung zunächst orientierungslos, passen sich aber mit der Zeit ihrer Umgebung an. Werden mehrere Drohnen gemeinsam vom Kollektiv getrennt, bilden sie per Interlink-Frequenz untereinander eine kleinere Bewusstseinsgemeinschaft, die einen homogenen Geist bildet.[109] Diese Konstellation zeigt, dass der gemeinsame

101 Star Trek: Deep Space Nine, S3 E2 – Die Suche, Teil II; S4 E26 – Das Urteil.
102 *Göttling*, in: Fistrich/Göttling, Podcast Trek am Dienstag, E421 – Broken Link.
103 *Haar*, Kann der Bordcomputer denken?, S. 80 f.
104 *Görbe*, in: Podcast Trekkiepedia E15 – Borg.
105 *Hillenbrand/Humberg*, Trek minds, S. 53.
106 Kinofilm Star Trek: Der erste Kontakt.
107 Star Trek: Raumschiff Voyager, S4 E1 – Skorpion.
108 Raumschiff Enterprise – Das nächste Jahrhundert, S5 E23 – Ich bin Hugh.
109 Star Trek: Raumschiff Voyager, S6 E2 – Überlebensinstinkt.

Geist der Borg zwar durch die Königinnen gesteuert wird, jedoch auch in Abwesenheit einer Königin funktioniert.

Für die juristische Einordnung steht zunächst fest, dass sowohl Borg als auch Gründer, die sich von ihrer Gemeinschaft lösen, im Anschluss vollständig selbst verantwortlich sind für ihre Handlungen. Entsprechend wird die weibliche Gründerin, die im Alpha-Quadranten präsent war, um den Krieg des Dominion mit der Föderation zu koordinieren, bei Kriegsende bestraft. Im Finale der Serie *Deep Space Nine* begibt sie sich freiwillig in Haft.[110] Die übrigen Gründer werden nicht bestraft, obwohl die grundlegenden Kriegsentscheidungen und -strategien aus der Großen Verbindung heraus getroffen wurden. Offenbar ist dieser Kompromiss im Friedensvertrag mit dem Dominion so angelegt, damit Constable Odo, der im Serienfinale der Verbindung beitritt, seine Spezies lehren kann, der Föderation zu trauen.

Die Borg-Königinnen als lenkende Kraft sind verantwortlich für die Verbrechen des Borg-Kollektivs, auch wenn sich die Gelegenheit für eine entsprechende Verurteilung in keiner der Fernsehserien ergibt. Ob die einzelnen Borg-Drohnen eine Mitschuld tragen, ist schwierig zu beantworten. Captain Picard war in den Ereignissen der Doppelfolge *In den Händen der Borg/ Angriffsziel Erde*[111] von den Borg assimiliert worden. Als Teil des Kollektivs hat er auf einem Borg-Kubus maßgeblich an der Schlacht von Wolf 359 gegen zahlreiche Schiffe der Sternenflotte mitgewirkt. Anklägerin Satie im *Standgericht* der gleichnamigen Episode wirft ihm die Tötungsdelikte vor, die er in Gestalt als Locutus von Borg begangen hat.[112] Auch Commander Sisko, der in dieser Schlacht seine Ehefrau verloren hat, konfrontiert Picard mit den Geschehnissen.[113] Das Standgericht wird ergebnislos abgebrochen und Captain Picard darüber hinaus nie rechtlich für die Verluste zur Rechenschaft gezogen, an denen er beteiligt war. Stattdessen deutet die Handlung darauf hin, dass er so stark unter dem Einfluss der Borg gestanden hat, dass ihn keine Schuld trägt. Dies ist konsequent vor dem Hintergrund, dass die Borg im Kollektiv eine massive Bedrohung der Föderation darstellen, vom Hive-Bewusstsein getrennte Drohnen wie Hugh jedoch sehr harmlos daherkommen[114] und einen kindlich-unschuldigen Eindruck hinterlassen.

Auch Borg haben Rechte, wenngleich sie diese in der Regel nicht selbst ausüben können. Diese im Verlauf der zahlreichen Handlungsstränge zu den Borg deutlich gewordene Erkenntnis ist zunächst keine Selbstverständlichkeit. Bei ihren ersten Auftritten werden die Borg als unrettbar verloren und

110 Star Trek: Deep Space Nine, S7 E26 – Das, was du zurückläßt, Teil II.

111 Raumschiff Enterprise – Das nächste Jahrhundert, S3 E26 – In den Händen der Borg; S4 E1 – Angriffsziel Erde.

112 Raumschiff Enterprise – Das nächste Jahrhundert, S4 E21 – Das Standgericht.

113 Star Trek: Deep Space Nine, S1 E1 – Der Abgesandte, Teil I.

114 *Joseph/Carton*, The Law of the Federation, S. 55.

deshalb auch frei von Individualrechten dargestellt.[115] Einen Borg-Kubus mit seiner Besatzung aus Tausenden Drohnen zu zerstören, erscheint vollkommen legitim. Auch die Borg selbst kennen kein Existenzrecht des Einzelnen. Dies wird deutlich, wenn defekte Borg von anderen deaktiviert und demontiert werden.[116] Captain Picard hat daher keine Skrupel, ein Virus in das Kollektiv einzuschleusen. Erst Doctor Crusher weist ihn darauf hin, dass dieses Vorgehen einem Genozid gleichkommen würde.[117] Die spätere intensive Auseinandersetzung mit vom Kollektiv getrennten Borg zeigt, dass sie keineswegs unrettbar verloren sind. Sowohl Hugh auf der *Enterprise* als auch Seven of Nine oder Icheb auf der *Voyager* erlangen bereits nach kurzer Zeit der Trennung ein Individualbewusstsein und erinnern sich sukzessive an ihr früheres Leben vor der Assimilation. Die erste Staffel von *Star Trek: Picard* thematisiert umfangreich, dass es zu der Zeit viele aus dem Kollektiv befreite Personen gibt, die sich unter der Bezeichnung X-Bs versuchen, in die Gesellschaft der Föderation wieder einzugliedern.[118] Hugh wird auf der *Enterprise* von Captain Picard Asyl angeboten.[119] Das Asylrecht kann nur jemand haben, der über eine eigenständige Rechtspersönlichkeit verfügt. Dass es möglich ist, einzelne Drohnen aus dem Borg-Kollektiv zu retten, bedeutet nicht automatisch, dass dies auch zulässig ist. So ist es äußerst fraglich, ob Captain Janeway das Recht hat, Seven of Nine gegen ihren Willen dem Kollektiv zu entreißen.[120] Borg-Drohnen sind in ihren Entscheidungen nicht frei und werden niemals aus freien Stücken das Kollektiv verlassen oder um externe Hilfe bitten. Die Panik und Orientierungslosigkeit isolierter Drohnen kann als eine Form der Folter angesehen werden. Auch wenn langfristig typischerweise keine geretteten Borg freiwillig in das Kollektiv zurückkehren, schildert Seven of Nine dennoch wiederholt, dass sie die Gemeinschaft vermisse und die Stille in ihrem Kopf ohne die unzähligen Stimmen der anderen Borg sie irritiere. In der Episode *Die Gabe* diskutiert Captain Janeway die Zulässigkeitsfrage der Entfernung Seven of Nines aus dem Kollektiv mit dem holographischen Doktor der *Voyager*. Sie begründet ihre Rettungsentscheidung damit, dass die Borg nicht frei entscheiden könne, was sie wolle.[121] Sie spricht ihr damit das Recht ab, über ihre Lebensführung selbst bestimmen zu können. Das Argumentationsmuster ist in der Rechtswissenschaft der aktuellen Gegenwart anerkannt im Hinblick auf die Rettung suizidgefährdeter Personen. Abgesehen von seltenen Fällen der

115 *Rauscher*, Das Phänomen Star Trek, S. 251.
116 *Görbe*, in: Podcast Trekkiepedia E15 – Borg.
117 Raumschiff Enterprise – Das nächste Jahrhundert, S5 E23 – Ich bin Hugh.
118 Star Trek: Picard, S1 E2 – Karten und Legenden; S1 E6 – Die geheimnisvolle Box.
119 Raumschiff Enterprise – Das nächste Jahrhundert, S5 E23 – Ich bin Hugh.
120 *Haar*, Kann der Bordcomputer denken?, S. 84 f.; *Nikola*, in: Podcast Trekkiepedia, E39 – Psychologie.
121 Star Trek: Raumschiff Voyager, S4 E2 – Die Gabe.

lange durchdachten sogenannten Bilanzselbsttötung wird davon ausgegangen, dass suizidgeneigte Menschen nicht vollständig Herr ihrer Sinne sind und rückblickend Dankbarkeit für ein Einwirken durch andere empfinden würden.

Neben komplexen Bewusstseinsgemeinschaften stellt *Raumschiff Enterprise – Das nächste Jahrhundert* auch die Doppelcharaktere der Bynaren vor. Während einer Generalüberholung des Raumschiffs kommt ein Paar dieser Spezies an Bord, um den Computer zu rekonfigurieren.[122] Die beiden Personen namens 10 und 01 verfügen über jeweils einen eigenen Körper, werden aber niemals räumlich getrennt. Beginnt der eine einen Satz, beendet der andere ihn ohne Bruch. Captain Picard erklärt, dass die Bynaren auf ihrer Heimatwelt stets mit dem planetaren Hauptcomputer verbunden sind. Dadurch sind ihre Sprache und Gebärden *„so genormt, dass sie scheinbar nur Teile eines einzigen Wesens sind"*. Mit dem Einschub *„scheinbar"* verrät Picard, dass es sich um zwei Individuen handelt, die lediglich aufeinander abgestimmt agieren. Das spricht dafür, dass sie selbstständig Träger von Rechten und Pflichten sind. Begehen sie Straftaten, dann ist in der Regel davon auszugehen, dass sie einen gemeinsamen Tatentschluss fassen, was sie zu Mittätern macht. Ein ähnlicher Doppelcharakter war auch für die Serie *Deep Space Nine* geplant, ein Mann und eine Frau, die nur zusammen arbeiten konnten und gemeinsam eine Persönlichkeit bilden.[123]

e) Wiederauferstehung Verstorbener

In der Welt der Gegenwart endet die Rechtsfähigkeit mit dem Tod. Gegebenenfalls treten Erben in die Rechtspositionen Verstorbener ein und führen sie fort, die Toten selbst verlieren jedoch ihre Rechte und Pflichten mit dem Ableben. Bei Star Trek muss der Tod nicht das Ende sein. Zahlreiche Charaktere erleben vor allem mit Hilfe futuristischer Technologie eine Wiederauferstehung nach dem Tod. So stirbt Admiral Picard im ersten Staffelfinale der nach ihm benannten Serie an einer neurologischen Krankheit namens irumodisches Syndrom. Doctor Altan Inigo Soong zeichnet jedoch kurz zuvor Picards Hirnmuster auf und transferiert sie in einen künstlichen Golem-Körper.[124] Ebenso ergeht es Doctor Tainer, mit der Doctor Noonien Soong dasselbe Verfahren während ihres Ablebens durchführt.[125] Beide verstorbenen Personen leben in künstlich anorganischen positronischen Gehirnen weiter.

122 Raumschiff Enterprise – Das nächste Jahrhundert, S1 E15 – 11001001.
123 *Sander*, Das Star Trek Universum, 3. Aufl., Band 1, S. 607.
124 Star Trek: Picard, S1 E10 – Et in Arcadia Ego, Teil II.
125 Raumschiff Enterprise – Das nächste Jahrhundert, S7 E10 – Soongs Vermächtnis.

Ob es sich noch um dieselbe Person handelt wie das zuvor verstorbene Individuum, kann bezweifelt werden. Naheliegend wäre es zu unterstellen, dass es sich lediglich um Roboter handelt, die das Verhalten der Verstorbenen nachahmen sollen. Zwar kann bei den hochentwickelten Androiden in Star Trek durchaus unterstellt werden, dass sie empfindungsfähige Lebensformen sind.[126] Indem sie mit einer Kopie von Hirnmustern programmiert werden, ist jedoch anzunehmen, dass sie auch nur eine Kopie der Vorbild-Person sind und nicht mit dieser identisch. Zu denselben Schlüssen kommt auch der Science-Fiction-Autor Stanisław Lem. Ihm zufolge ist der Tod das Ende einer Person, auch wenn aus ihr später ein Androide wird.[127]

Die Antwort von Star Trek ist jedoch eine andere. Im künstlichen Körper lebt Admiral Picard noch für zwei Serienstaffeln fort und unternimmt weitere Abenteuer. Der Androide führt sowohl den Namen als auch den Dienstrang des Admirals fort, die der frühere Mensch getragen hat. Dies tut er keineswegs nur symbolisch. In der Folge *Die nächste Generation* nimmt er das Recht eines emeritierten Admirals in Anspruch, das Raumschiff Titan zu inspizieren.[128] Er nimmt weiterhin sein Wohnrecht auf dem Weingut Chateau Picard in Frankreich wahr und verhält sich dort wie der Eigentümer, der er als Mensch gewesen ist. Gegenüber Jack Crusher sieht er sich als Vater, weil sein vorheriger organischer Körper ihn gezeugt hat. Das Phänomen wiederauferstandener Menschen löst Star Trek damit so, wie in der derzeitigen Gegenwart mit für tot erklärten Personen umgegangen wird. Ihre Rechtsverhältnisse erlöschen durch den amtlich festgestellten Tod, sie leben jedoch wieder auf, wenn die vermisste Person doch unerwartet wieder auftaucht.

3. Namensrecht

Rechtssubjekte zeichnen sich dadurch aus, dass sie einen individuellen Namen tragen. Das Namensrecht ist dabei vollständig liberalisiert. Als Commander Riker auf dem Planeten der Jarada im gleichnamigen Roman ein Namenssystem kennenlernt, bei dem jede Silbe den Stand und den Beruf widerspiegelt, entgegnet er:

> „*Bei uns existiert keine für die gesamte Föderation gültige Regelung. Jede Welt hat ihre eigenen Traditionen und Gewohnheiten.*“[129]

Bestätigt wird dies durch Admiral Kirk im Vorwort des Romans zum ersten Kinofilm. Danach trägt er den Namen James Tiberius Kirk,

126 Siehe oben S. 115 ff.

127 *Lem*, Dialoge, S. 42.

128 Star Trek: Picard, S3 E1 – Die nächste Generation.

129 *Mitchell*, Roman Die Jarada, S. 63.

> *„weil mein Vater und seine männlichen Vorfahren die alte Tradition fortsetzten, den Familiennamen weiterzugeben.* […] *Andere Menschen halten nicht mehr an der Sitte des männlichen Vornamens fest.*“[130]

Die weiterhin zumindest bei Menschen übliche Kombination aus einem oder mehreren Vornamen und einem Nachnamen entspringt damit lediglich einer freiwilligen Unterwerfung unter althergebrachte Traditionen. Das Recht erlaubt allen Föderationsbürgern, sich so zu nennen, wie es ihnen beliebt. So heißt Commander Chakotay lediglich Chakotay. Auch wenn es nie direkt erklärt wird, ist kein weiterer Zusatz bekannt. Jedenfalls nennt ihn sein Vater in einer Vision Chakotay,[131] daher kann es sich nicht um einen Nachnamen handeln. Auch traditionell geschlechtsbezogene Namen können abweichend geführt werden. Das beste Beispiel dafür ist Michael Burnham, die Hauptfigur der Serie *Star Trek: Discovery.* Zunächst mutet es so an, dass sich der in der aktuellen Gegenwart ausschließlich männliche Vorname in den kommenden zweihundert Jahren zu einem geschlechtsneutralen Namen wandelt. Michaels Kabinengenossin Kadettin Tilly zeigt sich jedoch beim ersten Aufeinandertreffen irritiert über den bei Frauen seltenen Namen.[132]

Auch kreative, interkulturelle Namensgebungen sind möglich. Das die Föderation leitende vulkanische Grundprinzip der *„Infinite Diversity in Infinite Combinations“* wird damit plakativ und praktisch gelebt. Prägnant zeigt dies die Andorianerin Jennifer Sh'reyan auf dem Raumschiff *Cerritos.* Der weibliche Ensign mit blauer Hautfarbe und Tentakeln auf dem Kopf hat einen klassisch menschlichen Vornamen.[133] Hintergrund ist, dass in der Zeichentrick-Comedyserie *Lower Decks* zunächst die Tonspur eingesprochen wird und im Nachgang die bewegten Bilder produziert werden. Tawny Newsome, die Sprecherin der Ensign Mariner, hat die wiederkehrenden Pöbeleien gegenüber Jennifer durch ihre Figur improvisiert. Dabei war ihr nicht klar, dass die Zeichner Jennifer später als Andorianerin darstellen würden.[134] Das verfremdende Element, Aliens mit menschlichen Vornamen zu versehen, wird mitunter in Comedyfolgen verwendet. So stellt die Episode *Vier und ein halber Vulkanier* bei *Star Trek: Strange New Worlds* den Vulkanier Dough und dessen Schwester Susan vor.[135] Die Namenswahl wird damit begründet, dass die Eltern der beiden von Menschen fasziniert waren.

---

130 *Roddenberry*, Roman Star Trek – Der Film, S. 5.

131 Star Trek: Raumschiff Voyager, S2 E26 – Der Kampf ums Dasein.

132 Star Trek: Discovery, S1 E3 – Lakaien und Könige.

133 Star Trek: Lower Decks, S1 E10 – Keine kleinen Rollen; S2 E1 – Seltsame Energien.

134 *Dohm/Sonntag*, Podcast Discovery Panel, Sonderfolge: Twany Newsome auf der FedCon 2025.

135 Star Trek: Strange New Worlds, S3 E8 – Vier und ein halber Vulkanier.

Bei aller Freiheit sind Namensänderungen hingegen unüblich. So behält Lieutenant La'An Noonien-Singh ihren Nachnamen, obwohl sie als Kind deswegen gemobbt wurde.[136] Er erinnert unüberhörbar an ihren Vorfahren Khan Noonien Singh, dem Aggressor der Eugenischen Kriege auf der Erde.[137]

Was das liberale Namensrecht hingegen nicht ermöglicht, ist die Freiheit, keinen Namen zu tragen. Jedenfalls dann ist dies keine Option, wenn das Individuum am Rechtsverkehr teilnehmen möchte. So berichtet der holographische Doktor des Raumschiffs *Voyager* zu Beginn der finalen Doppelfolge der dazugehörigen Serie, dass er sich einen Namen geben musste, um zu heiraten.[138] Daher wählt er den Namen Joe. Bis zu diesem Punkt gibt es keinen zwingenden Anlass für eine Bezeichnung. Solange der Doktor ohne wirkliches Dienstverhältnis und ohne Offiziersstatus auf dem Schiff lebt und dabei weder Verträge schließt noch Eigentum erwirbt, tritt er rechtlich nicht in Erscheinung. Im Laufe der Serie macht er sich fortwährend Gedanken darüber, welchen Namen er sich geben soll,[139] kann sich jedoch bis zum Ende nicht entscheiden.

136 Star Trek: Strange New Worlds, S1 E1 – Fremde neue Welten; S1 E3 – Geister von Illyria.

137 Raumschiff Enterprise, S1 E24 – Der schlafende Tiger.

138 Star Trek: Raumschiff Voyager, S1 E25 – Endspiel, Teil I.

139 Star Trek: Raumschiff Voyager, S1 E12 – Helden und Dämonen; S3 E22 – Das wirkliche Leben; S6 E23 – Voller Wut.

F. Zivilrecht

Das Recht der Gegenwart unterteilt sich in drei übergeordnete Rechtsgebiete: Zivilrecht, öffentliches Recht und Strafrecht. Das Zivilrecht stellt dabei den in der Masse der Juristerei praxisrelevantesten Teilbereich dar. Es regelt die Rechtsverhältnisse zwischen Privatrechtssubjekten. Übereinkünfte und Streitigkeiten zwischen einzelnen Menschen, zwischen Unternehmen oder auch zwischen Individuen und Unternehmen zählen dazu. Das Zivilrecht unterteilt sich weiter in diverse Themenfelder wie beispielsweise das Kaufrecht, Mietrecht, Familienrecht, Gesellschaftsrecht oder Schadenersatzrecht.

Davon abzugrenzen ist das öffentliche Recht, das die Rechtsverhältnisse zwischen Bürgern und Staat behandelt. Dazu zählen unter anderem das Verfassungsrecht, Verwaltungsrecht und das Völkerrecht. Ein spezifischer Teilbereich des öffentlichen Rechts, der in der klassischen juristischen Ausbildung als eigene Säule gelehrt wird, ist das Strafrecht, bei dem der Staat das Fehlverhalten einzelner Bürger sanktioniert.

I. Rechtsstreitigkeiten unter den Advanced Humans

Im Zivilrecht geht es weitestgehend ums Geld. Damit passt das Zivilrecht nicht zu Star Trek. Entsprechende Streitigkeiten sind in der Föderation rar gesät. Wie in der Einleitung bereits dargelegt, zeichnet sich die weiterentwickelte Menschheit der Zukunft dadurch aus, kein Geld zu verwenden und im Wesentlichen ohne innere Konflikte auszukommen.[1] Materielle Werte haben für die Advanced Humans ihren Reiz verloren. Wenn der Replikator nahezu alles sofort erzeugen kann, fehlt es dem Einzelnen an nichts. Eigentum von Gegenständen als Statussymbol hat ebenfalls ausgedient. Was für die Neuen Menschen ausschließlich zählt, ist der Wille, sich für die Fortentwicklung der Gesellschaft nützlich einzubringen. Es herrscht eine Überflusswirtschaft, in der Geld bedeutungslos geworden ist. Wer Dienstleistungen erbringt oder Waren produziert, macht dies aus altruistischen Motiven. Er bietet diese Leistungen seinen Mitmenschen an, ohne einen Gegenwert zu verlangen.

Worüber sollen sich die Menschen in ihrer utopischen Welt also streiten? Wenn alle am Wirtschaftsleben Beteiligten alles Benötigte geben und nehmen, weil die Gemeinschaft dies ermöglicht, dann gibt es keine materiellen Konflikte. Niemand klagt auf Vertragserfüllung oder die Behebung von Sachmängeln, wenn von allem genug für alle da ist und Leistungen aufgrund von Freundlichkeit erbracht werden. Selbst dann, wenn Vereinbarungen an-

1 Siehe oben S. 32 ff.

ders enden als erhofft, neigt der Advanced Human nicht zur konfrontativen Klärung mit juristischen Mitteln. Die Menschheit eint das Streben nach kollektiven Zielen und es herrscht ein Klima des Zusammenhalts und der Vernunft. Bevor derart hochentwickelte Menschen auf ihr Recht beharren, setzen sie sich zusammen und besprechen einen für alle tragfähigen Kompromiss. Auch in Konfliktsituationen sind sie bestrebt, fair zu bleiben und Unstimmigkeiten zur allgemeinen Zufriedenheit zu lösen. Formale Rechtsstreitigkeiten zwischen Individuen sind deshalb so gut wie nie zu sehen.[2] Aber das bedeutet nicht, dass es sie gar nicht gibt. Auch die Vereinigte Föderation der Planeten kennt Regeln, nach denen sich das zivilrechtliche Vorgehen im eskalierten Ausnahmefall richtet.

II. Materielles Zivilrecht

In jedem Rechtsgebiet wird unterschieden zwischen den materiellen und den prozessualen Regeln. Das materielle Recht enthält die inhaltlichen Fragestellungen, während das prozessuale Recht deren Durchsetzung behandelt.

1. Eigentumsrecht

Materielle Dinge haben in der Zukunft ihre Bedeutung als Statussymbol verloren. Die Menschen streben nicht mehr danach, so viel wie möglich anzuhäufen. Dennoch gibt es Eigentum an persönlichen Gegenständen. In den Geschichten, die Star Trek erzählt, ist davon wenig zu sehen, weil sie überwiegend auf Raumschiffen der Sternenflotte angesiedelt sind. Eigene Güter sind dort schon aus Platzgründen nur in überschaubarem Maße vorhanden. Dennoch dekorieren die Crewmitglieder ihre Quartiere mit Objekten, die für sie einen emotionalen Wert haben. Um Eigentum im größeren Maße zu sehen, muss der Blick in die Episoden geworfen werden, die das Privatleben außerhalb des Sternenflottenalltags behandeln.

Auch an Gegenständen, die sich problemlos replizieren lassen, gibt es Eigentum. Es hat nur eine geringe Bedeutung, weil diese Dinge im Überfluss vorhanden sind. Deutlich wird dies in Szenen, in denen replizierte Güter verschenkt werden. Beispielsweise verwendet Fähnrich Kim den Transporter der *Voyager*, um ein Plüschtier der Märchengestalt Flotter herzustellen und dem an Bord lebenden Kind Naomi Wildman zu schenken. Die Eigentumsübertragung an Massenware spielt als Geste der Zuneigung zu Anlässen wie Geburtstagen durchaus eine Rolle.

---

2 *Joseph/Carton*, The Law of the Federation, S. 30.

Wichtig wird Eigentum immer dann, wenn Güter nicht repliziert werden können. Dies betrifft zum Beispiel Wohnraum. Der Familie Picard gehört offenkundig das nach ihr benannte Chateau in Frankreich. In der Serie *Star Trek: Picard* erweckt Admiral Jean-Luc Picard den Eindruck, der Eigentümer des Weinguts zu sein. Mit letzter Sicherheit lässt sich dies jedoch nicht festhalten. Es ist ebenso denkbar, dass das Recht, auf dem Chateau zu leben, lediglich vererbbarer Besitz an einer staatlichen Wohneinheit ist.[3] Commander Musiker lebt hingegen in einem Trailer in der Wüste und zieht über Admiral Picard her, weil dieser in seinem herrschaftlichen Anwesen residiert.[4] Wohnungsnot gibt es auf der Erde nicht, Wohnungsneid und stark unterschiedliche Lebensstandards herrschen jedoch durchaus. Ob die Fragestellung, wer wo wohnen darf, privatwirtschaftlich geregelt wird oder eine staatliche Zuteilung erfolgt, ist nicht bekannt.[5] Jedoch haben langjährige Familienbesitztümer dabei zweifellos eine Bedeutung, sodass auch ein Vorzugsrecht bei einer organisierten Zuweisung ein mindestens eigentumsähnliches Verhältnis wäre. Zumindest auf Bajor kann im Übrigen Eigentum an Grundstücken erworben werden. So kaufen Nog und Jake Sisko mit ihrer fiktiven Firma Noh-Jay-Konsortium Land auf dem Planeten.[6]

Auch Raumschiffe können nicht repliziert werden, sondern müssen unter hohem Personaleinsatz in Schiffswerften gebaut werden. Deshalb ist es außergewöhnlich, wenn Einzelpersonen ein Shuttle besitzen. Barkeeper Quark ist entsprechend begeistert, als er in der Episode *Kleine grüne Männchen* ein Shuttle geschenkt bekommt.[7] Raumschiffe sind eine sehr begrenzte Ressource; wer außerhalb einer Mission der Sternenflotte einen anderen Planeten erreichen möchte, benötigt eine Mitfahrgelegenheit oder muss sich wie die Crew um Captain Kirk im dritten Kinofilm eines Raumschiffs bemächtigen.[8] Das weitgehende Monopol der Sternenflotte auf Raumschiffe führt bisweilen zu dem Nebeneffekt, dass Captains das von ihnen befehligte Schiff als ihres betrachten. Deutlich wird dies unter anderem, als Captain Burnham „*Mein Schiff*" erwähnt und von Agent Kovich korrigiert wird: „*Nein, Schiff der Sternenflotte.*"[9] Privates Eigentum an Schiffen kommt jedoch auch vor. Die *La Sirena* aus der Serie *Star Trek: Picard* gehört als ziviles Schiff Captain Rios.[10] Als er von der Zeitreise in der zweiten Staffel nicht in die Seriengegenwart zurückkehrt, überlässt er es Commander Musi-

3 *Tanja*, in: Podcast Trekkiepedia, E29 – Geld.
4 Star Trek: Picard, S1 E2 – Karten und Legenden.
5 *Tanja*, in: Podcast Trekkiepedia, E29 – Geld.
6 Star Trek: Deep Space Nine, S1 E15 – Mulliboks Mond.
7 Star Trek: Deep Space Nine, S4 E7 – Kleine, grüne Männchen.
8 Kinofilm Star Trek III: Auf der Suche nach Mr. Spock.
9 Star Trek: Discovery, S4 E7 – Verbindung.
10 Star Trek: Picard, S1 E3 – Das Ende ist der Anfang.

ker.[11] Dass er eine solche Verfügung treffen kann, unterstreicht sein Eigentumsrecht an dem Kaplan-F17-Speedfrachter.

Die dem Episodentitel nach bekannteste Eigentumsstreitigkeit in Star Trek dreht sich um die Frage: *Wem gehört Data?*[12] Die juristische Schlüsselfolge aus *Raumschiff Enterprise – Das nächste Jahrhundert* behandelt die titelgebende Frage jedoch gar nicht.[13] Vielmehr zeigt sie einen Gerichtsprozess, der sich um die Frage dreht, ob der Androide Data überhaupt eine Sache sein kann, an der jemand Eigentum erwerben kann, oder ob er eine Lebensform ist, die eigenständig über ihr Schicksal entscheiden kann. Am Ende wird diese Frage zugunsten des Rechts des Androiden auf eine selbstbestimmte Entscheidung über die Teilnahme an einem Experiment des Wissenschaftlers Commander Maddox beantwortet. Data ist also keine Sache, an der Eigentum erworben werden kann. Die Frage „*Wem gehört Data?*" muss daher mit „*Niemandem*" beantwortet werden. Bemerkenswert ist jedoch, dass in der Gerichtsverhandlung im juristischen Büro der Sternenflotte allseits stets vorausgesetzt wird, dass Lieutenant Commander Data, wenn er denn eine Sache ist, auch im Eigentum der Sternenflotte steht.[14] Dabei hat die Sternenflotte den Roboter lediglich gefunden. Konstruiert wurde Data von Doctor Soong, der damit auch der ursprüngliche Eigentümer Datas gewesen sein dürfte. Zum Zeitpunkt, als die Sternenflotte Data entdeckt, ist Doctor Soong noch am Leben und es ist nicht erkennbar, dass er sein Eigentum aufgegeben hätte. Die Verbindung zur Sternenflotte rührt vor allem daher, dass Data einen Abschluss an der Sternenflottenakademie errungen hat und in ein Dienstverhältnis als Lieutenant Commander eingetreten ist. Aus diesem dienstrechtlichen Band jedoch ein Eigentumsrecht zu konstruieren, ist kaum begründbar.

2. Erbrecht

Eigentum an persönlichen Sachen wird vererbt. So wird das Chateau Picard innerhalb der Familie weitergegeben, Familie Troi vererbt die Ringe von Betazed sowie den Heiligen Kelch von Rixx[15] und Subcommander T'Pol zeigt Captain Archer in der Episode *Carbon Creek* eine Handtasche, die sie von ihrer Großmutter geerbt hat.[16] Neben diesen innerfamiliären Erblinien zeigt sich jedoch auch, dass das Erbrecht in der Föderation außerordentlich

11 *Tanja*, in: Podcast Trekkiepedia, E29 – Geld.
12 Raumschiff Enterprise – Das nächste Jahrhundert, S2 E9 – Wem gehört Data?
13 *Haar*, Kann der Bordcomputer denken?, S. 123.
14 *Görbe*, in: Podcast Trekkiepedia, E19 – Recht und Gesetz.
15 Raumschiff Enterprise – Das nächste Jahrhundert, S1 E11 – Die Frau seiner Träume; S4 E22 – Die Auflösung; Star Trek: Deep Space Nine, S1 E17 – Persönlichkeiten.
16 Star Trek: Enterprise, S2 E2 – Carbon Creek.

flexibel gehandhabt wird. So erhält Specialist Burnham eine Transportbox mit dem persönlichen Nachlass von Captain Georgiou. Nicht bekannt ist dabei, ob die offenbar ledige und kinderlose Kapitänin ein entsprechendes Testament verfasst hat oder ob Burnham die Box erhält, weil sie eine Art Ziehtochter der Erblasserin war und niemand anderes in Betracht kommt.

Die Tendenz, im Zweifel der nächstpassenden Person den Nachlass anzuvertrauen, bestätigt der Tod von Botschafter Spock im dritten Teil der Reboot-Kinoreihe.[17] Mr. Spock findet sein Lebensende in der sogenannten Kelvin-Zeitlinie der veränderten Vergangenheit, in die es ihn während der zwei Filme zuvor gezeigten Handlung verschlagen hatte. Verwandte oder enge Freunde hat er in dieser Vergangenheit nicht. In Ermangelung von Alternativen erhält der jüngere Lieutenant Commander Spock, der regulär in der Zeitlinie lebt, den Nachlass seines älteren Pendants. Zwei durch eine Zeitreise aufeinandertreffende Versionen derselben Person sind keine Verwandten in dem Sinne, dass sie voneinander abstammen. Dennoch werden sie als Familie betrachtet.

Auch das Erschaffen von Androiden kann ein erbrechtsrelevantes Abstammungsverhältnis begründen. So betrachten sich Noonien Soong und dessen Ehefrau als Eltern von Lieutenant Commander Data. Dieser hingegen erkennt den von ihm konstruierten Roboter Lal als seine Tochter an. Counselor Troi bestätigt Data, dass die Bezeichnung völlig korrekt sei, weil Biologie alleine nicht definieren könne, was Familienbande bedeute und was als Nachwuchs gelte.[18] Captain Picard ist allerdings anderer Ansicht.

3. Urheberrecht

Eigentum an Sachwerten hat in der Zukunft von Star Trek seine heutige Bedeutung verloren. Ganz anders sieht es jedoch mit geistigem Eigentum aus. Wenn Menschen nicht zum Broterwerb arbeiten müssen, können sie sich ohne Existenzdruck ein Betätigungsfeld suchen, das sie persönlich ausfüllt und in dem sie den subjektiven Eindruck haben, einen guten Beitrag zur Gesellschaft zu leisten. Viele Menschen entscheiden sich unter diesen Voraussetzungen, Künstler zu werden. Jake Sisko wendet sich von der Vorstellung seines Vaters Captain Sisko ab, der Sternenflotte beizutreten. Stattdessen beschließt er, als Autor Romane zu verfassen[19] und wird im weiteren Verlauf der Serie *Deep Space Nine* zum Kriegsreporter. Gelernt hat er diese schreibenden Tätigkeiten nicht. Jedoch erhält er gelegentlich die Rückmeldung, ein Talent dafür zu haben, und entscheidet sich auf der Basis, das Schreiben

17 Kinofilm Star Trek Beyond.

18 Raumschiff Enterprise – Das nächste Jahrhundert, S3 E16 – Datas Nachkomme.

19 Star Trek: Deep Space Nine, S4 E21 – Die Muse.

zum Beruf zu machen. Auch als Nebentätigkeit neben beispielsweise dem Offiziersamt in der Sternenflotte ist künstlerische Betätigung allgegenwärtig. Auf der *Enterprise* zur Zeit Captain Picards finden regelmäßige Zeichenkurse und musikalische Aufführungen statt. Gerade die Abgeschiedenheit auf monate- oder jahrelangen interstellaren Reisen regt die Besatzung an, sich kulturell auszudrücken. Eine besonders beliebte Kunstgattung ist dabei der Holo-Roman. Die weite Verbreitung geht unter anderem darauf zurück, dass es auch technischen Laien relativ einfach möglich ist, mit wenigen Befehlseingaben auf dem Holodeck komplexe Darstellungen der eigenen Handlungsidee Gestalt werden zu lassen. Auf der *Voyager* erstellt beispielsweise Lieutenant Paris die Captain-Proton-Reihe,[20] während Lieutenant Commander Data Variationen der Sherlock-Holmes-Romane kreiert.[21] Die von mehr oder weniger professionellen Personen programmierten holographischen Geschichten werden auch weitergegeben und von anderen Personen lediglich konsumiert. So spielt Captain Janeway zu Beginn ihrer Reise auf der *Voyager* in ihrer Freizeit regelmäßig ein viktorianisches Abenteuer durch, das sie nicht selbst programmiert hat und bei dem sie den Verlauf der Handlung im Vorhinein nicht kennt.[22]

a) Mögliche Urheberrechtskonflikte

Wenn Kunstwerke von Künstlern geschaffen und von Dritten konsumiert werden, dann sind Urheberrechtskonflikte absehbar. Obwohl Informationen und Werke in der utopischen Zukunft weit verbreitet und einfach abrufbar sind, ist auch dort das geistige Eigentum als subjektives Abwehrrecht vor Missbrauch des eigenen Schaffens anerkannt. Autoren- und Copyrightangaben sind allgegenwärtig. Der von Ensign Mariner erstellte Holo-Roman in der Episode *Der Aufstieg von Vindicta* in der ersten Staffel von *Star Trek: Lower Decks* enthält beispielsweise einen Vorspann und einen Abspann, der die Rechteinhabenden aufzählt. Untermalt von epischer Filmmusik erzeugt das Programm dadurch eine Atmosphäre der Star-Trek-Kinofilme. Die mit entsprechender Autorenkennzeichnung erzeugten Handlungen werden innerhalb der Föderation oftmals weitergegeben. Ein Handel in Form von monetären Gegenleistungen durch Lizenzvereinbarungen ist innerhalb der Föderation nicht bekannt, während der Ferengi Quark durchaus Holo-Programme auf Datensticks kommerziell vertreibt. Jedoch hat beispielsweise Doctor Bashir die in den Holosuiten von *Deep Space Nine* beliebte Bar Vic's von einer nicht näher bekannten Person namens Florian erhalten. Florian ist der Ersteller des Programms und hat überraschende Handlungselemente wie

20 Star Trek: Raumschiff Voyager, S5 E1 – Nacht; S5 E9 – Dreißig Tage; S5 E12 – Chaoticas Braut.

21 Raumschiff Enterprise – Das nächste Jahrhundert, S2 E3 – Sherlock Data Holmes.

22 Star Trek: Raumschiff Voyager, S1 E13 – Bewußtseinsverlust.

den Überfall der Bar durch den Gangster Frank Chalmers eingebaut, die er auch auf Nachfrage der Nutzenden nicht entfernt.[23]

Durch Dritte erstellte Medien sind föderationsweit relativ einfach verfügbar. Die digitalen Bordbibliotheken von Sternenflottenschiffen sind entsprechend gut bestückt. Im Kinofilm *Der Aufstand* ist beispielsweise zum einen zu sehen, wie Captain Picard durch einfachen Sprachbefehl an den Computer einen Mambo abgespielt bekommt. In demselben Film ist er an Bord seines persönlichen Shuttles zum anderen in der Lage, den Text eines Songs aufzurufen, den Lieutenant Commander Data häufig singt, um damit sein „Unterbewusstsein" anzusprechen. In der vorangegangenen Fernsehserie ruft Lieutenant Commander Data regelmäßig durch einfache Sprachbefehle Romanhandlungen der Sherlock-Holmes-Reihe auf dem Holodeck ab. All diese weit verbreiteten Medien haben allerdings gemein, dass es sich um klassische Kultur handelt, deren Autoren seit Jahrhunderten verstorben sind. Derartige Werke sind auch nach dem Urheberrecht der aktuellen Gegenwart gemeinfrei und können ohne Beschränkungen vertrieben werden. Erstellen noch lebende Personen eigene Werke auf dem Holodeck, stehen diese in der Regel jedermann zur Verfügung, der Zugang zur entsprechenden Technologie hat. Das Nahkampf-Trainingsprogramm von Lieutenant Dax kann Lieutenant Commander Worf an seinem ersten Arbeitstag auf *Deep Space Nine* ohne Rücksprache aufrufen und verwenden, als er im Speicher der Holosuite stöbert.[24] Als die Warpantriebs-Ingenieurin Doctor Brahms die *Enterprise* besucht, stößt sie auf das ohne Sicherung gespeicherte Programm von Lieutenant Commander La Forge,[25] in dem er ein Abbild ihrer Person in romantische Handlungsstränge integriert hat.[26] Während sich Dax freut, dass jemand ihre Kreation ausprobiert, ist La Forge nachvollziehbarerweise geschockt, dass ausgerechnet Leah Brahms sein Werk in die Hände bekommt. Diesen selbst erstellten Holo-Programmen fehlt es jedoch gegebenenfalls an der notwendigen Schöpfungshöhe, um Urheberschutz zu genießen, weil sie keine tiefgreifende Handlung aufweisen.

Trotz des Grundsatzes der freien Verfügbarkeit von Kunst innerhalb der Föderation hat der Schöpfer das Recht, über die Verbreitung seines Werks zu bestimmen. Solche Fälle werden normalerweise nicht gezeigt, weil in der weiterentwickelten Gesellschaft der Advanced Humans ein allgemeiner Geist des Teilens und des Verständnisses füreinander herrscht. Welche Folgen ein eskalierter Urheberrechtsstreit nach sich ziehen kann, ist das Thema der Episode *Die Veröffentlichung* in der finalen Staffel von *Raumschiff*

23 Star Trek: Deep Space Nine, S7 E15 – Badda-Bing, Badda-Bang.

24 Star Trek: Deep Space Nine, S4 E1 – Der Weg des Kriegers, Teil I.

25 Raumschiff Enterprise – Das nächste Jahrhundert, S4 E16 – Die Begegnung im Weltraum.

26 Raumschiff Enterprise – Das nächste Jahrhundert, S3 E6 – Die Energiefalle.

Voyager. Der holographische Doktor des Schiffes verfasst darin seinerseits einen holographischen Roman.[27] Die Rohfassung seines Werks *Photonen brauchen Freiheit* behandelt den Alltag eines medizinischen Hologramms auf einem Raumschiff namens *Vortex*, dessen Gestaltung und Charaktere deutliche Parallelen zur Arbeitsumgebung und den Kollegen des Autors an Bord der *Voyager* aufweisen. Wie es für einen Holo-Roman üblich ist, tritt der Betrachter dabei in die Rolle des Protagonisten, während er mit einer computergenerierten Umgebung interagiert und dabei eine fest vorgegebene Storyline erlebt. Die Entwurfsfassung reicht der Doktor beim Verleger Ardon Broht ein, damit dieser das Programm überregional in Holosuiten des Alpha-Quadranten vertreibt. Es handelt sich um die einzige Gelegenheit in Star Trek, bei der ein Verlagswesen dokumentiert ist. Als die Crew der *Voyager* Einblick in den Holo-Roman erhält, überzeugt sie den Doktor, dass die Inhalte wie eine beleidigende Persiflage auf das eigene Schiff wirken. Der Doktor bittet daraufhin seinen Verleger, eine Überarbeitung einreichen zu dürfen. Der Verleger lehnt ab, weil er bereits ohne Zustimmung des Doktors mit dem Vertrieb begonnen hat. Er beruft sich darauf, dass dem holographischen Doktor als Künstliche Intelligenz keine Urheberrechte zustünden. Ein daraufhin angerufenes Zivilgericht der Föderation fällt eine Grundsatzentscheidung, die diese Rechtsauffassung ablehnt. Ob der Doktor eine Person ist, lässt das Gericht ausdrücklich offen, stuft ihn jedoch als Künstler ein, der Urheberrechte an dem von ihm geschaffenen Werk besitzt.

Das entscheidende Tatbestandsmerkmal des föderativen Urheberrechts ist die Stellung des Klägers als Künstler. Die maßgebliche Begriffsdefinition des Künstlers ist in der Föderationscharta verortet.[28] Gemäß der 12. Garantie, Absatz 7 Gamma ist unter einem Künstler eine Person zu verstehen, die ein originales Kunstwerk erschafft. Infolge der Leitentscheidung des hier besprochenen Verfahrens ist dabei der Begriff der Person in diesem Zusammenhang weit auszulegen. Eine präzise Definition der Person im urheberrechtlichen Sinne ist nicht bekannt, weil die Urteilsgründe nicht vorliegen. In der TV-Episode wird lediglich die mündliche Urteilsbegründung gezeigt. Jedoch versichert der Schiedsmann, dass er die Definition des Künstlers dahingehend „erweitern" werde, dass der holographische Doktor von ihr umfasst sei.

Die Differenzierung, dass der computergenerierte Doktor der *Voyager* ein Träger von Urheberrechten sein kann, ohne notwendigerweise selbst eine Person zu sein, erscheint zunächst befremdlich. Die Erzählung aus dem Jahr 2001 greift jedoch einer Entwicklung vor, die nach aktuellen Maßstäben gar nicht mehr so fernliegend ist. In der derzeitigen Gegenwart sind

27 Star Trek: Raumschiff Voyager, S7 E20 – Die Veröffentlichung.
28 Siehe oben S. 85.

empfindungsfähige Computer, denen eine eigene Rechtspersönlichkeit zugebilligt wird, in sehr weiter Ferne. Dass Künstliche Intelligenz in der Lage ist, kreative Geschichten zu verfassen und Kunstwerke zu erschaffen, die sich mitunter nicht von der Schöpfungshöhe menschlicher Künstler unterscheiden, ist mittlerweile eine alltägliche Beobachtung. Längst ist deshalb auch in der Rechtswissenschaft die Debatte angelangt, ob eine KI Urheber im Rechtssinne sein kann. Bisweilen wird diese Frage einhellig verneint.[29] Dabei räumt die Literatur ein, dass dies „aus heutiger technologischer Sicht" so zu beurteilen ist.[30] Wenn in der Zukunft tatsächlich derart starke KI-Systeme existieren, dass sie nahe an den Status herankommen, ein intelligentes Lebewesen zu sein, dann wird auch in der tatsächlichen Rechtswissenschaft über die Frage der Urheberfähigkeit erneut zu diskutieren sein.

Dass die Urheberrechtsfähigkeit eines Wesens, dass zweifellos keine allgemeine Rechtsfähigkeit besitzt, nicht absurd ist, zeigt der US-amerikanische Fall des „Affen-Selfies". Im Ausgangsfall hatte ein Makakenaffe auf der indonesischen Insel Sulawesi im Jahr 2011 in ein Kameraobjektiv gegrinst und den Auslöser gedrückt.[31] Die heitere Photographie hat sich im Internet weit verbreitet und der Eigentümer der Kamera kommerzielle Einnahmen damit erzielt. Im Namen des Affen klagte 2015 die Tierschutzorganisation Peta vor einem Zivilgericht in San Francisco. Ihre Argumentation eines Urheberrechts des Affens wies das Gericht in erster Instanz ab. Im Rahmen der zweiten Instanz verglichen sich die Parteien außergerichtlich.[32]

b) Kultur der Zukunft

Die urheberrechtlich relevante Kultur der Zukunft konzentriert sich stark auf Holodeck-Programme. Im Rahmen dieser Medien werden durchgehend neue Produkte vertrieben. Die übrigen Kunstformen sind nicht irrelevant, jedoch ist dort eine Stagnation beziehungsweise – positiv formuliert – starke Rückbesinnung auf jahrhundertealte Werke die Regel. Zwar existieren zeitgenössische Autoren wie Jake Sisko[33] oder auch der Vater von Lieutenant Sulu, der als Autor des Romans *Kaltes Feuer* einige Bekanntheit erlangt hat.[34] Den Literaturkonsum dominieren jedoch Werke wie Moby Dick und Shakespeare-Dramen, während bei Streichquartett-Abenden auf der

29 Vgl. Bundesministerium der Justiz, Vermerk Künstliche Intelligenz und Urheberrecht – Fragen und Antworten v. März 2024; s. a. zum Patentrecht *Köhl*, GRUR 2025, 629.

30 *Scheufen*, in: Leupold/Wiebe/Glosser, IT-Recht, Teil 9.2.6 Rn. 14 ff.

31 *König/Beck*, ZUM 2016, 34.

32 USA: Streit über Urheberschaft eines Affen-Selfies beigelegt, beck-aktuell v. 12.9.2017, becklink 2007773.

33 Star Trek: Deep Space Nine, S4 E3 – Der Besuch; S4 E21 – Die Muse; Star Trek: Starfleet Academy, S1 E5 – Series Acclimation Mil.

34 *McIntyre*, Roman Star Trek – Die Erste Mission, S. 25.

Enterprise ebenso wie bei den Klarinetten-Darbietungen auf der *Voyager* ausschließlich Musikstücke aus der Zeit Mozarts aufgeführt werden.[35] Auch der hochgelobte Maler und Musiker Data erschafft nicht wirklich Neues, er interpretiert und kombiniert nur Bekanntes.[36]

Neue künstlerische Werke haben in der Zukunft von Star Trek nur dann eine realistische Chance, gesellschaftlich wahrgenommen zu werden, wenn sie interaktiv sind. Die sogenannten Holo-Romane sind eine Kunstform ähnlich dem heutigen Improvisationstheater[37] oder auch den gegenwärtigen storybasierten Computerspielen in Form von Live Action Role Plays. Konsumiert werden sie vor allem mittels holographischer Projektoren. Ist kein Zugriff auf ein Holodeck gegeben, können auch neurale Interfaces, die einer VR-Brille ähneln, entsprechende Medien abspielen. Sie werden beispielsweise auf dem Raumschiff *Equinox* verwendet, auf das die *Voyager* am Ende der fünften Staffel im Delta-Quadranten trifft.[38] Dass lineare Filme sowie zu lesende Romane nicht nur selten Teil der Handlung sind, sondern tatsächlich in der Zukunft als Anachronismus belächelt werden, belegen zwei Fundstellen. Zum einen erhalten Neelix und Kes, als die Voyager eine Zeitreise in den *Erdorbit* des Jahres 1996 unternimmt, den Auftrag, die irdischen Fernsehprogramme zu überwachen. Fähnrich Kim merkt dazu an:

> „*Es fehlt der Reiz, wenn man nicht mitspielen kann.*"[39]

Kes entgegnet, er sei vom Holodeck verdorben. Eine sehr vergleichbare Situation ereignet sich an Bord der Enterprise im Roman *Die erste Direktive* von Reeves-Stevens. Auch dort wird die planetare Satellitenübertragung beobachtet. Die Fernsehsendungen des Volks der Talin ähneln denen der Menschheit Jahrhunderte zuvor. Captain Kirk entfährt daraufhin ein entsetztes:

> „*Soll das heißen, die Talin sehen sich die Bilder einfach nur an – ohne eine Möglichkeit, Einfluß darauf zu nehmen?*"[40]

c) Schöpfungshöhe bei Holodeck-Programmierungen

Das Urheberrecht der Föderation setzt nach der 12. Garantie voraus, dass eine Person ein originales Kunstwerk erschafft.[41] Während sich das Gerichtsverfahren um den holographischen Doktor der *Voyager* ausschließlich um den Begriff der Person dreht, dürfte in anderen Urheberrechtsstreitigkei-

35 *Fistrich/Göttling*, Podcast Trek am Freitag, E55 – Die größten Star-Trek-Irrtümer.

36 *Haar*, Kann der Bordcomputer denken?, S. 326 Fn. 98.

37 *Murray*, Hamlet on the Holodeck, S. 32; *Haar*, Kann der Bordcomputer denken?, S. 220.

38 Star Trek: Raumschiff Voyager, S5 E26 – Equinox, Teil I.

39 Star Trek: Raumschiff Voyager, S3 E8 – Vom Ende der Zukunft – Teil I.

40 *Reeves-Stevens/Reeves-Stevens*, Roman Die erste Direktive, S. 176 f.

41 Siehe oben S. 85.

ten für gewöhnlich der Begriff des originalen Kunstwerks im Vordergrund stehen. Dass eine Schöpfung Originalität erfordert, entspricht auch dem Urheberrecht der aktuellen Gegenwart sowohl in den USA als auch in der Europäischen Union. Es muss folglich etwas Neues erschaffen werden, das noch dazu nicht trivial ist. Man spricht im Urheberrecht der Gegenwart von der sogenannten Schöpfungshöhe, die das Werk erreichen muss, um rechtlichen Schutz zu genießen.

Die rechtlichen Grenzbereiche dieser Tatbestandsmerkmale sind häufig dann erreicht, wenn sich Autoren Künstlicher Intelligenz bedienen. Die Schöpfung ist dann nicht ausschließlich auf Basis eigener Kreativität entstanden, sondern computergeneriert auf Basis der Inhalte, mit denen das KI-Modell trainiert wurde. Urheberrechtlicher Schutz kann nur entstehen, wenn es sich um ein originales Werk im Sinne der obigen Definition handelt, also nicht lediglich zuvor bekannte Trainingsdaten in neuer Kombination ausgegeben wurden. Zudem muss auch der Befehl, der beim Holodeck-Programmieren eingegeben wird, die Erschaffung des originalen Werks hinreichend lenken. Entscheidend für die Schutzfähigkeit KI-generierter Kunstwerke wie Holo-Romane ist, dass die Programmierumgebung lediglich als Hilfsmittel zur Visualisierung eigener Ideen genutzt wird. Die vom Computer konzipierten Programmbestandteile dürfen das Ergebnis nicht stärker prägen als die Grundidee der erstellenden Person.

Holodeck-Programme werden in der Zukunft von Star Trek in etwa so erstellt, wie heutiges KI-Prompting funktioniert. Vor oder kurz nach Betreten des Holodecks wird entweder ein bereits gespeichertes Programm aufgerufen oder anhand von Sprachbefehlen wird eine neue Umgebung kreiert. Ein anschauliches Beispiel des Holo-Promptings liefert Commander Riker, als er das verbesserte Holodeck testet, nachdem die beiden Techniker der Bynaren den Schiffscomputer optimiert haben. Sein initialer Sprachbefehl ist sehr simpel:

> „*Computer, ich möchte an einen Ort, an dem ich Musik machen kann.*“[42]

Der Bordcomputer bittet ihn daraufhin um eine Spezifizierung von Musikrichtung, Zeit und Ort. Riker benennt als Parameter Jazz, 1958 und New Orleans, Bourbon Street. Der Computer erstellt daraufhin vollautomatisiert eine Umgebung einer antiken Jazz-Bar, die den Anforderungen entspricht. Der möblierte Raum ist zunächst leer. Riker promptet daraufhin ein Trio aus Musikern mit Piano, Bass und Schlagzeug sowie für sich eine Posaune. Er fügt mit einem Befehl Gäste hinzu und reduziert die Zahl der Gäste mit einem weiteren. Schließlich erscheint eine Frau, die er nach seinen Wünschen in Haarfarbe und Garderobe seinen Wünschen anpasst. Mit diesen

42 Raumschiff Enterprise – Das nächste Jahrhundert, S1 E15 – 11001001.

wenigen Eingaben hat Commander Riker eine Atmosphäre erschaffen, die sowohl ihm als auch dem später hinzutretenden Captain Picard sehr behagt. Die Schöpfungshöhe für einen Urheberschutz kann das Holo-Programm jedoch nicht überschreiten. Nach der Grundentscheidung für einen nur mit Metadaten umschriebenen Ort hat der Computer alle Details des Raumes kreiert. Ob der Computer dabei auf tatsächliche historische Aufnahmen aus der Bourbon Street zurückgegriffen hat oder einfach zeitspezifische Stilelemente kombiniert hat, kann dahinstehen. Rikers kreativer Einfluss auf die Gestaltung ist steuernd, aber dennoch minimal. Ein anderes Ergebnis könnte die Folge sein, wenn er den Raum sehr detailliert mit konkreten Beschreibungen seiner Wünsche umgestaltet hätte oder wenn er in dem generischen Bar-Setting eine literarische Handlung umgesetzt hätte.

Einen eher handlungszentrierten Holo-Roman programmieren die Lieutenant Commander Data und La Forge in der Episode *Data Sherlock Holmes.* Commander Data erschafft darin ein Kriminalabenteuer mit nur einem kurzen Befehl:

> „*Computer – bitte eine beliebige Kriminalerzählung von Sir Arthur Conan Doyle, in der ich Sherlock Holmes spielen werde.*“[43]

Das Holodeck erstellt daraufhin eine visuelle Darstellung eines zufällig ausgewählten Romans des angegebenen Autors. Zwar werden die projizierten Bilder in dem Moment erstmals vom Computer konzipiert und waren so bislang noch nie dagewesen. Ein originales Werk im Sinne des Tatbestandsmerkmals des föderalen Urheberrechts ist das Programm dennoch nicht – weder die Handlung noch die Optik hat Data eigenständig erdacht. Als Data den Kriminalfall sofort löst, weil er die Romanvorlage bereits kennt, modifiziert La Forge die Eingabe an den Computer und erläutert seinen Prompt:

> „*Fertig. Der Computer wird uns einen Fall bieten, der eines Sherlock Holmes würdig ist, aber nicht so sein, wie ihn sich Sir Arthur Conan Doyle ausgedacht hat.* [...] *Er wird also etwas neues sein, etwas, was sich der Computer ausdenkt.*“

Die Folge ist ein Holo-Roman mit einer Handlung, die sich mit keinem Roman von Doyle vollständig deckt, die jedoch Handlungselemente verschiedener Romane aus seiner Feder miteinander kombiniert. Exakt so funktioniert zeitgenössische Medienerstellung mit KI. Dass Holo-Romane auffallend klischeehaft sind, liegt daran, dass sie mit Künstlicher Intelligenz erstellt werden, die stets das Bekannte aufgreift und tendenziell überinterpretiert.[44] Die Vorgehensweise von Data und La Forge entspricht der Holo-Programmierung von Lieutenant Noonien-Singh in der jüngeren Episode

43 Raumschiff Enterprise – Das nächste Jahrhundert, S2 E3 – Sherlock Data Holmes.

44 *Kern*, in: Sülter/Kern, Podcast Planet Trek fm, E220 – Wenn dir ne KI die Bedeutung von Star Trek erklärt.

Weltraumabenteuerstunde in der Serie *Strange New Worlds*. Sie erhält darin die Gelegenheit, den Prototyp eines Holodecks zu testen.[45] Zur Erstellung ihres Holo-Romans lädt sie zwölf Romane der Krimiautorin Emilia Moon in den Speicher des Holodecks, um die dortigen Handlungselemente zu einem neuen Abenteuer zu kombinieren. Wenn literarische Vorlagen in einem anderen Medium umgesetzt werden, spricht man im Urheberrecht von einer Adaption,[46] an der dann der ursprüngliche Autor und der Bearbeiter ein gemeinsames Urheberrecht erwerben. Übernimmt jedoch eine KI die Ausführung der Adaption weitgehend, bleibt es beim alleinigen Urheberrecht des Autors der initialen Handlung.

4. Arbeitsrecht

Geradezu ein Mysterium ist das Arbeitsrecht der Zukunft. Wie in der Einleitung bereits beschrieben, muss in der Überflusswirtschaft der Föderation niemand zum Broterwerb arbeiten.[47] Die Replikatortechnologie ermöglicht es, nahezu unbegrenzt alles Materielle aus dem Nichts zu erzeugen, was die Menschen benötigen und begehren. Jedoch folgt aus dieser paradiesischen Ausgangslage keineswegs, dass die Föderationsbevölkerung untätig ist. Alle bei Star Trek gezeigten erwachsenen Figuren haben sich einen Beruf ausgewählt und üben ihn aus. Arbeitslosigkeit gibt es ebenso wenig wie Obdachlosigkeit. Das Setting auf Raumschiffen und Raumstationen führt zunächst dazu, dass weit überwiegend Beschäftigte der Sternenflotte zu sehen sind. Jedoch engagieren sich auch Zivilisten nach Kräften für die Gesellschaft. Manche widmen ihr Leben der Kunst,[48] indem sie malen oder musizieren, andere gehen in die Wissenschaft oder sind im Handel oder der Gastronomie tätig.

Dass keiner dieser Beschäftigten eine Gegenleistung in Form von Geld oder anderen Gütern erhält,[49] ist die bahnbrechende Grundprämisse der utopischen Gesellschaft von Star Trek. Wenn sich alle aus freien Stücken dort einbringen, wo sie gebraucht werden oder wo sie den Eindruck haben, mittels ihrer Fähigkeiten den Mitmenschen am besten zu dienen, dann stellt sich unweigerlich die Frage nach der Verbindlichkeit ihres Engagements. Dass Sternenflottenoffiziere sich fest verpflichten, Befehlen zu gehorchen, ist dabei eine eindeutige Erzählung, die sich stringent durch alle Serien und Romane zieht. Doch wie sind die Arbeitsverhältnisse in der freien Wirtschaft geregelt? Handelt es sich um Ehrenamtliche, die sich jederzeit nach Lust

45 Star Trek: Strange New Worlds, S3 E4 – Weltraumabenteuerstunde.
46 *Haar*, Kann der Bordcomputer denken?, S. 224.
47 Siehe oben S. 30 ff.
48 Siehe oben S. 136.
49 Siehe oben S. 31.

und Laune dort einbringen, wo sie gebraucht werden? Vorstellbar ist dies kaum. Wenn Joseph Sisko ein kreolisches Restaurant in New Orleans betreibt, dann ist anhand seiner Freude am Bewirten klar zu erkennen, dass er es zur eigenen Selbstverwirklichung aufgebaut hat.[50] Es bringt ihm Freude, Gastgeber zu sein und Humanoiden eine schöne Zeit im Sisko's zu bereiten. Doch er ist auf die Mithilfe von jeweils mindestens zwei weiteren Kräften pro Schicht angewiesen. Wenn sein Enkel Jake sich auf der Erde befindet, wird dieser mehr oder weniger gegen seinen Willen dazu angehalten, am Gemüse-Schneidebrett auszuhelfen. Er macht daraus keinen Hehl, dass er die Tätigkeit nicht genießt. Im Regelfall stehen in der Küche Gehilfen, die nicht der Familie Sisko angehören. Diese Beschäftigten gehen relativ anstrengender Arbeit bei vergleichsweise rauer Atmosphäre in der Küche nach. Man muss, um der Erzählung von Star Trek zu folgen, als gegeben hinnehmen, dass diese Küchengehilfen aus intrinsischer Motivation heraus regelmäßig zur Arbeit kommen, um ihren Beitrag zum Fortkommen der Menschheit zu leisten. Ähnlich ist es mit den Arbeitern der Flottenwerft im Orbit des Mars, die zu Beginn der Serie *Star Trek: Picard* zu sehen sind.[51] Die Darstellung deutet nicht darauf hin, dass sie ihrem Traumberuf nachgehen, dennoch bekennen sie sich, dort zu arbeiten und den Schichtplan umzusetzen.

Für eine mittelfristige Geschäftsplanung ist eine hinreichende Regelmäßigkeit und Verlässlichkeit des Personals notwendig. Auf völliger Freiwilligkeit je nach Tagesform der Beschäftigten kann ein Unternehmen nicht organisiert werden. Deshalb braucht es eine Form von Arbeitsvertrag, den die Angestellten eingehen. Den wohl einzigen explizite Nachweis eines Arbeitsvertrags im Star-Trek-Universum enthält der Roman *Die erste Mission.* Darin befördert die *Enterprise* eine Unterhaltungsgruppe zu einem Auftrittsort. Auf der Reise beklagt sich der Shakespeare-Schauspieler Mr. Cockspur über die programmatische Reihenfolge der Darbietungen. Die Leiterin der Tournee ermahnt ihn daraufhin, dass er einen Vertrag mit der Warpschnellen Klassischen Varietégesellschaft habe.[52] Ob Einigungen über die gemeinsame Zusammenarbeit einen detaillierten Vertrag voraussetzen oder per Handschlag besiegelt werden, ist nicht bekannt.

Bei Offizieren der Sternenflotte ist hinlänglich bekannt, dass sie sich sehr umfassend zum Dienst verpflichten. Das Dienstverhältnis mutet einer Konstellation ähnlich des Beamtenstatus an. Für militärische Einrichtungen ist eine solche Personalorganisation auch nicht ungewöhnlich. Auch wenn das Berufsbeamtentum auf einen lebenslangen Bund zwischen Dienstherrn und Beamten ausgelegt ist, kann sowohl in der aktuellen Gegenwart als auch in

---

50 Star Trek: Deep Space Nine, S4 E11 – Die Front; S4 E12 – Das verlorene Paradies; S7 E1 – Das Gesicht im Sand.

51 Star Trek: Picard, S1 E2 – Karten und Legenden.

52 *McIntyre*, Roman Star Trek – Die erste Mission, S. 161.

der Zukunft Star Treks niemandem verwehrt werden, den Dienst zu quittieren. Es kommt regelmäßig vor, dass Offiziere von einem Tag auf den anderen ihre Karriere beenden. Beispiele sind Kadett Wesley Crusher, der sich entschließt, mit Dem Reisenden die Galaxie zu erkunden[53] sowie Captain Pike, der im ursprünglichen Pilotfilm von *Raumschiff Enterprise* seinem Bordarzt Doctor Boyce eröffnet, dass er den Gedanken verfolgt, nach dem aktuellen Einsatz seinen Dienst zu beenden.[54] Auch Lieutenant Commander Data reicht zunächst seine Kündigung bei der Sternenflotte ein, um den Experimenten von Commander Maddox zu entgehen – woraufhin gerichtlich geklärt wird, ob er als Androide eine solche Entscheidung treffen kann.[55] Das Kündigungsrecht gilt jedoch nicht uneingeschränkt. Auch wenn Data gegebenenfalls durch die Kündigung einem direkten Befehl hätte aus dem Weg gehen können, ist dies grundsätzlich kein gangbarer Weg. Immer wieder werden Offiziere mit Befehlen konfrontiert, die sie in ein persönliches Dilemma versetzen. Während Lieutenant Commander Troi in der Episode *Radioaktiv* die Prüfung zur Brückenoffizierin absolviert, besteht die zentrale Aufgabe darin, in einer Simulation einen Crewman in den Tod zu schicken, um damit größere Verluste zu verhindern.[56] Derart ultimative Befehle sind Teil des Dienstverhältnisses mit der Sternenflotte und können nicht einfach im Ernstfall durch spontane Kündigung umgangen werden. Im Roman *Die erste Direktive* wird dazu ausgeführt, dass die Kündigung von Offizieren die Freigabe des zuständigen Admirals erfordert.[57] Aus derselben Primärquelle ist bekannt, dass es bestimmte Situationen gibt, die eine Kündigung ausschließen. So erhält Lieutenant Commander Scott beim Versuch, die Flotte zu verlassen, die Antwort, ein Chefingenieur dürfe den Dienst nicht quittieren, während Instandsetzungsmaßnahmen der Klasse 2 stattfänden.[58] Der Vorbehalt der Bestätigung eines Vorgesetzten ist nachvollziehbar und würde auch die Konstellation um Lieutenant Commander Data erklären. Es liegt nahe, dass er ein annahmebedürftiges Rücktrittsgesuch eingereicht hat, das Captain Picard abseits des auf dem Bildschirm gezeigten Geschehens genehmigt hat.

Das Urlaubsrecht ist bemerkenswert flexibel. Am Ende des neunten Kinofilms erwähnt Captain Picard, dass er 318 Urlaubstage angespart hat.[59] Dieser über viele Jahre aufgebaute Resturlaub verfällt offensichtlich nicht. Er beabsichtigt, den Urlaub anzutreten und auf Ba'Ku zu verbringen, wo er die

53 Raumschiff Enterprise – Das nächste Jahrhundert, S7 E20 – Am Ende der Reise.
54 Raumschiff Enterprise, zunächst unveröffentlichter Pilotfilm – Der Käfig.
55 Raumschiff Enterprise – Das nächste Jahrhundert, S2 E9 – Wem gehört Data?
56 Raumschiff Enterprise – Das nächste Jahrhundert, S7 E16 – Radioaktiv.
57 *Reeves-Stevens/Reeves-Stevens*, Roman Die erste Direktive, S. 312.
58 *Reeves-Stevens/Reeves-Stevens*, Roman Die erste Direktive, S. 47.
59 *Dillard*, Roman Star Trek: Der Aufstand, S. 246.

Einheimische Anij kennengelernt hat. Nicht nur überfälliger Urlaub kann großzügig in Anspruch genommen werden, auch im Voraus sind beachtliche Freistellungen möglich. Lieutenant Dax von der Raumstation *Deep Space Nine* beantragt in der Episode *Meridian* Urlaub für mehrere Jahrzehnte. Den Antrag reicht sie beim Sternenflottenkommando ein, wo folglich die Personalabteilung angesiedelt ist. Sie möchte die Zeit nutzen, um auf dem Planeten namens Meridian zu verweilen, während dieser für einen Zyklus von sechzig Jahren in eine andere Dimension verschwindet.[60] Im Anschluss plant sie, ihre Position wieder aufzunehmen. Das Vorhaben scheitert letztlich daran, dass es ihr aus physikalischen Gründen nicht möglich ist, während des Transfers des Planeten vor Ort zu bleiben. Die großzügigen Urlaubsregelungen zeugen von einer starken Vertrauensbasis im Arbeitsverhältnis. Sie erscheinen dabei auch notwendig in Anbetracht der Belastungssituation im Weltall. Auf den mitunter mehrjährigen Forschungsmissionen der Sternenflotte sind schließlich nicht durchgehend freie Urlaubsgestaltungen möglich. Wenn es der Missionsplan erlaubt und ein geeigneter Planet in Reichweite erscheint, unternehmen die Besatzungen zudem kleine Landurlaube im Umfang von einigen Stunden bis zu wenigen Tagen.[61]

Regelmäßiger Urlaub auf einer Planetenoberfläche mit entspannendem Klima und Ambiente ist angesichts der psychischen Folgen interstellarer Reisen auch aus Gründen des Arbeitsschutzes geboten. Es zählt zu den Aufgaben des Bordarztes, auf entsprechende Pausentage hinzuwirken. Angeordnet werden kann der Urlaub hingegen nicht. Dies wird deutlich in der Episode *Picard macht Urlaub*, in der der Captain mit der Beharrlichkeit seiner Führungsoffiziere zu einem Landurlaub auf dem Planeten Risa bewegt werden muss.[62] Der Arbeitsschutz gebietet es zudem, Beschäftigte nicht körperlich zu überfordern. Im Roman *Die erste Mission* ermahnt Doctor McCoy Captain Kirk, es sei gegen die Vorschriften, seine Leute so hart arbeiten zu lassen, dass sie nicht genug Schlaf bekommen.[63] Gemeint ist damit die Adjutantin Rand. Sind Crewmen erkrankt, werden sie vom Dienst befreit. In minder schweren Fällen kann der Bordarzt eingeschränkten Dienst anweisen. Doctor Bashir trifft diese Entscheidung in der Episode *Heilige Visionen*, nachdem Captain Sisko sich im Zuge einer Energieentladung in der Holosuite verletzt hat.[64] Solche Teilkrankschreibungen sind auch im Arbeitsrecht der aktuellen Gegenwart möglich, wenn nur ein eingeschränktes Stundenkontingent geleistet werden kann.

---

60 Star Trek: Deep Space Nine, S3 E8 – Meridian.

61 Star Trek: Enterprise, S1 E23 – Gefallene Heldin; Star Trek – Das nächste Jahrhundert, S1 E8 – Das Gesetz der Edo; Star Trek: Raumschiff Voyager, S6 E15 – Tsunkatse.

62 Raumschiff Enterprise – Das nächste Jahrhundert, S3 E9 – Picard macht Urlaub.

63 *McIntyre*, Roman Star Trek – Die erste Mission, S. 200.

64 Star Trek: Deep Space Nine, S5 E10 – Heilige Visionen.

II. Zivilprozessrecht

Die Jahrzehnte fortdauernden Fernsehproduktionen haben zahlreiche Gerichtsfolgen hervorgebracht. Ein Zivilgericht der Föderation wird dabei jedoch nur ein einziges Mal gezeigt. In der Episode *Die Veröffentlichung* bei *Star Trek: Voyager* verklagt der holographische Doktor den Verleger seines Holo-Romans darauf, die nicht autorisierte Verbreitung der Rohfassung des Werks zu unterlassen.[65] Zwar könnte auch die Gerichtsverhandlung in der Episode *Wem gehört Data?*[66] als Zivilprozess interpretiert werden. Schließlich wird dort die Frage erörtert, ob Data im Eigentum der Sternenflotte steht und sie ihn deshalb zu Forschungszwecken demontieren darf. Im Kern geht es jedoch darum, ob Data der Versetzung in das Team von Commander Maddox und dem Befehl, an der Untersuchung teilzunehmen, Folge zu leisten hat. Diese Fragestellung ist primär dienstrechtlicher Natur, sodass es sich richtigerweise um ein öffentlich-rechtliches Verfahren handelt.[67]

1. Schlichter der Föderation

Passend zum Geist der Vernunft und Verständigung trägt das Gericht in *Die Veröffentlichung* die Bezeichnung Schlichter. Es handelt sich um einen Einzelrichter, der mehr ist als nur ein Mediator. Er fällt am Ende ein verbindliches Urteil mit Grundsatzwirkung für vergleichbare Urheberrechtsstreitigkeiten. Das Verfahren wird, weil sich der Kläger mit dem Raumschiff *Voyager* im Delta-Quadranten befindet, per audiovisueller Fernübertragung abgehalten. Derartige Videoverhandlungen sind auch im Zivilprozessrecht der Gegenwart nach § 128a ZPO möglich und erfreuen sich seit der Coronapandemie wachsender Praxisrelevanz in deutschen Gerichten. Den Verfahrensbeginn dokumentiert Captain Janeway im Logbuch ihres Schiffes mit den Worten:

> „*Ein Schlichter der Föderation wurde eingesetzt, um zu entscheiden, ob der Doktor das Recht hat, sein künstlerisches Werk zu kontrollieren. Wegen unserer begrenzten Kom-Zeit mit der Erde werden die Erörterungen etwa drei Tage dauern.*“

Zu Beginn der Episode wird erwähnt, dass im Zuge des Pathfinder-Projekts der Sternenflotte jeden Tag eine elfminütige Kommunikationsverbindung zwischen der Erde und der *Voyager* aufgebaut werden kann. Damit liegt die Gesamtdauer der Verhandlung bei rund 30 Minuten zuzüglich der Urteilsverkündung. Verglichen mit Urheberrechtsprozessen der aktuellen Gegenwart ist eine solche Verhandlungsdauer für einfache Sachverhalte nicht

65 Star Trek: Raumschiff Voyager, S7 E20 – Die Veröffentlichung.
66 Raumschiff Enterprise: Das nächste Jahrhundert, S2 E9 – Wem gehört Data?
67 Siehe unten S. 242 f.

ungewöhnlich. Dafür, dass im Verlauf der Verhandlung mehrere Zeugen vernommen werden, die jeweils mit anekdotischen Schilderungen ausschweifen, ist die Verhandlungsführung jedoch bemerkenswert stringent.

Neben dem Schiedsmann nehmen an der Verhandlung der klägerische Doktor sowie der beklagte Verleger Arden Broht teil. Der Kläger wird durch Lieutenant Commander Tuvok vertreten, der im Wesentlichen den klägerischen Vortrag übernimmt. Neben dem Beklagten sitzt eine weitere Person, deren Funktion nicht klar ist, weil sie nicht das Wort ergreift. Sollte es sich um einen Rechtsanwalt handeln, wäre es der einzige bei Star Trek gezeigte Vertreter dieser Zunft innerhalb der Föderation nach den Ereignissen der Originalserie und des Ablegers *Strange New Worlds.*[68] Da er jedoch nicht so verfahrensleitend auftritt wie Tuvok, liegt es näher, dass es sich um einen persönlichen Vertrauten des Beklagten handelt. Möglich ist auch, dass es sich um den zweiten Namensgeber des Verlags Broht und Forrester handelt, dem der Beklagte angehört. Zu Wort kommen in der kurzen Verhandlung zudem vier Zeugen: Seven of Nine, Fähnrich Kim, Lieutenant Barclay und Captain Janeway. Nach Beendigung der Beweisaufnahme unterbricht der Schlichter die Verhandlung für zwei Tage und verkündet im Anschluss mündlich sein Urteil. Die Urteilsverkündung an einem separaten Termin nach der mündlichen Verhandlung ist auch in der aktuellen Gegenwart der Normalfall. Jedoch benötigen Zivilkammern dafür mehrere Wochen. Auf mögliche Rechtsmittel weist der Schlichter nicht hin, jedoch erweckt die Handlung den Eindruck, dass die Entscheidung endgültig ist.

2. Zivilprozess vor dem Föderationsrat

Neben dieser einen in einer TV-Episode gezeigten zivilrechtlichen Verhandlung gibt es in der Romanliteratur die Schilderung eines weiteren prozessualen Falls. Der Roman *Die Gesetze der Föderation* berichtet von einem Prozess um den Status des Androiden B-4, den Captain Picard im zehnten Kinofilm auf Kolarus III gefunden hat.[69] Die relativ detailreich wiedergegebene Anhörung ist jedoch als nicht kanonisch einzustufen,[70] weil der Streitgegenstand der Handlung der später produzierten Streamingserie *Star Trek: Picard* widerspricht. Der Roman geht davon aus, dass B-4 zwar weniger entwickelt als Lieutenant Commander Data ist, jedoch weit genug entwickelt, um im Urteilsspruch als rechtsfähige Lebensform eingestuft zu werden. Die spätere Serie widerlegt diese Annahme gleich zu Beginn und etabliert, dass B-4 nicht lebensfähig ist und kurz nach seiner Entdeckung abgeschaltet wer-

68 Zur Annahme, dass seitdem keine Rechtsanwälte mehr existieren, siehe oben S. 35 ff.
69 Kinofilm Star Trek: Nemesis.
70 Zum Begriff des Kanons und dem Vorrang der TV-Produktionen gegenüber den Romanhandlungen siehe oben S. 15 ff.

den muss.[71] Der romangegenständliche Zivilprozess findet vor dem Rechtsausschuss des Föderationsrats statt. Er greift damit den im vierten Kinofilm etablierten Umstand auf, dass der Föderationsrat auch judikative Kompetenzen hat.[72] Den Vorsitz der Verhandlung führt die Föderationspräsidentin Nan Bacco persönlich. Die hochrangige Befassung unterstreicht, dass gerichtliche Streitigkeiten derart selten sind, dass die Präsidentin und die im Ausschuss vertretenen Ratsmitglieder kapazitär in der Lage sind, sich mit den Ausnahmefällen zu befassen. In dem Zusammenhang zitiert der Roman die Belehrung, die Bacco gegenüber dem als Zeugen fungierenden holographischen Doktor der *Voyager* ausspricht:

> „*Doktor, seien Sie sich bitte bewusst, dass jegliche Aussage, die Sie vor diesem Rat machen, gesetzliches Gewicht hat. Sollte sich eine Ihrer Angaben nachweislich als falsch herausstellen, können Sie des Meineides beschuldigt werden. Verstehen Sie das?*“[73]

71 Star Trek: Picard, S1 E1 – Gedenken.

72 Siehe oben S. 55 ff.

73 *DeCandido*, Roman Die Gesetze der Föderation, S. 363.

G. Strafrecht

Während das Zivilrecht in der hochentwickelten Gesellschaft der Föderation keinen großen Stellenwert einnimmt, gehören strafrechtliche Vorschriften und auch Verhandlungen durchaus zum Alltag auf Raumschiffen der Sternenflotte. Die mit großer faktischer Macht ausgestatteten Besatzungen sind mit zahlreichen gesetzlichen Verboten konfrontiert. Verstöße dagegen können empfindlich sanktioniert werden. Nicht selten sind Sternenflottenoffizierinnen und -offiziere angeklagt, eine Straftat begangen zu haben. Im Ergebnis erweisen sie sich jedoch praktisch jedes Mal als unschuldig. Alles andere wäre mit dem utopischen Menschenbild Gene Roddenberrys auch kaum zu vereinbaren.

I. Kriminalität bei den Advanced Humans

Völlig perfekt ist die Zukunft nicht, es gibt nach wie vor Straftaten.[1] Ohne Strafrecht kommt damit auch die Utopie nicht aus. Und doch wird die Gesellschaft der Föderation als derart hoch entwickelt präsentiert, dass normale Bürgerinnen und Bürger sich regelkonform verhalten. Für Fehlverhalten gibt es schlichtweg keinen Grund. In der Überflusswirtschaft sind Eigentums- und Vermögensdelikte obsolet. Gewalt kommt in der weitgehend pazifistischen Gesellschaft kaum vor. Nur einzelne fehlgeleitete und krankhafte Charaktere bilden die Ausnahme.

1. Gewaltfreie Gesellschaft

Konflikte löst man bei Star Trek nicht mit dem Laserschwert, sondern in argumentativen Debatten. Lediglich im Notfall kommt der auf Betäubung gestellte Phaser zum Einsatz. Raumschiffe der Sternenflotte sind zwar entgegen ursprünglicher idealistischer Planungen Captain Archers bewaffnet,[2] die Phaser und Torpedos werden jedoch nur dann eingesetzt, wenn es zur Selbstverteidigung unvermeidlich ist. Die ursprünglich sehr gewaltbereite Menschheit hat im Anschluss an die Eugenischen Kriege der 1990er Jahre und den Dritten Weltkrieg des frühen 21. Jahrhunderts einen gewaltigen Entwicklungsschub hin zu einer weitgehend pazifistischen Gesellschaft vollzogen. Captain Picard resümiert in der Episode *Geistige Gewalt*, dass:

---

1 *Prahl/Sülter/Walch*, Die Star Trek Chronik, Band 2, S. 110.
2 Star Trek: Enterprise, S1 E12 – Lautloser Feind.

> *„auf der Erde die Auswüchse der Gewalt besiegt werden konnten vor hunderten Jahren – beinahe. Wir können kaum leugnen, dass die Saat der Gewalt in jedem von uns verblieben ist.*“[3]

Die verbliebenen Einzelfälle von Gewaltausbrüchen werden in der Föderation entschieden verfolgt. Dem Hologramm Professor Moriarty, der nach den Parametern der Zeit von Sherlock Holmes programmiert wurde, erläutert Picard:

> *„Ich glaube, es ist notwendig, Sie darauf hinzuweisen, dass kriminelles Verhalten im vierundzwanzigsten Jahrhundert ebenso wenig akzeptiert ist wie im neunzehnten. Und heute ist es noch schwieriger, einer Strafe zu entgehen.*“[4]

Straftäter sind in der Föderation selten. Selbst nicht verurteilte Verdächtige werden sozial geächtet. Als Captain Kirk in der Episode *Kirk unter Anklage* beschuldigt wird, durch fahrlässiges Verhalten den Tod seines Crewman Lieutenant Commander Finney verursacht zu haben, trifft er in der Bar auf Raumbasis 11 auf eiskalte Ablehnung aller Anwesenden.[5] Dieselbe kollektive Reaktion gegen Captain Kirk löst der Vorwurf der Zerstörung des Planeten Talin IV im Zuge einer Verletzung der Ersten Direktive aus.[6] Ähnliches Verhalten ist im Pilotfilm der Serie *Raumschiff Voyager* zu beobachten.[7] Der verurteilte Straftäter Lieutenant Paris nimmt als Beobachter an der Rettungsmission in den Badlands teil. Außer Fähnrich Kim möchte niemand etwas mit Paris zu tun haben, weil seine Kollaboration mit der Widerstandsbewegung Maquis allgemein geächtet wird.

Die konflikt- und gewaltfreie Grundeinstellung der Menschheit steht im Zusammenhang mit ihrer starken kollektiven Vernunft und der entwickelten Fähigkeit, negative Emotionen zu kanalisieren. Ein breites therapeutisches Angebot wird ohne Scham in Anspruch genommen. Entsprechende Betreuung bilden die Counselors an Bord von Schiffen und Raumstationen wie beispielsweise Lieutenant Commander Troi auf der *Enterprise*, Fähnrich Ezri Dax auf *Deep Space Nine* oder Commander Culber auf der *Discovery*. Die Menschen folgen damit einem Pfad, den die Vulkanier bereits Jahrhunderte zuvor eingeschlagen haben. Auch Vulkan erlebte einst Jahrtausende der dominierenden Gewalt. Durch Einhegung negativer Emotionen und Hinwendung zur Vernunft spüren Vulkanier für gewöhnlich kein Verlangen, Straftaten zu begehen. In der an die Originalserie anschließenden Zeichentrickserie belehrt Botschafter Sarek seinen siebenjährigen Sohn Spock:

---

3 Raumschiff Enterprise – Das nächste Jahrhundert, S5 E12 – Geistige Gewalt.

4 Raumschiff Enterprise – Das nächste Jahrhundert, S6 E12 – Das Schiff in der Flasche.

5 Raumschiff Enterprise, S1 E14 – Kirk unter Anklage.

6 *Reeves-Stevens/Reeves-Stevens*, Roman Die erste Direktive, S. 42.

7 Star Trek: Raumschiff Voyager, S1 E1 – Der Fürsorger, Teil I.

> *„Auf Vulkan gibt es keine Kriminalität.“*[8]

Er ermahnt Spock, sich bald entscheiden zu müssen, ob er als Halbmensch der Philosophie der Erde oder des Vulkan folgen wolle. In der zeitlich danach angesiedelten Handlung der Originalserie hat Spock die Worte seines Vaters verinnerlicht. Er erklärt der Besatzung der *Enterprise*:

> *„Auf Vulkan gibt es keine Gewalt, denn ohne Emotionen gibt es kein Motiv für Gewalt.“*[9]

Aus diesem Grund existieren auch keine vulkanischen Gefängnisse. Der Umkehrschluss aus dem vulkanischen, kriminologisch perfekten Zustand verdeutlicht, dass unter Menschen sehr wohl Gewalt vorkommt. Die Menschheit hat auch nach wie vor Bedarf für Gefängnisse,[10] jedoch nur in geringem Maße für den Umgang mit einzelnen Ausnahmefällen. Dass Vulkanier niemals straffällig werden, widerlegt im Übrigen die drei Jahrzehnte später ausgestrahlte Folge *Freies Schussfeld* in der letzten Staffel von *Deep Space Nine.* Dort überführt Counselor Dax den Vulkanier Chu'lak des mehrfachen Mordes. Mit einem heimtückischen Beam-Gewehr erschießt dieser mehrere besonders glückliche Kollegen.[11] Sein Motiv ist übersteigerter Hass auf positive Emotionen nach einem persönlichen Schicksalsschlag im Rahmen des Dominion-Kriegs.

2. Psychopathische Darstellung Krimineller

Chu'lak ist ein typisches Beispiel für die Darstellung Krimineller in Star Trek. Sie werden fast ausnahmslos als übertrieben wahnsinnig dargestellt.[12] Die Erzählungen Gene Roddenberrys greifen Ansätze aus dem achtzehnten und neunzehnten Jahrhundert auf, Täterschaft biologisch zu erklären.[13] In den Sechzigerjahren erlebte die Lehre, wonach strafbares Verhalten eine Krankheit sei, die sich medikamentös oder durch Psychotherapie heilen ließe, in den USA eine Renaissance. Während die kriminologische Lehre der aktuellen Gegenwart auf der Prämisse aufbaut, dass jeder Mensch grundsätzlich frei über seine Tatentschlüsse entscheidet, entbindet der Ansatz, Kriminalität sei eine Krankheit, die Täterinnen und Täter ein Stück weit von ihrer Verantwortung. Wer aufgrund einer Erkrankung straffällig wird, der darf konsequenterweise nicht bestraft werden. Stattdessen ist es dann der gesellschaftliche Auftrag, die krankhaft kriminelle Person zu heilen. Das aktu-

---

8 Die Enterprise, S1 E2 – Das Zeitportal.

9 Raumschiff Enterprise, S1 E10 – Der Zentralnervensystemmanipulator.

10 Siehe unten S. 186 ff.

11 Star Trek: Deep Space Nine, S7 E13 – Freies Schussfeld.

12 *Görbe/Tanja*, Podcast Trekkiepedia, E19 – Recht und Gesetz.

13 Ansätze von *Lavater*, *Gall/Spurzheim* und *Lombroso*, zusammengefasst bei *Vivona*, Crime and „Repentance“, S. 182 f.

elle Strafrecht kennt Schuldunfähigkeit zum Beispiel aufgrund einer psychischen Krankheit oder wegen Drogeneinflusses nur als absolute Ausnahme und unter sehr hohen Hürden an. Bei Star Trek ist dies anders. Es passt zur Lehre der Advanced Humans, dass Kriminalität als etwas Krankhaftes dargestellt wird. Wenn sich die Menschheit als Spezies im Ganzen weiterentwickelt hat und dem Materiellen sowie ernsthaften inneren Konflikten abgeschworen hat,[14] dann schließt dies auch die Randbereiche der Gesellschaft ein. Niemand, der vollkommen zurechnungsfähig ist, begeht in der Utopie der Vereinigten Föderation der Planeten Straftaten. Wenn es doch passiert, dann muss eine Störung die Ursache sein, die außerhalb der Entscheidungsfreiheit des Einzelnen liegt. Folglich ist der Regelfall der Bestrafung bei Star Trek auch die auf Rehabilitation ausgerichtete Therapie.[15]

Die Liste an Beispielen überdreht geistesgestörter Charaktere ist lang. Neben dem Emotionen hassenden Vulkanier Chu'lak dreht sich die Episode *Freies Schussfeld* um einen früheren Wirt des Dax-Symbionten namens Joran.[16] Um sich für die Ermittlungen der Mordserie auf *Deep Space Nine* in die Psyche des Täters hineinversetzen zu können, nimmt die aktuelle Wirtin Ezri über ihr Unterbewusstsein Kontakt mit den verkörperten Erinnerungen von Joran Dax auf. Joran hatte zu Lebzeiten drei Personen getötet. Sein Motiv dafür war die schlichte Lust am Töten und das damit einhergehende Machtgefühl. Das ungezähmte Verlangen nach weiteren Morden stellt die Figur anschaulich dar. Kurz darauf widmet Star Trek auf der *Voyager* eine komplette Episode einer durch Krankheit ausgelösten Täterschaft. Der wegen Mordes zum Tode verurteilte Benkaraner Ido wird von dem Föderationsschiff in der Folge namens *Reue* zu seiner Hinrichtung eskortiert.[17] Sein ursprünglicher Gefangenentransport war verunglückt, sodass die *Voyager* mehrere Gefangene und deren Wärter aus deren Schiffbrüchigkeit retten musste. Ido wird als betont sympathischer Charakter dargestellt. Eine Untersuchung auf der Krankenstation ergibt, dass er an einem Gendefekt leidet, der ursächlich für seine früheren Straftaten gewesen ist. Mehrere Besatzungsmitglieder der *Voyager* solidarisieren sich mit ihm, müssen sich jedoch belehren lassen, dass die Föderation rechtskräftige Urteile fremder Welten zu achten hat.

Bereits die Originalserie führte das Muster ein. Mit Captain Tracy von der USS Exeter überführt Captain Kirk einen Sternenflottenkommandanten, auf dem unterentwickelten Planeten Omega IV systematisch die Erste Direkti-

14 Siehe oben S. 23 ff.

15 Siehe unten S. 138 ff.

16 Star Trek: Deep Space Nine, S7 E13 – Freies Schußfeld.

17 Star Trek: Raumschiff Voyager, S7 E13 – Reue.

ve[18] verletzt zu haben.[19] Captain Tracy zeigt sich in der Episode *Das Jahr des roten Vogels* vollkommen manisch mit weit aufgerissenen Augen und tötet wahllos Personen mit seinem Phaser. Ähnliches Verhalten legt Janice Leister in der finalen Episode der Serie an den Tag. Weil sie es nicht überwinden konnte, dass die Sternenflotte sie selbst nie zum Captain ernannt hat, zwingt sie Captain Kirk zu einem Körpertausch mittels einer phantastischen Maschine.[20] In Gestalt Kirks kommandiert sie danach die *Enterprise* und gibt sich dabei vollkommen wahnsinnig. Sie reagiert auf ihre Mannschaft gereizt und zickig und versucht am Ende, ihre Führungsoffiziere hinrichten zu lassen. Auf die Spitze getrieben wird die psychopathische Darstellung Krimineller mit der Figur des Fleet Captain Garth von Izar. Weil er den rechtswidrigen Befehl erteilt, den Planeten Antos IV zu zerstören, wird er in eine Rehabilitationseinrichtung eingeliefert. Sein Größenwahn steigert sich dort hin zu einem regelhaften Gottkomplex.[21]

Eine Variation des Motivs, auf die der Autorenstab ebenfalls oft und gerne zurückgegriffen hat, ist die Enttarnung normal wirkender Personen als Straftäter. Nachdem die Maske gefallen ist, zeigen diese dann schlagartig ihr wahnsinniges Verhalten, das sie bis zu dem Punkt verborgen hatten. Ein erstes Beispiel ist Lieutenant Commander Finney in der Episode *Kirk unter Anklage.* Es handelt sich eigentlich um einen langjährigen Freund des Captains, der jedoch aufgrund eines viele Jahre zurückliegenden dienstrechtlichen Vorfalls Rache an Kirk nehmen möchte.[22] Dazu fasst er den Plan, seinen eigenen Tod vorzutäuschen und Logbuchaufzeichnungen zu manipulieren, um Captain Kirk die karriereschädliche Verantwortung dafür zuzuschieben. Eine rationale Erklärung für dieses Verhalten gibt es nicht, er lässt sich ausschließlich von einer Psychose leiten.[23] Als sein Plan auffliegt, weist sein Gesicht manische Züge auf und er stürzt sich unmittelbar in einen Zweikampf. Eine ähnliche langfristig aufgebaute Kehrtwende legt Lieutenant Commander Eddington, der Leiter der Sternenflottensicherheit auf *Deep Space Nine* hin. Eddington war über vier Staffeln als loyaler, vernünftiger Offizier im Team von Captain Sisko eingeführt worden. Als er sich in der Episode *In eigener Sache* schließlich als Mitglied der terroristischen Widerstandsbewegung Maquis zu erkennen gibt, verhält er sich trotz eines in Teilen nachvollziehbaren Motivs regelrecht durchgedreht.[24] In einem längeren, hasserfüllten Monolog rechtfertigt er seine Aktionen mit der ir-

18 Zur Ersten Direktive siehe unten S. 200 ff.
19 Raumschiff Enterprise, S2 E25 – Das Jahr des roten Vogels.
20 Raumschiff Enterprise, S3 E24 – Gefährlicher Tausch.
21 Raumschiff Enterprise, S3 E16 – Wen die Götter zerstören.
22 Raumschiff Enterprise, S1 E14 – Kirk unter Anklage.
23 *Fistrich/Göttling*, Podcast Trek am Dienstag, E20 – Court Martial.
24 *Fistrich/Göttling*, Podcast Trek am Dienstag, E414 – For the Cause.

rationalen Einlassung, dass die Föderation schlimmer als die Borg sei.[25] Ein ebenfalls über viele Folgen aufgebauter Verräter ist Fähnrich Jonas auf der *Voyager*. Im Laufe der zweiten Staffel wiederholt als lediglich opportunistisch dargestellt, kooperiert er heimlich mit dem verfeindeten Volk der Kazon. Die zunächst differenzierte Figur ist, nachdem sie überführt wird, nur noch unvernünftig und eindimensional.[26] Sein Wahn gipfelt in einen Suizid, indem er in einen mit Plasmafeuer brennenden Abgrund springt.[27]

Star Trek kennt nur sehr wenige, seltene Ausnahmen liebenswert-charmanter Krimineller. Konkret sind aus der Originalserie Harry Mudd und auf *Deep Space Nine* der Barkeeper Quark und der Schneider Garak zu nennen, die trotz ihrer Taten nicht als Widersacher aufgebaut werden. Quark und Garak sind jedoch keine Föderationsbürger. Das Bild, dass innerhalb der Föderation allenfalls Geisteskranke zu Straftätern werden, widerlegen sie also nicht. Harry Mudd ist der wohl einzige regelmäßige Straftäter innerhalb der Föderation, der als Sympathieträger gezeichnet wird.[28] Dabei umgibt jedoch auch Mudd ein Hauch von Verrücktheit, was schließlich im Wiederaufgreifen der Figur in der Serie *Star Trek: Discovery* in einer Obsession für qualvolles Töten von Captain Lorca gipfelt. Durch selbst ausgelöste Zeitschleifen verschafft er sich die Möglichkeit, den Mord an derselben Person mehrfach und variantenreich zu zelebrieren.[29]

3. Bereitwillige Verantwortungsübernahme

Auch die nicht vollständig wahnsinnigen Föderationsbürger kommen ab und an in Konflikt mit dem Strafrecht. So ergeht es teilweise den Hauptcharakteren der Geschichten in Star Trek, die jedoch stets einen moralisch nachvollziehbaren Grund dafür haben. Deshalb ist es unter den Advanced Humans üblich, sich seiner Verantwortung zu stellen, dem Justizsystem bereitwillig zu unterwerfen und eine daraus resultierende Strafe unterwürfig anzutreten. Bestes Beispiel ist die Crew unter Admiral Kirk, die im dritten Kinofilm die *Enterprise* gestohlen hat.[30] Das Motiv bestand darin, den zuvor auf dem Genesis-Planeten zurückgelassenen[31] Körper von Captain Spock zu bergen und mit dem abgespaltenen Geist des Vulkaniers zusammenzuführen. Zu Beginn des vierten Kinofilms macht sich die Mannschaft auf den Weg

25 Star Trek: Deep Space Nine, S4 E22 – In eigener Sache.

26 Star Trek: Raumschiff Voyager, S2 E14 – Allianzen; S2 E17 – Der Flugkörper; S2 E19 – Lebensanzeichen.

27 Star Trek: Raumschiff Voyager, S2 E20 – Der Verräter.

28 Vgl. Raumschiff Enterprise, S1 E3 – Die Frauen des Mr. Mudd; S2 E12 – Der dressierte Herrscher; Die Enterprise, S1 E10 – Der Liebeskristall.

29 Star Trek: Discovery, S1 E7 – T=Mudd^2.

30 Kinofilm Star Trek III: Auf der Suche nach Mr. Spock.

31 Kinofilm Star Trek II: Der Zorn des Khan.

zur Erde, um Rechenschaft im Strafprozess vor dem Föderationsrat abzulegen.[32] Alle Beteiligten stimmen darüber ab, ob sie den Schritt freiwillig gehen. Das Ergebnis ist einhellig.

Ähnlich geht es Constable Odo auf *Deep Space Nine*. Nachdem dieser zuvor in einer Notwehrsituation einen Angehörigen seines Volkes getötet hat, der die komplette Besatzung der *Defiant* umbringen wollte, zwingen ihn die Gründer des Dominion, auf seinen Heimatplaneten zurückzukehren. Sie infizieren Odo mit einer tödlichen Krankheit, die nur in der Großen Verbindung geheilt werden kann. Dort möchten die Gründer einen Prozess abhalten und Odo für seine Tat verurteilen. In der Episode *Das Urteil* diskutiert die Besatzung der *Defiant*, wie sie Odo vor dem Urteil bewahren kann, etwa durch ein Herausbeamen aus der Großen Verbindung.[33] Odo jedoch möchte sich unbedingt dem Prozess stellen und zu seiner Verantwortung stehen. In derselben Folge stellt sich Garak später bereitwillig seiner Verhaftung durch Constable Odo. Zuvor hatte Garak versucht, mittels Sabotage an den Waffensystemen der *Defiant* die Große Verbindung auszulöschen. Bevor Odo ihn abführt, fertigt der Schneider Garak noch die Uniform für Odo an, die er nun benötigt, weil die Gründer ihn dazu verurteilt haben, seine Formwandler-Fähigkeiten nicht mehr benutzen zu können. Garak demonstriert in dem Zuge nicht nur sein Vertrauen in die Justiz, sondern auch seine persönliche Zuneigung gegenüber ihrem ausführenden Organ. Auch die Gründer selbst sind zu einem bereitwilligen Anerkenntnis ihrer Straftaten in der Lage. Im Finale der Serie *Deep Space Nine* geht die weibliche Formwandlerin, die zuvor die kriegerischen Militäroperationen gegen die Föderation geleitet hatte, eine Verbindung mit Odo ein. Darin hat sie

> *„eingewilligt, sich einem Gericht zu stellen und sich für das zu verantworten, was sie getan hat“*.[34]

Im Ausnahmefall ist es Sternenflottenoffizieren nicht möglich, sich ihrer Verantwortung vor einem Gericht zu stellen, weil sie eine Geheimoperation durchgeführt haben. So ergeht es Captain Sisko in der bemerkenswerten Folge *In fahlem Mondlicht*. Mittels einer List treibt er das Romulanische Imperium in die Position als Kriegspartei im Dominion-Krieg an der Seite der Föderation. Er ist sich bewusst, etwas Falsches getan zu haben. Zugleich ist ihm klar, dass die Aktion notwendig war, um den Krieg gewinnen zu können. Es zerreißt ihn förmlich, sich nicht offen dafür verantworten zu können. Daher entscheidet er sich dafür, Rechenschaft abzulegen in einer persönlichen Beichte gegenüber dem Logbuch. Er berichtet dem Computer per Spracheingabe ausführlich von den Ereignissen und endet mit den Worten:

---

32 Kinofilm Star Trek IV: Zurück in die Gegenwart.
33 Star Trek: Deep Space Nine, S4 E26 – Das Urteil.
34 Star Trek: Deep Space Nine, S7 E26 – Das, was du zurückläßt – Teil II.

> *„Ich habe gelogen. Betrogen. Ich habe Beihilfe zum Mord geleistet. Aber das Verdammungswürdigste von all dem ist, dass ich wohl damit leben kann.“*[35]

Nachdem er dem Computer die vollständige Wahrheit anvertraut hat, löscht er das gesamte Logbuch.

II. Straftatbestände

Strafbar verhält sich, wer gegen zuvor gesetzlich festgelegte Tatbestände verstößt. Im deutschen Recht der Gegenwart finden sich solche Strafnormen vor allem im Strafgesetzbuch. Über ein allgemeines Strafgesetz für die Vereinigte Föderation der Planeten ist nichts bekannt. Wiederholt benannte klassische Straftatbestände wie Mord oder Diebstahl werden stets nur schlagwortartig erwähnt. Konkretere Informationen liegen zu den spezifischen Strafnormen der Sternenflotte vor. Diese qualifizierten Tatbestände, die nur Offiziere der Flotte begehen können, sind im Starfleet Uniform Code of Justice niedergeschrieben. Dieses hin und wieder zitierte Regelwerk wird vor allem herangezogen, wenn strafprozessuale Regelungen zu klären sind.[36] Es enthält jedoch auch materiellrechtliche Straftatbestände. Prominentes Beispiel ist das darin enthaltene Verbot, in Personalangelegenheiten falsche Angaben gegenüber der Sternenflotte zu machen. Lieutenant Commander Chin-Riley wird in der Gerichtsfolge *Ad astra per aspera* zu Beginn der zweiten Staffel von *Star Trek: Strange New Worlds* basierend auf dieser Verbotsnorm zur Last gelegt, gegenüber der Sternenflotte ihre illyrianische Herkunft verschwiegen zu haben.[37] Verstöße werden mit bis zu zwei Jahren Haft geahndet. Der Starfleet Uniform Code of Justice stellt mit seinen materiellrechtlichen und verfahrensrechtlichen Regelungen eine Kombination aus Strafgesetzbuch und Strafprozessordnung dar. Damit entspricht er seinem begrifflichen Vorbild: Der US-amerikanische Uniform Code of Military Justice der aktuellen Gegenwart beinhaltet ebenfalls beide Bereiche.[38] Eine weitere Rechtsquelle für Straftatbestände im dienstlichen Kontext der Sternenflotte können völkerrechtliche Verträge sein. Aus der Episode *Das Pegasus-Projekt* bei *Raumschiff Enterprise – Das nächste Jahrhundert* ist bekannt, dass sich Individuen strafbar machen, wenn sie gegen zentrale Bestimmungen des Vertrags von Algeron verstoßen.[39] Das Abkommen mit den Romulanern verbietet der Föderation die Entwicklung und den Einsatz von

35 Star Trek: Deep Space Nine, S6 E19 – In fahlem Mondlicht.
36 Raumschiff Enterprise – Das nächste Jahrhundert, S4 E21 – Das Standgericht.
37 Star Trek: Strange New Worlds, S2 E2 – Ad astra per aspera.
38 Uniform Code of Military Justice (UCMJ) von 1951.
39 Raumschiff Enterprise – Das nächste Jahrhundert, S7 E12 – Das Pegasus-Projekt.

Tarntechnologie für Raumschiffe sowie das Eindringen in die neutrale Zone zwischen den Raumbereichen beider galaktischen Mächte. Verstöße gegen diese Bestimmungen haben nicht nur diplomatische Konsequenzen, sondern die beteiligten Offiziere machen sich persönlich strafbar.

1. Zivile Straftatbestände

Das schwerste mögliche Delikt ist in der Zukunft wie in der Gegenwart die Tötung. Konsequenterweise umfasst das Tötungsverbot bei Star Trek nicht nur die Beendigung von Menschenleben, sondern auch von anderen Formen höheren Lebens.[40] Mörder und Totschläger wie Chu'lak und Joran Dax müssen sich vor Gericht verantworten und in der Regel eine Haftstrafe verbüßen.[41] Auch die fahrlässige Tötung ist strafbar. Deshalb muss sich Captain Kirk in der Episode *Kirk unter Anklage* gegen den Vorwurf wehren, durch eine Unachtsamkeit Lieutenant Finneys Tod verursacht zu haben. Laut Anklage hat Kirk während eines Ionensturms die Gondel, in der sich Lieutenant Finney befand, abgesprengt, bevor er das Signal zur Evakuierung der betreffenden Sektion gegeben hat.[42] In der während der Ausstrahlungszeit hitzigen Debatte über Abtreibungen positioniert sich *Raumschiff Enterprise – Das nächste Jahrhundert* mit der Episode *Der Planet der Klone.* Commander Riker zerstört darin sich entwickelnde Klon-Zellen, die das Erbgut von Doctor Pulaski und ihm enthalten, mit einem Phaserschuss.[43] Beide berufen sich dabei auf ihr Selbstbestimmungsrecht über ihren Körper. Auch wenn es sich um eine besondere Form des Heranwachsens handelt, sind die Parallelen zur Abtreibung unübersehbar und von der Autorin auch beabsichtigt.[44] Bewusst sollte die Fernsehfolge einen Kontrapunkt zur vorherrschenden konservativen Haltung in den USA einnehmen und die Botschaft vermitteln, in der weiterentwickelten Utopie sei Abtreibung ungeborenen Lebens akzeptiert, wenn es ohne Willen der Eltern gezeugt worden ist. Jahre später, aber in der Zeitlinie vorgelagert, betont *Star Trek: Enterprise* das Lebens- und Selbstbestimmungsrecht von Klonen. Doctor Phlox stellt darin aus Stammzellen des lebensgefährlich verletzten Commander Tucker einen Klon her, um geschädigtes Hirngewebe zur Behandlung zu entnehmen.[45] Der Klon wird Sim genannt und nach kontroverser ethischer Debatte als vollwertiger Mensch angesehen, der nicht ohne weiteres für das Wohl eines anderen getötet werden darf. Ein Widerspruch zur Linie in *Der*

40 Zur Frage, wann außerirdisches oder künstliches Leben eine menschengleiche Entwicklungsstufe erreicht hat, siehe oben S. 113 ff.

41 Star Trek: Deep Space Nine, S7 E13 – Freies Schußfeld.

42 Raumschiff Enterprise, S1 E14 – Kirk unter Anklage.

43 Raumschiff Enterprise – Das nächste Jahrhundert, S2 E18 – Der Planet der Klone.

44 *Sander*, Das Star Trek Universum, 3. Aufl., Band 1, S. 353 f.

45 Star Trek: Enterprise, S3 E10 – Ebenbild.

Planet der Klone ist in diesem Vorgehen nicht zu sehen. Bei Sim handelt es sich um einen binnen weniger Tage herangereiften erwachsenen Humanoiden, während die heranreifenden Zellen mit der DNA von Commander Riker und Doctor Pulaski nicht empfindungsfähig sind. Für die Abgrenzung, wann die Vernichtung von Leben ein Tötungsdelikt ist, kann folglich auf die oben dargestellten Kriterien für höheres Leben zurückgegriffen werden.[46] Konsequenterweise muss dann auch die Löschung einer hochentwickelten, empfindungsfähigen Künstlichen Intelligenz als strafbare Tötungshandlung eingestuft werden.

Auch in einer Gesellschaft, in der materielle Werte ihre Bedeutung verloren haben und der Replikator quasi unbegrenzt alles Gegenständliche erschaffen kann, was Einzelne sich wünschen, gibt es Diebstahl. Er betrifft vor allem komplexe Technologie, die sich nicht replizieren lässt. So begeht Captain Kirk einen strafbaren Diebstahl, als er im dritten Kinofilm zusammen mit seinen Führungsoffizieren die *Enterprise* aus dem Raumdock entwendet.[47] Am Ende des darauffolgenden Kinofilms wird Kirk dafür verurteilt.[48] Eine vergleichbare Tat begeht Lokai vom Planeten Cheron in der Episode *Bele jagt Lokai* der Originalserie. Der Außerirdische mit dem schwarz-weißen Gesicht hat auf seiner Flucht ein Shuttle entwendet. Captain Kirk belehrt ihn:

> *„Diebstahl ist verboten."*

Er kündigt deshalb an, dass sich Lokai für die Tat vor dem Raumkommando zu verantworten habe.

In einem Serienkosmos, dessen Handlungen auf Raumschiffen angesiedelt sind, spielt auch Schmuggel eine bedeutende Rolle.[49] Bekannte Schmuggler sind Harry Mudd und Captain Yates. Letztere wird von Commander Sisko in der Episode *In eigener Sache* überführt, der Widerstandsbewegung Maquis mit ihrem zivilen Frachtschiff Waffen geliefert zu haben und damit Exportbeschränkungen umgangen zu haben. Da es sich bei Cassidy Yates um die Freundin von Commander Sisko handelt, ist diese Konstellation besonders brisant. Constable Odo belehrt sie:

> *„Das absichtliche Schmuggeln zugunsten einer terroristischen Organisation ist eine schwere Straftat."*[50]

Captain Yates wird deswegen verurteilt und tritt eine mehrmonatige Haftstrafe an. Der zweimal in der Originalserie auftauchende Harry Mudd ist nicht nur Schmuggler, sondern darüber hinaus auch Zuhälter und Menschen-

46 Siehe oben S. 113 ff.
47 Kinofilm Star Trek III: Auf der Suche nach Mr. Spock.
48 Kinofilm Star Trek IV: Zurück in die Gegenwart.
49 U.a. in Star Trek: Deep Space Nine, S4 E26 – Das Urteil.
50 Star Trek: Deep Space Nine, S4 E22 – In eigener Sache.

händler.[51] In der anschließenden Zeichentrickserie kommen die Vorwürfe der Drogenherstellung und der Hochstapelei hinzu.[52] Sklavenhändler wie der im Roman *Die erste Direktive* eingeführten Krulmadden gehören nach Lieutenant Sulus Einschätzung

> *„zur schlimmsten Sorte von Kriminellen. Seine Verbrechen galten auf jeder Föderationswelt als abscheulich.*“[53]

Weitere verbreitete Straftaten begeht Jack Crusher, auf den Admiral Picard in der dritten Staffel der nach ihm benannten Serie trifft. Zusammen mit seiner Mutter Beverley entwendet er auf einer Art Robin-Hood-Mission medizinische Güter und bringt sie zu Planeten, wo diese benötigt werden.[54] Picard wirft ihm Betrug, Terrorismus und Diebstahl vor und erklärt, Crusher verdiene ein Urteil durch ein Gericht. Captain Shaw setzt ihn in einer Arrestzelle fest.

Garak versucht in der Episode *Das Urteil* die Waffensysteme der *Defiant* so zu manipulieren, dass sie die Große Verbindung der Gründer des Dominions zerstören. Sein Motiv ist die Verhinderung des sich anbahnenden Angriffskrieges des Dominion gegen die Föderation. Das Vorhaben wird jedoch vereitelt. Auch wenn der weitere Verlauf der Serie *Deep Space Nine* zeigt, dass er mit seiner Prognose, mittels der Tat viele Milliarden Leben retten zu können, Recht behalten hätte, handelt es sich um strafbares Verhalten. Die Anklage lautet schließlich auf Sabotage, Angriff auf einen Offizier und versuchte Anzettelung eines Krieges.[55] Fistrich/Göttling kommen in ihrer Episodenbesprechung im Podcast *Trek am Dienstag* zu Recht zu dem Schluss, dass die Anklage richtigerweise auf versuchten Völkermord hätte gestützt werden müssen.[56]

2. Straftatbestände des Sternenflottenrechts

Die oben anekdotisch dargestellten Straftatbestände betreffen jeweils Zivilpersonen, können aber auch durch Amtsträgerinnen oder Amtsträger der Sternenflotte begangen werden. Der eingangs erwähnte Starfleet Uniform Code of Justice enthält darüber hinaus Delikte, die ausschließlich durch Sternenflottenangehörige begangen werden können. Dabei fällt auf, dass Offiziere in der Regel nicht wegen einer Vielzahl an kleinteiligen Vergehen bestraft werden, sondern als übergeordnete Straftat die Befehlsverweigerung

51 *Göttling*, in: Fistrich/Göttling, Podcast Trek am Dienstag, E6 – Mudd's Women.
52 Die Enterprise, S1 E10 – Der Liebeskristall.
53 *Reeves-Stevens/Reeves-Stevens*, Roman Die erste Direktive, S. 99.
54 Star Trek: Picard, S3 E2 – Abgezogen.
55 Star Trek: Deep Space Nine, S4 E26 – Das Urteil.
56 *Fistrich/Göttling*, Podcast Trek am Dienstag, E421 – Broken Link.

hervorgehoben wird. Diese in der Sternenflotte als besonders gravierend angesehene Pflichtverletzung wird dann als einziges Delikt angeklagt oder alle weiteren Verletzungen fallengelassen, um im Urteil nur die Befehlsverweigerung zu ahnden. Das bekannteste Beispiel ist die Rettungsaktion im dritten Kinofilm, bei der die Crew um Admiral Kirk die *Enterprise* an sich nimmt, um den Körper von Captain Spock vom Genesis-Planeten zu bergen, um ihn auf Vulkan mit dem im Gehirn von Doctor McCoy gespeicherten Geist von Spock zusammenzuführen.[57] Die Anklage gegen Kirk lautet auf Befehlsverweigerung, Diebstahl der *Enterprise*, Sabotage der Excelsior und Eindringen in die Sperrzone um den Genesis-Planeten. Der Föderationsrat lässt in seinem Urteil alle Vorwürfe fallen bis auf die Befehlsverweigerung. Das Ergebnis hätte vor einem Gericht der derzeitigen Gegenwart ähnlich ausfallen können. Anknüpfungspunkt ist dort die Tathandlung. Alle im Film gezeigten strafbaren Handlungen erfüllen verschiedene Unrechtsgehalte, lassen sich aber unter der übergeordneten Pflichtverletzung der Befehlsverweigerung zusammenfassen. Für ein Strafgericht ist es effizienter, diese relativ einfach darzulegende Tathandlung zu begründen. Die mit derselben Handlung begangenen weiteren Rechtsverletzungen nachzuweisen, wäre mit höherem Ressourceneinsatz verbunden. Einen ähnlichen Maßstab setzt Captain Picard im Kinofilm *Der Aufstand* an sich selbst an. Indem er das Volk der Ba'Ku vor der Umsiedelung durch die Föderation rettet, begeht er mehrere Straftaten, darunter die Veruntreuung von Waffen der Sternenflotte[58] und die Zerstörung von Material der Son'a. Alle diese Handlungen lassen sich jedoch unter dem Delikt der Befehlsverweigerung zusammenfassen. Picard sinniert daraufhin, dass die Befehlsverweigerung ein Kriegsgericht nach sich ziehen werde.[59] Als in der Serie *Star Trek: Voyager* Lieutenant Paris zu Einzelhaft in der Arrestzelle verurteilt wird, ist es das Delikt der Gehorsamsverweigerung, das Captain Janeway zur Begründung heranzieht.[60] Paris hatte zuvor befehlswidrig ein Shuttle entwendet und einen Industriekomplex innerhalb des Wasserplaneten der Moneaner zerstört. Damit hat er, wie mehrfach thematisiert wird, gegen die Erste Direktive verstoßen. Dabei handelt es sich ebenfalls um eine Strafvorschrift, sanktioniert wird jedoch nur die Gehorsamsverweigerung.

57 Kinofilm Star Trek III: Auf der Suche nach Mr. Spock.
58 *Dillard*, Roman Star Trek: Der Aufstand, S. 126.
59 *Dillard*, Roman Star Trek: Der Aufstand, S. 123.
60 Star Trek: Raumschiff Voyager, S5 E9 – Dreißig Tage.

III. Strafprozessrecht

Das Star-Trek-Universum enthält diverse Courtroom Episodes, aus denen sich ein relativ stringentes Bild vom Ablauf einer Gerichtsverhandlung ableiten lässt. In der Originalserie betrifft dies das Kriegsgerichtsverfahren gegen Captain Kirk wegen des Verdachts der fahrlässigen Tötung von Lieutenant Finney[61] in der Episode *Kirk unter Anklage* sowie gegen Lieutenant Commander Spock in der Doppelfolge *Talos IV – Tabu* wegen des unerlaubten Anflugs eines Sperrgebietes.[62] Im Kinofilm *Zurück in die Gegenwart* muss sich Admiral Kirk in einer Strafverhandlung vor dem Föderationsrat verantworten,[63] nachdem er im vorangegangenen Film die Enterprise gestohlen hatte, um das Leben von Captain Spock zu retten.[64] Die Serie *Das nächste Jahrhundert* sticht mit der Gerichtsepisode *Das Standgericht* hervor, in der sich Captain Picard für diverse, an den Haaren herbeigezogene Vorwürfe rechtfertigen muss.[65] Die Prequel-Serie *Discovery* beginnt mit einer Meuterei der Protagonistin Commander Burnham, die eigenmächtig einen Schuss auf ein klingonisches Schiff absetzt und anschließend dafür verurteilt wird.[66] Das aus der Serie hervorgegangene Spin-off *Strange New Worlds* zeigt mit der Episode *Ad astra per aspera* schließlich umfassend ein Kriegsgericht gegen Lieutenant Commander Chin-Riley wegen des Vorwurfs der Falschangabe biographischer Daten bei der Einschreibung zur Sternenflotte.[67] Die Serie *Starfleet Academy* startet im Pilotfilm mit einer Strafverhandlung gegen die Mutter von Kadett Mir.[68] Darüber hinaus sind Sternenflottenangehörige von Zeit zu Zeit angeklagt vor Strafgerichten auf Drittwelten. Da es zunächst darum geht, das Recht der Föderation zu beleuchten, wird das Strafprozessrecht der Justizsysteme außerhalb der Föderation an dieser Stelle nicht betrachtet.[69]

Star Trek präsentiert dem Publikum in diesen Episoden eine verschlankte Justiz, in der Richterinnen und Richter diese Funktion in der Regel nicht im Hauptamt ausführen, Verteidigerinnen und Verteidiger Seltenheitswert genießen und keine stringente Gewaltenteilung zwischen Polizei, Anklagebehörde, richterlicher Gewalt und Rechtsbeiständen existiert.[70] Die Justiz

61 Raumschiff Enterprise, S1 E14 – Kirk unter Anklage.

62 Raumschiff Enterprise, S1 E15 f. – Talos IV – Tabu, Teil I und II.

63 Kinofilm Star Trek IV: Zurück in die Gegenwart.

64 Kinofilm Star Trek III: Auf der Suche nach Mr. Spock.

65 Raumschiff Enterprise: Das nächste Jahrhundert, S4 E21 – Das Standgericht.

66 Star Trek: Discovery, S1 E2 – Das Urteil.

67 Star Trek: Strange New Worlds, S2 E2 – Ad astra per aspera.

68 Star Trek: Starfleet Academy, S1 E1 – Kids von heute.

69 Zum Strafprozessrecht auf Drittwelten siehe unten S. 272 ff.

70 *Joseph/Catton*, in: Chanes/Chilton, Star Trek Visions of Law and Justice, S. 26 (36); *Stoppe*, Unterwegs zu neuen Welten, Star Trek als politische Utopie, S. 173.

der Zukunft präsentiert sich handlungsfähig, aber in Anbetracht der geringen Kriminalitätsrate eher spontan für den Ausnahmefall konstituiert anstelle einer fest institutionalisierten Gerichtsbarkeit.

1. Militärstrafrecht und ordentliches Strafrecht

Wenn bei Star Trek ein Strafverfahren der Föderation gezeigt wird, handelt es sich immer um die Militärgerichtsbarkeit der Sternenflotte. Alle oben dargestellten Beispiele behandeln den Vorwurf von Straftaten, die Sternenflottenoffiziere und -offizierinnen in Ausübung ihrer dienstlichen Tätigkeit verübt haben sollen. Die Flotte hat dafür einen eigenen Gerichtszweig eingerichtet. Die Justiz unterscheidet damit zwischen zivilen und militärischen Straftaten, die jeweils in einem unterschiedlichen Verfahren vor unterschiedlichen Instanzen verfolgt werden. Widersetzen sich Angehörige der Sternenflotte ihren Pflichten, kommt seitens der Vorgesetzten schnell die Ankündigung oder Androhung, ein Kriegsgericht einzuberufen. Die Bezeichnung ist irreführend, weil in der Regel keine der rechtswidrigen Handlungen im Zusammenhang mit einer kriegerischen Auseinandersetzung steht. Eine Ausnahme bildet allenfalls die Meuterei durch Commander Burnham in der Pilot-Doppelfolge der Serie *Star Trek: Discovery*, bei der die Befugnisüberschreitung der späteren Angeklagten einen Krieg mit den Klingonen auslöst.[71] Die Bezeichnung Kriegsgericht meint schlichtweg ein Militärgericht, so auch die englische Fassung court martial. Die eigentlich auf Forschung und Diplomatie fokussierte Sternenflotte weist insofern organisatorische Züge einer Armee auf.

Kriegsgerichte können drei unterschiedliche Instanzen durchführen. In welchen Fällen welche Einheit tätig wird, ist aus der Quellenlage nicht sicher erkennbar. Zuvorderst ist das Judge Advocate General's Office der Sternenflotte zu nennen, im Deutschen Juristisches Büro genannt. Das JAG-Office besteht aus rechtswissenschaftlich ausgebildeten Sternenflottenangehörigen, die gegebenenfalls gemeinsam mit anderen Offizieren eine gerichtliche Strafkammer bilden. Erstmals benannt wird das JAG-Office in der Episode *Wem gehört Data?*, wo die Institution jedoch kein Strafgericht, sondern ein Dienstgericht abhält.[72] Als Strafgericht tritt das JAG-Office klar erkennbar bei *Star Trek: Strange New Worlds* auf. Der Prozess um Lieutenant Commander Chin-Riley wird in einem Gerichtssaal abgehalten, in dessen Zentrum an der Wand hinter der Richterschaft ein Siegel mit der Aufschrift „*Starfleet Command – Judge Advocate General's Office*“ angebracht ist.[73] Die Spruchkammer bei *Kirk unter Anklage* in einem Gerichtssaal auf Ster-

71 Star Trek: Discovery, S1 E2 – Das Urteil.
72 Raumschiff Enterprise – Das nächste Jahrhundert, S2 E9 – Wem gehört Data?
73 Star Trek: Strange New Worlds, S2 E2 – Ad astra per aspera.

nenbasis 11 ist vergleichbar zusammengesetzt. Auch wenn es nicht explizit benannt wird, ist davon auszugehen, dass sie dem JAG-Office angehört. Darüber hinaus ist es möglich, dass auf einem Raumschiff spontan ein Kriegsgericht angesetzt wird unter Einbeziehung der gerade an Bord befindlichen Captains und Admiräle. Ein solches Ad-hoc-Gericht aus Commodore Mendez, Captain Kirk und Captain Pike zeigt die Doppelfolge *Talos IV – Tabu.* Die spontane Ansetzung wird damit begründet, dass der Angeklagte Lieutenant Commander Spock darauf besteht. Offensichtlich steht es im Ermessen des Angeklagten, welche Form des Kriegsgerichts gewählt wird. Ein Ad-hoc-Kriegsgericht an Bord der *Enterprise* führt auch Doctor Lester in der Abschlussepisode der Originalserie durch. Mittels einer Körpertauschtechnologie hat sie das Aussehen von Captain Kirk angenommen.[74] Als sich Lieutenant Commander Scott und Doctor McCoy ihren Befehlen widersetzen, klagt sie die beiden der Meuterei mit Aussicht auf die Todesstrafe an. Auf das Verfahren ist nicht weiter einzugehen, da es offenkundig nicht den Regularien der Sternenflotte entspricht und deshalb auch abgebrochen wird. Mangels Kontakt zum JAG-Office greift auch Captain Janeway auf der *Voyager* auf die Spontangerichtsbarkeit zurück, als sie Lieutenant Paris zu dreißig Tagen Einzelhaft in der Arrestzelle verurteilt. Die dritte Institution, die ein Kriegsgerichtsverfahren abhalten kann, ist der Föderationsrat – zu sehen im vierten Kinofilm.

Hat die Straftat keinen Bezug zu Pflichten und Befugnissen der Sternenflotte, so ist die ordentliche Gerichtsbarkeit am Zug. Der Roman *Die Gesetze der Föderation* stellt explizit diese Zweiteilung und das Abgrenzungskriterium klar.[75] Über ihren Aufbau ist wenig bekannt. Jedoch zeigen einzelne Erwähnungen, dass ordentliche Gerichte existieren. Zunächst sind die jeweiligen Mitgliedswelten für die erstinstanzlichen Verurteilungen zuständig. Auf dem Planeten Triex ist dies die Oberste Richterliche Autorität.[76] Es ist naheliegend, dass in der föderal organisierten Föderation auch auf anderen Welten solche lokalen Gerichte eingerichtet sind. Darauf aufbauend gibt es einen Instanzenzug, mittels dessen die untergerichtlichen Entscheidungen angefochten werden können. Das untere Strafgericht für Zivilisten ist die Grand Jury.[77] Darüber gibt es noch mindestens eine Instanz. Der Vater von Doctor Bashir nennt in der Episode *Dr. Bashirs Geheimnis* einen Obersten Gerichtshof (im englischen: Federation Supreme Court).[78] Dabei bezieht er sich auf Rechtsmittel gegen ein Arbeitsverbot seines genetisch manipulier-

74 Raumschiff Enterprise, S3 E24 – Gefährlicher Tausch.

75 *DeCandido*, Roman Die Gesetze der Föderation, S. 281, 358.

76 *DeCandido*, Roman Die Gesetze der Föderation, S. 134.

77 *Stoppe*, Unterwegs zu neuen Welten, Star Trek als politische Utopie, S. 172.

78 Star Trek: Deep Space Nine, S5 E16 – Dr. Bashirs Geheimnis.

ten Sohnes, begehrt also ein dienstrechtliches Verfahren. Ob der Oberste Gerichtshof auch ein Strafgericht ist, kann nicht klar beantwortet werden.

Die Serie *Starfleet Academy* startet mit einer strafrechtlichen Urteilsverkündung gegen die Mutter des späteren Kadett Mir.[79] Anisha Mir hat keinerlei Bezug zur Sternenflotte. Den Vorsitz des Gerichts hat Captain Ake, die währenddessen ihre Sternenflottenuniform trägt. In der fernen Zukunft, rund achthundert Jahre nach den im vorangegangenen Absatz zusammengefassten Handlungen, existiert offenbar keine Zweiteilung in zivile Justiz und Sternenflottengerichtsbarkeit mehr. Die Rechtsprechung dieser Zeitperiode wird generell als ungerecht und düster dargestellt, sodass keine Rückschlüsse aus dem gezeigten Strafverfahren auf die Rechtslage vorheriger Jahrhunderte gezogen werden können.

Unabhängig vom Status der Angeklagten als Sternenflottenangehörige oder Zivilisten ist es stets die Sternenflotte, die die Verfahren initiiert. Als die kommerzielle Frachterkapitänin Yates der Schmuggelei überführt wird, sind es Sicherheitsoffiziere der Föderation in gelben Uniformen, die sie abführen.[80] Auch der Vater von Doctor Bashir wird durch die Sternenflotte einer Verurteilung zugeführt. Um das Berufsverbot seines Sohnes zu verhindern, einigt sich der Vater mit einem Admiral, dass er sich einer Freiheitsstrafe unterzieht, weil er die Genmanipulation veranlasst hat. Dass das Militär straffällige Zivilisten verhaftet, um sie einem ordentlichen Gericht zuzuführen, erscheint ungewöhnlich. In der Föderation ist es jedoch alternativlos, der Sternenflotte diese Aufgabe im Hinblick auf alle Straftäterinnen und -täter zuzuweisen. Offenkundig gibt es keine Polizei, der Verhaftungen und die Vorbereitung von Anklagen normalerweise zufallen würde.

Die Zweiteilung in einen zivilen und einen militärischen Rechtszug entspricht der US-amerikanischen Rechtstradition. Der Uniform Code of Military Justice (UCMJ) der aktuellen Gegenwart etabliert ein entsprechendes Militärstrafprozessrecht in den Vereinigten Staaten. In Deutschland ist die Rechtslage anders. Das Wehrstrafgesetzbuch (WStG) enthält lediglich materielle Straftatbestände für Verfehlungen im Dienst, darunter etwa die Fahnenflucht, Gehorsamsverweigerung oder unterlassene Meldung. Darüber hinaus ist nach § 3 Abs. 1 WStG das allgemeine Strafrecht auf dienstliche Taten anzuwenden, soweit das WStG keine speziellere Verbotsnorm enthält. In Deutschland gibt es keine Militärstrafgerichte. Entsprechende Taten werden vor den ordentlichen Gerichten, also je nach Schwere der Tat in der Eingangsinstanz – dem Amts- oder Landgericht – verhandelt. Daneben gibt es Disziplinargerichte, die im Fall von Fehlverhalten keine Strafen verhängen, sondern ergänzende Disziplinarmaßnahmen erlassen. Solche militärischen

79 Star Trek: Starfleet Academy, S1 E1 – Kids von heute.

80 Star Trek: Deep Space Nine, S4 E22 – In eigener Sache.

Disziplinarmaßnahmen können beispielsweise die Entlassung, die Versetzung in eine andere Einheit oder die Kürzung des Soldes sein. Soldatisches Fehlverhalten kann damit Gegenstand von Verhandlungen vor zwei Gerichten mit unterschiedlichem Fokus sein. In den USA sind beide Funktionen – ebenso wie in der Sternenflotte – in einem Militärgericht zusammengefasst. Deshalb werden beispielsweise Captain Burnham und Lieutenant Paris jeweils in demselben Urteilsspruch sowohl zu einer Haftstrafe verurteilt als auch im Dienstrang degradiert. In Deutschland wären beide Rechtsfolgen vor jeweils einem unterschiedlichen Gericht zu verhandeln.

2. Ermittlungsverfahren

Das Strafverfahren der Föderation gliedert sich in drei Phasen. Zu Beginn steht die Ermittlungsphase, in der Beweise erhoben werden. In dieser Phase werden gegebenenfalls auch formelle Anhörungen durchgeführt. An das Ermittlungsverfahren schließt sich das gerichtliche Vorverfahren an, in dem eine gütliche Einigung mit der bzw. dem Angeklagten versucht wird. Scheitert das Vorverfahren, wird die eigentliche Strafverhandlung angesetzt.

a) Interne Ermittlungen

Die kriminalistischen Ermittlungen unterscheiden sich je nachdem, ob eine interne Ermittlung zur Überführung von Binnentäterinnen oder -tätern stattfindet oder ob die Sternenflotte in der allgemeinen Strafverfolgung tätig wird. Im in sich geschlossenen Kosmos eines Raumschiffs sind die internen Ermittlungen häufiger zu beobachten.

Jedes Raumschiff der Sternenflotte hat einen Sicherheitsoffizier bzw. eine -offizierin. Dieser Person kommt nicht nur die Aufgabe zu, mittels Phasergewalt oder Security-Teams interne Eindringlinge und äußere Angriffe abzuwehren. Neben dieser präventiven Hauptfunktion ist sie auch zuständig für die reaktive Aufklärung von begangenen Straftaten. Damit sind Lieutenant Worf, Lieutenant Commander Tuvok und Constable Odo die Chefermittler zur Einleitung von Strafverfahren. Ermittler sind nicht unabhängig – Die Episode *Das Standgericht* zeigt eindrücklich, dass das Sternenflottenkommando Weisungen erteilen kann.[81] In dieser Hinsicht gleicht das Recht der Zukunft dem der Gegenwart – auch heute sind Polizei und Staatsanwaltschaft nicht unabhängig, sondern weisungsabhängig gegenüber dem jeweiligen Justiz- bzw. Innenministerium.

Drängt sich ein Anfangsverdacht auf, erheben die Ermittlungspersonen mögliche Beweise unter Zuhilfenahme klassischer kriminalistischer Me-

81 Raumschiff Enterprise – Das nächste Jahrhundert, S4 E21 – Das Standgericht.

thoden. Als Lieutenant Tuvok beispielsweise auf der *Voyager* Körperverletzungs- und versuchte Tötungsdelikte an diversen Crewmen aufklärt, die zuvor Mitglieder des Maquis gewesen sind, führt er Befragungen durch und lässt Fähnrich Kim technische Protokolle überprüfen.[82] Captain Picard, der in der Episode *Ein Planet wehrt sich* einen Mordfall untersucht, fordert als ersten Schritt bei Counselor Troi ein Psychogramm der drei zunächst infrage kommenden Verdächtigen an:

„*Ich will wissen, ob sie fähig sind, einen Mord zu begehen.*“[83]

Dieser Ermittlungsansatz ist in einem Universum, in dem Täterschaft als krankhafte Störung begriffen wird, äußerst konsequent und effizient. Unter der Prämisse, dass normalerweise nur Psychopathen Straftaten begehen,[84] drängt sich die Vorfrage nach der psychischen Verfassung geradezu auf. Entsprechend lässt sich Counselor Troi auf die Anforderung ihres Vorgesetzten ein mit ihrer Einschätzung:

„*Terraformer sind in gewisser Hinsicht alle besessen.*“

Befragungen können zunächst zwischen Tür und Angel erfolgen. Bei einem hinreichenden Tatverdacht laufen sie sehr formalisiert ab. Sie werden dann als Anhörung bezeichnet. Die ausführlichste Anhörung im Rahmen einer Ermittlung zeigt die Episode *Das Standgericht*. Die pensionierte Ermittlerin Admiral Satie kommt darin auf die *Enterprise-D*, um dem Verdacht nachzugehen, auf dem Schiff befände sich ein Saboteur.[85] Sie befragt darin zunächst Medizintechniker Tarses und im weiteren Verlauf auch Captain Picard als Verdächtigen. Der juristisch unerfahrene Simon Tarses erhält bereits im Ermittlungsverfahren Commander Riker als Rechtsbeistand zugeordnet.[86] Anders als der Titel der Episode andeutet, handelt es sich nicht um eine Gerichtsverhandlung. Captain Picard stellt eingangs ausdrücklich fest, es handele sich um eine Ermittlung (im Original: informal inquiry). In seinem Schlussplädoyer bezeichnet Picard die Anhörung als Standgericht (englisch: drumhead trial), um auf prozessuale Ungerechtigkeiten aufmerksam zu machen, die letztlich auch zum Abbruch der Befragungen führen. Ein Anlass für die Bezeichnung als Standgericht ist der Umstand, dass Admiral Satie die Schiffsöffentlichkeit als Publikum zulässt. Captain Picard empfindet das als Fehler, was darauf hindeutet, dass öffentliche Anhörungen nicht ausgeschlossen, aber ungewöhnlich sind. Als Picard schließlich selbst in den Fokus der Ermittlungen gerät, beruft er sich auf sein prozedurales Recht, ein

82 Star Trek: Voyager, S7 E5 – Verdrängung.
83 Raumschiff Enterprise – Das nächste Jahrhundert, S1 E18 – Ein Planet wehrt sich.
84 Siehe oben S. 153 ff.
85 Raumschiff Enterprise – Das nächste Jahrhundert, S4 E21 – Das Standgericht.
86 Siehe oben S. 37.

Statement abzugeben, bevor die Befragung beginnt. Dieses Recht entnimmt er Kapitel 4 Artikel 12 des Uniform Code of Justice.

Eine große Rolle bei Vernehmungen spielen Lügendetektoren. Sie werden nicht durchgehend eingesetzt, was im Ermessen der das Verhör führenden Ermittlungsperson zu stehen scheint. Sowohl bei der Anhörung von Harry Mudd in der Originalserie[87] als auch dem Verhör von Emperor Georgiou durch Agent Kovic bei *Star Trek: Discovery*[88] kommen sie zum Einsatz. Dabei erweisen sie sich als erstaunlich präzise.[89] Sie können nicht nur, wie heutige Exemplare, Stressreaktionen bei einzelnen Fragen aufzeigen, sondern sind auch in der Lage, konkret zu benennen, worin eine Lüge besteht. Neben technischen Geräten zur Wahrheitsfindung sind auch telepathische Betazoide regelmäßig in Vernehmungen involviert. Captain Picard verwahrt sich in diesem Zusammenhang dagegen, dass Medizintechniker Tarses nach einer nachvollziehbaren Aussage nur verdächtigt wird

> „*auf der Basis betazoidischer Intuition.* [...] *Es gibt einen Unterschied zwischen einem Counselor und einem Ermittler.*“[90]

Lügendetektoren und telepathische Unterstützung bei Vernehmungen sind problematisch im Hinblick auf die Selbstbelastungsfreiheit aus der 7. Garantie der Föderationscharta.[91] Aus diesem Grund und wegen heute noch mangelnder Verlässlichkeit der Ergebnisse kommt die Verwendung derartiger Techniken in unserer heutigen Justiz nicht in Betracht.

Die Arrestzelle von Raumschiffen wird nicht nur zur Bestrafung beziehungsweise Disziplinierung benutzt, sondern auch zur Sicherung von Strafverfahren. Dieser Einsatz entspricht damit dem heute geläufigen Instrument der Untersuchungshaft. Beispielsweise wartet Lieutenant Commander Worf in der Episode *Das Gefecht* mehrere Tage in der Arrestzelle von *Deep Space Nine* auf seine Auslieferungsverhandlung, um einer klingonischen Strafverhandlung zugeführt zu werden.[92] Die Maßnahme ist nur begrenzt nachvollziehbar, da beim ehrenwerten Worf keine nennenswerte Fluchtgefahr bestehen dürfte.[93] Dennoch ist sie konsequent, weil der Vorwurf der vorsätzlichen Zerstörung eines klingonischen Passagierschiffs im Raum steht. Auch nach dem Recht der aktuellen Gegenwart gelangen Verdächtige eines Tötungsdelikts grundsätzlich in U-Haft, unabhängig von ihren persönlichen Verhältnissen. Eine Alternative zur Arrestzelle ist der Quartiersarrest zur Sicherung von Befragungen. Agent Sloan von Sektion 31 verfügt diese Maßnahme in

87 Raumschiff Enterprise, S1 E3 – Die Frauen des Mr. Mudd.
88 Star Trek: Discovery, S3 E5 – Die Bewährungsprobe.
89 *Göttling*, in: Fistrich/Göttling, Podcast Trek am Dienstag, E6 – Mudd's Women.
90 Raumschiff Enterprise – Das nächste Jahrhundert, S4 E21 – Das Standgericht.
91 Siehe oben S. 84 f.
92 Star Trek: Deep Space Nine, S4 E18 – Das Gefecht.
93 *Göttling*, in: Fistrich/Göttling, Podcast Trek am Dienstag, E408 – Rules of Engagement.

der Episode *Inquisition* für alle zu befragenden Offiziere auf *Deep Space Nine*, damit sich diese nicht untereinander absprechen können.[94] Steht keine Arrestzelle zur Verfügung, ist die Alternative ein sogenanntes Safehouse. Im Fall der Verhaftung von Emperor Georgiou im Streamingfilm *Sektion 31* handelt es sich dabei um einen Keller auf einem Planeten, in den sie während ihrer Untersuchungshaft gesperrt wird.[95]

b) Externe Ermittlungen

Auch ohne Bezug zu militärischen Angelegenheiten ist es die Sternenflotte, die in der Föderation Ermittlungen vornimmt und Strafverfahren anstößt. Eine alternative Behörde scheint es nicht zu geben, jedenfalls wird in keiner der unzähligen Episoden von Star Trek eine Föderationspolizei gezeigt. Es gibt allerdings zwei beiläufige Erwähnungen einer solchen Institution. Als sich in der Pilotepisode von *Star Trek: Picard* der romulanische Haushälter Zhaban mit Admiral Picard über die zuvor explodierte Androidin Daj unterhält, teilt er mit:

> „*Die Polizei hat das Mädchen nicht erwähnt.*“[96]

Ein zweiter Hinweis ereignet sich beim Besuch der leichtbekleideten und friedfertigen Edo. Lieutenant Yar fällt dabei auf, dass auf dem Planeten keine Polizei zu sehen ist.[97] Beide Hinweise auf die grundsätzliche Existenz einer Polizei werden jeweils auf einem Planeten gegeben. Es ist damit nicht ausgeschlossen, dass auf Welten wie der Erde tatsächlich eine Polizeibehörde oder auch eine Sternenflotteneinheit mit der Bezeichnung Polizei eingerichtet ist. Jedenfalls auf Raumschiffen und Raumstationen muss hingegen davon ausgegangen werden, dass keine Polizeibehörde zuständig ist. Der Verzicht auf die Darstellung von Polizeikräften in Star Trek ist konsequent. Wenn in der Gesellschaft der Advanced Humans ohnehin in kaum messbarem Umfang Straftaten begangen werden, braucht es keine eigenständige Verfolgungsstruktur. Die bereits eingerichteten Autoritäten wie die Sternenflotte können die Aufgabe mit übernehmen. Die wenigen psychopathisch Auffälligen, die zu kriminellem Verhalten in der Lage sind, lassen sich aufgrund ihres übertrieben manischen Verhaltens gegebenenfalls auch ohne Polizeipräsenz erkennen. Das Fehlen einer Polizei hat nicht nur Auswirkungen auf die reaktive Ermittlung nach Straftaten. Es fehlt auch an einer Sicherheitsarchitektur, um Gefahren durch menschliches Verhalten im Vorfeld ihrer Realisierung einzudämmen. Auch in dieser Hinsicht sind es die Sicherheitsoffiziere der Schiffe und Stationen, die diese Aufgabe im Rahmen ihrer

94 Star Trek: Deep Space Nine, S6 E18 – Inquisition.
95 Streamingfilm Star Trek: Sektion 31.
96 Star Trek: Picard, S1 E1 – Gedenken.
97 Raumschiff Enterprise – Das nächste Jahrhundert, S1 E8 – Das Gesetz der Edo.

Kapazitäten mit übernehmen. So lauert Constable Odo beispielsweise ab und an Verdächtigen auf, bevor sie ihre kriminellen Pläne umsetzen.[98]

Wenn ein Raumschiff der Sternenflotte die Aufgabe hat, strafrechtliche Ermittlungen durchzuführen, handelt es sich dabei um ein zentrales Missionsziel des ganzen Schiffes. Daher ist das Vorgehen dann Chefsache. Veranschaulicht wird dies in der Zeichentrickserie, in der die *Enterprise* zu einem Planeten fliegt, um dort Harry Mudd zu verhaften. Captain Kirk und Lieutenant Commander Spock beamen dazu persönlich hinunter. Dass es sich dabei um eine der anstehenden Strafverhandlung vorgelagerte Ermittlungsphase handelt, unterstreicht der abschließende Befehl:

> „*Mr. Spock, bereiten Sie die Haftbegründung vor.*“[99]

Lieutenant Commander Spock fungiert damit in der Rolle, die heute der Staatsanwaltschaft zukommt. Die Ermittlungen haben jedenfalls gegenüber Föderationsbürgern das Verhältnismäßigkeitsgebot zu wahren. Voraussetzung für die Einleitung eines Ermittlungsverfahrens ist ein Anfangsverdacht. Als Constable Odo ankündigt, die kommerzielle Frachterkapitänin Captain Yates zu beobachten, um sie des Schmuggels zu überführen, weist Captain Sisko ihn zurecht:

> „*Odo, sie ist eine Bürgerin der Föderation. Sie können nicht auf Grundlage von Verdächtigungen ihre Privatsphäre verletzen.*“[100]

Es ist nicht ausgeschlossen, dass die zurückhaltende Weisung Captain Siskos davon beeinflusst ist, dass es sich bei Cassidy Yates um seine Freundin handelt. Gleichwohl weist der Satz auf zwei juristisch interessante Umstände hin. Zum einen steht die Strafverfolgung unter Abwägungsvorbehalt mit dem Datenschutz.[101] Zum anderen ist diese Einschränkung auf Bürgerinnen und Bürger der Föderation beschränkt. In Letzterem unterscheidet sich das Föderationsrecht von der Lage der aktuellen Gegenwart in Deutschland. Die prozessualen Schutzgarantien sowie das Recht auf informationelle Selbstbestimmung gelten ungehindert der Staatsangehörigkeit. Der Privacy Act der USA hat hingegen tatsächlich einen eingeschränkten Anwendungsbereich. Auf ihn können sich lediglich Staatsangehörige und Einwohner der USA berufen.[102] Vor willkürlicher Durchsuchung schützt Verfahrensbetroffene in den USA der vierte Verfassungszusatz, der als „right of the people“ ausgestaltet ist. Die Staatsangehörigkeit ist damit unbedeutend, jedoch gilt er nur

98 Star Trek: Deep Space Nine, S4 E4 – Der Hippokratische Eid; S4 E7 – Kleine, grüne Männchen.

99 Die Enterprise, S1 E10 – Der Liebeskristall.

100 Star Trek: Deep Space Nine, S4 E22 – In eigener Sache.

101 Zum Datenschutzrecht der Föderation siehe unten S. 245 ff.

102 *Ambrock*, Die Übermittlung von S.W.I.F.T.-Daten an die Terrorismusaufklärung der USA, S. 111.

für Durchsuchungen auf dem Boden der USA, während der Ausspähung von Informationen durch US-Strafverfolgungsbehörden in Übersee kaum rechtliche Grenzen gesetzt sind. Dass die Föderation dem US-amerikanischen Vorbild folgt und auf Drittplaneten ungezügelt Informationen erhebt und Personen beschattet, passt zum gezeigten Vorgehen gegenüber Prä-Warp-Zivilisationen, beispielsweise im Kinofilm *Der Aufstand.*

Ebenso wie bei internen Ermittlungen ist auch das Herzstück eines Ermittlungsverfahrens gegen Nichtmitglieder der Sternenflotte die Anhörung. In gewichtigen Fällen wird sie von einer zentralen Strafverfolgungseinheit durchgeführt. Dies erfährt das Publikum in der Episode *Das Gute und das Böse*. Dort soll der Cardassianer Gul Dukat als Kriegsgefangener der Föderation zur Vernehmung durch eine Sonderjury auf Sternenbasis 621 gebracht werden.[103] Dazu kommt es jedoch nicht; bevor die *Defiant* die Station erreichen kann, wird das Schiff erfolgreich angegriffen. Der Regelfall ist hingegen die Anhörung noch an Bord des Raumschiffes, das die Verhaftung durchgeführt hat. In dem Fall ist kein juristisch geschultes Personal präsent und auch professionelle Verteidigerinnen bzw. Verteidiger können nicht gestellt werden. Einen Grund für die Eile, die Anhörungen sofort durchzuführen, nennt die jeweilige Handlung nie.[104] Da sich Sternenreisen jedoch bis zur Überstellung von Gefangenen über Wochen bis Monate hinziehen können, ist anzunehmen, dass die frühzeitige Anhörung dazu dient, die Rechtmäßigkeit der Untersuchungshaft in der Arrestzelle sicherzustellen. Eine ausführlich dargestellte Vernehmung eines Nichtmitglieds der Sternenflotte enthält die Episode *Die Frauen des Mr. Mudd.* Nachdem der titelgebende Kommandant eines kleinen kommerziellen Raumschiffs nicht auf Kontrollrufe von Captain Kirk reagiert hatte, setzt dieser das Schiff fest, nimmt Mudd an Bord und unterzieht ihn einer Befragung. Nach der Aufnahme der Personalien verkündet Captain Kirk:

> „*Sie kommen vor ein Schiffsgericht, das wird über Ihr Verhalten entscheiden.*“[105]

Was durch diese Einleitung so klingt, als wäre es ein Strafgericht, ist nichts weiter als eine vorbereitende Anhörung. Dieser Schluss folgt unmissverständlich aus dem Fazit, mit dem Kirk das Schiffsgericht beendet:

> „*Das Verhör ist beendet. Mr. Mudd wird bei der nächsten Gelegenheit den Behörden übergeben, die diesen Fall weiter behandeln werden.*“

---

103 Star Trek: Deep Space Nine, S 6 E11 – Das Gute und das Böse.

104 *Göttling*, in: Fistrich/Göttling, Podcast Trek am Dienstag, E6 – Mudd's Women.

105 Raumschiff Enterprise, S1 E3 – Die Frauen des Mr. Mudd.

Das Schiffsgericht hält das „Offiziersgremium an Bord“ ab. Vor dessen Beginn wird der Beschuldigte off-screen belehrt; das Publikum hört nur die Ankündigung des Captains:

> *„Mr. Spock wird Sie über Ihre Rechte informieren, die Sie für Ihre Verteidigung benötigen.“*

Eine zentrale Rolle in der Anhörung spielt der eingesetzte Lügendetektor. Bereits bei der initialen Aufnahme der Personalien weist der Detektor auf Ungereimtheiten hin und informiert über die wahre Identität von Mr. Mudd. Bedeutsam für den Verfahrensausgang ist – wie es auch in einem realen Ermittlungsverfahren der Gegenwart der Fall wäre – die Auseinandersetzung mit dem Vorstrafenregister des Beschuldigten, das der Bordcomputer anzeigt. Captain Kirk fügt dem Register während der Verhandlung eine neue Anklage wegen Fluges ohne Flugplan, Identitätsdiebstahls und Führen eines Schiffes ohne Kapitänslizenz hinzu. Captain Kirk übernimmt damit die Funktion der heutigen Staatsanwaltschaft, indem er, wie zuvor schon bei Mr. Spock dargestellt, die Anklage erhebt. Über diese Anklage entscheiden dann im Nachgang die zivilen Gerichte.

3. Vorverfahren

Ist der Fall ausermittelt, beginnt das gerichtliche Strafverfahren. Der förmlichen Strafverhandlung vorangestellt ist ein Vorverfahren, bei dem der oder die Vorsitzende des Gerichts in einem Gespräch mit der oder dem Angeklagten versucht, eine einvernehmliche Verfahrensbeendigung herbeizuführen. Bekannt ist das Vorverfahren aus den vier zentralen Strafgerichts-Episoden, die Star Trek hervorgebracht hat: *Kirk unter Anklage*, *Der schlafende Tiger* und *Talos IV – Tabu* in der Originalserie sowie *Ad astra per aspera* in der Prequel-Serie *Strange New Worlds*. Die jeweiligen Angeklagten Captain Kirk, Khan Noonien Singh, Lieutenant Commander Spock und Lieutenant Commander Chin-Riley erhalten darin alle ein Angebot, wie sie die Einleitung der eigentlichen Strafverhandlung durch eigenes Verhalten noch abwenden können. Auch wenn beim Betrachten der Folgen der Eindruck entstehen mag, dass es sich dabei um einen schmutzigen Deal im Hinterzimmer handeln könnte, ist anzunehmen, dass es sich beim Vorverfahren um einen festen Bestandteil des föderalen Strafprozessrechts handelt. Erkennbar ist das daran, dass das Vorverfahren protokolliert wird und festen Strukturen folgt.

Bei *Kirk unter Anklage* nutzt Commodore Stone das Vorverfahren für den Versuch, Captain Kirk von der erdrückenden Beweislage zu überzeugen.[106] Das automatisierte Computerlogbuch hat eindeutig aufgezeichnet, dass Kirk

106 Raumschiff Enterprise, S1 E14 – Kirk unter Anklage.

den Befehl zum Absprengen der Gondel, in der sich Lieutenant Finney befand, vor dem Befehl zur Evakuierung des Bereiches gegeben hat. Commodore Stone weist auf die geringen Erfolgsaussichten der Verteidigung in einem Hauptverfahren hin. Er bietet Kirk an, die Anklage fallen zu lassen, wenn dieser seine Position als Raumschiffkapitän aufgibt und sich fortan einer weniger verantwortungsvollen Aufgabe innerhalb der Sternenflotte widmet. Der Commodore drängt Kirk geradezu, diesen vermeintlich gesichtswahrenden Ausweg zu wählen. Er verweist darauf, dass in der Geschichte der Sternenflotte noch nie ein Kommandant wegen eines Fehlverhaltens strafrechtlich verurteilt worden ist und Kirk im Fall der Eröffnung der Strafverhandlung der erste sein würde. Dass es noch nie zu einem solchen Fall gekommen ist, zeugt einerseits von der Redlichkeit und Perfektion der Captains in der Sternenflotte, verdeutlicht bei realistischer Betrachtung jedoch auch die Bedeutung des Vorverfahrens. Zu strafrechtlichen Verurteilungen kommt es gar nicht erst, wenn der Regelfall darin besteht, das Verfahren aufgrund eines Deals gar nicht erst zu eröffnen. Captain Kirk lehnt das Angebot ab, weil er von einem Aufzeichnungsfehler des Logbuchs überzeugt ist. Die Ablehnung hat die sofortige Einberufung der Strafverhandlung auf Sternenbasis 11 zur Folge.

In der Doppelfolge *Talos IV – Tabu* entführt Lieutenant Commander Spock die *Enterprise*,[107] indem er die Computerkontrolle übernimmt. Aus zunächst nicht nachvollziehbaren Gründen steuert er mit dem Schiff das Talos-System an – eine Handlung, die nach dem Föderationsrecht mit dem Tod bestraft wird. Captain Kirk sowie Commodore Mendez befinden sich, wie die übrige Besatzung, währenddessen machtlos an Bord des Schiffes. Beide leiten pflichtgemäß ein Strafverfahren gegen Spock ein. In seinem Logbuch vermerkt Captain Kirk:

> „*Computerlogbuch Nummer 1 der Enterprise, Sternzeit 3012,4. Trotz großer Bemühung, den Computer auszuschalten, hält die Enterprise weiterhin Kurs auf den geheimnisvollen Planeten Talos IV. Wie in den Bestimmungen der Raumflotte vorgeschrieben, wird in der Zwischenzeit eine Voruntersuchung über Lieutenant Commander Spock einberufen. In den vielen Jahren meiner Dienstzeit ist das einer der schmerzlichsten Augenblicke, den ich je miterleben musste.*“

In der Voruntersuchung versucht Commodore Mendez vergeblich, Lieutenant Commander Spock davon zu überzeugen, den Kurs zu ändern, um einem Strafverfahren und dem daraus relativ zwingend folgenden Todesurteil zu entgehen. Spock lehnt jedoch ab. Kirk ergänzt im Logbuch:

> „*Das Militärgericht wurde einberufen. Mister Spock hat erneut auf Verteidigung verzichtet und sich schuldig bekannt.*“

107 Raumschiff Enterprise, S1 E15 – Talos IV – Tabu, Teil I.

Die bekannte Episode *Der schlafende Tiger* behandelt die Geschichte des aus dem mehrere Jahrhunderte andauernden Tiefschlaf geweckten irdischen Kriegstreibers Khan Noonien Singh.[108] Nachdem dieser versucht hat, zusammen mit seiner Gefolgschaft die *Enterprise* zu entführen, setzt Captain Kirk eine „Anhörung" an. Das Verfahren wird betont förmlich aufgezogen, indem die beteiligten Offiziere ihre Galauniform tragen, die Verhandlung per Anschlag an der Tischglocke eröffnet wird und der Computer ein Protokoll anfertigt. Dass es sich nicht um eine Strafverhandlung handeln kann, zeigt jedoch das Ergebnis. Khan und seine Leute werden nicht etwa verurteilt, sondern erhalten ein Angebot von Captain Kirk. Er kündigt an, alle Anklagepunkte fallen zu lassen, wenn sich die Angeklagten bereiterklären, sich auf dem Planeten Ceti Alpha V aussetzen zu lassen und eine isolierte Kolonie zu gründen. Da es sich jeweils um genetisch aufgewertete Menschen handelt, stuft Kirk sie offenbar als nicht in die Gesellschaft integrierbar ein. Er begründet den Vorschlag damit, dass es *„reinste Zeitverschwendung"* wäre, die Angeklagten *„in ein Umerziehungslager zu stecken"*. Khan hat zwar nicht wirklich eine freie Wahl, er scheint jedoch relativ zufrieden mit der Perspektive. Die Komplizen Khans werden nicht gefragt, für sie gilt der Deal jedoch offenkundig mit.

Die vierte prominente Vorverhandlung findet in der Serie *Strange New Worlds* statt. Die Erste Offizierin der *Enterprise*, Una Chin-Riley, wird im ersten Staffelfinale verhaftet wegen des Vorwurfs, falsche Angaben bei ihrer Einstellung in die Sternenflotte gemacht zu haben.[109] Hintergrund ist ihre Herkunft als Illyrianerin, deren Angehörige aufgrund genetischer Veränderungen nicht für den Dienst in der Flotte zugelassen sind.[110] Aufgrund der eindeutigen Beweislage wird Lieutenant Commander Chin-Riley in der Vorverhandlung nahegelegt, ihren Dienst freiwillig zu quittieren, um einer Haftstrafe sowie der unehrenhaften Entlassung zuvorzukommen.[111] Una lehnt ab, sodass es unmittelbar zur Strafverhandlung kommt.

Die vier Beispiele zeigen: Informelle Streitbeilegung ist der Standardfall in strafrechtlichen Verfahren der Föderation. Es steht der oder dem Angeklagten jedoch jederzeit frei, auf Förmlichkeit zu bestehen, die dann auch vollständig umgesetzt wird.[112] Das förmliche Verfahren ist ein Recht des Angeklagten, das ihm dient. Erkennbar ist dies daran, dass es sofort einzuberufen ist, sobald die Voraussetzungen gewährleistet werden können, indem vor allem die notwendige Anzahl an Flaggoffizieren versammelt ist. Es gibt an sich keinen objektiven Grund, warum das repressive Strafverfahren gegen

---

108 Raumschiff Enterprise, S1 E24 – Der schlafende Tiger.
109 Star Trek: Strange New Worlds, S1 E10 – Die Kunst der Gnade.
110 Zum Gentechnikrecht siehe unten S. 268 ff.
111 Star Trek: Strange New Worlds, S2 E2 – Ad astra per aspera.
112 *Joseph/Carton*, The Law of the Federation, S. 31.

Spock noch an Bord abgehalten werden musste. Die Sternenflotte hätte auch abwarten können, bis die *Enterprise* zurück beim Sternenflottenhauptquartier oder auf einer Sternenbasis angekommen wäre, sodass sich alle Beteiligten hätten angemessen vorbereiten können. Da förmliche Strafverhandlungen in der Sternenflotte als absolute Seltenheit dargestellt werden, erscheint es angebracht, sich die notwendige Zeit für eine professionelle Durchführung zu nehmen. Alle Beispiele zeigen jedoch, dass es im Interesse der jeweiligen Angeklagten ist, sofort eine Verhandlung abzuhalten. Wenn sie von diesem Recht Gebrauch machen, ist es ihnen ohne Zögern zu gewähren.

Es wirkt zunächst wie Vetternwirtschaft, Verfehlungen innerhalb der Flotte durch die Admiralität unter den Tisch kehren zu wollen.[113] In der Utopie Star Treks ist ein auf Vertrauen und Verständigung aufbauendes Strafprozessrecht jedoch konsequent. Wenn innerhalb der Föderation keine inneren Konflikte üblich und die Vernunft und der offene Diskurs an der Tagesordnung sind, ist es naheliegend, nicht auf Formalia zu bestehen.[114] So wie auch die diplomatischen Missionen der Raumschiffe stets von allen Völkern akzeptierte Lösungen aushandeln, anstatt ihre Interessen gewaltsam durchzusetzen, ist es auch der Grundansatz der Justiz. Solange es irgendwie möglich ist, im Gespräch mit den Angeklagten gemeinsame Lösungen für eine sachgerechte Sühne zu entwickeln, wird dieser Weg prioritär beschritten. Voraussetzung ist ein grundsätzliches Vertrauen aller Föderationsbürgerinnen und -bürger, fair behandelt und einer gut gemeinten Lösung zugeführt zu werden. Erst dann, wenn der konsensuale Ansatz final scheitert, greift die Staatsgewalt auf hierarchische Weise ein.

Weitere Beispiele für einen Deal im Vorverfahren sind zunächst der freiwillige Haftantritt des Vaters von Doctor Bashir, damit der Arzt seine Karriere auf *Deep Space Nine* fortsetzen kann.[115] Admiral Bennet hatte zuvor ein solches Angebot unterbreitet. Der Fall zeigt, dass die Mittel der Verständigung relativ frei gewählt werden können, wenn dadurch ein für alle Seiten faires Ergebnis erzielt wird. Auch im Kinofilm *Der Aufstand* ist ein Angebot zur Verhinderung einer Strafverhandlung platziert. Admiral Dougherty bietet Captain Picard darin an, dass er nicht vor ein Kriegsgericht gestellt werde, wenn sich Picard und seine Mannschaft ergeben und den Widerstand der Ba'Ku nicht weiter unterstützen. Der Captain lehnt ab mit den Worten:

> „*Ich heiße ein Kriegsgerichtsverfahren willkommen, wenn ich dadurch die Föderation darauf hinweisen kann, was hier geschieht.*"[116]

113 *Fistrich/Göttling*, Podcast Trek am Dienstag, E20 – Court Martial.
114 *Joseph/Carton*, The Law of the Federation, S. 30.
115 Star Trek: Deep Space Nine, S5 E16 – Dr. Bashirs Geheimnis.
116 *Dillard*, Roman Star Trek: Der Aufstand, S. 189.

In der fernen Zukunft der Serie *Starfleet Academy* spielt das Vorverfahren eine geringere Rolle. Anisha Mir wird im Pilotfilm zu einer mehrjährigen Freiheitsstrafe in einem Erziehungslager verurteilt wegen der Beteiligung an einem Raub mit Todesfolge. Die Rechtsfolge kommt für sie völlig überraschend. Offenkundig wurde sie nicht in einem Vorverfahren auf die möglichen Folgen einer Verurteilung vorbereitet. Die Richterin Captain Ake plagen im Anschluss Gewissensbisse. Sie resümiert:

> *„Ich hätte mich weigern können, der Staatsanwaltschaft einen Deal anbieten können."*[117]

Der Ausspruch verdeutlicht, dass das konsensuale Vorverfahren auch im vierten Jahrtausend weiterhin Bestandteil des Strafprozessrechts ist, jedoch seine praktische Bedeutung eingebüßt hat.

4. Strafverhandlung

Kommt es zur Strafverhandlung, wird diese in ihrer Förmlichkeit geradezu zelebriert. Die Beteiligten des Kriegsgerichts tragen ihre Galauniform, erheben sich zu Beginn, der Vorsitzende schlägt eine Glocke sechsmal an. Die Standglocke auf dem Richterpult bei *Kirk unter Anklage* ist so zu einer bedeutenden Requisite von Star Trek geworden, die zu späteren Gelegenheiten wie dem Verfahren gegen die Kadetten Crusher, Locarno und andere auf der Sternenflottenakademie[118] im Original wiederverwendet wurde.[119] Das Richterpult steht erhöht über dem mit Flaggen ausstaffierten Saal.[120] Angeklagte sind auf der Seite gegenüber dem Fenster platziert,[121] so wie es in der irdischen Justiz der Gegenwart Brauch ist. Die Sitzordnung bezweckt eigentlich die volle Ausleuchtung ihrer Gesichter; diese Wirkung bleibt im Weltall hingegen aus.

Die Struktur der mündlichen Verhandlung aus Anklage, Beweisaufnahme und Schlussvorträgen ist so gestaltet, wie es in der aktuellen Gegenwart auch üblich ist.[122] Zu Beginn wird die Anklage verlesen. Bei Star Trek übernimmt dies der Computer, nicht die Staatsanwaltschaft. Dieses Stilmittel in *Kirk unter Anklage* wurde verwendet, um das zentrale Motiv der kalten, ge-

117 Star Trek: Starfleet Academy, S1 E1 – Kids von heute.

118 Raumschiff Enterprise – Das nächste Jahrhundert, S5 E19 – Ein missglücktes Manöver.

119 *Göttling*, in: Fistrich/Göttling, Podcast Trek am Dienstag, E20 – Court Martial.

120 Raumschiff Enterprise, S1 E14 – Kirk unter Anklage; Star Trek: Strange New Worlds, S2 E2 – Ad astra per aspera.

121 Star Trek: Deep Space Nine, S4 E18 – Das Gefecht; Raumschiff Enterprise – Das nächste Jahrhundert, S5 E19 – Ein missglücktes Manöver.

122 *Blohm*, Strafrecht und Gerichtsbarkeit in einer fernen Zukunft, JURios v. 14.8.2025.

fühllosen Maschine zu unterstreichen.[123] Vor einer Befragung hat der oder die Angeklagte das Recht, ein Statement abzugeben (Kapitel 4 Artikel 12 des Uniform Code of Justice).[124] Alle gezeigten Strafverhandlungen beinhalten sodann die Befragung mehrerer Zeuginnen und Zeugen. Getreu der angloamerikanischen Tradition des Kreuzverhörs werden die Zeugen von der Anklage oder der Verteidigung benannt und von dieser befragt. Im Anschluss erhält die Gegenseite Gelegenheit, Fragen zu stellen. Anders als im deutschen Recht der Gegenwart stellt das Gericht selbst keine Fragen, sondern schaut sich relativ stillschweigend das Geschehen an und beschränkt sich – typisch für US-amerikanische Gerichtsserien – auf das Stattgeben oder Zurückweisen von Einsprüchen beider Seiten.

Aussagende Personen, seien es Angeklagte oder Zeuginnen bzw. Zeugen, legen ihre Hand auf den leuchtenden Kreis eines in der Handlung nicht erklärten Gerätes. Sowohl bei *Kirk unter Anklage* als auch bei *Ad astra per aspera* kommt es zum Einsatz. Bei den Spontanverhandlungen an Bord von Raumschiffen, etwa in *Talos IV – Tabu*, steht es nicht zur Verfügung, in dafür eingerichteten Gerichtssälen scheint es zur Standardausstattung zu gehören. Es wird nicht deutlich, ob es sich um einen Lügendetektor, ein Identifizierungsgerät oder beides handelt. Die Identifizierungsfunktion wird deutlich in der Episode *Wem gehört Data.* Obwohl es sich dort um kein Strafverfahren handelt, kommt es gleichwohl zum Einsatz, erkennt per Sprachausgabe Lieutenant Commander Data und liest seine Ehrungen vor.[125] Für die Funktion als Lügendetektor spricht, dass die Aussagenden ihre Hand auch nach der Aufnahme ihrer Personalien durchgehend auf dem Gerät belassen. Dagegen spricht, dass es keine so dominant korrigierende Rolle einnimmt, wie es die im Ermittlungsverfahren eingesetzten Lügendetektoren tun. Gegebenenfalls hat der Lichtkreis auch eine symbolische Funktion, indem er als „Licht der Wahrheit“ dem Schwur auf eine Bibel gleichkommt.[126]

Neben Zeugenbefragungen können im Ausnahmefall auch Methoden moderner Technik Gegenstand der Beweisaufnahme sein. Sowohl bei *Kirk unter Anklage* als auch bei *Talos IV – Tabu* werden Videoaufzeichnungen von der Brücke abgespielt. In der Episode *Riker unter Verdacht* kommt ein Holodeck zum Einsatz, um physikalische Hergänge zu überprüfen. Das Strafprozessrecht der Gegenwart ist noch nicht so fortschrittlich, KI-generierte Simulationen als Beweismittel zuzulassen.[127] Die Vorlage von Lichtbildern vor Gericht ist hingegen üblich und stellt gewissermaßen eine technische Vorstufe zur Veranschaulichung auf dem Holodeck dar. Der entscheidende

123 *Göttling*, in: Fistrich/Göttling, Podcast Trek am Dienstag, E20 – Court Martial.

124 Raumschiff Enterprise – Das nächste Jahrhundert, S4 E21 – Das Standgericht.

125 Raumschiff Enterprise – Das nächste Jahrhundert, S2 E9 – Wem gehört Data?

126 *Fistrich/Göttling*, Podcast Trek am Dienstag, Folge 20 – Court Martial.

127 *Blohm*, Strafrecht und Gerichtsbarkeit in einer fernen Zukunft, JURios v. 14.8.2025.

Unterschied ist, dass mit dem strafrechtlichen Unmittelbarkeitsprinzip nur echte Ablichtungen vereinbar sind, während die KI-generierten Umgebungen normalerweise in den Detailansichten mit Halluzinationen verbunden sind.

Befangenheit spielt keine große Rolle. So hätte nach Maßstäben der aktuellen Gegenwart die Anklägerin von Captain Kirk als parteiisch zurückgewiesen werden müssen, da sie in der Vergangenheit eine Beziehung mit Kirk gepflegt hatte.[128] Das Motiv nutzten die Autorinnen und Autoren gerne. So hatte auch die Richterin bei *Wem gehört Data?* einige Jahre zuvor eine Affäre mit Captain Picard, der im dortigen Verfahren als Verteidiger fungiert.[129] Auch der dortige, zwangsverpflichtete Ankläger Commander Riker ist persönlich eng befreundet mit dem streitgegenständlichen Lieutenant Commander Data und macht gegenüber der Richterin seine Ungeeignetheit deswegen sogar explizit geltend. So befremdlich die Vermischung aus persönlichen Verhältnissen und Prozessparteien ist – zur Philosophie von Star Trek passt sie hervorragend. Das Vertrauen aller Beteiligten in das Justizsystem und die Gutmütigkeit der Mitmenschen ist in der Utopie Gene Roddenberrys ebenso groß wie die Professionalität der Sternenflottenoffiziere. Im Vordergrund steht stets das Sachargument, sodass jeder Rollenkonflikt mit Vernunft bewältigt wird.

Ein von allen vorher dargestellten Formalia komplett zu unterscheidender Sonderfall ist die Strafverhandlung vor dem Föderationsrat. Das oberste Verfassungsorgan der Vereinigten Föderation der Planeten ist gesetzgebendes Parlament, hat Exekutivfunktion – und kann sogar als Strafgericht wirken.[130] Eine solche Strafverhandlung bildet die Rahmenhandlung des vierten Kinofilms, unterbrochen durch die Zeitreise zur Abholung der Wale.[131] Wie man es von einem politischen Gremium nicht anders erwarten kann, läuft das Verfahren maximal unstrukturiert und unförmlich ab. Zu Beginn des Films läuft die Verhandlung bereits in Abwesenheit der angeklagten Crew um Admiral Kirk. Stattdessen kommt der klingonische Botschafter zu Wort. Obwohl er kein Zeuge ist, der sachdienliche Aussagen treffen könnte, wendet er sich mit markigen Worten gegen Admiral Kirk. Die Anklage lautet auf Diebstahl der *Enterprise* und Befehlsverweigerung. Gemeint sind die Taten im vorangegangenen Kinofilm mit dem Motiv der Rettung des Körpers von Mr. Spock vom Genesis-Planeten, um ihn mit dem in Doctor McCoys Kopf gespeicherten Geist Spocks zusammenzuführen. Diese noble Motivlage hätte durchaus als rechtfertigende Nothilfe herangezogen werden können. Stattdessen wird im abschließenden Urteil die zwischenzeitliche

128 *Fistrich*, in: Fistrich/Göttling, Podcast Trek am Dienstag, E20 – Court Martial.
129 Raumschiff Enterprise – Das nächste Jahrhundert, S2 E9 – Wem gehört Data?
130 Siehe oben S. 53 ff.
131 Kinofilm Star Trek IV: Zurück in die Gegenwart.

Rettung der Erde vor der Wal-Sonde gegengerechnet gegen die Vorwürfe. Im Ergebnis werden alle Angeklagten bis auf Admiral Kirk freigesprochen, dieser in den Rang eines Captains zurückversetzt und als Teil des Urteilsspruchs wird ihm das Kommando über ein neues Raumschiff zugeteilt. Niemand von den Angeklagten hat zuvor eine Aussage vor dem Gericht getätigt. Das Urteil stützt sich letztlich auf eine Bilanz aller Handlungen der Angeklagten in den letzten Wochen, bei der positive Taten die negativen Handlungen weitgehend aufwiegen.[132] Auch im Verfahrensrecht der aktuellen Gegenwart würde die allgemeine Sozialprognose eine Rolle spielen, jedoch würden nur solche Umstände einbezogen, die darauf schließen lassen, dass künftige Straftaten unwahrscheinlich sind. Dass Captain Kirk ohne Absprache mit der Sternenflotte in einem gestohlenen klingonischen Schiff entgegen der Temporalen Ersten Direktive[133] eine Zeitreise unternommen hat, bei der er dem Aquarium in San Francisco zwei Wale entwendet, mag zwar in der akuten Krise moralisch richtig gewesen sein. Das Verhalten ist aber alles andere als ein Nachweis, dass er sich künftig an Befehle halten und fremdes Eigentum achten wird. Das Urteil ist letztlich das, was man von einem politischen Gremium wie dem Föderationsrat erwarten kann: Keine dogmatisch begründete Herleitung, sondern ein interessengeleiteter, vom Ergebnis her gedachter Kompromiss. Captain Kirk ist zu bestrafen, aber es darf sich nicht wie eine Strafe anfühlen.

IV. Strafverteidiger und Rechtsbeistände

Wie eingangs bereits erläutert, kennt die Föderation im Anschluss an die Geschehnisse der Originalserie keine Rechtsanwältinnen und -anwälte mehr.[134] Sowohl Captain Kirk als auch Lieutenant Commander Chin-Riley mandatieren in den gegen sie gerichteten Strafverfahren versierte Verteidiger. Bei *Kirk unter Anklage* ist es Samuel T. Cogley, bei *Ad astra per aspera* ist es Neera Ketoul. Beide Anwälte verfolgen jeweils eine durchdachte Strategie und der Sieg ihrer Mandantschaft ist letztlich vor allem dem Genie ihrer Verteidigung zu verdanken. Rechtsanwälte werden als hochkompetent und wirkungsvoll dargestellt – solange es sie gibt.

Im 24. Jahrhundert scheint die Gesellschaft noch einmal einen weiteren Entwicklungsschub genommen zu haben, der aus zeitgenössischer Sicht Strafverteidigerinnen und -verteidiger obsolet macht. Denn Berufsjuristinnen und -juristen kommen ab dem Zeitpunkt schlichtweg nicht mehr in dieser

132 *Fistrich*, in: Fistrich/Göttling, Podcast Trek am Dienstag, E105 – Star Trek IV: The Voyage Home.

133 Siehe unten S. 214 ff.

134 Siehe oben S. 35 ff.

Rolle vor. Stattdessen wählen Beschuldigte sich kollegialen Beistand aus der eigenen Schiffsbesatzung. Die Ergebnisse sind fast durchweg verheerend. Nur Commander Riker unterstützt Crewman Tarses in *Das Standgericht* mit einem wirklichen Mehrwert, indem er ihm im richtigen Moment nahelegt, von seinem Auskunftsverweigerungsrecht Gebrauch zu machen.[135] Niemand aus dem Offizierskreis performt ansonsten bei der Nebentätigkeit in der Strafverteidigung wirklich gut. Captain Sisko fungiert als Beistand für Lieutenant Commander Worf in der Episode *Das Gefecht* – und findet kaum hilfreiche Beiträge.[136] Als Doctor Bashir in der Folge *Inquisition* wiederholt von Agenten der Sektion 31 vernommen wird, hat er zunächst keinen Verteidiger.[137] Erst nach längerer Zeit nimmt er den Standpunkt ein, nichts mehr ohne Rechtsbeistand auszusagen. Er bekommt daraufhin Captain Sisko zugewiesen, der in Befragungen neben ihm sitzt und engagiert, aber vollständig außerrechtlich argumentiert. Selbst der in fremden Belangen versierte Verteidiger Riker ist nicht überzeugend, als er selbst angeklagt ist. In der Episode *Riker unter Verdacht* beschließt er, sich selbst zu verteidigen.[138] Seine Argumentation zeigt dabei, dass es ihm an der Methodik der Wahrheitsfindung fehlt, auf die eine professionelle Verteidigung hätte zurückgreifen können.[139]

Der Verzicht auf rechtsgelehrte Verteidigerinnen und Verteidiger ist damit zu erklären, dass die Individuen der utopischen Gesellschaft der Justiz vertrauen und Strafen als gerechtfertigte Buße annehmen. Während es in der Originalserie schon unüblich ist, dass Angeklagte wie Captain Kirk tatsächlich auf eine Strafverhandlung bestehen und für ihr Recht kämpfen, scheint es im Nachgang gänzlich en vogue zu sein, sich nicht mehr aktiv zu verteidigen. Lieutenant Dax nimmt zum Beispiel ihre Anklage in der Episode *Der Fall „Dax“* regungslos entgegen und verfolgt die bajoranische Auslieferungsverhandlung stoisch und ohne Mitwirkung.[140] Captain Kirk und Doctor McCoy tragen trotz ihrer Unschuld bis auf wenige Floskeln nicht wirklich etwas zu ihrer Strafverhandlung im Klingonischen Reich bei.[141] Mangels Gegenargumenten werden sie schließlich zu lebenslangem Arbeitslager auf Rura Penthe verurteilt. Auch Commander Burnham setzt ihrer Verurteilung zu einer Freiheitsstrafe keine Argumente entgegen, weil sie infolge eigenmächtigen Handelns den Krieg mit den Klingonen ausgelöst hat.[142]

135 Raumschiff Enterprise – Das nächste Jahrhundert, S4 E21 – Das Standgericht.
136 *Fistrich*, in: Fistrich/Göttling, Podcast Trek am Dienstag, E408 – Das Gefecht.
137 Star Trek: Deep Space Nine, S6 E18 – Inquisition.
138 Raumschiff Enterprise – Das nächste Jahrhundert, S3 E14 – Riker unter Verdacht.
139 *Joseph/Carton*, The Law of the Federation, S. 37.
140 Star Trek: Deep Space Nine, S1 E8 – Der Fall „Dax“.
141 Kinofilm Star Trek VI: Das unentdeckte Land.
142 Star Trek: Discovery, S1 E2 – Das Urteil.

Bemerkenswert ist, dass nur Sternenflottenangehörige in den Genuss eines Rechtsbeistands kommen. Warum Harry Mudd beim Verhör durch Captain Kirk[143] kein Anwalt zur Seite stand, ist nicht nachvollziehbar.[144] Dasselbe gilt für Khan Noonien Singh und seine Gefolgschaft. Deren strafrechtliches Vorverfahren auf der *Enterprise* hatte massive Auswirkungen auf ihr Leben. Auf dem Planeten Ceti Alpha V ausgesetzt zu werden, um keine konventionelle Strafe zu erhalten, ist eine derart einschneidende Entscheidung, dass es eines Rechtsbeistands bedurft hätte. Dies gilt umso mehr vor dem Hintergrund, dass die Angeklagten gerade einmal seit wenigen Tagen im 23. Jahrhundert aufgewacht waren. Ohne die Möglichkeit, sich mit dem weiterentwickelten Recht vertraut zu machen, erscheint ein Ad-hoc-Verfahren auf dem Raumschiff ohne Rechtsberatung hochproblematisch.

V. Strafmaß

Kommt es in der aktuellen Gegenwart zu einer Verurteilung, handelt es sich in aller Regel um eine Geldstrafe, in eklatanten Fällen um eine Freiheitsstrafe. Die Geldstrafe fällt als Sanktion aus, wenn eine Gesellschaft gar kein Geld benutzt.[145] Übrig bleibt die Freiheitsstrafe, die jedoch auch nicht für alle Vergehen die adäquate Lösung sein kann. Die heute noch üblichen Strafmittel ergeben damit in der Zukunft nur noch begrenzt Sinn. Ein weiterer veränderter Faktor ist, dass Verbrechen in der Zukunft sehr selten geworden sind, weil alle Menschen darauf fokussiert sind, ihre Spezies voranzubringen. Es sind fast nur noch als krankhaft geistesgestört dargestellte Individuen, die zu Täterinnen und Tätern werden.[146] All diese gewandelten Umstände führen dazu, dass die Autorenschaft von Star Trek Strafe komplett neu gedacht hat.

Das Gericht kann die Strafe abmildern, wenn die Angeklagten geständig sind. Dieses simple Prinzip der Strafzumessung, das einsichtige Reue belohnt, wird bereits Kindern beigebracht. Captain Ake, die im Pilotfilm der Serie *Starfleet Academy* zwischenzeitlich als Erzieherin in einem Kindergarten auf Bajor arbeitet, erklärt ihren Schützlingen nach dem Entwenden von Eiscreme:

> „*Wenn man etwas angestellt hat, gesteht man. So verringert man das Strafmaß.*“[147]

143 Raumschiff Enterprise, S1 E3 – Die Frauen des Mr. Mudd.

144 *Fistrich*, in: Fistrich/Göttling, Podcast Trek am Dienstag, E6 – Mudd's Women.

145 Zur geldfreien Gesellschaft siehe oben S. 25 ff.

146 Siehe oben S. 153 ff.

147 Star Trek: Starfleet Academy, S1 E1 – Kids von heute.

1. Therapie statt Bestrafung

„*Wir haben gelernt, die Ursprünge kriminellen Verhaltens aufzuspüren.*“[148]

So erklärt Captain Picard dem Volk der Edo den Unterschied zwischen ihnen und dem Strafrecht der Föderation. Während die Edo ein absolutes Strafverständnis haben, nach dem kleinste Verfehlungen die Todesstrafe zur Folge haben, ist die Föderation darauf bedacht, den subjektiven Antrieb hinter einer Tat zu verstehen und dafür zu sorgen, dass sich der Täter bzw. die Täterin in Zukunft bessern wird. Dabei geht Star Trek von der Prämisse aus, dass kein vernunftbegabter Mensch freiwillig kriminell handelt und Hilfe zur Rehabilitation konstruktiv annimmt. Wie dies in der Praxis aussehen kann, zeigt das erste in der Originalserie verlesene Vorstrafenregister. Es handelt sich um den Criminal Record von Harry Mudd. Beim Verhör durch Captain Kirk wird die Auflistung im Bordcomputer aufgerufen.[149] Es enthält drei Delikte: Schmuggel, Hehlerei bzw. Transport gestohlener Ware und Kauf eines Raumschiffs mit Falschgeld. Als Strafmaß weist der Computer jeweils aus:

„*Scentences: psycheatic treatment*“

In der deutschen Übersetzung werden statt der psychiatrischen Behandlung jeweils mehrmonatige Haftstrafen angegeben. Das ZDF war beim Eindeutschen offenkundig seinerzeit nicht imstande, den Geist Gene Roddenberrys in dieser Hinsicht nachzuvollziehen. In der anschließenden Zeichentrickserie ist der Sender schon weiter. Dort wird Mudd erneut straffällig und fragt in der deutschen Version, ob er wohl wieder eine Rehabilitationstherapie bekommen werde. Lieutenant Commander Spock entgegnet, dass er das lieber nicht garantieren wolle.

Wie eine solche Therapie aussehen kann, zeigt die Episode *Der Zentralnervensystemmanipulator* in der originalen Fernsehserie.[150] Die *Enterprise* besucht darin den Planeten Tantalus V. Dort befindet sich eine Einrichtung, die in der Folge mal als Strafkolonie und mal Rehabilitationskolonie bezeichnet wird. Geführt wird sie nach den Lehren von Doctor Adams, dem seinerzeit führenden Rehabilitationspsychologen. Nach seinen Methoden werden zahlreiche solche Kolonien errichtet, wodurch es mehr Entwicklung im Strafvollzug als in den vorangegangenen 200 Jahren gegeben hat. Im Mittelpunkt steht die Therapie der Insassen bzw. Patienten. Doctor McCoy ist dennoch skeptisch, da ein Gefängnis weiter ein Gefängnis bliebe. Captain Kirk belehrt ihn daraufhin:

148 Raumschiff Enterprise – Das nächste Jahrhundert, S1 E8 – Das Gesetz der Edo.
149 Raumschiff Enterprise, S1 E3 – Die Frauen des Mr. Mudd.
150 Raumschiff Enterprise, S1 E10 – Der Zentralnervensystemmanipulator.

> *„Das sind heute beinahe Erholungsheime.* […] *Das sind saubere, anständige Hospitäler für kranke Menschen* […] *Das sind eigentlich keine Gefängnisse mehr.*"

Nun behandelt die Folge eigentlich eine Dystopie des Strafvollzugs, in der die Insassen ihrer Sinne und Persönlichkeit beraubt werden. Das liegt aber weder an der Rehabilitationskolonie an sich noch an den Lehren des Doctor Adams. Der Grund, warum sich eine Vorzeigeanstalt in ein Horrorszenario verwandelt, ist der Einsatz des technisch noch nicht ausgereiften Zentralnervensystemmanipulators. Das Gerät löscht böse Gedanken und zwingt dem Geist neue Gedanken und veränderte Erinnerungen auf. In gezeigten Testszenarien ist es beispielsweise in der Lage, ein Hungerfühl in den Geist des Probanden Kirk zu projizieren. Der Psychologin Doctor Noel gelingt es auch, Kirk die falsche Erinnerung einzupflanzen, er sei in sie verliebt und habe auf einer Weihnachtsfeier ein Verhältnis mit ihr gehabt. Die manipulative Technik wird als ein klar fehlgeleitetes Experiment präsentiert, das auch nach Doctor Adams nicht die erwarteten Ergebnisse gebracht hat. Die Folge ist als Kommentar auf den Zeitgeist der damaligen Sechzigerjahre einzuordnen, nach dem in den USA die Lehre weit verbreitet war, kriminelles Verhalten sei eine psychische Störung, die nicht nur therapierbar, sondern auch durch körperlichen Eingriff heilbar sei.[151] Die Zuspitzung im Einzelfall durch Einsatz nicht ausgereifter Technik schmälert jedoch nicht den Ansatz in Star Trek, dass Kriminelle zu therapieren anstatt zu bestrafen sind. Die Veränderung von Erinnerungsmustern ist dabei abseits der fatalen Apparatur ein nach wie vor verbreiteter Ansatz sowohl in der Psychotherapie der Gegenwart als auch auf der *Enterprise*. Doctor Noel, die an Bord unter Captain Kirk dient, stellt dazu fest:

> *„Die Veränderung der Erinnerungsmuster ist die Grundlage der Psychotherapie.*"[152]

Die Aussage ist in ihrer Abstraktheit keineswegs Science-Fiction. In der modernen Traumatherapie der aktuellen Zeit kommen durchaus Techniken wie das EMDR zum Einsatz,[153] bei denen Patientinnen und Patienten sich in Gedanken in das traumatische Geschehen zurückversetzen und der Handlung durch Suggestion und andere Methoden einen anderen Ausgang geben.[154] Indem das Prozedere teils Hunderte Male wiederholt wird, werden Erinnerungen gewissermaßen überschrieben, damit die Betroffenen sie schlussendlich hinter sich lassen können. Auch Täterinnen und Täter auf diese Weise zu „heilen", ist keine reine Zukunftsmusik. Das Teilgebiet der forensischen

---

151 *Tanja*, in: Podcast Trekkiepedia, E39 – Psychologie.
152 Raumschiff Enterprise, S1 E10 – Der Zentralnervensystemmanipulator.
153 Eye Movement Desensitization and Reprocessing nach Francine Shapiro, 1987–1989.
154 *Rost*, EMDR zwischen Struktur und Kreativität, S. 170 ff.

Psychiatrie hat zum Ziel, Rückfallquoten zu senken, indem beispielsweise depressive Gedanken, die im Einzelfall Straftaten begünstigen können, verarbeitet werden.

Der Abstecher zu Tantalus V ist kein einmaliges Zeugnis des Rehabilitationsansatzes. Zwei Staffeln später besucht die *Enterprise* in der Folge *Wen die Götter zerstören* eine weitere Straf- bzw. Heilanstalt. Captain Kirk bemerkt dazu im Logbuch:

> „*Die Enterprise umkreist Elba II, einen Planeten mit giftiger Atmosphäre. Die Föderation unterhält dort ein Krankenhaus für unheilbare geistesgestörte Kriminelle der Galaxis.*"[155]

Er trifft dort auf den kriminellen Captain Garth von Izar, der sich durch Kontakt mit Aliens übermenschliche Fähigkeiten verschafft und einen Gottkomplex entwickelt hat. Geheilt wird er schließlich am Ende der Episode von einer Maschine, die auf den Kopf gesetzt wird und von kriminellem Wahnsinn befreit. Im Gegensatz zum Zentralnervensystemmanipulator funktioniert das Gerät einwandfrei. Es entfernt alle negativen Veränderungen im Gehirn, sodass Garth von Izar schlussendlich wieder vernünftig ist. Die Episode unterstreicht erneut zwei Grundprämissen der Kriminologie in Star Trek: Strafbares Verhalten beruht auf einer krankhaften Störung und diese kann durch medizinische Behandlung geheilt werden.

Der Grundansatz wird nicht nur in Rehabilitationseinrichtungen verfolgt. Auch auf der *Enterprise* dient in der Mannschaft von Captain Kirk eine Psychiaterin, die Erfahrung mit Rehabilitationstherapie hat. Ihr Name ist Doctor Helen Noel und sie kann ihre Expertise auf Tantalus V einbringen.[156] Auf der *Voyager* ist niemand mit psychiatrischer Ausbildung an Bord, jedoch übernimmt Lieutenant Commander Tuvok diese Aufgabe. Nachdem der Mörder Suder gefasst wird, verfügt Captain Janeway als Strafe einen mehrjährigen Quartiersarrest. Doch es wäre nicht im Sinne des Geistes von Star Trek, wenn Suder dort einfach ohne Bekümmerung verwahrt würde. Da auch hier die Rehabilitation im Vordergrund steht, trifft sich Tuvok regelmäßig mit Suder, um vulkanische Geistesverschmelzungen vorzunehmen. Ziel der Verschmelzungen ist es, ebenso wie beim Zentralnervensystemmanipulator, negative Gedanken zu kanalisieren, hinter sich zu lassen und Suder so von weiteren Taten abzuhalten.[157]

Ein letztes Beispiel für eine Art von Therapie statt Bestrafung ist der Umgang mit den Gründern des Dominion im Finale der Serie *Deep Space Nine*. Das Volk der Gestaltwandler lebt in der Großen Verbindung, in der alle Körper und Geiste miteinander vermengt sind. In diesem Zustand hatten die

155 Raumschiff Enterprise, S3 E16 – Wen die Götter zerstören.
156 Raumschiff Enterprise, S1 E10 – Der Zentralnervensystemmanipulator.
157 Star Trek: Raumschiff Voyager, S2 E26 – Der Kampf ums Dasein.

Gründer den in der Schlussepisode beendeten Krieg gegen die Föderation beschlossen und geplant. Nach der Unterzeichnung des Friedensvertrags wird die eine namenlose Gründerin, die als Feldherrin losgelöst von der Verbindung die Detailplanung übernommen hatte, abgeführt, um sich freiwillig „*für das zu verantworten, was sie getan hat*". Das übrige Volk wird nicht bestraft. Stattdessen tritt der auf *Deep Space Nine* stationierte Formwandler Constable Odo schlussendlich der Großen Verbindung bei.[158] Seine Intention ist es, durch die Verschmelzung zu einem einheitlichen Geist den Gründern das bislang fehlende Vertrauen in die sogenannten Solids, also die nicht formwandelnden Lebewesen der Galaxie, zu lehren.

2. Freiheitsstrafe und Strafkolonien

Strafanstalten sind auch in der utopischen Zukunft weiter notwendig, aber zukunftsorientiert-humanistisch.[159] Wenn Geldstrafen aufgrund des Wirtschaftssystems ausfallen, bleiben auch kaum andere Möglichkeiten, Sanktionen auszusprechen. Der Fokus der Freiheitsstrafe liegt jedoch klar auf Rehabilitation, nicht auf Vergeltung.[160]

Die Föderation unterhält dafür Gefängnisse,[161] deren Ambiente wenig mit denen der Vergangenheit zu tun hat. Bezeichnend ist, dass der Roman zum ersten Kinofilm darüber informiert, dass das berühmte Gefängnis Alcatraz vor der Küste San Franciscos mittlerweile als Kinderpark genutzt wird.[162] Eine im Pilotfilm der Serie *Star Trek: Voyager* in Szene gesetzte Einrichtung ist die Strafkolonie in Neuseeland.[163] Tom Paris verbringt darin eine Haftstrafe, die er für die Unterstützung der terroristischen Organisation Maquis abzuleisten hat. Die Darstellung ist betont idyllisch. Die Episode zeigt Insassen in grauen Overalls, die mit einer elektronischen Fußfessel gesichert leichter körperlicher Arbeit nachgehen. Paris führt Elektroarbeiten aus, als Captain Janeway ihn aufsucht, um ihn zu einer Teilnahme an der Mission ihres Raumschiffs zu bewegen. Das Wetter ist herrlich, die Vegetation üppig. Vögel singen in der gepflegten Parkanlage – die Strafkolonie erscheint geradezu paradiesisch. Etwas weniger dick trägt die Originalserie auf. Die Kolonie auf Tantalus IV liegt tief unter der Oberfläche des Planeten, durch eine Transportereindämmung abgeschirmt.[164] Die fensterlose Optik der Anlage entspricht dem Design auf der *Enterprise.* Auch die Einrichtung auf

158 Star Trek: Deep Space Nine, S7 E26 – Das, was du zurückläßt, Teil II.
159 *Prahl/Sülter/Walch*, Die Star Trek Chronik, Band 2, S. 110.
160 *Blohm*, Strafrecht und Gerichtsbarkeit in einer fernen Zukunft, JURios v. 14.8.2025.
161 *McIntyre*, Roman Star Trek – Die erste Mission, S. 53.
162 *Roddenberry*, Roman Star Trek – Der Film, S. 34.
163 Star Trek: Raumschiff Voyager, S1 E1 – Der Fürsorger.
164 Raumschiff Enterprise, S1 E10 – Der Zentralnervensystemmanipulator.

Elba II dürfte unter der Erde lokalisiert sein, denn aus dem Logbuch erfährt das Publikum, dass der Planet über eine giftige Atmosphäre verfügt.[165] Trotz der bewusst gewählten Abgeschiedenheit zur Sicherung vor Ausbrüchen handelt es sich um lichtdurchflutete, angenehme Räumlichkeiten. Lediglich ihre Ausbruchsicherheit erinnert an Gefängnisse der Gegenwart. Dazu bemerkt Doctor McCoy in der Zeichentrickserie, dass Gefangenenbefreiung verboten ist.[166]

Neben den Rehabilitationseinrichtungen gibt es in der Galaxie auch Gefängnisse. Im Rahmen der Urteilsverkündung gegen Anisha Mir im Pilotfilm von *Starfleet Academy* deutet die Richterin Captain Ake eine solche Zweiteilung an. Sie betont, die Angeklagte müsse in ein

> *„Erziehungslager – kein Gefängnis!“*[167]

Einen weiteren Hinweis liefert der Roman *Die erste Mission* von Vonda McIntyre. Yeoman Rand beichtet darin Lieutenant Uhura, bei der Einstellung über ihr Alter gelogen zu haben. Sie fügt dazu an:

> *„Ein Erziehungscamp wäre mir lieber gewesen, vielleicht sogar das Gefängnis.“*[168]

Die Zitate deuten an, dass beide Varianten existieren und dass das Erziehungscamp angenehmer ist als das Gefängnis. In der Gesamtschau ist jedoch davon auszugehen, dass das Straflager mit Rehabilitationsbehandlungen mindestens der Regelfall ist, vermutlich auch die einzige Art von Strafvollzugseinrichtung, die die Föderation betreibt. Denn bei den bekannten Missionen in solchen Strafkolonien waren Straftäter mit Delikten schwerster Art zugegen. Als Captain Kirk auf Khan Noonien Singh trifft, der als Kriegstreiber und Massenmörder zur schlimmsten Art eines Kriminellen zu zählen ist, stellt er fest:

> *„Khan und seine Leute in ein Umerziehungslager* (englisch: reorientation center) *zu stecken, wäre die reinste Zeitverschwendung.“*[169]

Die Variante, Khan zu einer Freiheitsstrafe in einem konventionellen Gefängnis zu verurteilen, zieht er gar nicht in Betracht.

Unabhängig von der Art der Unterbringung sind Gefangene gut zu behandeln. Neelix erläutert, dass das Föderationsprotokoll dazu unter anderem angemessene Verpflegung vorsieht. Dies teilt er dem verurteilten Mörder Iko mit, um dessen Wohl Neelix sich kümmert, als die *Voyager* ihn nach einer

165 Raumschiff Enterprise, S3 E16 – Wen die Götter zerstören.
166 Die Enterprise, S2 E4 – Dr. McCoy unter Anklage.
167 Star Trek: Starfleet Academy, S1 E1 – Kids von heute.
168 *McIntyre*, Roman Star Trek – Die erste Mission, S. 7.
169 Raumschiff Enterprise, S1 E24 – Der schlafende Tiger.

Havarie seines Gefangenentransporters in die Arrestzelle eskortiert.[170] Geradezu liebevoll bereitet er Iko eine Mahlzeit zu, die auf einem Rezept von dessen Heimatwelt beruht. Rund achthundert Jahre später hat die Föderation infolge der Naturkatastrophe „Der Brand“ allerdings Schwierigkeiten, die angemessene Versorgung Gefangener zu gewährleisten. Dieser Schluss folgt aus dem Pilotfilm der Serie *Starfleet Academy*.[171] Anisha Mir muss sich nach einer längeren Untersuchungshaft von Nus Braka anhören, dass die Unterernährung ihre Wangenknochen betonen würde. Die rechtlich vorgeschriebene gute Behandlung kollidiert bereits in früheren Jahrhunderten durchaus mit den wenig würdevollen Arrestzellen an Bord von Raumschiffen, die winzig dimensioniert sind und keinerlei Privatsphäre zulassen. Dabei kann es sich jedoch nur um sehr kurzfristige, in der Enge des Raumschiffs begründete Übergangslösungen handeln. Fähnrich Paris verbringt darin eine dreißigtägige Haftstrafe auf der *Voyager* in der entsprechend benannten Episode *Dreißig Tage*.[172] Es ist anzunehmen, dass Captain Janeway bei der Strafzumessung das vorgeschriebene Maximum der Verwahrdauer in einer Arrestzelle ausgeschöpft hat und ein weitergehender Aufenthalt in der Form nicht möglich wäre. Crewman Suder, der eine deutlich längere Freiheitsstrafe auf demselben Schiff zu verbüßen hat, sitzt die Haft schließlich in seinem Quartier ab.[173]

Die Freiheitsstrafe wird im Urteil stets in einer konkreten Dauer bemessen. Doctor Bashirs Vater wird wegen Genmanipulation seines Sohnes zu zwei Jahren in der Strafkolonie auf Neuseeland verurteilt,[174] während Lieutenant Commander Chin-Riley wegen des Verschweigens ihrer Genveränderung ganze zwanzig Jahre drohen.[175] Letzteres erscheint unbillig hart[176] und kann nur der Dramaturgie der Folge geschuldet sein. Es handelt sich jedoch auch nur um die Maximalstrafe, vermutlich sind die Regelstrafen für derartige Verbrechen geringer. Zudem entspricht es dem therapeutischen Ansatz, dass auch die im Urteil angeordnete Haftdauer in der Regel verkürzt werden kann. Darüber entscheidet die Rehabilitationskommission. Beim Besuch von Captain Janeway in der Strafkolonie in Neuseeland spricht sie Tom Paris an mit den Worten:

---

170 Star Trek: Raumschiff Voyager, S7 E13 – Reue.

171 Star Trek: Starfleet Academy, S1 E1 – Kids von heute.

172 Star Trek: Raumschiff Voyager, S5 E9 – Dreißig Tage.

173 Star Trek: Raumschiff Voyager, S2 E16 – Gewalt.

174 Star Trek: Deep Space Nine, S5 E16 – Dr. Bashirs Geheimnis.

175 Star Trek: Strange New Worlds, S2 E2 – Ad astra per aspera.

176 *Kern*, in: Sülter/Kern, Podcast Planet Trek fm, E166 – Strange New Worlds 2.02: Alle reinhören!

> *„Die Rehabilitationskommission ist sehr zufrieden mit Ihrer Arbeit. Sie hat genehmigt, dass ich mit Ihnen über diese Angelegenheit sprechen darf.“*[177]

Sie unterbreitet ihm dann das Angebot, als Beobachter auf ihrer Mission in die Badlands mitzufliegen und in dem Zuge eine verkürzte Haftzeit zu erhalten. Das Angebot ist durchaus eigennützig, da Tom Paris mit der unübersichtlichen Raumregion gut vertraut ist. Es liegt aber auch nahe, dass eine Erprobung während einer Mission der Sternenflotte Teil des Wiedereingliederungsplans der Rehabilitierungskommission ist und die Verantwortung förderlich für die „Heilung“ des Kriminellen ist. Eine deutlich verkürzte Haftzeit sitzt auch Captain Yates ab. Sie wird wegen Schmuggels zu sechs Monaten in einer Strafkolonie verurteilt. Anhand der in den Episoden genannten Sternzeiten und dem Vergleich mit dem nahezu zeitgleich inhaftierten Garak ist jedoch ableitbar, dass sie deutlich früher nach *Deep Space Nine* zurückkehrt.[178] Die vorzeitige Haftentlassung ist eine logische Folge des auf Rehabilitation fokussierten Strafvollzugs. Wenn das Ziel ist, negative Gedanken durch Psychotherapie zu verändern, dann kann die stationäre Behandlung beendet werden, wenn aus therapeutischer Sicht das Ziel erreicht ist.

3. Todesstrafe

Die Todesstrafe ist kein Instrument mehr, das die Föderation der Zukunft regelhaft verwendet. Während diese resolute Form der Strafe auf Drittwelten geradezu gang und gäbe ist,[179] hat sich die Föderation im 24. Jahrhundert komplett von ihr abgewandt. Im 23. Jahrhundert existiert die Todesstrafe noch in einem ganz konkreten Ausnahmefall: dem Anflug des Planeten Talos IV. General Order 7 bestimmt dazu:

> *„Unter keinen Umständen, auch nicht im Notfall, darf ein Raumschiff Talos IV anfliegen. Und wer es dennoch wagt, wird mit dem Tode bestraft.“*[180]

In der englischsprachigen Fassung der Folge *Talos IV – Tabu* präzisiert Captain Kirk noch:

> *„And to do so, is the only death penalty left in our books.“*

Dass diese extreme Ausnahme[181] ausgerechnet an dieses Delikt geknüpft ist, überrascht. Hintergrund sind die Erkenntnisse, die Captain Pike im ur-

177 Star Trek: Raumschiff Voyager, S1 E1 – Der Fürsorger.
178 *Fistrich/Göttling*, Podcast Trek am Dienstag, E444 – Rapture.
179 Siehe unten S. 278.
180 Raumschiff Enterprise, S1 E12 – Talos IV – Tabu, Teil I.
181 *Hillenbrand/Humberg*, Trek minds, S. 112.

sprünglichen Pilotfilm auf dem Planeten gewonnen hat.[182] Dort lebt das Volk der Talosianer, das dazu in der Lage ist, Besuchenden falsche Sinneswahrnehmungen vorzuspiegeln. Die erstellten Scheinrealitäten benutzen die Talosianer, um andere Spezies in einer Art Zoo gefangen zu halten und zu studieren. Auch wenn sich die Talosianer bei der durch Spock erzwungenen Rückkehr der *Enterprise* in der Folge *Talos IV – Tabu* als freundlich und kooperativ erweisen, ist aufgrund der ersten Erfahrungen nicht von der Hand zu weisen, dass jedem Schiff im Orbit von Talos IV große Gefahr droht. Eine abschreckende General Order ist daher durchaus sinnvoll. Warum sie gleich die Todesstrafe zum Inhalt haben muss, um zu sanktionieren, wenn Personen sich freiwillig dieser Gefahr aussetzen, ist fraglich. Der Unrechtsgehalt dürfte vor allem in der Fremdgefährdung anderer Besatzungsmitglieder liegen. Jedoch gibt es durchaus gefährlichere Raumbereiche wie beispielsweise die Sektoren der Gorn oder der Tholianer, auf deren Anflug keine Todessstrafe steht.

Eine zweite Erwähnung der Todesstrafe findet sich in der letzten Episode der Originalserie. Der durch einen Körpertausch entstandene falsche Captain Kirk verlangt darin die Hinrichtung von Doctor McCoy und Lieutenant Commander Scott wegen Meuterei. Lieutenant Sulu kommentiert:

> *„Die Todesstrafe ist verboten. Mit einer Ausnahme.“*[183]

Fähnrich Chekov ergänzt:

> *„Das ist Gesetz Nummer 4. Kein Offizier der Enterprise hat gegen dieses Gesetz verstoßen.“*

Chekov und Sulu bestätigen damit die Information aus *Talos IV – Tabu*, dass es genau ein Delikt gibt, auf das die Todesstrafe steht. Allerdings benennt Chekov Gesetz Nummer 4 bzw. im Original General Order 4, während das Anflugverbot für das Talos-System in General Order 7 geregelt ist. Die Ungenauigkeit dürfte entweder mit mangelnden Rechtskenntnissen des Fähnrichs zu erklären sein oder die Reihenfolge der Vorschriften hat sich zwischen der ersten und der dritten Staffel durch eine Gesetzesnovelle verändert.

Später, in der Zeit von *Raumschiff Enterprise – Das nächste Jahrhundert*, ist die Todesstrafe endgültig abgeschafft. So berichtet es Captain Picard auf einer Außenmission in der Episode *Das Gesetz der Edo.* Er ergänzt:

> *„Wir haben gelernt, die Ursprünge kriminellen Verhaltens aufzuspüren. Die Todesstrafe ist in unserer Welt nicht mehr als wirksame und gerechte Strafe angesehen.“*[184]

182 Raumschiff Enterprise, seinerzeit nicht veröffentlichter erster Pilotfilm – Der Käfig.

183 Raumschiff Enterprise, S3 E24 – Gefährlicher Tausch.

184 Raumschiff Enterprise – Das nächste Jahrhundert, S1 E8 – Das Gesetz der Edo.

Aus diplomatischen Gründen muss sich die Besatzung dennoch den Strafgesetzen der Edo unterwerfen. Für den jungen Wesley Crusher bedeutet dies zunächst, ein Todesurteil zu akzeptieren. Die TV-Folge sollte bewusst den Diskurs über die mögliche Abschaffung der Todesstrafe befeuern, der zu dem Zeitpunkt in den USA gerade aktuell war.[185] Ebenfalls ein Debattenbeitrag zur Thematik ist die später bei *Raumschiff Voyager* angesiedelte Episode *Reue.*[186] Der Plot liest sich wie eine Fallstudie, geschrieben von Kriminologen und Rechtswissenschaftlern.[187] Nach der Havarie eines Gefangenentransporters eskortiert die *Voyager* darin mehrere benkaranische Gefangene und deren Wärter zu ihrer Exekution durch die nygeanische Justiz. Die Crew sympathisiert mit den Todeskandidaten, insbesondere dem wegen Mordes verurteilten Protagonisten Iko. Auf der Krankenstation ermittelt der holographische Doktor, dass Iko an einem Gendefekt leidet, der sein Gehirn beeinflusst. Nach einigen Star-Trek-typischen, leidenschaftlichen Diskussionen beugt sich die Besatzung ihrer Verpflichtung aus der Ersten Direktive, den nygeanischen Schuldspruch zu respektieren. Die Parallelen zur kriminologischen Lage in den USA sind unübersehbar, als angesprochen wird, dass die Benkaraner auf Nygeana deutlich häufiger zum Tode verurteilt werden als andere Spezies.

VI. Rechtfertigungsgründe

Das Strafrecht kennt verschiedene Umstände, warum eine tatbestandliche Straftat im Einzelfall nicht sanktioniert wird. Die bekannteste Ausnahmekonstellation ist die Notwehr.

1. Notwehr und Nothilfe

Gewalt kann gerechtfertigt sein, wenn sie zur Eigenverteidigung erforderlich ist. Auch wenn dem Publikum von *Star Trek* epische Raumschiffschlachten und Phaserduelle in Erinnerung bleiben, bleibt doch festzuhalten, dass die Sternenflotte Zerstörungswaffen so restriktiv einsetzt, wie es möglich ist, ohne das eigene Schiff aufzugeben. Die Sternenflotte schießt grundsätzlich nicht zuerst. Wenn es unumgänglich ist, wird zunächst versucht, gezielt die Waffensysteme oder die Antriebssektion der Aggressoren anzuvisieren. Diese rein defensive Grundhaltung führt dazu, dass die *Enterprise* erst in der 22. Episode der Originalserie ihre Waffen einsetzt und auch das nur zur

185 *Sander*, Das Star Trek Universum, 3. Aufl., Band 1, S. 269.
186 Star Trek: Raumschiff Voyager, S7 E13 – Reue.
187 *Vivona*, Crime and „Repentance", S. 174.

Zerstörung eines Roboterschiffes.[188] Captain Archer hatte sich beim Bau des ersten interstellaren Raumschiffs der Sternenflotte zunächst dafür ausgesprochen, auf eine Bewaffnung gänzlich zu verzichten, auch wenn er in den Weiten des Alls schnell bemerkt, dass dies ein Fehler gewesen wäre.[189] Von der Föderation initiierte Angriffe gibt es so gut wie nicht. Eine Ausnahme bilden allerdings gekaperte Föderationsschiffe. Sowohl die klingonische Übernahme der *Enterprise* im dritten Kinofilm[190] als auch die Invasion der Kazon auf der *Voyager* zeigen,[191] dass Fremde, die ein Föderationsschiff übernehmen, ihr Lebensrecht verwirkt haben. In dem Fall, dem freilich auch ein Angriff der Invasoren vorangegangen ist, kennen Sternenflottenoffiziere keine Gnade.

Handphaser verfügen, anders als die Schiffsbewaffnung, über einen Betäubungsmodus. Zu Beginn einer Außenmission ist es üblich, den Befehl zu geben, die Handfeuerwaffen auf Betäubung einzustellen.[192] Da diese Funktion sehr wirkungsvoll ist, gibt es im Nahkampf fast nie einen Grund, den Zerstörungsmodus zu wählen. Ob ein Phaserschuss im Betäubungsmodus allerdings komplett gesundheitlich unbedenklich ist, ist nicht klar zu beantworten. Der Erfinder des Warpantriebs Doctor Cochrane wird im achten Kinofilm einfach bewusstlos gephasert, um unter Zeitdruck Diskussionen über die Sinnhaftigkeit der Mission abzukürzen.[193] Als hingegen Lieutenant Commander La Forge im Scherz vorschlägt, Data könne seine Katze mit niedriger Einstellung phasern, ist Data entsetzt.[194]

Gezielte Tötungen zum Erreichen eines höheren Ziels sind in der Föderation rechtlich untersagt. Lieutenant Garrett betont im Streamingfilm *Sektion 31*, dass die Sternenflotte keine Auftragsmorde dulde.[195] Die Geheimdienstorganisation namens Sektion 31 hat in dieser Hinsicht allerdings weniger Skrupel. Nur deshalb ist die Klarstellung von Rachel Garrett notwendig. Captain Sisko ist in der denkwürdigen Episode *In fahlem Mondlicht* ebenfalls an einer gezielten Tötungsaktion beteiligt, um die Romulaner mit einer List zur Kriegspartei des Dominion-Krieges zu machen. Er ist sich allerdings, wie sein darauf bezogener Logbucheintrag mehr als verdeutlicht, bewusst, dass sein Handeln rechtswidrig war:

188 *Arnold,* in: Hillenbrand/Humberg, Trek minds, S. 87.
189 Star Trek: Enterprise, S1 E1 – Aufbruch ins Unbekannte, Teil I.
190 Kinofilm Star Trek III: Auf der Suche nach Mr. Spock.
191 Star Trek: Raumschiff Voyager, S3 E1 – Der Kampf ums Dasein, Teil II.
192 Z. B. bei Raumschiff Enterprise, S3 E1 – Spocks Gehirn.
193 Kinofilm Star Trek: Der erste Kontakt.
194 Raumschiff Enterprise – Das nächste Jahrhundert, S7 E9 – Die Raumkatastrophe.
195 Streamingfilm Sektion 31.

> *„Gut, ich log und ich betrog. Ich habe Männer bestochen, damit sie die Verbrechen von anderen Männern decken. Ich leistete Beihilfe zum Mord.“*[196]

Sisko folgt damit, auch wenn er es nicht ausspricht, der vulkanischen Ethik, nach der das Wohl der Vielen das Wohl der Wenigen oder des Einzelnen überwiegt. Diese allgemeine Handlungsmaxime wird wiederholt zitiert, unter anderem in einem Gespräch zwischen Captain Spock und seiner Mutter Amanda zu Beginn des vierten Kinofilms.[197] Da sie tief verwurzelt in der vulkanischen Kultur ist, ist es denkbar, dass die „Das Wohl der Vielen“-Doktrin in die Rechtsordnung der Föderation Eingang gefunden hat. Gezielte Tötungen wie bei Sektion 31 oder bei Captain Sisko sind davon nicht umfasst. Jedoch ist es zulässig, Sternenflottenangehörigen den Befehl zu geben, ihr Leben zu opfern, um die Zerstörung des Schiffs abzuwenden. Lieutenant Commander Troi lernt dies in ihrem Lehrgang zur Befähigung als Brückenoffizierin während der Episode *Radioaktiv*. Ihr Ausbilder Commander Riker verlangt von ihr, in einem holographischen Prüfungsprogramm den simulierten Lieutenant Commander La Forge anzuweisen, einen Bereich zu betreten, der den sicheren Tod bedeutet.[198] Auch bei *Wem gehört Data*[199] schwingt die Frage mit, ob sein „Tod“ gerechtfertigt ist durch den Nutzen der daraus resultierenden Forschung.[200] Dort wird sie letztlich zugunsten des Selbstbestimmungsrechts von Data verneint.

Ein besonders prägnanter Fall ist der Umgang mit dem Offizier Tuvix auf der *Voyager*. Durch einen Transporterunfall entstanden, vereint die Figur die vorherigen Besatzungsmitglieder Neelix und Lieutenant Commander Tuvok.[201] Captain Janeway entscheidet sich schlussendlich, den Vorfall rückgängig zu machen. Dies geschieht gegen den erklärten Willen von Tuvix, der auf sein eigenes Recht auf Leben beharrt. Janeway führt zur Rechtfertigung, Tuvix' Existenz zu beenden, an, dass sie dadurch das Leben der beiden Individuen rettet, die bei dem Unfall vermischt worden sind. Die Konstellation wird in Episodenbesprechungen mit der Rechtsfigur des finalen Rettungsschusses[202] oder des Eisenbahnweichenspiels verglichen.[203] Der finale Rettungsschuss ist die gezielte Tötung von Geiselnehmern durch einen Scharfschützen. Nach deutschem Recht ist er deshalb zulässig, weil der Geiselnehmer durch eigenes rechtswidriges Verhalten die Situation herbeigeführt hat, dass eine

196 Star Trek: Deep Space Nine, S6 E19 – In fahlem Mondlicht.
197 Kinofilm Star Trek IV: Zurück in die Gegenwart.
198 Raumschiff Enterprise – Das nächste Jahrhundert, S7 E16 – Radioaktiv.
199 Raumschiff Enterprise – Das nächste Jahrhundert, S2 E9 – Wem gehört Data?
200 *Lentz/Chaires*, What Color is an Android?, S. 219.
201 Star Trek: Raumschiff Voyager, S2 E24 – Tuvix.
202 *Ronny*, in: Podcast Trekkiepedia, E26 – Recht und Gesetz 2.0.
203 *Fistrich*, in: Fistrich/Göttling, Podcast Trek am Dienstag, E415 – Tuvix.

Nothilfehandlung zu seinen Lasten Rechtsgüter der Geisel schützen würde. Tuvix hingegen kann nichts dafür, dass er nur leben kann, wenn die Existenz zweier Kollegen beendet wird. Das Eisenbahnweichenspiel trifft das Problem deshalb besser. In dem Denkmodell rast ein Zug unaufhaltsam auf ein Gleis zu, auf dem mehrere Personen gefesselt liegen. Sie werden sicher sterben, wenn nicht der Weichenwärter den Zug auf ein anderes Gleis umlenkt. Auf diesem anderen Gleis liegt jedoch eine Einzelperson gefesselt, die in dem Fall sicher sterben würde. Nach der vulkanischen „Das Recht der Vielen"-Doktrin ist ein Eingreifen des Weichenwärters zulässig und geboten, weil dadurch im Ergebnis weniger Menschen sterben. Nach der Linie des Bundesverfassungsgerichts wäre ein Eingreifen des Weichenwärters hingegen verboten. In seiner Entscheidung zum Luftsicherheitsgesetz hat es deutlich gemacht, dass menschliches Leben nicht gegen das Leben anderer Personen abwägbar ist und die Anzahl der betroffenen Personen dabei keine Rolle spielt.[204] Hintergrund war ein Bundesgesetz, das die Bundeswehr zum Abschuss entführter Passagierflugzeuge ermächtigt hätte, um zu verhindern, dass diese bewusst auf belebte Ziele gesteuert werden.

2. Sterbehilfe

Ob es zulässig ist, Personen beim Ableben zu unterstützen, die selbst darum bitten, ist nach dem Föderationsrecht nicht klar zu beantworten. Captain Janeway unternimmt eine entsprechende Rechtsrecherche in der Episode *Todessehnsucht.*[205] Quinn vom Volk der Q erbittet darin Asyl auf der *Voyager* mit dem Ziel, Suizid zu begehen. Bei seiner Spezies ist dies verboten. Captain Janeway berichtet als Ergebnis ihrer Nachforschungen, dass das einzige rechtliche Material in der Föderation zu Sterbehilfe Schriften zum Doppeleffektprinzip aus dem boleanischen Mittelalter sind. Nach dem Doppeleffektprinzip ist Sterbehilfe zulässig, wenn dadurch Leid in Form von Gebrechen oder Schmerzen gelindert wird. Mehr Literatur ist laut Janeway nicht auffindbar.

Die rechtliche Unklarheit deckt sich mit der uneindeutigen ethischen Grundhaltung in der Bevölkerung. In der Episode *Die Operation* bei *Raumschiff Enterprise – Das nächste Jahrhundert* erleidet Lieutenant Worf eine Querschnittslähmung. Gemäß den Traditionen der Klingonen für einen solchen Umstand bittet er Doctor Crusher darum, sein Leben zu beenden. Der Todeswunsch trifft bei allen auf dem Raumschiff auf Unverständnis.[206] Als vollkommen unterstützenswert stellt die spätere Serie *Star Trek: Picard* hingegen den Wunsch von Lieutenant Commander Data dar, dass seine Existenz

204 BVerfGE 115, 118 – Luftsicherheitsgesetz.
205 Star Trek: Raumschiff Voyager, S2 E18 – Todessehnsucht.
206 *Sander*, Das Star Trek Universum, 3. Aufl., Band 1, S. 506.

beendet wird.[207] Der Wunsch, als künstliche Lebensform den Tod erfahren zu dürfen, ist ein zentraler Handlungsbogen der ersten Staffel. Differenziert und kontrovers behandelt der fünfte Kinofilm die Thematik. Der Vulkanier Sybok ruft in diversen Crewmitgliedern traumatische Erinnerungen hervor, um sie von dem damit verbundenen Schmerz zu befreien.[208] Im Fall von Doctor McCoy handelt es sich um die Sterbeszene seines Vaters, der ihn anfleht: „*Erlöse mich!*" McCoy kommt dem Wunsch nach, das Ereignis verfolgt ihn jedoch fortan sein ganzes Leben. In der Urfassung des Drehbuchs stand stattdessen der Satz: „*Töte mich!*" DeForrest Kelly, der Darsteller des Bordarztes, sprach sich jedoch dafür aus, die Passage abzumildern, um die Kontroverse um Sterbehilfe in den USA nicht weiter anzuheizen.[209]

Ein verwandtes Thema ist die Selbstbestimmung von Patientinnen und Patienten im Koma über lebensnotwendige medizinische Behandlungen. Dazu ist die Rechtslage der Föderation eindeutiger als zur Sterbehilfe. Auf *Deep Space Nine* erlebt Captain Sisko *Heilige Visionen* in der gleichnamigen Episode.[210] Diese überfordern seinen Körper gesundheitlich. Als er schließlich im Koma liegt, kann nur ein operativer Eingriff sein Leben retten. Sisko hatte sich zuvor klar gegen einen solchen Eingriff positioniert, damit die Visionen nicht abreißen. Als er sich nicht mehr persönlich äußern kann, ordnet der zuständige Admiral die Operation an. Doctor Bashir erklärt, dafür die ausdrückliche Zustimmung eines engen Verwandten zu benötigen. Der Sohn Jake stimmt schließlich zu.

3. Klingonischer Blutrausch

Im irdischen Recht der Gegenwart ist der Grundsatz anerkannt, dass nicht bestraft wird, wer zur Tatzeit nicht Herr seiner oder ihrer Sinne war. Die §§ 20 und 21 des Strafgesetzbuchs regeln die entsprechende vollständige oder teilweise Schuldunfähigkeit, wenn der Täter oder die Täterin bei Begehung der Tat unfähig ist, das Unrecht der Tat einzusehen. Gründe dafür können krankhafte seelische Störungen oder auch Drogenkonsum sein.

Bei Klingonen gibt es das Phänomen des Blutrausches. Angehörige der Spezies können im Kampf in einen solchen Zustand geraten. Sie lechzen dann triebgesteuert danach, andere zu töten. Zur Sprache kommt der Blutrausch, als Lieutenant Commander Worf sich auf *Deep Space Nine* einer Verhandlung unterziehen muss, ob er an die Justiz des Klingonischen Reiches ausgeliefert wird.[211] Anlass ist die vermeintliche Zerstörung eines

207 Star Trek: Picard, S1 E10 – Et in Arcadia Ego, Teil II.
208 Kinofilm Star Trek V: Am Rande des Universums.
209 *Smith*, in: Prahl/Sülter/Walch, Die Star Trek Chronik, Band 2, S. 61.
210 Star Trek: Deep Space Nine, S5 E10 – Heilige Visionen.
211 Star Trek: Deep Space Nine, S4 E18 – Das Gefecht.

klingonischen Passagierschiffs durch einen Phaserschuss der *Defiant* unter dem Kommando von Worf. Advokat Chipok, der als klingonischer Ankläger fungiert, versucht, den Nachweis zu erbringen, dass Worf im Blutrausch gehandelt hat. Allerdings scheint der Blutrausch im klingonischen Recht nicht die Entlastung zur Folge zu haben, sondern genau das Gegenteil. Die Tötung unbeteiligter Zivilisten im Blutrausch wird in der Folge als etwas Schwerwiegenderes dargestellt als die bloße fahrlässige Tötung. Am Ende kann die Einordnung dahinstehen, weil sich herausstellt, dass das Klingonische Reich die Beweise gefälscht hatte und gar kein Passagierschiff betroffen war.

H. Dienstrecht der Sternenflotte

Die meisten Vorschriften, die bei Star Trek zitiert werden, sind Regularien für das Personal der Sternenflotte. Dies liegt zunächst an der schlichten Ausgangslage, dass die Handlungen weit überwiegend auf Schiffen und Raumstationen dieser Institution angesiedelt sind. Ein zweiter Grund ist, dass der Berufsalltag in der Sternenflotte stark durchreguliert ist. Die Flotte unterscheidet sich darin stark vom zivilen Leben in der Föderation. Ihre Bürgerinnen und Bürger genießen große Freiheiten. Der starke Zusammenhalt und die generelle Grundhaltung der Vernunft und des Vertrauens haben die Konsequenz, dass auf den Mitgliedswelten relativ wenige Regeln notwendig sind. Auf Raumschiffen ist dies anders. Die Isoliertheit einer überschaubaren Mannschaft, die räumliche Enge und die begrenzten Ressourcen erfordern klare Leitplanken des Zusammenlebens. Zugleich sind es auch die Gefahren interstellarer Reisen, die ein verstärktes Bedürfnis nach detaillierter Regulierung erforderlich machen. Einzelnen Entscheidungstragenden wird damit ein Stück weit die Verantwortung genommen, völlig ungeleitet Wege zu beschreiten, die die Mannschaft im Ganzen gefährden.

Das Dienstrecht der Sternenflotte setzt allgemeine Vorgaben, die in der militärischen Struktur durch Befehle konkretisiert werden. Wer sich für den Dienst auf einem Raumschiff entscheidet, unterwirft sich bewusst dem Hierarchiesystem. Bei gleichzeitiger Betonung, dass in der Überflusswirtschaft niemand zu abhängiger Arbeit angehalten wird, persönliche Entfaltung essenziell ist und die Gesellschaft auf freiwilliger Kooperation basiert, bildet die Kommandostruktur der Sternenflotte einen Gegenentwurf. Nur durch strikte Regeln und unbedingten Gehorsam kann nach der konsequenten Darstellung bei Star Trek ein Raumschiff funktionieren. Im Vorwort des von Gene Roddenberry persönlich verfassten Romans zum ersten Kinofilm stellt der Autor die Sternenflotte als einen besonderen Schlag von Menschen dar, denen die Eingliederung in eine Struktur besser liegt als die – den übrigen Advanced Humans wichtige – freie Entfaltung ihrer Individualität.[1]

Befehle der Vorgesetzten haben deshalb in der Sternenflotte einen überragenden Stellenwert. Sie werden im Normalfall nicht hinterfragt, selbst wenn Führungskräfte ihren Untergebenen befehlen, ihr Leben zu opfern. Dies lernt Lieutenant Commander Troi in ihrem Brückenkommandotraining, als sie in einem holographischen Trainingsprogramm einem Offizier befehlen muss, Reparaturarbeiten in einer verseuchten Umgebung durchzuführen.[2] Auch eindeutig rechtswidrige Befehle werden aus Loyalitätsgründen mitgetragen. Von der Anweisung von Captain Kirk im sechsten Kinofilm,

1 *Roddenberry*, Roman Star Trek – Der Film, S. 6; siehe dazu oben S. 23.
2 Raumschiff Enterprise – Das nächste Jahrhundert, S7 E16 – Radioaktiv.

die Impulstriebwerke innerhalb des Raumdocks zu verwenden,[3] bis zum Diebstahl der *Enterprise* im dritten Kinofilm[4] zieht sich die Erkenntnis durch, dass Captains einen weiten faktischen Spielraum haben, der von ihrer Mannschaft mitgetragen wird. Wann immer ein Admiral einen Befehl gibt, sucht der Captain hingegen typischerweise nach Wegen, wie er ihn umgehen kann.[5] Klassische Beispiele sind die Teilnahme der *Enterprise* an der Schlacht mit dem Borg-Kubus im achten Kinofilm entgegen der ausdrücklichen Order, sich dem Konflikt fernzuhalten,[6] oder die Ansage von Admiral Dougherty im neunten Film, die Raumregion um Ba'Ku zu verlassen.[7]

Die Tendenz, Befehle mitunter auch entgegen der Gesetze der Sternenflotte zu erteilen, ändert nichts an der generellen Rechtslage, dass Offizierinnen und Offiziere an das Recht gebunden sind. Entscheidungen der Captains haben sich im Einklang mit allen nachfolgend dargestellten Direktiven sowie mit dem Diensteid zu bewegen. Captain Janeway erinnert ihren Kollegen Captain Ransom in der Episode *Equinox* an dessen Schwur:

> *„Sie hätten sich an den Eid halten sollen, den Sie als Sternenflottenoffiziere geleistet haben, Leben zu erforschen, nicht zu zerstören.“*[8]

Der Eid beschränkt sich nicht auf die dem Wortlaut nach enthaltene Pflicht, kein Leben zu töten. Die Aufforderung zur Erforschung anstelle der Zerstörung weist auch auf die Erste Direktive hin, als stiller Beobachter die natürliche Entwicklung fremder Spezies nicht zu zerstören. Die Achtung allen Lebens ist auch ein Grundwert der Föderation, wonach Xenophobie in jeder Form abzulehnen ist. So kann rassistisches Verhalten die unehrenhafte Entlassung aus der Sternenflotte zur Folge haben.[9] Aus diesem Grund ist Fähnrich Kim im Pilotfilm von *Star Trek: Voyager* so alarmiert, als der Barkeeper Quark ankündigt, die Sternenflotte über Vorurteile gegenüber den Ferengi zu melden, die Kim zuvor geäußert hatte.[10] Das Bekenntnis zur unendlichen Mannigfaltigkeit des Lebens in unendlicher Kombination[11] erinnert an die Kompatibilität mit der freiheitlich-demokratischen Grundordnung, die alle deutschen Beamtinnen und Beamten aufzuweisen haben.

---

3 Kinofilm Star Trek VI: Das unentdeckte Land.
4 Kinofilm Star Trek III: Auf der Suche nach Mr. Spock.
5 *Sülter*, in: Sülter/Kern, Podcast Planet Trek fm, E217 – Schlaft, ihr Gorn, wie die Motten im Licht.
6 Kinofilm Star Trek: Der erste Kontakt.
7 *Dillard*, Roman Star Trek: Der Aufstand, S. 60.
8 Star Trek: Raumschiff Voyager, S5 E26 – Equinox, Teil I.
9 *McIntyre*, Roman Star Trek – Die erste Mission, S. 196.
10 Star Trek: Raumschiff Voyager, S1 E1 – Der Fürsorger.
11 Zu diesem vulkanischen Ethik- und Rechtsgrundsatz siehe oben S. 92.

I. Starfleet General Orders

Die wichtigsten Regelungen der Sternenflotte sind in den sogenannten Starfleet General Orders enthalten. Es handelt sich dabei um allgemeine Befehle des Sternenflottenkommandos, an die sich grundsätzlich alle Captains zu halten haben. Sie sind insbesondere heranzuziehen, wenn keine Rücksprache mit der Admiralität möglich ist. An einer solchen grundsätzlich gebotenen Rücksprache ist ein Raumschiff beispielsweise gehindert, wenn es, wie die *Voyager* und die *Equinox*, in einer entfernten Weltraumregion unterwegs ist. Entsprechend ziehen die Captains der beiden Schiffe die General Orders heran, um auf Grundlage übergeordneter Regeln Meinungsverschiedenheiten zu klären.[12] Ein weiterer Grund für den Verzicht auf Rücksprache mit dem Sternenflottenkommando vor gewichtigen Entscheidungen kann die Eilkompetenz des Captains sein, wenn eine Handlung keinen Aufschub duldet.[13]

Die englischsprachige Originalbezeichnung als Starfleet General Orders ist vorzugswürdig gegenüber der deutschen Synchronisation, weil Letztere weder präzise noch konsequent ist. Im Deutschen werden wechselnde Formulierungen wie „Generalvorschrift", „Gesetze der Sternenflotte" oder „unsere Regeln" verwendet. Die General Orders enthalten die Direktiven der Sternenflotte. Direktiven sind einzelne Paragraphen innerhalb des Regelwerks der General Orders. Sowohl die Episode *Das Standgericht* bei *Raumschiff Enterprise – Das nächste Jahrhundert* als auch *Ad astra per aspera* in der Serie S*tar Trek: Strange New Worlds* klären darüber auf, dass die berühmte Erste Direktive die General Order Nummer 1 ist.[14] Welche Nummer die übrigen bekannten Direktiven tragen, ist nicht bekannt. Jedoch ergibt sich aus dem Zusammenhang, dass alle sogenannten Direktiven zum Katalog der General Orders zählen.

Davon zu unterscheiden sind Starfleet Orders, die allgemein vorformuliert sind, aber im Einzelfall konkret angeordnet werden müssen. Beispielsweise befiehlt Admiral Kirk während des V'Ger-Zwischenfalls im ersten Kinofilm Lieutenant Commander Scott:

> *„Bereiten Sie sich darauf vor, die Starfleet-Order zwei null null fünf auszuführen.*"[15]

Gemeint ist die Aktivierung der Selbstzerstörung der *Enterprise*. Indem Kirk lediglich den Zahlencode per Funk durchgibt, spart er sich die Spezifizierung des Modus der Selbstzerstörung, der Dauer des Countdown usw.

12 Star Trek: Raumschiff Voyager, S5 E26 – Equinox, Teil I.

13 *Reeves-Stevens/Reeves-Stevens*, Roman Die erste Direktive, S. 192 f.

14 Raumschiff Enterprise – Das nächste Jahrhundert, S4 E21 – Das Standgericht; Star Trek: Strange New Worlds, S2 E2 – Ad astra per aspera.

15 *Roddenberry*, Roman Star Trek – Der Film, S. 213.

Zudem ermöglicht ihm der Rückgriff auf den vorformulierten Code, den Befehl anzuordnen, ohne dass die KI V'Ger von seinem Vorhaben Kenntnis erlangt.

1. Erste Direktive

General Order 1 trägt die Bezeichnung Erste Direktive. Die im englischen konsequent Prime Directive genannte Vorschrift wird teilweise auch übersetzt als Oberste Direktive, Hauptdirektive, erste allgemeine Direktive oder Nichteinmischungsdirektive. Die Existenz der Regelung ist bereits Kerngegenstand diverser Episoden in der Originalserie der 1960er Jahre. Ihr genauer Wortlaut wird erstmals im Jahr 2023 zitiert in der Episode *Ad astra per aspera* der Streamingserie *Strange New Worlds.* Admiral April wird im Zeugenstand des Strafverfahrens gegen Lieutenant Commander Chin-Riley dazu aufgefordert, die General Order 1 zu benennen. Er antwortet darauf:

> „*Kein Raumschiff darf die normale Entwicklung fremder Lebensformen oder Gesellschaften beeinflussen.*"[16]

Vor der noch relativ jungen Einführung dieser Formulierung war der Sinngehalt der Ersten Direktive ableitbar anhand von Einzelfällen ihrer Auslegung sowie abstrakter Umschreibungen, wie sie beispielsweise Captain Picard im Kinofilm *Der Aufstand* ausspricht:

> „*Bei meinem Volk gibt es ein Prinzip, das uns Einmischung in die Angelegenheiten anderer Kulturen verbietet. Es ist unsere Erste Direktive.*"[17]

Die Ba'Ku Anij entgegnet ihm darauf richtigerweise:

> „*Offenbar hindert Ihre Erste Direktive Sie nicht daran, andere Kulturen auszuspionieren.*"

Der Wortwechsel trifft das Wesen der Ersten Direktive recht prägnant. Die zum Zweck der Forschung gegründete Sternenflotte entsendet Raumschiffe in die Galaxie, um Erkenntnisse über alle Lebensformen zu gewinnen, auf die sie bei ihren Missionen treffen. Der Wissenszuwachs ist dabei jedoch einseitig, wenn fremde Spezies nicht in der Lage sind, der Föderation auf Augenhöhe zu begegnen. Sind sie deutlich unterentwickelt, hat die Sternenflotte ihre Studien auf eine verdeckte Art durchzuführen, sodass die entdeckte Gesellschaft keine Hinweise darauf erhält, beobachtet zu werden. Ist der fremden Spezies bereits bekannt, dass weitere Zivilisationen außerhalb ihres Planeten existieren, so darf die Sternenflotte sich zu erkennen geben, aber dennoch nicht ohne Weiteres in die natürliche Entwicklung eingrei-

---

16 Star Trek: Strange New Worlds, S2 E2 – Ad astra per aspera.
17 *Dillard*, Roman Star Trek: Der Aufstand, S. 77.

fen. Das Konzept ist antikolonialistisch.[18] Auswirkungen der Ausbreitung der Menschheit auf Kultur und Entwicklung anderer Spezies sind zu vermeiden.[19] Die Präsenz der Sternenflotte ist daher so zu gestalten, dass ein Kulturschock vermieden wird, der beispielsweise bei der Konfrontation mit einer überlegenen Technologie zu erwarten wäre.[20] In der Praxis kann die Befolgung dieses Grundsatzes zuweilen herausfordernd sein. Daher bildet der leidenschaftliche Diskurs um die Erste Direktive den Mittelpunkt zahlreicher Episoden insbesondere um die Crews der Captains Kirk und Picard, in denen sowohl Einmischung als auch Nichteinmischung moralisch heikel erscheinen.[21]

a) Kontaktverbot zu Prä-Warp-Zivilisationen

Der oben zitierte allgemeine Rechtssatz zieht in seiner Auslegung verschiedene Fallgruppen nach sich. Je nachdem, wie weit entwickelt die betreffende Zivilisation ist, desto stärker darf die Föderation auf sie einwirken. Am deutlichsten ist diese Anforderung in Bezug auf Gesellschaften, die noch keine Kenntnis davon haben, dass es außerhalb des Heimatplaneten weiteres Leben gibt. Die Schwelle zum entsprechenden Wissen ist normalerweise dann erreicht, wenn die betreffende Spezies den Warpantrieb oder eine andere technische Möglichkeit entwickelt, um interstellare Reisen mit Überlichtgeschwindigkeit vorzunehmen. Eine andere Möglichkeit, wie ein weniger entwickeltes Volk Kenntnis von außerplanetarem Leben erhalten kann, ist die Erfindung von Sensortechnologie, mit der fremde Signale aufgefangen werden können.

In diesen Fällen darf die Föderation sich nicht zu erkennen geben. Wenn das Volk durch eigene Bemühungen die Erkenntnis gewinnt, dass es andere Planeten mit intelligentem Leben gibt, kann auf dem Kommunikationsweg ein gleichberechtigter Dialog begonnen werden. Eine dritte Möglichkeit, wie die Bevölkerung einer Welt von der Existenz weiteren Lebens erfahren kann, ist die Kontaktaufnahme durch eine dritte Macht, die der Föderation zuvorkommt. Beispielsweise stellt der Comic *Star Trek: Picard – Countdown* eine romulanische Kolonie vor auf einem Planeten mit einer einheimischen, dort entstandenen Spezies.[22] Die romulanischen Kolonialherren koexistieren mit diesem nicht warpfähigen Volk und nutzen seine Mitglieder für Hilfsarbeiten aus. Als Admiral Picard den Planeten aufsucht, ist es für

18 *Chaires/Chilton*, Star Trek Visions of Law and Justice, S. 22.

19 *Dillard*, Roman Star Trek: Der Aufstand, S. 61.

20 *McIntyre*, Roman Star Trek – Die erste Mission, S. 315; s. a. *Sander*, Das Star Trek Universum, 3. Aufl., Band 1, S. 15.

21 *Hillenbrand/Humberg*, Trek minds, S. 111.

22 *Beyer/Johnson*, Comic Star Trek Picard Countdown, S. 23.

ihn zulässig, mit der Spezies Kontakt aufzunehmen, weil ihr bereits bekannt ist, dass fremdes Leben wie das der Romulaner existiert.

Ist die betreffende Zivilisation noch nicht auf dem Entwicklungsstand, fremdes Leben in der Galaxie zu kennen, sind Kontaktaufnahmen zu Studienzwecken sind durchaus möglich. Die lokale Bevölkerung darf dabei jedoch keinen Hinweis darauf erhalten, dass Besuch von außerhalb anwesend ist.[23] Solche verdeckten Informationserhebungen können im Wesentlichen auf drei Arten erfolgen. Zunächst sind Auswertungen durch Raumschiffe und Sonden im Orbit möglich, die planetare Signale abfangen sowie Scannertechnologie einsetzen. Des Weiteren ist Präsenz auf dem Planeten unter Einsatz von Tarntechnologie möglich. Eine dritte Option ist die Exkursion durch Personal der Sternenflotte auf dem Planeten, wenn dieses durch plastische Chirurgie oder durch Gesichtsmaskierung den Eindruck erweckt, Angehörige der einheimischen Spezies zu sein. Eine getarnte Beobachtungsstation ist beispielsweise im Kinofilm *Der Aufstand* zu sehen. Versteckt in einem Bergmassiv des Planeten Ba'Ku oberhalb der zentralen Siedlung hat sich ein Team aus Forschenden niedergelassen, um die Interaktionen der lokalen Bevölkerung zu studieren.[24] Von dieser zentralen Basis aus unternehmen zudem Offiziere wie Lieutenant Commander Data in Tarnanzügen Missionen innerhalb der Siedlung. Für die Bevölkerung komplett unsichtbar bewegen sie sich durch das Dorf. Zum Zeitpunkt der Konstruktion der getarnten Basis ging die Sternenflotte davon aus, dass es sich bei den Ba'Ku um eine nicht warpfähige Spezies handeln würde. Erst später ermittelt Captain Picard, dass die Ba'Ku vor mehreren Jahrhunderten den Warpantrieb entwickelt hatten, jedoch mittlerweile aus freien Stücken auf Technologie verzichten. Eine vergleichbare getarnte Beobachtungsbasis unterhält die Föderation auch auf Mintaka III. Captain Picard und die *Enterprise* kommen der Einrichtung in der Episode *Der Gott der Mintakaner* zur Hilfe, als die Tarnvorrichtung ausgefallen ist.[25] Zur Wahrung der Ersten Direktive kommen optisch angepasste Sternenflottenoffiziere zum Einsatz, die aussehen wie Mintakaner. Sie versuchen erfolglos, am Einwohner Liko eine Gedächtnisveränderung vorzunehmen, damit seine Beobachtungen des Einsatzes der Transportertechnologie keinen dauerhaften Eingang in die örtliche Kultur erhalten. In der Originalserie ist es Professor Gill, den die Föderation in der Episode *Schablonen der Gewalt* zu Studienzwecken in eine Gesellschaft unterhalb der Warpschwelle entsendet.[26] Auch er erhält den klaren Auftrag, sich nicht einzumischen. Aufgrund der optischen Ähnlichkeit der örtlichen Bevölkerung zu Menschen erscheint diese Aufgabe zunächst machbar. Je-

23 *Reeves-Stevens/Reeves-Stevens*, Roman Die erste Direktive, S. 167 f.

24 Kinofilm Star Trek: Der Aufstand.

25 Raumschiff Enterprise – Das nächste Jahrhundert, S3 E4 – Der Gott der Mintakaner.

26 Raumschiff Enterprise, S2 E21 – Schablonen der Gewalt.

doch unternimmt Gil mehrere gut gemeinte Eingriffe, die sich jeweils verselbstständigen. Schlussendlich entwickelt sich gerade aufgrund der Einmischungen eine Diktatur nach Vorbild und in der Optik des irdischen Dritten Reiches auf dem Planeten. Captain Kirk und Lieutenant Commander Spock statten dem Planeten einen Besuch ab und beobachten, wie ein Einheimischer von den dortigen SS-Truppen verprügelt wird. Spock erwähnt die Nichteinmischungsdirektive, die beide davon abhält, dem Opfer zu helfen. Als ihnen jedoch klar wird, dass das Nazi-Regime ausgerechnet durch eine Verletzung der Ersten Direktive entstanden ist, sehen sie sich befugt, in das Staatsgefüge korrigierend einzugreifen.

Kontrovers diskutiert werden die Auswirkungen des Kontaktverbots, wenn die betreffende Zivilisation vor der Auslöschung steht und nur ein externer Eingriff sie davor bewahren kann. In diesen Episoden zeigen sich die oftmals absurden Züge der Ersten Direktive.[27] Die Folge *Brieffreunde* präsentiert beispielsweise eine Ausgangslage, in der eine geologische Katastrophe, die die *Enterprise* verhindern könnte, die Bevölkerung von Drema IV bedroht. Captain Picard lehnt zunächst einen Eingriff ab unter Verweis auf die Erste Direktive, billigt eine Rettungsaktion jedoch später.[28] Derartige Eingriffe können durchaus zulässig sein. Ein Kriterium dafür ist, dass die Gefahr für die Spezies von außen kommt, also nicht durch das Volk selbst verursacht ist. Im Gegenteil kann ein Eingriff dann gerade dazu führen, dass die natürliche Entwicklung sichergestellt wird, anstatt durch externen Einfluss beendet zu werden. Ein zweites Kriterium ist, dass die betreffende Prä-Warp-Spezies nicht mitbekommt, dass sie durch eine außerplanetare Macht gerettet wird. Deutlich wird dies beispielsweise im Kinofilm *Into Darkness.* Im Prolog des Films steht ein Vulkan kurz davor, bei einem Ausbruch die weißhäutigen, indianisch anmutenden Eingeborenen zu vernichten.[29] Die *Enterprise* ist für die Rettungsmission auf dem Grund des Ozeans versteckt. Von dort aus beamt sie Commander Spock in einem Schutzanzug direkt in den Schlund des Vulkans, damit er den Ausbruch mithilfe eines technischen Geräts stoppt. Das Leben Spocks kann dabei aber nur gerettet werden, indem die *Enterprise* vor den Augen der Eingeborenen aus dem Ozean auftaucht und zum Vulkan fliegt. Mr. Spock ist entsprechend entsetzt, dass für seine Rettung die nachhaltige Beeinflussung der örtlichen Kultur in Kauf genommen wurde. Erfolgreicher ist hingegen die Besatzung der *Protostar* in der Animationsserie *Prodigy.* In der Episode *Asyl* erhält sie den Auftrag, vom Aussterben bedrohte Tiere zu retten auf einem Planeten, dessen humanoide

27 *Chaires/Chilton*, Star Trek Visions of Law and Justice, S. 23.
28 Raumschiff Enterprise – Das nächste Jahrhundert, S2 E15 – Brieffreunde.
29 Kinofilm Star Trek: Into Darkness.

Bevölkerung nicht warpfähig ist.[30] Da die Humanoiden die Mission nicht bemerken, ist der Eingriff durch die *Protostar* rechtlich unproblematisch.

b) Weitergabeverbot für Technologie

Hat eine Spezies die Entwicklungsstufe erlangt, die ihr die Kenntnis bringt, nicht alleine im Universum zu sein, darf die Föderation Kontakt zu ihr aufnehmen. Auch in der Konstellation gebietet es die Erste Direktive jedoch, die Entwicklung des Volkes nicht zu beeinflussen. Ein Austausch ist möglich, weil das Volk die Fähigkeit dazu selbst erreicht hat. Jedoch verbietet es die Nichteinmischungsdirektive, dem Volk hoch entwickelte Technologie zu überlassen, die es nicht selbst in ähnlicher Art erfunden hat. Auf dieser Basis zerstört Captain Janeway im Pilotfilm von *Raumschiff Voyager* die Phalanx des Fürsorgers, damit sie nicht den Kazon in die Hände fällt.[31] Die Kazon verfügen selbst über warpfähige Raumschiffe, stehen jedoch als kriegerische Rasse in ihrer gesellschaftlichen Entwicklung nicht auf derselben Stufe wie die Föderation. Auch technologisch sind sie weniger entwickelt, haben beispielsweise keine Replikatortechnologie. Janeway geht den Schritt der Zerstörung der Phalanx, damit die Kräfteverhältnisse in der Raumregion nicht verändert werden. Nachvollziehbar ist der Schritt nicht. Hätten die Kazon die Phalanx erobert, wäre die *Voyager* dafür nicht ursächlich gewesen, sondern alleine der unvermeidliche Tod des Fürsorgers an Altersschwäche. Insofern ist gerade die Zerstörung der Phalanx durch Janeway ein Verstoß gegen die Erste Direktive.[32] Anderthalb Staffeln später in der Episode *Allianzen* sieht sich Janeway auf der Friedenskonferenz von Sobras mit Forderungen der Kazon konfrontiert, ihnen Technologie zu überlassen. Sie lehnt unter Verweis auf die Erste Direktive ab.

Das Verbot der Weitergabe von Technologie ist auch der Grund, warum die Diskussektion der *Enterprise-D* nach ihrem Absturz auf Veridian III im siebten Kinofilm[33] mit immensem Aufwand geborgen wurde. Dies teilt Commodore La Forge in der vorletzten Episode der Serie *Star Trek: Picard* mit.[34] Demnach existiert auf einem Nachbarplaneten desselben Sonnensystems eine noch unterentwickelte humanoide Spezies, die voraussichtlich in der ferneren Zukunft das Potenzial zur Raumfahrt entwickeln wird. Würde diese Spezies auf die Überreste der *Enterprise* treffen, wäre die Erste Direktive doppelt verletzt: Zum einen würde die Gesellschaft dadurch bereits vor dem Erlangen der Warpfähigkeit Kenntnis von interstellarem Leben er-

30 Star Trek: Prodigy, S1 E11 – Asyl.

31 Star Trek: Voyager, S1 E2 – Der Fürsorger, Teil II.

32 *Witte*, Kathryn Janeway gehört das Kapitänspatent entzogen, Rheinische Post v. 10.01.2025.

33 Kinofilm Star Trek: Treffen der Generationen.

34 Star Trek: Picard, S3 E9 – Võx.

halten, zum anderen würde die in der *Enterprise* verbaute Technologie ihre weitere technische Entwicklung prägen.

c) Einmischungsverbot in gesellschaftliche Strukturen

Eine weitere Ausprägung der Ersten Direktive ist das Verbot, gesellschaftliche Strukturen durch Eingriffe zu verändern. Etabliert wird es in der Episode *Die Stunde der Erkenntnis.* Captain Kirk und Lieutenant Commander Spock besuchen mit einem Landetrupp eine offenkundig nicht warpfähige Spezies.[35] Dennoch berichtet Kirk ihnen ganz offen, dass er von einem anderen Stern komme. Erst später stellt sich heraus, dass die Spezies von einer hochentwickelten, gottgleichen Maschine namens Vaal gelenkt wird. Vaal gibt dem Volk alles, was es benötigt, während es sich vollständig in die Abhängigkeit von Vaal begibt. Unweigerlich beginnt die Besatzung der *Enterprise* darüber zu diskutieren, ob die Gesellschaft aus der Versklavung zu retten ist. Doctor McCoy spricht sich für eine Einmischung aus:

> „*Es gibt absolute Werte, Mr. Spock, eines davon ist das Recht auf ein freies Leben aller Humanoiden dieses Universums und das Recht auf Voraussetzungen, die eine freie Entfaltung ermöglichen.*“[36]

Mr. Spock entgegnet:

> „*Es hat aber auch jeder das Recht zur Wahl des Systems, das ihm am meisten zusagt.* […] *Das Volk aus der Abhängigkeit zu befreien, wäre ein klarer Verstoß gegen die Nichteinmischungsbestimmung des Raumkommandos.*“

Der Verlauf der Diskussion verdeutlicht eine Unsicherheit, wie sich das Raumkommando in dem Fall entscheiden würde. Captain Kirk entschließt sich letztlich dafür, Vaal zu zerstören. Diese maximale Einmischung verändert die Entwicklung des versklavten Volkes fundamental. Er begründet den Schritt damit, dass wegen der Kontrolle durch Vaal seit Tausenden Jahren die natürliche Entwicklung zum Stillstand gekommen sei und er sie nun wieder ermöglichen wolle. Kirk belehrt die Gesellschaft, sie werde nun lernen zu arbeiten, zu lieben und sich eigenständig fortzupflanzen. Doctor McCoy resümiert:

> „*Wir brachten diese Wesen zurück auf den Kurs der normalen Entwicklung.*“

Spocks weiterhin vorhandene Kritik wischt Kirk mit einem Witz hinweg. Es bleibt der Eindruck, dass die Freiheit, sich eigenständig zu entwickeln,

35 Raumschiff Enterprise, S2 E5 – Die Stunde der Erkenntnis.
36 Raumschiff Enterprise, S2 E5 – Die Stunde der Erkenntnis.

nur besteht, wenn die Richtung der Entwicklung durch die Föderation erwünscht ist.[37]

Auch die Entfernung des Volkes der Ba'Ku im Kinofilm *Der Aufstand* vom gleichnamigen Planeten wird vor dem Hintergrund der Ersten Direktive diskutiert. Die Sternenflotte unternimmt den Versuch der Umsiedelung mit dem Ziel, Ressourcen ihrer Welt auszubeuten. Admiral Dougherty rechtfertigt das Unterfangen mit den Worten:

> *„Bei den Ba'Ku handelt es sich keineswegs um eine einheimische Lebensform. Sie waren nie dazu bestimmt, unsterblich zu sein. Wir sorgen nur dafür, daß die Evolution wieder den normalen Verlauf nimmt.* [...] *Es leben sechshundert Personen auf dem Planeten. Wir können die regenerativen Eigenschaften der Strahlung nutzen, um Milliarden zu helfen.*"[38]

Die Ausführungen deuten an, dass die Erste Direktive abwägungsoffen sein könnte im Sinne der vulkanischen Doktrin „*Das Wohl der Vielen überwiegt gegenüber dem Wohl der Wenigen*". Allerdings entspricht die Lesart des Admirals offenbar nicht der gängigen Interpretation der Ersten Direktive. Schließlich setzt der Föderationsrat die Mission auf Ba'Ku aus und startet eine Untersuchung, als Commander Riker dem Gremium von den Verhältnissen vor Ort berichtet.[39]

Die stärkste Form der Einmischung in die Entwicklung fremder Spezies ist der Völkermord. Deshalb ist auch dieser ein Verstoß gegen die Erste Direktive. Einem entsprechenden Vorwurf sieht sich Captain Ransom zu Beginn der sechsten Staffel von *Raumschiff Voyager* ausgesetzt.[40] Captain Janeway findet heraus, dass Ransoms Raumschiff *Equinox* nur dadurch eine weite Strecke zurücklegen konnte, dass es transdimensionale Wesen systematisch jagt und deren Überreste für einen speziellen Antrieb verwendet. Captain Janeway und Lieutenant Commander Chakotay stufen die Vorfälle als Verstoß gegen die Erste Direktive ein.

Nicht vollständig in die Systematik passt die Anforderung, fremde Rechtssysteme zu respektieren, als weiterer Teilbereich der Ersten Direktive. Als die Besatzung der *Enterprise* Landurlaub bei den Edo macht und der junge Wesley Crusher wegen einer Lappalie nach lokalem Recht angeklagt wird, sieht Captain Picard die Angelegenheit als Fall der Ersten Direktive.[41] Seiner Ansicht nach gebietet es die Vorschrift, dass Wesley Crusher die Verurteilung zur Todesstrafe wegen des Delikts des versehentlichen Betretens

37 *Chaires/Chilton*, Star Trek Visions of Law and Justice, S. 22.
38 *Dillard*, Roman Star Trek: Der Aufstand, S. 117.
39 *Dillard*, Roman Star Trek: Der Aufstand, S. 228.
40 Star Trek: Raumschiff Voyager, S6 E1 – Equinox, Teil II.
41 Raumschiff Enterprise – Das nächste Jahrhundert, S1 E8 – Das Gesetz der Edo.

eines Blumenbeets annimmt. Inwiefern es die natürliche Entwicklung der Edo beeinflussen würde, wenn die *Enterprise* Wesley Crusher einfach herausbeamen und damit der Justiz entziehen würde, ist nicht nachvollziehbar. Zweifellos kann es aus diplomatischen und gegebenenfalls auch völkerrechtlichen Gründen geboten sein, das Rechtssystem der Edo nicht auf diese Weise zu brüskieren. Einen Eingriff in die Entwicklung des Volkes anzunehmen, erscheint jedoch eher abwegig. Daher muss die Möglichkeit in Betracht gezogen werden, dass Picard an der Stelle die falsche Vorschrift zitiert.

d) Persönlicher Anwendungsbereich

In der Sekundärliteratur wird die Erste Direktive teilweise als interplanetares Völkerrecht eingeordnet.[42] Die nicht durchgehend konsistente Darstellung spricht jedoch eher für eine Selbstbeschränkung, die sich die Sternenflotte gegeben hat, als für ein nach außen hin bindendes universelles Recht, das durch Vertrag oder Völkergewohnheitsrecht entstanden wäre. Würde es sich bei der Direktive um Völkerrecht handeln, würde sie ganze Staatengebilde wie die Vereinigte Föderation der Planeten sowie andere Mächte betreffen. Jedoch ist nach der Darstellung davon auszugehen, dass nur die Sternenflotte, nicht aber Zivilisten verpflichtet sind, sie einzuhalten.[43] Ein Beispiel ist der private Frachter in der Episode *Planet Angel One*, den Captain Picard nicht dazu zwingen kann, den der Ersten Direktive unterfallenden Planeten zu verlassen.[44] Ein Gegenargument wäre die Episode *Ein Planet wehrt sich.* Als darin die Terraformer auf dem Planeten eine kristalline Lebensform entdecken, stellt Captain Picard fest: *„Die Hauptdirektive gilt.“*[45] Dass die Lebensform grundsätzlich unter dem Schutz der Direktive steht, ist nachvollziehbar, jedoch stellt sich die Frage, ob auch das Terraforming-Team sie zu beachten hat. Es handelt sich nicht um eine Mannschaft der Sternenflotte, jedoch um zivile Wissenschaftler, die im Auftrag der Föderation den Planeten kolonialisierbar machen. Die Ansage von Captain Picard deutet darauf hin, dass folglich nicht nur die Sternenflotte, sondern auch sonstige Föderationsangehörige in Ausübung staatlicher Hoheitsgewalt die Erste Direktive zu beachten haben.

Sicher ist hingegen, dass die Erste Direktive nur die Föderation bindet, nicht aber Angehörige von Drittvölkern. Deutlich wird dies, als die *Voyager* im Delta-Quadranten auf zwei Ferengi trifft. Diese geben sich in einer präindustriellen Gesellschaft als gottgleiche Weise vom Himmel aus, um das

42 *Blohm*, Strafrecht und Gerichtsbarkeit in einer fernen Zukunft, JURios v. 14.8.2025.
43 *Chaires/Chilton*, Star Trek Visions of Law and Justice, S. 20.
44 Raumschiff Enterprise – Das nächste Jahrhundert, S1 E14 – Planet Angel One.
45 Raumschiff Enterprise – Das nächste Jahrhundert, S1 E18 – Ein Planet wehrt sich.

Volk mit dieser Legende kommerziell auszubeuten. Captain Janeway beabsichtigt, die beiden vom Planeten wegzubeamen und den Behörden von Ferenginar zu überstellen. Lieutenant Commander Tuvok ermahnt sie:

> *„Captain, denken Sie daran, diese Ferengi sind nicht Mitglieder der Föderation. Sie sind nicht an die Oberste Direktive gebunden. Ebenso verbietet die Oberste Direktive eine Einmischung in die inneren Angelegenheiten dieser Gesellschaft, so sehr wir das Treiben dieser Ferengi auch missbilligen mögen.*“[46]

Janeway hingegen sieht die Föderation involviert, weil diese den ursprünglichen Anlass für die Reise der Ferengi in den Delta-Quadranten geliefert hatte als Ausrichter der Verhandlungen über ein Wurmloch. Mit schelmischem Blick entgegnet sie Tuvok eine fragwürdige rechtliche Auslegung:[47]

> *„Also könnte man sagen, ohne die Wahrheit zu verdrehen, dass die Föderation für das, was passiert ist, zum Teil verantwortlich ist und deshalb verpflichtet ist, die Situation zu korrigieren.*“

Die in dieser besonderen Konstellation ausnahmsweise angenommene mittelbare Drittwirkung der Ersten Direktive bestätigt die allgemeine Regel, dass Nicht-Föderationsbürger die Erste Direktive nicht zu beachten haben. Allerdings ist es ihnen verboten, eine laufende Erstkontakt-Mission der Sternenflotte zu stören. Den Tatbestand der Erstkontakteinmischung durch Zivilisten erläutert Captain Kirk im Roman *Die erste Mission* wie folgt:

> *„Die Föderation geht hart mit Leuten ins Gericht, die sich in einen Erstkontakt einmischen.* […] *Bei uns gibt es Regeln – Gesetze – die bestimmen, wie wir uns gegenüber einem unbekannten Volk verhalten.*“[48]

e) Verstöße gegen die Erste Direktive

Die Verortung der Ersten Direktive als General Order 1 erweckt den Eindruck eines übergreifenden, fundamental wichtigen Rechtsprinzips, das alles Handeln der Sternenflotte leitet. Als solches ist es vermutlich auch gedacht. Doch die Realität sieht anders aus. Die rechtliche Vorgabe wird immer dann ignoriert, wenn sie die Erzählung der Folge stört.[49] Regelmäßig wird gegen sie verstoßen, was jedoch durchgehend folgenlos bleibt.[50] Fast jede Episode, in der sie eine zentrale Rolle einnimmt, führt schlussendlich

46 Star Trek: Raumschiff Voyager, S3 E5 – Das Wurmloch.

47 *McNeill*, in: Wang/McNeill, Podcast The Delta Flyers, S3 E5 – False Profits.

48 *McIntyre*, Roman Star Trek – Die erste Mission, S. 341.

49 *Vivona*, Crime and „Repentance“, S. 178.

50 *Hillenbrand/Humberg*, Trek minds, S. 111; *Scharf/Roberts*, The Interstellar Relations of the Federation, S. 98.

zu dem Ergebnis, dass sie gebrochen oder jedenfalls infrage gestellt wird. Selbst die dekoriertesten Autoritäten der Sternenflotte bilden da keine Ausnahme. So muss sich Captain Picard vor dem *Standgericht* in der gleichnamigen Episode von der Anklägerin Satie vorhalten lassen, dass neun Verstöße seiner Person gegen die Erste Direktive dokumentiert sind, die für ihn jeweils folgenlos geblieben sind.[51] Er kann dem nicht widersprechen, sondern bestätigt die Vorwürfe in einer späteren Episode gegenüber dem Zeitreisenden Rasmussen. Er räumt darin ein, die Erste Direktive bei mehr als einer Gelegenheit nicht beachtet zu haben, weil er das für das Richtige hielt.[52] Admiral April erhält einen ähnlichen Vorhalt im Gerichtsprozess der Episode *Ad astra per aspera* der Serie *Strange New Worlds.*[53] Danach hat auch er während seiner Zeit als Erster Kommandant der *Enterprise* mehrere Male bewusst gegen die Direktive verstoßen. Captain Janeways Selbsteinschätzung ist positiver. Im vertraulichen Gespräch mit Captain Ransom von der *Equinox* betont sie:

> „*Gebrochen – niemals. Gebogen – gelegentlich, ja. Und selbst dann war es eine schwere Entscheidung.*“[54]

Zu Captain Kirk, der nicht gerade für seine Regeltreue bekannt ist, sind keine solchen offiziell dokumentierten Verletzungen bekannt. Allerdings legt er bei mehreren Gelegenheiten eine bemerkenswerte Ignoranz der Ersten Direktive an den Tag, ohne dabei auch nur das geringste Unrechtsbewusstsein auszustrahlen. Den Satz

> „*Wir kommen von einem fremden Stern*“

verwendet er mehr als einmal ohne Not als Begrüßungsfloskel gegenüber Zivilisationen auf Planeten, die augenscheinlich nicht den Entwicklungsstand haben, den es für die Raumfahrt bräuchte. Ein Beispiel ist die Episode *Spocks Gehirn*, bei der er auf einen Eisplaneten mit menschenähnlichen Wesen beamt, die ausdrücklich nach einer vorherigen Analyse nicht zu interstellaren Reisen fähig sind.[55] Erneut verwendet er diese Begrüßung in der Episode *Die Stunde der Erkenntnis* gegenüber dem Volk, das in Anhängigkeit vom Computer Vaal steht.[56] Es ist deshalb zu keinen eigenständigen Errungenschaften wie der Entwicklung des Warpantriebs in der Lage.

Auch wenn Verletzungen der Nichteinmischungsdirektive für gewöhnlich folgenlos sind, gibt es in der Sternenflotte ein festgelegtes Verfahren, wie darauf zu reagieren ist. Angewandt wird es im besonders gravierenden Fall

51 Raumschiff Enterprise – Das nächste Jahrhundert, S4 E21 – Das Standgericht.
52 Raumschiff Enterprise – Das nächste Jahrhundert, S5 E9 – Der zeitreisende Historiker.
53 Star Trek: Strange New Worlds, S2 E2 – Ad astra per aspera.
54 Star Trek: Raumschiff Voyager, S5 E26 – Equinox, Teil I.
55 Raumschiff Enterprise, S3 E6 – Spocks Gehirn.
56 Raumschiff Enterprise, S2 E5 – Die Stunde der Erkenntnis.

des Captain Tracy vom Raumschiff *Exeter*. Dieser hat im Vorfeld der Episode *Das Jahr des roten Vogels* systematisch die Erste Direktive verletzt, um sich bei der Bevölkerung von Omega IV persönlich zu bereichern. Captain Kirk verhaftet ihn deshalb nach § 7 Abs. 5 der Bestimmungen des Raumflottenkommandos. In der deutschen Synchronisation sagt Kirk, dass auf die Verletzung der Direktive die Todesstrafe stehe:

> „*Ich habe immer mehr den Eindruck, als hätte Captain Tracy sich in die Entwicklung dieses Planeten eingemischt. Ich kann mir das allerdings nicht denken, denn jeder Raumschiffkapitän leistet einen Eid, dass er das nicht tut. Er würde damit gegen das oberste Gebot verstoßen und müsste mit dem Tod rechnen.*“[57]

Im Original droht keine dermaßen drastische Sanktion. Dies wäre auch nicht konsistent zum etablierten Kanon, wonach ausschließlich der Anflug von Talos IV mit der Todesstrafe bedroht ist.[58] Richtigerweise sagt Kirk:

> „*A star captain's most solemn oath is that he would give his life, even his entire crew, rather than violate the Prime Directive.*“

Die Worte sind pathetisch und nobel. Mit dem Alltag der Captains der Sternenflotte haben sie wenig gemein.

f) Historische Wurzeln

Lange bevor die Sternenflotte die Erste Direktive verabschiedet hat, war ihr Inhalt bereits im vulkanischen Recht verwurzelt. Deutlich wird dies anhand des Verhältnisses der Vulkanier zu den Menschen. Als auf der Erde noch keine Kenntnis vorhanden war, dass es im Universum weitere Spezies gibt, beobachteten vulkanische Wissenschaftler bereits die Entwicklung der Menschheit aus der Ferne. Exemplarisch schildert dies die Episode *Carbon Creek* der Serie *Star Trek: Enterprise.*[59] Mit einer direkten Kontaktaufnahme warten die höher entwickelten Vulkanier jedoch bis zu dem Moment, an dem Menschen den Prototypen des Warpschiffes *Phoenix* erfolgreich getestet haben. Aus der Handlung des Kinofilms *Der erste Kontakt* ist bekannt, dass ein vulkanisches Schiff als direkte Reaktion auf diesen ersten menschlichen Warpflug auf der Erde landet und diplomatische Beziehungen aufnimmt.[60] Die weitere Koexistenz aus Menschen und Vulkaniern wird jedoch in den nachfolgenden Jahrzehnten nicht auf Augenhöhe gelebt. Die erste Staffel der Fernsehserie S*tar Trek: Enterprise* zeigt anschaulich, dass die Vulkanier sehr bewusst ihre Technologie nicht mit den Menschen teilen.

57 Raumschiff Enterprise, S2 E25 – Das Jahr des roten Vogels.
58 Siehe oben S. 189.
59 Star Trek: Enterprise, S2 E2 – Carbon Creek.
60 Kinofilm Star Trek: Der erste Kontakt.

Sie überwachen die Fortschritte der Menschheit und geben zaghafte Ratschläge aus ihrem Erfahrungsschatz. Es ist ihnen aber wichtig, dass die Weiterentwicklung der Warptechnologie hin zu einem stabilen Warp-5-Antrieb, der zu interstellaren Reisen befähigt, ohne Zutun von außen gelingt. Erst in den später angesiedelten Fernsehserien nach der Gründung der Föderation entwickeln vulkanische und menschliche Wissenschaftler gemeinsam neue Technologien und tauschen ihr Wissen entsprechend miteinander. Dass dieses Vorgehen nicht nur strategischer Natur war, sondern auch dem Recht der Vulkanier entsprach, bestätigt Subcommander T'Pol in der Episode *Die Saat*. Anlässlich der Entdeckung der vorindustriellen Zivilisation der Akari durch das Erdenschiff *Enterprise* klärt sie über eine entsprechende Regel ihres Volkes auf:

> „*Eine Gesellschaft muss erst den Warpantrieb entwickelt haben, ehe man einen Erstkontakt herstellt.* […] *Die Sternenflotte täte gut daran, sie zu übernehmen.*“[61]

Bei zwei weiteren Gelegenheiten macht sich die erste *Enterprise* unter dem Kommando von Captain Archer mit der Notwendigkeit vertraut, seinerzeit noch nicht etablierte Regeln für den Kontakt mit weniger entwickelten Spezies zu erlassen. Die erste dieser Episoden lautet *Lieber Doktor*. Die *Enterprise NX-01* beabsichtigt darin, die Varakianer vor dem Aussterben zu retten.[62] Subcommander T'Pol schätzt „*das Risiko eines kulturellen Eingriffs akzeptabel*“ ein, weil eine Delegation der Varakianer zuvor schon zwei Warpschiffen anderer Völker begegnet ist. Ein weiterer Grund für die Einmischung ist, dass die Delegation mit ihren Unterlichtgeschwindigkeitsschiffen bewusst die Heimatwelt verlassen hat, um Hilfe zu finden. Es stellt sich allerdings heraus, dass auf demselben Planeten die unterentwickelte zweite Spezies der Menk zunehmend an Intelligenz gewinnt und in einigen Jahrtausenden voraussichtlich die dominierende Spezies werden könnte. Der Schiffsarzt Doctor Phlox empfindet es als unethisch, sich in einen evolutionären Prozess einzumischen. Captain Archer schließt sich der Einschätzung schließlich an und verweigert den Varakianern sowohl das Heilmittel als auch Informationen über den Warpantrieb. Er steckt dabei in einem tiefen Dilemma:

> „*Irgendwann werden sich meine Leute eine Art Leitfaden einfallen lassen. Etwas, was uns sagt, was wir hier draußen tun können und was nicht. Aber bis mir jemand sagt, dass es so etwas gibt – so eine Direktive –, solange werde ich mir wohl jeden Tag vor Augen halten müssen, dass wir nicht hier sind, um Gott zu spielen.*“

61 Star Trek: Enterprise, S1 E8 – Die Saat.
62 Star Trek: Enterprise, S1 E13 – Lieber Doktor.

Schon etwas gefestigter ist die Haltung Archers eine Staffel später in der Episode *Congenitor*. Die *NX-01* trifft darin auf die Spezies der Visianer, die aus drei Geschlechtern besteht.[63] Commander Tucker setzt sich für die Rechte einer bzw. eines unterdrückten Congenitor ein. Es handelt sich um eine Person jenes dritten Geschlechts, das in der Gesellschaft nur den Zweck erfüllt, fortpflanzungswilligen Paaren der beiden Hauptgeschlechter zu ihrer Empfängnis zu verhelfen. Tucker erkennt das geistige Potenzial der Congenitoren und fördert das anwesende Exemplar. Dieses ist jedoch mit der Situation überfordert und begeht schlussendlich Suizid. Captain Archer tadelt Tucker deutlich und stellt klar, dass die Sternenflotte kein Recht hat, sich in fremde Kulturen einzumischen.

g) Konkretisierung im Roman „Die erste Direktive"

Der Thematik der Ersten Direktive widmet sich ein ganzes Buch. Der von den Eheleuten Reeves-Stevens verfasste Roman mit dem Titel *Die erste Direktive* ist in der Phase zwischen der Zeichentrickserie und dem ersten Kinofilm angesiedelt. Captain Kirk wird darin vorgeworfen, einen Atomkrieg auf der Welt der Talin angezettelt zu haben, indem er die Erste Direktive missachtet hat. Der Roman konkretisiert sowohl den Inhalt der Regelung als auch die bürokratischen Verfahren ihrer Umsetzung in bemerkenswerter Detailtiefe. Der Wortlaut der Ersten Direktive weicht von der oben zitierten Formulierung aus der erst Jahrzehnte später produzierten Streamingserie *Strange New Worlds* ab, zielt aber in dieselbe Richtung:

> *„Die Föderation maßt sich nicht an, eine fremde Kultur zu be- oder gar zu verurteilen. Fremde Zivilisationen erfahren erst dann von der Existenz des interstellaren Völkerbunds, wenn sie einen angemessenen Entwicklungsstand erreicht haben.*"[64]

Damit beschränkt sich der Roman auf die erste Fallgruppe des Kontaktverbots mit Prä-Warp-Zivilisationen. Er setzt jedoch offenbar auch voraus, dass es für unterschiedliche Entwicklungsstadien der betreffenden Spezies ebenfalls mehrschichtige Handlungsanweisungen geben muss, weil er ein stark ausdifferenziertes System zur Messung der Entwicklungsstufe einer Gesellschaft einführt. Es handelt sich dabei um die sogenannte Richter-Skala nach Doctor Alonso Richter. Die Skala identifiziert und quantifiziert miteinander vergleichbare Organisationsprinzipien unterschiedlicher Zivilisationen. Sie ist das wichtigste Instrument der Föderation, um festzustellen, wann auf die weitere Anwendung der Ersten Direktive verzichtet werden kann.[65] Sie reicht von Stufe AA (Kein Gebrauch von Werkzeug) bis hin zu bis Q (Keine

63 Star Trek: Enterprise, S2 E22 – Congenitor.

64 *Reeves-Stevens/Reeves-Stevens*, Roman Die erste Direktive, S. 150.

65 *Reeves-Stevens/Reeves-Stevens*, Roman Die erste Direktive, S. 161.

Technik, die höher entwickelt ist als ihre Äquivalente beziehungsweise die betreffenden wissenschaftlichen Theorien in der Föderation). Stufe E entspricht dabei der Erde der Jahre 1975 bis 2000.[66] Ab Stufe H darf Kontakt hergestellt werden.[67] Sowohl für die Einstufung der Völker der Galaxie als auch für die verdeckte Beobachtung der Zivilisationen unterhalb von Stufe H sowie für die schließliche Kontaktaufnahme hat die Föderation eine bürokratisch arbeitende Behörde eingerichtet: das Erstkontakt-Amt.[68] Es wird unterstützt durch die Raumschiffe der Sternenflotte und ist diesen gegenüber weisungsbefugt.

Die Erste Direktive ist in der Zivilbevölkerung durchaus umstritten; es gibt eine Protestbewegung, die sie zu humanitären Zwecken aussetzen möchte.[69] Auch Spock sympathisiert mit dem Reformansatz und verklagt schließlich die Föderation im Hinblick auf den Einzelfall auf Talin V.[70] Grundsätzlich verteidigt er jedoch die Notwendigkeit der Regelung mit markigen Worten:

> „*Wir dürfen uns nicht das moralische oder ethische Recht anmaßen, den Entwicklungsweg anderer Völker zu bestimmen. Um zu vermeiden, irgendeine Art von Einfluß auszuüben, treten wir neuen Zivilisationen erst gegenüber, wenn sie ein bestimmtes evolutionäres Niveau erreicht haben. Sie müssen in der Lage sein, unsere Angebote abzulehnen; sie dürfen nicht den Eindruck gewinnen, zu einer kulturellen Kapitulation gezwungen zu sein, um unsere Technologie und unser Wissen zu bekommen. Deshalb – und auch aus anderen Gründen – ist das Prinzip der Nichteinmischung logisch und notwendig.*"[71]

Captain Kirk gerät in Konflikt mit der Direktive, als er den versehentlichen Abschluss eines Nuklearsprengkopfs auf Talin V aus dem Orbit heraus beobachtet. Er entschließt sich unter zeitlichem Druck, den Sprengkopf aus der Ferne zu neutralisieren. Für den Moment vereitelt er damit eine militärische Eskalation zwischen den beiden Großmächten auf dem Planeten. Jedoch wird die Manipulation später bemerkt und löst als einer von mehreren Faktoren einen Atomkrieg aus, der den Planeten komplett zerstört. Captain Kirk rechtfertigt sein Eingreifen damit, dass nicht die natürliche Entwicklung zum Abschuss der Rakete geführt hatte, sondern ein Unfall die tragische, anormale Ereigniskette ausgelöst hatte.[72] Er beruft sich dabei auf das Vorgehen der Vulkanier, die im 20. Jahrhundert mittels einer Sonde einen Kometeneinschlag auf der Erde verhindert hatten, der Zentraleuropa zer-

66 *Reeves-Stevens/Reeves-Stevens*, Roman Die erste Direktive, S. 183.
67 *Reeves-Stevens/Reeves-Stevens*, Roman Die erste Direktive, S. 183.
68 *Reeves-Stevens/Reeves-Stevens*, Roman Die erste Direktive, S. 66, 150.
69 *Reeves-Stevens/Reeves-Stevens*, Roman Die erste Direktive, S. 293 f.
70 *Reeves-Stevens/Reeves-Stevens*, Roman Die erste Direktive, S. 354.
71 *Reeves-Stevens/Reeves-Stevens*, Roman Die erste Direktive, S. 145.
72 *Reeves-Stevens/Reeves-Stevens*, Roman Die erste Direktive, S. 260.

stört hätte. Das damalige Vorgehen der Vulkanier war rechtmäßig, weil es sich um eine Naturkatastrophe gehandelt hatte, die nicht von der damaligen Menschheit verursacht worden war. Im Fall von Talin kommt der Untersuchungsausschuss zu dem Schluss, dass der unbeabsichtigte Raketenabschuss eine Folge der Handlungen der Bevölkerung gewesen ist. Auch verheerende Katastrophen sind nach Einschätzung des Ausschusses Entwicklungschancen, aus denen die betreffenden Zivilisationen lernen.[73]

2. Temporale Erste Direktive

> *„Verdammte Zeitreisen! Schon am ersten Tag als Captain der Sternenflotte habe ich mir geschworen, dass ich mich nie in eine dieser Paradoxien hineinziehen lassen würde. Die Zukunft ist Vergangenheit oder umgekehrt. Ich kriege Kopfschmerzen davon.“*[74]

Captain Janeway fasst es prägnant zusammen in der Doppelfolge *Vor dem Ende der Zukunft*: Wenn Zeitreisen Teil der Handlung sind, wird es inkonsistent. Das Zitat ist ein augenzwinkernder Kommentar auf die zahlreichen Logiklöcher, die Zeitreisegeschichten mit sich bringen. Ist die Geschichte für alle vollständig verändert, wenn die Vergangenheit manipuliert wird? Oder bildet sich an der Gabelung des Zeitreiseereignisses eine parallele Zeitlinie, während die bisherige Zeitlinie unverändert fortbesteht? Kehren Zeitreisende nach der Rückkehr in ihre Normalzeit in dieselbe Realität zurück oder in eine durch die temporalen Eingriffe veränderte Umgebung? Star Trek liefert zahlreiche sehr konkrete Antworten auf diese Fragen – nur leider keine konsistenten Ergebnisse, die Allgemeingültigkeit für alle Zeitreisegeschichten haben.[75] Mit dem Zeitreiserecht ist es nicht anders. Sind Zeitreisen erlaubt? Gelten Ausnahmen, wenn sie notwendig sind, um die Erde vor der Vernichtung zu retten? Dürfen Ereignisse in der Vergangenheit verändert werden oder Erkenntnisse aus der Zukunft für Entscheidungen in der Gegenwart genutzt werden? Auch auf diese Fragen liefert Star Trek viele Antworten. Regeln für Zeitreisen gibt es zweifelsohne. Aber keine konsistenten Gesetze, die in jeder Episode gleichermaßen Beachtung finden.

Zeitreisen sind bei Star Trek keine Seltenheit. Von dreizehn Kinofilmen steht bei sechs eine Zeitreisethematik im Mittelpunkt. Auch in den Fernsehserien sind Zeitreiseepisoden beliebt. So spielen die finalen Episoden von *Raumschiff Enterprise – Das nächste Jahrhundert*, *Raumschiff Voyager* und *Enterprise* mit Reisen durch mehrere Zeitebenen. Bei *Discovery* betrifft dies nicht das Serienfinale, der Zeitsprung der kompletten Handlung neunhun-

---

73 *Reeves-Stevens/Reeves-Stevens*, Roman Die erste Direktive, S. 338 f.

74 Star Trek: Raumschiff Voyager, S3 E8 – Vor dem Ende der Zukunft, Teil I.

75 *Fistrich*, in: Fistrich/Göttling, Podcast Trek am Dienstag, E453 – Unity.

dert Jahre in die Zukunft zum Ende der zweiten Staffel ist jedoch ein serienprägendes Element.

Es gibt verschiedene Methoden, in der Zeit vor oder zurück zu reisen. Von magischen Portalen über bajoranische Drehkörper bis hin zu Raumanomalien durch Ansammlungen von Tachyonen ist vieles möglich. Die wohl einfachste und mehrfach angewandte Methode ist der Schleudereffekt beim Umrunden großer Massezentren wie der Sonne, über den auch in der theoretischen Physik der aktuellen Gegenwart geforscht wird.[76] Wenn der Griff in die Geschichte derart einfach ist, braucht es Verbotsregeln, um die Integrität der Zeitlinie zu wahren. Im Föderationsrecht ist dies die Temporale Erste Direktive. Konkret benannt wird sie durch Captain La Forge in der Episode *Temporale Paradoxie.*[77] Lieutenant Commander Chakotay und Fähnrich Kim versuchen darin in der Zukunft erfolgreich, eine vorherige Bruchlandung der *Voyager* zu verhindern durch Manipulation ihrer Vergangenheit. Es ist geradezu ironisch, dass die einzige Erwähnung der Temporalen Ersten Direktive in einer mehrere Jahrzehnte in der Zukunft liegenden Rahmenhandlung stattfindet, die aufgrund der Manipulation der Vergangenheit so nicht stattfinden wird. Daher ist es durchaus denkbar, dass die Direktive in der „Hauptzeitlinie“ gar nicht existiert oder jedenfalls nicht den Namen trägt. Jedoch ist die Bezeichnung als Temporale Erste Direktive naheliegend und folgerichtig. Die begriffliche Nähe zur Ersten Direktive der Sternenflotte ist unübersehbar und passend. Beide Direktiven haben die Nichteinmischung in die freie Entwicklung von Gesellschaften zum Gegenstand.

a) Zulässige Forschungsreisen durch die Zeit

Beim Genuss Serien um Captain Kirk offenbaren sich an zwei Stellen überraschende Handlungsstränge. Zeitreisen sind zu der Zeit der ersten beiden Staffeln offenbar nicht nur erlaubt, sondern zählen sogar zum Auftrag der *Enterprise.* In der Episode *Ein Planet, genannt Erde* fliegt das Raumschiff ganz bewusst zurück in das Jahr 1968, um Unklarheiten der Geschichte zu erforschen. Captain Kirk fasst die Mission in seinem Logbuch zusammen:

> *„Unter Ausnutzung des Durchbruchseffekts bei Überlichtgeschwindigkeit ist die Enterprise in das 20. Jahrhundert zurückgeflogen. Wir befinden uns in einer weiten Umlaufbahn um die Erde. Unsere Schutzschilde sorgen dafür, dass wir unentdeckt bleiben. Unsere Aufgabe ist es, Funkverbindungen auf der Erde zu beobachten. Es gab*

---

76 *Prahl/Sülter/Walch*, Die Star Trek Chronik, Band 2, S. 98.

77 Star Trek: Raumschiff Voyager, S5 E6 – Temporale Paradoxie.

> *bestimmte Probleme, die bis zum heutigen Tag leider ungeklärt geblieben sind.*“[78]

Es handelt sich um eine der beiden einzigen Routine-Zeitreisen in ganz Star Trek. Die andere entsprechende Handlung ist in der anschließenden Zeichentrickserie angesiedelt. In der dortigen Episode *Das Zeitportal* fliegt die *Enterprise* einen Planeten an, auf dem durch ein natürliches Phänomen Zeitströme zusammenlaufen. Die Besatzung besucht zu Forschungszwecken das alte Orion vor Hunderten Jahren. Captain Kirk vermerkt dazu im Logbuch:

> „*Wir haben den Auftrag, ein Team von Historikern bei der Erforschung der Geschichte unserer Föderation zu unterstützen.*“[79]

Die beiden Darstellungen passen nur schwerlich in die Gesamterzählung der Serie und auch der nachfolgenden Star-Trek-Handlungen.[80] Wären Forschungsreisen in die Vergangenheit allgemein erlaubt, würden sie zum Standardprogramm der Sternenflotte gehören. Da dies offenkundig nicht der Fall ist, muss davon ausgegangen werden, dass die beiden Missionen absolute Ausnahmen im begründeten Einzelfall darstellen und dass das Sternenflottenkommando normalerweise keine Genehmigungen für Zeitreisen erteilt.

b) Allgemeines Zeitreiseverbot

Es muss ein allgemeines Zeitreiseverbot geben, das im Regelfall Routinetrips in die Zukunft und die Vergangenheit untersagt. Dies ergibt sich nicht unmittelbar aus dem, was Star Trek zeigt. Es folgt jedoch zwingend aus dem, was Star Trek nicht zeigt. Gäbe es keine Zeitreiseregulierung, wären sie an der Tagesordnung. Schreckliche Ereignisse der Geschichte wie die Eugenischen Kriege oder der Dritte Weltkrieg wären im Nachhinein verhindert worden. Die Wahrheitsfindung in Gerichtsprozessen würde komplett anders ablaufen. Anstatt sich auf das unzuverlässige Gedächtnis von Zeuginnen und Zeugen zu verlassen, würde sich das Juristische Büro in die Tatzeit zurückversetzen und ein persönliches Bild vom Geschehen machen. Tödliche Unfälle würden rückgängig gemacht werden, wenn die Angehörigen die Option hätten, ihre Vertrauten kurz vor dem einschneidenden Ereignis zu warnen.

Sicher ist, dass es Zeitreisebeschränkungen gibt. So ist bekannt, dass Captain Kirk im Laufe seiner Karriere siebzehn temporale Zuwiderhandlungen begangen hat, „*die schlimmste Datei aller Zeiten*“.[81] Zudem ist in der *Voyager*-Episode *Temporale Paradoxie* verbrieft, dass das Absenden von War-

78 Raumschiff Enterprise, S2 E26 – Ein Planet, genannt Erde.
79 Die Enterprise, S1 E2 – Das Zeitportal.
80 *Fistrich*, in: Fistrich/Göttling, Podcast Trek am Dienstag, S55 – Assignment Earth.
81 Star Trek: Deep Space Nine, S5 E6 – Immer die Last mit den Tribbles.

nungen in die Vergangenheit zur rückwirkenden Vermeidung von Unfällen eine Straftat ist.[82] Darüber hinaus fällt auf, dass Zeitreisen in fast allen Fällen unbeabsichtigt erfolgen. Oft sind es zufällige physikalische Phänomene, die eine Zeitreise auslösen. Beispiele dafür sind ein fehlerhaft funktionierender romulanischer Torpedo, der die *Enterprise-C* auf ihr Nachfolgermodell *Enterprise-D* treffen lässt,[83] oder der unsachgemäße Einsatz der Substanz Rote Materie, der im Kinofilm von 2009 die sogenannte Kelvin-Zeitlinie erschafft.[84] Nicht nur in der Sternenflotte herrscht ein Grundkonsens, die eigene Zeitlinie möglichst nicht zu verlassen. Auch andere Völker wie das Dominion oder das Klingonische Reich kommen nicht auf den Gedanken, ihrer Fraktion in Kriegen mit der Föderation durch ein Foulspiel mit der Zeit einen Vorteil zu verschaffen. Lediglich die skrupellosen Borg wenden im Kinofilm *Der erste Kontakt* diese unlautere Methode an, um die Menschheit in einer Phase der Vergangenheit zu assimilieren, in der sie hinreichend schutzlos ist. Generell sind Spezies des Delta-Quadranten wie die Borg weniger zimperlich mit der Zeitlinie. Die in räumlicher Nähe angesiedelten Kremin nehmen regelhaft Zeitmanipulationen vor, wie die Doppelfolge *Ein Jahr Hölle* in der vierten Staffel von *Raumschiff Voyager* zeigt.[85] Der generelle Verzicht aller Mächte des Alpha-, Beta- und Gamma-Quadranten lässt darauf schließen, dass es sich beim Zeitreiseverbot um eine Art universelles Völkergewohnheitsrecht handelt, dessen Achtung für halbwegs vernünftige und empathische Spezies eine Selbstverständlichkeit ist.

Wenn jedoch eine Fraktion den galaktischen Konsens bricht und die Vergangenheit manipuliert, dann ist es sowohl zulässig als auch geboten, den angerichteten Schaden zu korrigieren. So ergeht es Captain Picard und seiner Mannschaft im achten Kinofilm. Im Orbit der Erde entsenden darin die Borg ein Sphärenschiff, das in die Vergangenheit reist, um die Geschichte der Menschheit entscheidend zu beeinflussen. Die Besatzung der *Enterprise* bemerkt daraufhin, dass die komplette Bevölkerung der Erde zu Borg assimiliert wurde und die Föderation nicht existiert, mithin die Vergangenheit beeinflusst worden sein muss. Dass die *Enterprise* selbst als einzige Ausnahme unverändert fortexistiert, wird chronophysikalisch kaum nachvollziehbar damit erklärt, das sie sich bereits teilweise im Zeitstrudel befunden habe, den die Borg erzeugt hatten. Um die Veränderungen der Zeitlinie rückgängig zu machen, folgt die *Enterprise* der Borg-Sphäre durch den Zeitstrudel in das Jahr 2063 und trägt dafür Sorge, dass historisch bedeutsame Ereignisse des Jahres wie der erste Warpflug und der Erstkontakt mit den Vulkaniern ungehindert stattfinden. Auf eine ähnliche Korrekturmission be-

82 Star Trek: Raumschiff Voyager, S5 E6 – Temporale Paradoxie.
83 Raumschiff Enterprise – Das nächste Jahrhundert, S3 E15 – Die alte Enterprise.
84 Kinofilm Star Trek.
85 Star Trek: Raumschiff Voyager, S4 E8 f. – Ein Jahr Hölle, Teil I und II.

geben sich Captain Kirk und Lieutenant Commander Spock in der Folge *Griff in die Geschichte*. Sie entdecken darin das Zeitportal des Hüters der Ewigkeit. Doctor McCoy, der infolge einer Überdosis Cordrazin wahnsinnig geworden ist, springt unreflektiert durch das Portal in das New York der 1930er Jahre.[86] Kirk und Spock bemerken unmittelbar, dass McCoy in der Vergangenheit gravierende Änderungen vorgenommen haben muss. Auch hier ist der entscheidende Hinweis darauf, dass Föderation und Sternenflotte nicht mehr existieren. Warum sie selbst noch als Offiziere präsent sind und sich daran erinnern, dass die Sternenflotte existieren müsste, wird abermals nur unzureichend erklärt. Ohne zu zögern, springen sie hinterher, um den Doktor in der Vergangenheit zu suchen und seine Handlungen zu korrigieren. Den Captains Picard und Kirk fällt durch zufällige Anwesenheit die Aufgabe zu, die Zeitlinie zu korrigieren. Da offenbar nur sie und ihre Begleitungen von den Auswirkungen der Vergangenheitsveränderungen nicht betroffen sind, gibt es kein anderes Föderationspersonal mehr, das die Mission durchführen könnte. Sechs Jahrhunderte später unterhält die technisch fortentwickeltere Sternenflotte eine eigene Kommission für temporale Integrität, die systematisch nach Veränderungen der Zeitlinie scannt und Korrekturzeitreisen durchführt oder entsprechende Aufgaben an Personen aus der Vergangenheit delegiert.[87]

Die Korrektur historischer Beeinflussungen ist gegebenenfalls nicht der einzige Ausnahmetatbestand. Nicht sicher ist, ob das Zeitreiseverbot absolut gilt oder abwägungsoffen ist im Sinne einer temporalen Notwehr. Die Gesamtschau der Handlungen von Star Trek lässt eigentlich den Schluss zu, dass Zeitreisen zur Veränderung der Vergangenheit generell tabu sind. Wären sie ein probates Mittel, würden sich zahlreiche gegenwärtige Krisen und Todesfälle verhindern lassen. Beispielsweise stirbt ein Großteil der romulanischen Bevölkerung, als die Sonne des Planeten Romulus zu einer Supernova wird und explodiert.[88] Die eingeleitete Rettungsmission der Föderation erweist sich als zu langwierig, weil nicht genug Raumschiffe für die eilige Evakuierung eines ganzen Planeten zur Verfügung stehen.[89] Mittels einer Zeitreise hätte man sich Zeit erkaufen und früher mit den Vorbereitungen beginnen können. Dasselbe gilt für eine Aufrüstung der militärischen Kapazitäten vor dem Dominion-Krieg oder den Angriffen der Borg. Dass Zeitreisen zur Abwendung von Extremereignissen nie in Betracht gezogen werden, lässt den Schluss zu, dass selbst existenzielle Bedrohungen und Schäden keine Zeitreise rechtfertigen können. Eine andere Geschichte der Rechts-

86 Raumschiff Enterprise, S1 E28 – Griff in die Geschichte.
87 Star Trek: Raumschiff Voyager, S3 E8 – Vor dem Ende der Zukunft, Teil I; S5 E24 – Zeitschiff „Relativity“.
88 Kinofilm Star Trek (Reboot 2009).
89 Star Trek: Picard, S1 E1 – Gedenken.

lage erzählt jedoch der Kinofilm *Zurück in die Gegenwart.* Eine Sonde aus den Tiefen des Weltalls fliegt darin auf die Erde zu und verändert die klimatischen Bedingungen deutlich.[90] Die Auswirkungen sind so stark, dass alles Leben auf der Erde gefährdet ist. Abwenden lässt sich die Bedrohung nur, indem der Sonde, die Signale in der Sprache der mittlerweile ausgestorbenen Buckelwale aussendet, in eben dieser Sprache geantwortet wird. Admiral Kirk unternimmt daraufhin mit seiner Mannschaft eine Zeitreise in die Vergangenheit, um dort zwei Wale zu holen und in seine Gegenwart zu bringen. Er kündigt das Unterfangen dem Sternenflottenkommando per Funkspruch an und erntet keinen Widerspruch. In der anschließenden Strafverhandlung gegen seine Person wegen vorheriger Verfehlungen zieht der Föderationsrat die Zeitreisemission als positive Aktion für eine Strafmilderung heran.

Die oberste justizielle Instanz der Föderation billigt damit die Zulässigkeit der Zeitreisemission. Dafür kommen mehrere Erklärungsansätze in Betracht. Zunächst ist festzuhalten, dass der Zweck der Mission nicht die Manipulation der Vergangenheit ist. Vielmehr unternimmt Admiral Kirk sie, um die Gegenwart mit Mitteln der Vergangenheit zu verändern. Die historische Zeitlinie bleibt dabei weitgehend intakt. Natürlich ist die Anwesenheit der futuristischen Crew in den Achtzigerjahren nicht folgenlos. Lieutenant Chekov wird als vermeintlicher russischer Agent auf einem Atom-U-Boot des US-Militärs festgenommen, einer Patientin im Krankenhaus wächst durch Doctor McCoys Zutun eine neue Niere. Besonders folgenreich ist das Verschwinden der beiden Wale George und Gracie sowie der Meeresbiologin Gillian Taylor. Die plötzlichen Verluste werfen bei den Mitmenschen der 1980er Jahre Fragen auf. Den daraus resultierenden Veränderungen der Zeitlinie widmet sich der Roman *Lost to Eternity* von Greg Cox aus dem Jahr 2024. Gleichwohl handelt es sich um Nebeneffekte der Handlungen von Admiral Kirk und seiner Crew, nicht um das eigentliche Missionsziel. Wenn also eine Veränderung der Ereignisse der Vergangenheit gar nicht beabsichtigt wird, sondern lediglich überschaubare Veränderungen der Geschichte in Kauf genommen werden, um die Gegenwart in einer absoluten Notsituation zu beeinflussen, dann ist eine Zeitreise gegebenenfalls rechtlich vertretbar. Ein weiterer Grund für die Zulässigkeit des Unterfangens bei *Zurück in die Gegenwart* könnte darin liegen, dass Admiral Kirk in nichtdienstlicher Eigenschaft agiert. In den Ereignissen des vorangegangenen Films hatten er und seine Mitstreiter bewusst Befehle der Sternenflotte missachtet, um Captain Spock die Möglichkeit zu geben, nach seinem vorherigen Tod wiederauferstehen zu können.[91] Zwar bekleiden sie noch ihre Dienstränge in der Flotte, sie sind jedoch mit einem gekaperten klingonischen Raumschiff un-

90 Kinofilm Star Trek IV: Zurück in die Gegenwart.

91 Kinofilm Star Trek III: Auf der Suche nach Mr. Spock.

terwegs und tragen keine Uniformen mit Hoheitszeichen während der Reise. Es ist, wie nachfolgend ausgeführt wird, denkbar, dass das Zeitreiserecht nur für Angehörige der Sternenflotte uneingeschränkt gilt, während sich die Protagonisten des Films während ihrer Zeitreise in einer Art ungenehmigter Urlaubsabwesenheit befinden.

c) Manipulation der Vergangenheit

Das Zeitreiserecht beschränkt sich nicht darauf, Reisen in andere Zeitperioden zu untersagen. Auch bei gewissenhafter Beachtung des Zeitreiseverbots sind Offizierinnen und Offiziere der Sternenflotte nämlich regelmäßig mit Situationen konfrontiert, in denen sie unbeabsichtigt die Zeitebene wechseln. Auch für diesen Fall gibt es Vorschriften. Als Verhaltensanweisung greift dann Regulation 157 section 3 paragraph 18 (zu deutsch: Regel 1 bis 50 Sektion 3 Paragraph 18):

> „*Offiziere sollten alle erforderlichen Vorkehrungen treffen, um die Teilnahme an historischen Ereignissen zu minimieren.*“[92]

Captain Sisko wird die Regel vom Amt für Temporale Ermittlungen vorgehalten, nachdem er unbeabsichtigt in der Episode *Immer die Last mit den Tribbles* in die Zeit Captain Kirks zurückversetzt wird. Dort angekommen, steht er vor der Herausforderung, ein aus der Zukunft heraus geplantes Sprengstoffattentat auf die alte *Enterprise* zu vereiteln. Über die unmittelbare Gefahrenabwendung hinaus entschließt sich Sisko zu einem kurzen Wortwechsel mit der Legende Kirk. Er rechtfertigt sich gegenüber der Ermittlungsbehörde mit dem Verteidigungsargument:

> „*Es war ein Fehler, aber es entstanden keine bleibenden Auswirkungen.*“

Der Wortlaut „*historischen Ereignissen*“ aus Regulation 157 legt nahe, dass nicht alle Veränderungen der Vergangenheit tunlichst vermieden werden müssen, sondern dass es auf die Bedeutung für die Zeitlinie ankommt. Die Argumentation Siskos anhand der fehlenden Auswirkungen unterstreicht diese Auslegung. Ähnliches Vokabular verwendet Captain Kirk zuvor in der Episode *Das Zeitportal* aus der Zeichentrickserie:

> „*Selbst dann noch beeindruckend, wenn man Berührungen vermeidet, um Zeugnisse der Föderationsgeschichte nicht zu verändern.*“[93]

Weiter systematisiert wird die Differenzierung nach Bedeutung eines Eingriffs in die Zeit in einem Schulungsvideo auf der USS Protostar. In der Serie *Star Trek: Prodigy* unterteilt das Video historische Sachverhalte in große

92 Star Trek: Deep Space Nine, S5 E6 – Immer die Last mit den Tribbles.
93 Die Enterprise, S1 E2 – Das Zeitportal.

und kleine Ereignisse.[94] Die sogenannten großen Ereignisse müssen nach den Ausführungen in dem Video auf jeden Fall stattfinden, um die Zeitlinie zu bewahren. Kleine Ereignisse dürfen gegebenenfalls nachträglich verändert werden, um die großen Ereignisse nach einem Eingriff wiederherzustellen. So muss sich der Feldherr und Massenmörder der 1990er Jahre Khan Noonien Singh wie geplant entwickeln und seine historischen Taten begehen. Es kommt für seine Nachfahrin Lieutenant Noonien-Singh bei ihrer Zeitreise in *Star Trek: Strange New Worlds* nicht infrage, etwas zu unternehmen, was seine späteren Taten verhindern würde.[95] Die Integrität der Zeitlinie ist bedeutsamer als die Verhinderung großen Leids, weil die rosige Zukunft der Föderation nur eintreten kann, wenn zuvor die Eugenischen Kriege so stattgefunden haben, wie es in den Geschichtsbüchern steht. Einen gravierenden Eingriff in die Geschichte muss auch Captain Picard verhindern, nachdem die Borg im Kinofilm *Der erste Kontakt* sein Schiff erobert haben. Er aktiviert die Selbstzerstörungsfunktion der *Enterprise*, evakuiert die Mannschaft und gibt ihr den Befehl mit, sich an einem unauffälligen Ort in Nordamerika niederzulassen und aus der Geschichte herauszuhalten.[96] Auch dieser Befehl unterstreicht die oben dargestellte Rechtslage: Es ist nicht erforderlich, jeglichen Eingriff um jeden Preis zu verhindern. Ansonsten hätten sich die Mitglieder der Sternenflotte aus der Zukunft zusammen mit ihrem Schiff in die Luft sprengen lassen müssen. Es ist ihnen gestattet, auf der Erde ihrer Vergangenheit zu leben, obwohl dies zwangsläufig kleinere Eingriffe in die Zeitlinie nach sich zieht. Sie müssen sich lediglich aus historisch bedeutsamen Ereignissen heraushalten. Dieselbe Differenzierung nimmt auch die Crew der *Voyager* vor, als sie die Erde der 1990er Jahre besucht. Lieutenant Commander Tuvok fürchtet beim Diebstahl eines Kraftfahrzeugs einen Verstoß gegen die „*Ethik des Zeitreisens*“. Lieutenant Paris betrachtet den Eingriff als gerechtfertigt:

> „*Es wird den Lauf des Universums nicht verändern.*“[97]

Der persönliche Anwendungsbereich der Regulation 157 umfasst nur Offiziere. Im englischsprachigen Original heißt es noch deutlicher „*Starfleet officers*“. Die Beschränkung ist dahingehend nachvollziehbar, dass Zivilpersonen normalerweise nicht in Zeitreisen verwickelt sein können. Für die gängigen Methoden benötigt man Zugriff auf ein Raumschiff mit starkem Warpantrieb. Nur in seltenen Fällen haben Personen wie Harry Mudd die technischen Mittel für Zeitreisen.[98] Da Star Trek von der Grundprämisse ausgeht, dass alle Menschen vernünftig agieren, würden Nichtmitglieder

94 Star Trek: Prodigy, S2 E4 – Grundlagen der temporalen Mechanik.
95 Star Trek: Strange New Worlds, S2 E3 – Morgen und morgen und morgen.
96 Kinofilm Star Trek: Der erste Kontakt.
97 Star Trek: Raumschiff Voyager, S3 E8 – Vor dem Ende der Zukunft, Teil I.
98 Star Trek: Discovery, S1 E7 – T=Mudd².

der Sternenflotte für gewöhnlich auch dann von Veränderungen der Zeitlinie Abstand nehmen, wenn sie dazu in der Lage wären. Tuvoks Verweis auf eine universelle „*Ethik des Zeitreisens*" lässt darauf schließen, dass historische Manipulationen bereits aus moralischen Gründen tabu sind und deshalb keiner generellen rechtlichen Regelung bedürfen. Da Offizierinnen und Offiziere der Sternenflotte jedoch ständig unbeabsichtigt durch die Zeitebenen transferiert werden, braucht es für diese Personengruppe einen Handlungsleitfaden.

Das Gebot zur Wahrung der Zeitlinie verpflichtet nicht nur die Zeitreisenden selbst. Auch Offiziere und Offizierinnen, die auf Gäste aus der Zukunft treffen, haben es zu beachten. In der Crossover-Episode der Serien *Strange New Worlds* und *Lower Decks* geraten die Ensigns Mariner und Boimler in ein Zeitportal, das sie ein Jahrhundert zuvor Captain Pike und seiner Mannschaft begegnen lässt. Die Crew im 23. Jahrhundert sieht sich verpflichtet, keine Informationen der Zeitreisenden aus dem 24. Jahrhundert entgegenzunehmen, die ihr Handeln beeinflussen könnten.[99] Im Verlauf der Folge fällt es ihnen aufgrund der Redseligkeit ihrer Gäste zusehends schwerer, sie sind sich aber jederzeit bewusst, dass ihre Interaktionen falsch sind.

d) Manipulation der Zukunft

Zeitreisen in die Zukunft mit dem Ziel der Veränderung der dortigen Geschehnisse sind hingegen unproblematisch. Star Trek zeigt diverse Beispiele, in denen Personen aus der Vergangenheit in der Zeit nach vorne reisen und sich anschließend in ihre neue Gegenwart aktiv einbringen. Beispielsweise springt die *Discovery* am Ende der zweiten Staffel der gleichnamigen Serie rund neunhundert Jahre in die Zukunft. Die verbliebenen drei Staffeln sind dann in der fernen fortgeschrittenen Zeit angesiedelt. Zweck der Reise ist es, die mit dem Raumschiff untrennbar verbundene Datenbank vor dem Zugriff der Künstlichen Intelligenz namens Control zu bewahren.[100] Die Besatzung der *Discovery* nimmt diesen Schritt auf sich, da die Anreicherung der KI mit den Datenbankinformationen das Auslöschen jeglichen Lebens in der Galaxie zur Folge haben würde. Nur ein hinreichend weiter Zeitsprung wird als Ausweg gesehen. Dass der Zeitsprung selbst zur Abwendung der maximal existenziellen Bedrohungslage gerechtfertigt ist, liegt auf der Hand. Auffallend ist jedoch der Umgang mit der *Discovery* im neuen Jahrtausend. Die Besatzung versteckt sich und ihr Schiff nicht etwa mit einer Ansage, sich aus der Geschichte herauszuhalten. Im Gegenteil wird die Mannschaft bei der Föderation vorstellig, lässt sich in die künftige Sternenflotte eingliedern

99 Star Trek: Strange New Worlds, S2 E7 – Tierisch olle Sternenreisende.
100 Star Trek: Discovery, S2 E14 – Solch süße Trauer, Teil II.

und nimmt Missionen von quadrantenweiter Bedeutung wahr.[101] Der künftig in Vergessenheit geratene Pilzsporenantrieb der *Discovery* ist zusammen mit der besonderen Scharfsinnigkeit von Captain Burnham schließlich der Schlüssel, um die Auswirkungen der Naturkatastrophe namens „der Brand“ zu überwinden. Nur aufgrund der Zeitreise der *Discovery* werden Warpantriebe wieder einsatzbereit und interstellare Reisen möglich. Niemand hegt in der neunhundert Jahre entfernten Zukunft den leisesten Zweifel, dass diese Ressourcen aus der Vergangenheit genutzt werden dürfen.

Dieselbe Folge hat die Ankunft der Wale George und Gracie sowie der Meeresbiologin Gillian Taylor im 23. Jahrhundert. Es wird von niemandem hinterfragt sowie vom Föderationsrat ausdrücklich gebilligt,[102] dass die aus dem 20. Jahrhundert mitgebrachten Wale mit der Sonde im Erdorbit kommunizieren und damit das Wetter stabilisieren.[103] Auch nach dieser Rettungstat dürfen die Wale, ebenso wie ihre mitgereiste menschliche Betreuerin, in der neuen Zeit verbleiben. Die Wale bevölkern eine Welt erneut, in der ihre Spezies zuvor ausgestorben war. Auch die Biologin Taylor verhält sich nicht unauffällig, sondern nimmt als Expertin für Meeressäugetiere eine herausgehobene Position in der Föderation ein. Konsequenterweise darf auch der holographische Doktor der *Voyager* seinen aus einer Zeitreise in das 20. Jahrhundert mitgebrachten mobilen Emitter behalten. Das Leben und Wirken der Figur wird durch die dabei gewonnene Fortbewegungsfreiheit massiv bereichert. Dass die technologischen Voraussetzungen zum Bau des Geräts ursprünglich aus der fernen Zukunft stammen, wird dabei ignoriert.

Aus der Vergangenheit mitgebrachte Gegenstände und Technologien dürfen folglich uneingeschränkt in der Zukunft eingesetzt werden. Für Lebewesen gilt dies nicht ohne Weiteres. Im Epilog der Folge *Immer die Last mit den Tribbles* stellt sich heraus, dass die Raumstation *Deep Space Nine* einer Plage der pelzigen Tiere namens Tribbles ausgesetzt ist. Die offenbar in der Zeit der Serie ausgestorbene Spezies hat die *Defiant* von einer Zeitreise auf die *Enterprise* von Captain Kirk mitgebracht.[104] Aufgrund ihres enormen Fortpflanzungsvermögens ist ein Großteil des Promenadendecks und der Bar der Station von ihnen bevölkert. Captain Sisko ist im Schluss-Gag der Folge erleichtert, dass die Abteilung für Temporale Ermittlungen bei der vorherigen Anhörung keine Fragen in die Richtung gestellt hat. Allen Protagonisten auf der Station scheint klar zu sein, dass die Ausbreitung der Tribbles in der Zukunft ein unzulässiger Eingriff in die Zeitlinie ist. Die Darstellung steht im Kontrast zur Wiederansiedelung der Wale im vierten Kinofilm so-

101 Star Trek: Discovery, S3 E5 – Die Bewährungsprobe.
102 Siehe oben S. 219.
103 Kinofilm Star Trek IV: Zurück in die Gegenwart.
104 Star Trek: Deep Space Nine, S5 E6 – Immer die Last mit den Tribbles.

wie der Tatsache, dass keine regelmäßigen Neuansiedlungsprogramme für ausgestorbene Tiere aus der Vergangenheit stattfinden. Auch verstorbene Menschen werden nicht aus der Vergangenheit geholt, mit Ausnahme der Meeresbiologin Taylor. Ein Unterschied zu den Tribbles könnte sein, dass Gillian Taylor sich aus eigenem Antrieb heraus durch einen beherzten Sprung an Admiral Kirks Hals mit in das Zeitschiff beamen lässt. Die Wale George und Gracie entscheiden sich bei einer Gedankenverschmelzung mit Captain Spock bewusst für eine Teilnahme an der Umsiedelung in die Zukunft. Die jeweiligen Umstände lassen den Schluss zu, dass es im Regelfall nicht zulässig ist, vernunftbegabte Wesen aus der Vergangenheit in die eigene Zukunft zu transferieren. Reisen sie jedoch aus eigenem Antrieb heraus in die Zukunft, dürfen sie dort verbleiben und sich auch mit Auswirkungen auf die Zeitgeschichte einbringen. Wesen unterhalb der Schwelle des vernunftbegabten Lebens haben in ihrer Zeit zu verbleiben.

e) Durchsetzung des Zeitreiserechts

Die Föderation unterhält im 23. Jahrhundert eine Abteilung für Temporale Ermittlungen (englisch: Department of Temporal Investigations). Bekannt ist sie vor allem durch die beiden Ermittler Dulmur und Lucsly, die in der oben angesprochenen Episode *Immer die Last mit den Tribbles* eine Untersuchung auf *Deep Space Nine* durchführen.[105] Der Umstand, dass die beiden Amtsträger graue Anzüge mit Nadelstreifen ohne Insignien tragen, lässt vermuten, dass es sich nicht um eine Abteilung der Sternenflotte handelt, sondern eine zivile Behörde der Föderation. Dulmur und Lucsly führen Befragungen durch und kündigen an, einen Bericht abzufassen, „*before making any recommendations*“. In der deutschen Synchronisation wird die Zuständigkeitsverteilung verzerrt dargestellt. Dort legt die Ausdrucksweise nahe, dass die beiden Ermittler abschließend über den Fall entscheiden werden. Dass das Amt nach dem englischsprachigen Original lediglich in einem Bericht Empfehlungen ausspricht, ist passend zur Episode *Temporale Paradoxie* bei *Raumschiff Voyager*. Die in einer alternativen Zukunft angesiedelte Handlung dreht sich um Chakotay und Harry Kim, die den Absturz der *Voyager* auf einem Eisplaneten retrospektiv verhindern möchten. Sie benutzen dafür einen Borg-Transmitter, der Nachrichten durch die Zeit an Seven of Nine schicken kann.[106] Captain La Forge ist ihnen auf den Fersen. Er funkt sie an und überbringt ihnen ein Angebot des Föderationsrats. Die Anklage gegen Chakotay und Kim werde fallengelassen, wenn sie dem Captain den Borg-Transmitter aushändigen. Die Zusammenschau beider Episoden lässt darauf schließen, dass oberstes Entscheidungsorgan für den Umgang mit

105 Star Trek: Deep Space Nine, S5 E6 – Immer die Last mit den Tribbles.
106 Star Trek: Raumschiff Voyager, S5 E6 – Temporale Paradoxie.

temporalen Verstößen der Föderationsrat ist. Im Fall reaktiver Ermittlungen führt die Abteilung für Temporale Ermittlungen Untersuchungen durch und legt die Ergebnisse dem Föderationsrat bzw. einem seiner Unterräte zur Entscheidung vor. Im Fall akuter Gefahrenabwehr fällt der Sternenflotte die Aufgabe zu, unzulässige Zeitmanipulationen zu vermeiden. Sie handelt dabei im Auftrag und in enger kommunikativer Abstimmung mit dem Föderationsrat. Welche Sanktionen fällig werden können, ist nicht bekannt. Allerdings lassen die Charaktere auf *Deep Space Nine* deutlich erkennen, dass Ermittlungsverfahren der Abteilung für Temporale Ermittlungen äußerst unangenehm sind.

Im 29. Jahrhundert betreibt die Sternenflotte Zeitschiffe, die in der Lage sind, Zeitströme auf Veränderungen hin zu scannen. Eines davon ist das *Zeitschiff Relativity* in der gleichnamigen Episode der Serie *Raumschiff Voyager.*[107] Sein Kommandant Captain Braxton ist von der Kommission für Temporale Integrität beauftragt, solche Manipulationen zu erkennen und rückgängig zu machen. Bevorzugtes Mittel dafür ist die Rekrutierung von Personen aus der manipulierten Zeit. So gibt Braxton der Offizierin Seven of Nine konkrete Anweisungen, was sie in ihrer Gegenwart zu unternehmen hat, um Eingriffe zu neutralisieren. Einen vergleichbaren Auftrag erhält Lieutenant Noonien-Singh von der *Enterprise* in der Episode *Morgen und morgen und morgen* von *Star Trek: Strange New Worlds.* Agent Ymalay von der Kommission für Temporale Integrität entsendet sie zusammen mit einem Captain Kirk aus einer alternativen Zeitlinie in das Toronto des 21. Jahrhunderts.[108] Im Anschluss wird sie verpflichtet, mit niemandem über das Erlebte zu sprechen, auch nicht mit ihrem Vorgesetzten Captain Pike. Neben der Rekrutierung zeitgenössischer Personen reisen Zeitschiffe auch selbst in die Vergangenheit, um Eingriffe zu korrigieren. Eine solche Mission führt Captain Braxton in der Doppelfolge *Vor dem Ende der Zukunft* durch. Aufgrund fehlerhafter Annahmen geht er davon aus, eine Katastrophe im Bereich der Erde in der fernen Zukunft dadurch verhindern zu müssen, dass er das *Raumschiff Voyager* zerstört. Daher fliegt er mit dem Ein-Personen-Zeitschiff *Aeon* in das 23. Jahrhundert und beschießt das Schiff von Captain Janeway.

3. Omega-Direktive

Eine alle anderen Dienstpflichten überlagernde Anforderung folgt aus der Omega-Direktive. Die Vorschrift bildet das zentrale Handlungselement der Episode *Die Omega-Direktive* bei *Star Trek: Raumschiff Voyager.*[109] Sie ist

107 Star Trek: Raumschiff Voyager, S5 E24 – Zeitschiff „Relativity“.
108 Star Trek: Strange New Worlds, S2 E3 – Morgen und morgen und morgen.
109 Star Trek: Raumschiff Voyager, S4 E21 – Die Omega-Direktive.

darauf gerichtet, das sogenannte Omega-Molekül zu neutralisieren, sobald ein Raumschiff dieses mit seinen Scannern erfasst. Omega ist eine Substanz von enormer Zerstörungskraft. Bereits wenige Moleküle des Stoffes genügen, um den Subraum im Bereich mehrerer Sektoren oder gar Quadranten zu zerstören. Das Missbrauchspotenzial ist gewaltig, daher erfahren nur so wenige Personen von seiner Existenz, wie es unbedingt erforderlich ist. Die Schiffssysteme aller Sternenflottenraumschiffe scannen für die Besatzung nicht wahrnehmbar kontinuierlich nach der Substanz. Ermitteln sie dabei Omega-Moleküle in der Umgebung, so sperren sich alle Computerterminals automatisiert. Sie zeigen dann das Symbol Omega aus dem griechischen Alphabet an. Captains der Sternenflotte sind darüber informiert, wie in dem Fall zu verfahren ist. Sie begeben sich in ihren Bereitschaftsraum, verschließen die Tür und autorisieren sich mit ihrem persönlichen Freischaltcode. Sodann weist sie die Computerstimme an:

> „*Führen Sie umgehend die Omega-Direktive aus. Alle anderen Prioritäten wurden aufgehoben.*“

Das Aufheben aller anderen Prioritäten wird im weiteren Verlauf der Episode juristisch konkretisiert. Die Omega-Direktive geht allen anderen Rechtspflichten vor, sogar der Ersten Direktive. Auch medizinische Protokolle sind ihr gegenüber subsidiär. Der Inhalt der Direktive wird von Captain Janeway folgendermaßen umschrieben:

> „*Falls jemand da draußen mit Omega experimentiert, habe ich den Befehl, dies zu verhindern.* […] *Ich bin bevollmächtigt, alle nötigen Mittel einzusetzen, um es* (das Omega-Molekül) *zu zerstören.*“

Es handelt sich um eine vertrauliche Direktive, von deren Existenz nur die Captains und Flaggoffiziere der Sternenflotte Kenntnis haben. Es ist dem bzw. der Captain untersagt, die Mission mit der Mannschaft zu erörtern. Nach dem vorgesehenen Ablauf ist unverzüglich die Sternenflotte zu informieren, die sich der Aufgabe mit einem Spezialteam annimmt. Da dieses Vorgehen für die im Delta-Quadranten isolierte *Voyager* nicht möglich ist, entschließt sich Captain Janeway, ihre Führungsoffiziere einzuweihen.

4. Rote Direktive

Für einzelne Missionen kann das Sternenflottenhauptquartier die sogenannte Rote Direktive anordnen. Dies bedeutet, dass ihr Gegenstand höchste Dringlichkeit und Sensibilität aufweist. Zugleich muss es sich um stark geheimhaltungsbedürftige Hintergründe handeln. Raumschiffe, die mit einer Mission betraut werden, für die die Rote Direktive gilt, haben über alle Umstände Geheimhaltung zu wahren. Diese Verschwiegenheitspflicht gilt gegebenenfalls sogar gegenüber dem Oberbefehlshaber der Sternenflotte.

Eingeführt wird diese Missionsklassifizierung erst mit der fünften Staffel der Serie *Star Trek: Discovery*, die im fernen 32. Jahrhundert angesiedelt ist. Zuvor gibt es keine Erwähnung der Roten Direktive, jedoch weist sie ihrem Inhalt nach starke Parallelen zur Omega-Direktive auf. Damit ist anzunehmen, dass die Omega-Direktive eine spezielle Unterform der Roten Direktive ist. Der übergreifende Handlungsbogen der fünften Staffel umfasst eine längere Rote-Direktive-Mission. Es handelt sich um eine Art galaktische Schnitzeljagd zum Auffinden des Volkes der Progenitoren. Captain Burnham erhält die betreffenden Einsatzbefehle in einem spezifischen abhörsicheren Raum des Sternenflottenhauptquartiers.[110] Von dem Moment an verwendet die Sternenflotte geradezu inflationär die Rote Direktive. So werden Captain Burnham und Cleveland Booker einige Wochen nach dem Abschluss der Mission mit einem neuen Einsatz dieser Kategorie betraut.[111] Auch als das von der KI Zora gesteuerte Raumschiff *Discovery* im Epilog der Serie auf eine tausendjährige Solomission geschickt wird, geschieht dies unter Berufung auf die Rote Direktive. Zuvor hatte Captain Raynor kundgetan, in seiner Karriere siebenmal gemäß der Roten Direktive verpflichtet worden zu sein, viermal davon als Missionsleiter.[112]

5. Quarantänevorschriften

Während die oben dargestellten General Orders sehr grundlegender Natur sind, kennt das Regelwerk noch weitere, konkretere Direktiven. Eine davon ist General Order 6. Sie regelt den Umgang mit Seuchen an Bord von Raumschiffen. Zunächst sind die Schiffe unter Quarantäne zu stellen. Bei Ausbruch, der nicht binnen 24 Stunden geheilt werden kann, hat sich das betreffende Raumschiff selbst zu zerstören. Auf der *Enterprise* leiden in einer Episode der Zeichentrickserie alle Crewmitglieder außer Lieutenant Commander Spock vermeintlich am saurischen Virus. Lieutenant Commander Spock vermerkt dazu im Logbuch:

> „*Wir sind in der Umlaufbahn um den Planeten Dramia. Das Schiff ist unter Quarantäne. Ich habe als kommandierender Offizier Generalvorschrift 6 in Kraft treten lassen.*“[113]

Zur Selbstzerstörung kommt es nicht, da Captain Kirk und Doctor McCoy schlussendlich feststellen, dass die Ursache der Symptome nicht von der Krankheit, sondern von farbverändernden Auroren herrühren.

110 Star Trek: Discovery, S5 E1 – Die Rote Direktive.
111 Star Trek: Discovery, S5 E10 – Das Leben an sich.
112 Star Trek: Discovery, S5 E2 – Unter den Zwillingsmonden.
113 Die Enterprise, S2 E4 – Dr. McCoy unter Anklage.

6. Anflugverbot für Talos IV

Nicht weniger martialisch ist General Order 7:

> *„Unter keinen Umständen, auch nicht im Notfall, darf ein Raumschiff Talos IV anfliegen.* […] *Und wer es dennoch wagt, wird mit dem Tode bestraft.*“[114]

Laut Logbuch von Captain Kirk ist Talos IV damit die einzige verbotene Welt in der Galaxie. Es handelt sich zudem um die einzige Todesstrafe der Föderation.[115] Die Hintergründe der drastischen Verbotsnorm sind bewusst unter Verschluss gehalten. Captain Kirk berichtet Commodore Mendez in der Episode *Talos IV – Tabu*:

> *„Ich weiß nur das, was jeder Captain wissen muss.*“

Über den oben zitierten Wortlaut von General Order 7 hinaus hat er keine Kenntnis. Der Commodore gibt Kirk daraufhin Einblick in eine verschlossene Akte, in der sein Vorgänger Captain Pike von einem Besuch auf Talos IV berichtet. Es handelt sich um Papierdokumente, die mit einem elektronischen Schloss vor der unbefugten Öffnung gesichert sind. Daraus ist bekannt, dass die Einwohner von Talos IV über telepathische Kräfte verfügen, die sie zur Manipulation und Versklavung von Besuchenden verwenden. Pike empfiehlt, nachdem er entkommen ist, den Planeten zum Sperrgebiet zu bestimmen, dem kommt das Sternenflottenkommando mit dem allgemeinen Befehl Nummer 7 nach.

II. Sternenflottenverordnungen

Eine Ebene unterhalb der General Orders sind die Sternenflottenverordnungen angesiedelt. Anders als die Direktiven, die inhaltliche Vorgaben an die Missionen machen, betreffen die Verordnungen die Verwaltungsabläufe innerhalb von Raumschiffen. Ein klassisches Beispiel ist die Flottenverordnung 104 Absatz c, nach der der medizinische Offizier dem Captain das Kommando entziehen kann, wenn dieser gesundheitlich nicht in der Lage ist, seine Aufgabe wahrzunehmen. Die Regelung wurde bereits in der Serie *Star Trek: Enterprise* herangezogen. Die Erwähnung in der Prequel-Serie weist nach, dass das Rechtsinstrument der Sternenflottenverordnungen älter als die Föderation ist. Doctor Phlox beruft sich in der Episode *Brutstätte* darauf, als Captain Archer unter dem Einfluss einer wahrnehmungsverzerrenden Substanz aus einem Xindi-Ei steht.[116] Eine gesundheitliche Einschränkung, die zur Abgabe des Kommandos an eine Stellvertretung verpflichtet,

114 Raumschiff Enterprise, S1 E15 – Talos IV – Tabu, Teil I.
115 Siehe oben S. 189.
116 Star Trek: Enterprise, S3 E17 – Brutstätte.

ist auch ein sogenannter Zustand der emotionalen Kompromittierung. Kadett Kirk provoziert im Kinofilm *Star Trek* den amtierenden Kommandanten der Enterprise, Commander Spock, absichtlich zu einer gereizten Überreaktion.[117] Kirks Motivation besteht darin, Spock zu zwingen, den Captain's Chair zu seinen Gunsten zu verlassen.

Ebenfalls die Führung des Schiffes betrifft die Sternenflottenverordnung 19 Absatz c. Darin geregelt ist die Übernahme eines Raumschiffes durch einen anderen Kommandanten. Acting Captain Commander Saru muss auf dieser Grundlage das Kommando über die *Discovery* für die Dauer der zweiten Staffel an Captain Pike abgeben.[118] Der besonders regeltreue Saru beugt sich dem Befehl und erfragt die Gründe. Er zählt auf, dass die Sternenflottenverordnung 19 Absatz c genau drei Tatbestände enthält:

a) Unmittelbare Bedrohung der Föderation

b) Gefahr für Bürger der Föderation

c) Keine Offiziere des entsprechenden oder eines höheren Rangs verfügbar, um die Bedrohung abzuwenden

Die drei Tatbestandsmerkmale sind in der deutschen wie auch der englischen Sprachfassung mit einem „oder" bzw. „or" verknüpft. Damit genügt es, dass eine der drei Varianten erfüllt ist, um die Kommandoübertragung zu verlangen. Die Nachfrage, welche einschlägig ist, beantwortet Captain Pike kernig mit einem knappen: „*Alle drei.*" Dass die Punkte a) und b) alternativ zu verstehen sind, leuchtet ein. Tatbestandsmerkmal c) kann dem Sinn nach eigentlich nicht alleine für sich stehen, weil es begrifflich auf die Bedrohung aus a) bzw. b) verweist. Entweder ist der Dialog zwischen Pike und Saru fehlerhaft, sodass zur Bedrohung nach Buchstabe a) oder b) der unzureichende Rang des bisherigen kommandierenden Offiziers als weiteres Merkmal hinzuzutreten hat. Eine andere Lesart wäre, dass die drei Tatbestandsmerkmale a) bis c) tatsächlich isoliert für sich anwendbar sind. Das würde bedeuten, dass in jedem Fall einer hinreichend großen Bedrohungslage nach a) oder b) das Kommando neu vergeben werden kann. Zudem wäre dann Buchstabe c) so zu verstehen, dass bei einer Besetzung des Kommandosessels mit einem Offizier wie Saru unterhalb des Ranges eines Captains jegliche Bedrohungslage ausreichen kann, um einen höherrangigen Offizier übernehmen zu lassen.

Die Sternenflottenverordnungen enthalten auch die Spielregeln für das Zusammentreffen mehrerer Raumschiffe derselben Flotte. So ergeht es Captain Janeway von der *Voyager*, als sie isoliert im Delta-Quadranten auf Captain Ransom von der *Equinox* trifft. Zunächst tauschen sie sich über ihre unter-

117 Kinofilm Star Trek (2009).

118 Star Trek: Discovery, S2 E1 – Bruder.

schiedlichen Auslegungen zu ihren Befugnissen fernab des Föderationsgebietes aus. Captain Ransom führt an:

> „*Sternenflottenverordnung 3 Paragraph 12: Bei einer drohenden Kampfhandlung ist ein Captain autorisiert, das Leben seiner Crew mit allen vertretbaren Mitteln zu bewahren.*“[119]

Janeway bezweifelt, dass dies die wiederholte Tötung nukleogener Kreaturen zur Verbesserung des Antriebs rechtfertige. Captain Ransom sieht diese Praktiken im Einklang mit der Verordnung. Dass eine so grundlegende Verhaltensregel in einer Sternenflottenverordnung manifestiert ist, überrascht. Der Systematik nach würde sie besser in den Katalog der General Orders passen. Eine weitere, in der Doppelfolge herangezogene Regelung betrifft jedoch erneut die Kommandostrukturen innerhalb der Sternenflotte und passt daher hervorragend in die Regelungsstruktur. Da beide Captains inhaltliche Differenzen haben, aber den gleichen Rang bekleiden, fragt Ransom:

> „*Wie ist das Protokoll in dieser Situation?*“

Captain Janeway entgegnet, die Rechtslage gerade nachgeschlagen zu haben:

> „*Sternenflottenverordnung 191 Art. 14: Ist mehr als ein Schiff an einer Kampfhandlung beteiligt, fällt das Kommando an das Schiff mit der taktischen Überlegenheit.*“[120]

III. Sternenflottenhandbuch

Die dritte Ebene des Dienstrechts ist das Sternenflottenhandbuch. Seine Inhalte sind kleinteiliger und weniger bedeutsam als die General Orders und die Sternenflottenverordnungen. Sie regeln die Details der täglichen Routine an Bord der Raumschiffe. Beispielsweise sind die Kleidervorschriften der Offizierinnen und Offiziere Teil des Sternenflottenhandbuchs. Dies geht aus einer Unterhaltung der Ensigns Boimler und Mariner im ersten Staffelfinale von *Star Trek: Lower Decks* hervor, als Mariner ausnahmsweise adrett gekleidet und frisiert ist.[121] Die Vorschriften regeln nicht nur die für die jeweilige Funktion vorgesehene Kleidung, sondern auch Frisurenbeschränkungen und Vorgaben für ein gepflegtes Äußeres. So betont Captain Janeway gegenüber der jungen Naomi Wildman, dass Captains stets das Hemd in die Hose zu stecken hätten.[122] Der Roman zum Film *Der Aufstand*

119 Star Trek: Raumschiff Voyager, S6 E1 – Equinox, Teil II.
120 Star Trek: Raumschiff Voyager, S5 E26 – Equinox, Teil I.
121 Star Trek: Lower Decks, S1 E10 – Keine kleinen Rollen.
122 Star Trek: Raumschiff Voyager, S5 E16 – Das ungewisse Dunkel, Teil II.

beschreibt die perfekt manikürten Fingernägel eines Captains der Sternenflotte – als Picard dem Gegner Ru'afo nach dem finalen Kampf die Hand zur Rettung reicht.[123] Die strikten Kleiderregeln widersprechen dem in der Föderation allgegenwärtigen Grundsatz der „unendlichen Mannigfaltigkeit in unendlicher Kombination"[124] zugunsten einer funktionalen Einheitlichkeit. Zur Wahrung kultureller Eigenheiten macht die Sternenflotte jedoch Ausnahmen. So wird Fähnrich Laren eine Ausnahmegenehmigung aus religiösen Gründen erteilt, ihren bajoranischen Ohrring zu tragen.[125] Lieutenant Kayshon beruft sich auf der *Cerritos* auf dieselbe Ausnahme, um seinen tamarianischen Dolch an der Uniformjacke tragen zu dürfen.[126] Die Schärpe, die Lieutenant Commander Worf stets über seiner Uniform trägt, demonstriert ebenfalls seine kulturelle Herkunft als Klingone und ist deshalb ausnahmsweise erlaubt.

Weitere Äußerlichkeiten wie die korrekte Anrede auf Raumschiffen sind ebenfalls im Sternenflottenhandbuch geregelt. Captain Janeway erläutert die Vorschriften gegenüber Fähnrich Kim, vor dem ersten Start der *Voyager*:

> *„Entgegen dem Protokoll der Sternenflotte möchte ich nicht mir Sir angesprochen werden."*[127]

Von der kleinen Ausnahme, als „Captain" angesprochen zu werden, abgesehen, hält sie die Formalia auf ihrem Schiff hoch. Captain Ransom gestattet seiner Besatzung der *Equinox*, ihn beim Vornamen zu nennen, weil das Sternenflottenhauptquartier weit weg sei. Janeway geht in dieser Hinsicht weiterhin *„nach Protokoll"* vor.[128]

Auch prozedurale Vorgaben für die Durchführung von Missionen stehen im Sternenflottenhandbuch. Ein Beispiel ist die berühmte, von Commander Riker zuhauf zitierte Vorschrift, dass der Captain eines Schiffes der Galaxy-Klasse auf der Brücke bleiben soll. Auf diese Weise kommt der Erste Offizier regelmäßig in den Genuss von Außenmissionen. Eine weitere Regelung für Außenteams ist das Verbot, sich voneinander zu trennen, sobald die Kommunikation mit dem Schiff abreißt.[129] Insbesondere Erstkontakte sind streng durchreguliert.[130] So ist die Sternenflotte zu informieren bei der Entdeckung einer bisher unbekannten intelligenten Spezies.[131] Der Sicherheits-

123 *Dillard*, Roman Star Trek: Der Aufstand, S. 239.
124 Siehe oben S. 92.
125 Raumschiff Enterprise – Das nächste Jahrhundert, S5 E3 – Fähnrich Ro.
126 Star Trek: Lower Decks, S2 E2 – Kayshon, seine Augen offen.
127 Star Trek: Raumschiff Voyager, S1 E1 – Der Fürsorger.
128 Star Trek: Raumschiff Voyager, S5 E26 – Equinox, Teil I.
129 *Mitchell*, Roman Die Jarada, S. 190.
130 *McIntyre*, Roman Star Trek – Die erste Mission, S. 341.
131 *McIntyre*, Roman Star Trek – Die erste Mission, S. 291; zur Frage, was intelligente Spezies sind, siehe oben S. 113 ff.

offizier bzw. die -offizierin hat vor dem Betreten des Planeten eine Analyse von Kultur und Recht durchzuführen. Dies teilt Lieutenant Yar mit beim Besuch der Edo; dennoch entgeht ihr das unnachgiebige Strafrecht mit Todesstrafen für Lappalien.[132] Im Übrigen benötigt das Personal, das an Erstkontakt-Missionen teilnimmt, eine sogenannte Erstkontakt-Genehmigung. Der Roman *Die erste Mission* schildert von der Pflicht, die Genehmigung rechtzeitig verlängern zu lassen, was intensive Schulungen voraussetzt.[133] Doctor McCoys Lizenz ist zwischenzeitlich erloschen, sodass er nicht zur neu entdeckten Spezies herüberbeamen darf.

Die Einhaltung der Regelungen ist durch umfangreiche Dokumentationen nachzuweisen. Deshalb führen Schiffsbesatzungen minutiöse Computerlogbücher. Es handelt sich um eine bürokratische Vorgabe aus Compliancegründen.[134] Dabei sind neben dem Logbuch des Schiffes auch persönliche Logbücher verpflichtend. Ensign Boimler erinnert Ensign Mariner in der Pilotfolge von *Lower Decks*, dass auch die niedrigen Dienstgrade dazu angehalten sind, solche Aufzeichnungen anzufertigen.[135] Darüber hinaus gibt es Logbücher auf allen Positionen, etwa das Logbuch des Steuermanns der *Voyager*[136] oder sogar das Logbuch des medizinischen Junioroffiziers auf der *Enterprise*, zu hören in der Episode *Durch die Linse der Zeit* bei *Strange New Worlds*.[137]

IV. Disziplinarmaßnahmen

Verstöße gegen das Dienstrecht haben Disziplinarmaßnahmen zur Folge, solange sie unterhalb der Schwelle eines Kriegsgerichts bleiben. Das Kriegsgericht ist eine strafrechtliche Verhandlung, die unter anderem eine längerfristige Freiheitsstrafe zur Folge haben kann.[138] Disziplinarmaßnahmen betreffen hingegen lediglich das Dienstverhältnis an Bord des Schiffes beziehungsweise innerhalb der Sternenflotte. Es handelt sich heute wie in der Zukunft nicht um Strafen, sondern um Maßnahmen des Dienstherrn, die zur künftigen Pflichterfüllung beitragen sollen. Deshalb können parallel zu Disziplinarverfahren auch auf Sanktionierung zielende Strafverfahren eröffnet werden. Die Mittel der Disziplinierung reichen von der Umstrukturierung von Aufgaben bis hin zur Entlassung. Sie decken sich im Wesentlichen mit den Optionen, die auch Militärs der aktuellen Gegenwart zur Verfügung ste-

132 Raumschiff Enterprise – Das nächste Jahrhundert, S1 E8 – Das Gesetz der Edo.
133 *McIntyre*, Roman Star Trek – Die erste Mission, S. 296.
134 *Fistrich/Göttling*, Podcast Trek am Dienstag, E425 – The Swarm.
135 Star Trek: Lower Decks, S1 E1 – Der Zweite Kontakt.
136 Star Trek: Raumschiff Voyager, S3 E4 – Der Schwarm.
137 Star Trek: Strange New Worlds, S3 E5 – Durch die Linse der Zeit.
138 Siehe oben S. 164 ff., 186 ff.

hen. Die heute unter anderem relevante Maßnahme der Kürzung der Dienstbezüge fehlt allerdings im Disziplinarkatalog der Sternenflotte – denn eine Vergütung erhält das Personal bekanntlich ohnehin nicht.[139]

1. Entzug von Privilegien

Eine vergleichsweise niedrigschwellige Disziplinarmaßnahme ist der teilweise Entzug von Privilegien, die der pflichtverletzenden Person eigentlich zustehen würden.

„*RHSP, Captain – Rang hat seine Privilegien*“ –

dieses Sprichwort wirft Commodore Mendez Captain Kirk in der Episode *Talos IV – Tabu* zu.[140] Die Bekanntheit des Satzes innerhalb der Sternenflotte unterstreicht die Versessenheit aller Offizierinnen und Offiziere auf standesgemäße Vorrechte auf ihrem Schiff. Nachdem das Raumschiff *Equinox* zerstört ist und Captain Janeway dessen Besatzung des Massenmordes an fremden intelligenten Spezies überführt hat, integriert sie die Crew in die *Voyager*. Sie degradiert in dem Zuge alle Neuankömmlinge und schränkt ihre Privilegien ein.[141] Ein formelles Verfahren durchläuft sie dabei nicht; diese vergleichsweise niedrigschwellige Disziplinarmaßnahme ist per einfacher Anordnung des Captains möglich.

Die eingebüßten Privilegien können vielfältiger Natur sein. Beispielsweise wird Holodeck-Zeit in Kontingenten ausgegeben. Auch Landurlaub kann gestrichen oder im Umfang begrenzt werden. Auf der *Voyager* sind die Energiereserven derart kontrolliert, dass auch Replikatorrationen individuell verteilt werden. Auf anderen Schiffen besteht keine mengenmäßige Limitierung. Allerdings bekommen die Ensigns auf der *Cerritos* nach einiger Zeit mit, dass das kulinarische Angebot der Speisereplikatoren deutlich ausgeweitet ist, je höher man im Dienstrang aufsteigt.

2. Entzug von Aufgaben

Für wiederholtes Zu-spät-Kommen entzieht Captain Janeway Lieutenant Paris zeitweise seine Brückenschichten und teilt die Position des Ersten Steuermanns der *Voyager* einer Vertretung zu.[142] Die Maßnahme setzt ihm massiv zu. Unter den Advanced Humans freut sich niemand über gewonnene freie Zeit, wenn dadurch kein Beitrag zum Vorankommen der Gesellschaft und des eigenen Schiffes mehr geleistet werden kann.

139 Siehe oben S. 31.
140 Raumschiff Enterprise, S1 E15 – Talos IV – Tabu, Teil I.
141 Star Trek: Raumschiff Voyager, S6 E1 – Equinox, Teil II.
142 Star Trek: Raumschiff Voyager, S2 E19 – Lebensanzeichen.

Captain Ransom wird in der Episode *Equinox, Teil II* von Captain Janeway seines Kommandos enthoben.[143] Diese Aktion erfolgt auf Zuruf ohne formelle Verhandlung, weil es sich nicht um eine Strafe, sondern eine Disziplinarmaßnahme handelt. Später in derselben Folge entbindet Janeway Lieutenant Commander Chakotay vom Dienst, weil er ihre Foltermaßnahme nicht mittragen möchte. Nachdem sie zur Vernunft gekommen ist, rehabilitiert sie Chakotay unverzüglich.

3. Arrest

Der kurzfristige Quartiersarrest ist eine häufig angewandte Disziplinarmaßnahme für kurzfristige Reaktionen auf gewichtige Fälle. Als gesteigerte Form kommt auch der Verweis in die Arrestzelle infrage. In der Zeitreiseepisode *Immer die Last mit den Tribbles* geraten Offiziere von *Deep Space Nine* an der Seite von Kollegen der alten *Enterprise* in eine Kneipenschlägerei. Captain Kirk befragt die beteiligten Personen, bekommt aber keine Schuldigen genannt. Daraufhin ordnet er Quartiersarrest für die ganze Gruppe an.[144] Das Vorgehen der Kollektivdisziplinierung zeigt, dass es keine konkreten Beweise für individuelles Fehlverhalten bedarf, sondern dass das Mittel dann eingesetzt werden kann, wenn der Captain es für pädagogisch sinnvoll hält. Auf dieser Basis ordnet Captain Janeway auch Quartiersarrest für die Besatzungsmitglieder der *Equinox* ohne Einzelfallprüfung der jeweiligen Schuld an. Als Jake Sisko und Fähnrich Nog sich wirtschaftlich betätigen und ihre Unternehmungen außer Kontrolle geraten, ordnet Captain Sisko auch dafür Quartiersarrest an.[145] Sein Sohn Jake gehört nicht der Sternenflotte an, sodass er nur auf Basis des väterlichen Erziehungsrechts agieren kann. Nog hingegen unterliegt seiner dienstrechtlichen Führung, sodass sein Arrest eine Disziplinarmaßnahme gewesen sein muss.

4. Aktenverweis

Beschäftigte der Sternenflotte sind stets sehr bedacht auf eine saubere Personalakte. Sie ist die Basis für ihr berufliches Vorankommen. Schmerzlich erfahren muss dies Lieutenant Commander Worf, der in der Episode *Wandel des Herzens* einen direkten Befehl verweigert, um das Leben seiner Frau Lieutenant Dax zu retten.[146] Die Außenmission scheitert deshalb und Dritte sterben. Captain Sisko prognostiziert, dass Worf keine Anklage zu befürchten habe, weil selbst bei einem geheimen Kriegsgericht das Risiko zu groß

143 Star Trek: Raumschiff Voyager, S6 E1 – Equinox, Teil II.
144 Star Trek: Deep Space Nine, S5 E6 – Immer die Last mit den Tribbles.
145 Star Trek: Deep Space Nine, S5 E25 – Die Karte.
146 Star Trek: Deep Space Nine, S6 E16 – Wandel des Herzens.

sei, dass der Inhalt der verdeckten Operation an die Öffentlichkeit gelangen könnte. Jedoch werde die Pflichtverletzung in der Dienstakte des Lieutenant Commanders vermerkt werden mit der Folge, in nächster Zeit kein Kommando dieser Art mehr erteilt zu bekommen. Worf akzeptiert die Maßnahme. Sie ist ihm nicht gleichgültig und doch hat er sie bewusst in Kauf genommen, um höhere familiäre Verpflichtungen zu erfüllen. Persönliche Beziehungen veranlassen auch Fähnrich Kim, entgegen eines ausdrücklichen Befehls Kontakt von der *Voyager* zum Generationenschiff der Varro aufzunehmen.[147] Er erhält dafür einen Verweis in seiner Akte. Eine ähnliche Prioritätensetzung nimmt Captain Sisko in der Zeitreisefolge *Immer die Last mit den Tribbles* vor. In dem Bewusstsein, dass er jegliche Beeinflussung der Zeitlinie zu unterlassen hat, schüttelt er Captain Kirk die Hand und stellt sich ihm namentlich vor. Gegenüber den Ermittlern der Abteilung für Temporale Ermittlungen gibt er zu, es sei ihm egal, dafür einen Nachweis in seiner Datei zu erhalten.[148] Die Ermittler können das Anliegen, der Legende Kirk gegenüberzutreten, gut verstehen und billigen sein Verhalten.

5. Degradierung

Ein für den Kollegenkreis und das Publikum dauerhaft sichtbares Zeichen der Pflichtverletzung ist die Degradierung. Die Herabstufung um einen Dienstgrad ist ein gelegentlich angewandtes Disziplinarmittel. Beispielsweise wird Lieutenant Paris zum Fähnrich degradiert, als er in der Episode *Dreißig Tage* gegen Befehle von Captain Janeway verstößt.[149] Der Captain nimmt ihm im Anschluss an eine eindringliche Ansprache einen seiner beiden Pins ab. Die Maßnahme wirkt folgenübergreifend nach, bis Tom Paris gegen Ende der Staffel wieder zum Lieutenant Junior Grade befördert wird. Admiral Kirk ergeht es ähnlich, aber von bleibender Dauer, als er zum Captain degradiert wird. Diese Maßnahme verhängt der Föderationsrat zum Ende des vierten Kinofilms,[150] nachdem Kirk im vorangegangenen Film befehlswidrig die *Enterprise* entwendet hatte.[151] Die Degradierung spricht der Föderationspräsident als Vorsitzender des Föderationsrats aus. Der Rat fungiert in seiner Funktion als Kriegsgericht,[152] das sowohl strafrechtliche als auch disziplinarrechtliche Entscheidungen treffen kann.[153]

---

147 Star Trek: Raumschiff Voyager, S5 E17 – Das Generationenschiff.
148 Star Trek: Deep Space Nine, S5 E6 – Immer die Last mit den Tribbles.
149 Star Trek: Raumschiff Voyager, S5 E9 – Dreißig Tage.
150 Kinofilm Star Trek IV: Zurück in die Gegenwart.
151 Kinofilm Star Trek III: Auf der Suche nach Mr. Spock.
152 Siehe oben S. 179 f.
153 Siehe oben S. 167.

Auch die Volldegradierung ist möglich. Sie erleidet Commander Burnham in der Pilot-Doppelfolge der Serie *Star Trek: Discovery.* Nachdem sie befehlswidrig auf ein klingonisches Flaggschiff schießt und dadurch einen Krieg mit dem Klingonischen Reich auslöst, wird sie von einem Kriegsgericht zu einer Freiheitsstrafe verurteilt.[154] Neben der strafrechtlichen Sanktion trägt sie jedoch auch dienstrechtliche Konsequenzen. Sie bleibt Angehörige der Sternenflotte, verliert jedoch alle ihre erworbenen Dienstränge. Als Specialist Burnham fängt sie auf der *Discovery* unter Captain Lorca wieder ganz unten an[155] und arbeitet sich über die nachfolgenden Staffeln schrittweise bis zur Position des Captains[156] und schließlich sogar des Admirals hoch.[157]

6. Entlassung

Die weitestgehende Disziplinarmaßnahme ist – in der Sternenflotte wie auch im irdischen Beamtenrecht der Gegenwart – die Entfernung aus dem Dienst. Sie ist das letzte Mittel für untragbare Offizierinnen und Offiziere und als solches allgemein gefürchtet. Bereits auf seiner ersten Reise als Captain der *Enterprise* kommt James T. Kirk dem klingonischen Raum gefährlich nahe. Dabei sinniert er:

> „*Eine Grenzverletzung zum klingonischen Raum führt zum Kriegsgericht mit dem Resultat der Entlassung des Captains.*“[158]

Die Anekdote stammt aus dem Roman *Die erste Mission.* In demselben Werk zeigt sich Janice Rand in Sorge vor der Entfernung aus dem Dienst, als herauskommt, dass sie jünger ist als bei ihrer Bewerbung angegeben.[159]

Die sogenannte unehrenhafte Entlassung kann aufgrund ihrer Reichweite nicht einfach wie andere Disziplinarmaßnahmen vom zuständigen Captain verfügt werden. Erforderlich ist ein Gerichtsverfahren. In dem Roman *Die erste Direktive* wird ein solches Verfahren gegen Lieutenant Uhura ausführlich wiedergegeben. Aus dieser Quelle ist der Urteilstenor samt notwendiger Belehrungen bekannt, wie der Richter ihn mündlich verkündet:

> „*Miß Uhura, im Namen von Starfleet Command und auf der Grundlage der in Friedenszeiten geltenden allgemeinen Starfleet-Bestimmungen erklärt dieses Gericht hiermit:*

154 Star Trek: Discovery, S1 E2 – Das Urteil.
155 Star Trek: Discovery, S1 E3 – Lakaien und Könige.
156 Star Trek: Discovery, S3 E13 – Ein Zeichen der Hoffnung, Teil II.
157 Star Trek: Discovery, S5 E10 – Das Leben an sich.
158 *McIntyre*, Roman Star Trek – Die erste Mission, S. 166.
159 *McIntyre*, Roman Star Trek – Die erste Mission, S. 156.

Sie verlieren mit sofortiger Wirkung alle Rechte, Pflichten und Privilegien eines Starfleet-Offiziers. In Ihrer Personalakte wird ausdrücklich auf eine unehrenhafte Entlassung hingewiesen. Ansprüche auf Sold, Pension und Ausbildungsbonus sind verfallen. Es ist Ihnen verboten, in den zivilen Sektoren von Starfleet zu arbeiten. Außerdem ist es Ihnen untersagt, in den zivilen Bereichen der Föderation sowie den Verwaltungsabteilungen ihrer Mitgliedswelten tätig zu werden. Diese Einschränkungen sind auf zehn Jahre befristet. Das Gericht erinnert Sie noch einmal an den Schwur, der Sie verpflichtet, Sicherheitsklassifikationen unterliegende Informationen nicht in mündlicher, schriftlicher oder irgendeiner datentechnischen Form weiterzugeben."[160]

V. Hochschulrecht der Akademie der Sternenflotte

Auch Kadetten an der Akademie der Sternenflotte müssen sich für ihre Dienstvergehen verantworten. Bekannt geworden sind drei solcher universitären Disziplinarverfahren. Das erste betrifft Kadett Kirk, der den sogenannten Kobayashi-Maru-Test manipuliert hat. Die Trainingseinheit im Brückensimulator konfrontiert die Kandidatinnen und Kandidaten mit einer ausweglosen Situation. Alle denkbaren Entscheidungen führen zu dem unvermeidlichen Ergebnis der Zerstörung des in dem Szenario kommandierten fiktiven Raumschiffs. Kadett Kirk manipuliert die Testumgebung durch Umprogrammierung der Simulationssoftware so, dass die Aufgabe erfüllbar wird.[161] Daraufhin wird noch am selben Tag eine Vollversammlung der Studierenden einberufen, die der Reboot-Kinofilm *Star Trek* in der neuen Zeitlinie zeigt.[162] Ihr einziger Tagesordnungspunkt ist das Fehlverhalten von James T. Kirk. Die Anhörung ist auf maximale Breitenwirkung unter der Studierendenschaft angelegt. Wie vor einem Pranger wird Kirk aufgefordert, sich zu erheben und zu den Vorwürfen zu äußern. Er beruft sich auf sein Recht, seinem Ankläger gegenüberzutreten. Commander Spock, der den Kobayashi-Maru-Test entwickelt hat, gibt sich als Ankläger zu erkennen. Die Verhandlung wird wegen eines planetaren Notfalls unterbrochen und Kadett Kirk vorläufig suspendiert. Eine alternative Version der Geschichte enthält der Roman *Die erste Direktive.* Danach manipulieren die Kadetten Kirk und Mitchell gemeinsam den Brückensimulator der Akademie. Die Folgen sind eher körperlich-praktischer als dienstrechtlicher Natur:

160 *Reeves-Stevens/Reeves-Stevens*, Roman Die erste Direktive, S. 60 f.
161 Kinofilm Star Trek II: Der Zorn des Khan.
162 Kinofilm Star Trek (2009).

> *„Schon einen Tag später begann für Gary und Jim ein ganz besonderer Gymnastikkurs, der einen ganzen Monat dauerte.“*[163]

Der zweite bekannte Vorfall an der Akademie der Sternenflotte dreht sich um das Fluggeschwader um die Kadetten Locarno und Crusher. Die Trainingsmannschaft führt in der Episode *Ein missglücktes Manöver* bei einem Testflug eigenmächtig einen verbotenen, gefährlichen Formationstrick durch.[164] Dabei kommt es zur Kollision, bei der ein Kadett das Leben lässt. Es wird ein universitärer Untersuchungsausschuss eingerichtet. Dessen Anhörungen finden zwar nicht vor der versammelten Studierendenschaft statt, sind jedoch auch so ausgestaltet, dass eine größere Öffentlichkeit sie verfolgen kann. Auf ein förmliches Ambiente zum Beispiel unter Benutzung einer Sitzungsglocke wird Wert gelegt. Die Kadetten verfolgen zunächst die Strategie, sich mit einer abgesprochenen Geschichte herauszureden. Als sie sich jedoch zusehends in Widersprüche verstricken, müssen sie zugeben, das verbotene Kolvoord-Sternenmanöver geflogen zu sein. Kadett Locarno wird schließlich von der Akademie verwiesen. Er nimmt als Staffelführer die Verantwortung auf sich mit der Folge, dass die übrigen Kadetten ihren Studierendenstatus behalten. Sie dürfen die Ausbildung fortsetzen, müssen jedoch das vorangegangene Studienjahr wiederholen. Darüber hinaus erhalten sie einen Verweis und verlieren ihre Flugprivilegien.

Der dritte Vorfall ereignet sich in der Pilotepisode der Serie *Starfleet Academy*.[165] Kadett Mir hackt sich darin widerrechtlich in ein Kommunikationsterminal, um eine Subraumnachricht an seine vermisste Mutter abzusenden. Die Aktion gefährdet das Raumschiff *Athena*, indem sie einen Angriff des Piraten Nus Braka verursacht. Den Sachverhalt ermittelt ein Anhörungskomitee aus. Captain Ake, die Kanzlerin der Sternenflottenakademie, ermahnt Caleb Mir, dass das Vergehen einen Rauswurf rechtfertigen würde. Sie schlägt ihm jedoch einen Deal vor. Danach darf er auf der Akademie bleiben, wenn er den Campus neunzig Tage nicht verlässt und einhundert Stunden Hilfsarbeit ableistet. Der Kadett willigt ein. Das Vorgehen entspricht der üblichen Praxis im Strafrecht der Föderation, Verfahren konsensual zu beenden, sodass eine Verurteilung vermieden werden kann.[166] Im pädagogisch geprägten Akademie-Disziplinarrecht ist diese Herangehensweise besonders nachvollziehbar.

---

163 *Reeves-Stevens/Reeves-Stevens*, Roman Die erste Direktive, S. 158 f.

164 Raumschiff Enterprise – Das nächste Jahrhundert, S5 E19 – Ein missglücktes Manöver.

165 Star Trek: Starfleet Academy, S1 E1 – Kids von heute.

166 Siehe oben S. 173 ff.

VI. Durchsetzung des Disziplinarrechts

Disziplinarmaßnahmen werden durch einen Befehl des vorgesetzten Captains verhängt, wenn sie von geringerer Natur sind. Dies betrifft den Entzug von Privilegien und Aufgaben, den Arrest und die Degradierung.[167] Die Entlassung aus der Sternenflotte ist dem Kriegsgericht vorbehalten. Hinsichtlich der Degradierung ist sowohl die Spontanhandlung von Captain Janeway bei Lieutenant Paris als auch die Gerichtsverhandlung vor dem Föderationsrat bei Admiral Kirk bekannt. Damit ist es zum einen denkbar, dass die gerichtliche Degradierung der Regelfall ist und auf der *Voyager* lediglich ein vereinfachtes Verfahren gewählt wird, weil das juristische Büro der Sternenflotte nicht erreichbar ist. Zum anderen ist es möglich, dass die Degradierung im Regelfall durch einfachen Befehl der oder des Vorgesetzten erfolgt und lediglich politisch bedeutsame Sachverhalte vor dem Föderationsrat verhandelt werden.

Steht ein Fehlverhalten des Captains selbst im Raum, findet ein Debriefing vor der Admiralität statt. Einer solchen Anhörung sieht sich beispielsweise Captain Archer im Anschluss an die Suche nach den Xindi ausgesetzt, die die komplette dritte Staffel von *Star Trek: Enterprise* ausgefüllt hatte. In der Episode *Zuhause* wird Captain Archer über mehrere Stunden von Admiral Forrest, Captain Hernandez und Botschafter Soval zu den Hintergründen seiner zahlreichen Entscheidungen befragt.[168] Ein ähnliches Debriefing ist die Besprechung mit Commodore Stone in der Episode *Kirk unter Anklage* in der Originalserie.[169] Dass das Computerlogbuch Captain Kirk derart schwer belasten würde, dass später ein Kriegsgericht einberufen würde, war zunächst nicht absehbar. Die Besprechung beginnt als routinemäßiger Bericht über eine tragische Entwicklung an Bord der *Enterprise*, die Lieutenant Commander Finney das Leben gekostet hat.

Solche Debriefings werden relativ selten gezeigt. Die Darstellungen erwecken jedoch den Eindruck, dass die Kontrollgespräche regelhaft durchgeführt werden. Der Roman *Die erste Direktive* beschreibt, dass es rechtlich vorgeschrieben ist, nach einer Verletzung der Ersten Direktive ein Ermittlungskomitee abzuhalten.[170] Dabei handelt es sich um einen Ermittlungsausschuss beim Sternenflottenkommando.[171] Der Ausschuss wertet zunächst die Logbücher aus und führt anschließend Befragungen durch.[172] Das Vorgehen erinnert an parlamentarische Untersuchungsausschüsse, wie sie nach

167 Siehe oben S. 233 ff.

168 Star Trek: Enterprise, S4 E3 – Zuhause.

169 Raumschiff Enterprise, S1 E14 – Kirk unter Anklage.

170 *Reeves-Stevens/Reeves-Stevens*, Roman Die erste Direktive, S. 202.

171 *Reeves-Stevens/Reeves-Stevens*, Roman Die erste Direktive, S. 264.

172 *Reeves-Stevens/Reeves-Stevens*, Roman Die erste Direktive, S. 337.

gravierend missglückten Bundeswehreinsätzen möglich sind – so beispielsweise der U-Ausschuss Kunduz der Jahre 2010–2011.

Bei schwerwiegenden Verletzungen des Captains gegen gewichtige Vorschriften wie die Erste Direktive ist der höchstrangige Offizier, der zum Tatzeitpunkt nicht auf der Brücke anwesend war, zur Einleitung der Anklage verpflichtet.[173] Auf der Enterprise ist das in der Regel Lieutenant Commander Scott, weil dieser im Maschinenraum stationiert ist und daher auf die Kommandoentscheidungen nicht einwirken kann.

Im Roman *Die erste Direktive* provoziert Lieutenant Uhura gezielt eine unehrenhafte Entlassung aus dem Dienst, damit sie dagegen in einem öffentlichen Verfahren Berufung einlegen kann. Ihr Vorgehen ist ungewöhnlich, eine förmliche Verhandlung gibt es nur bei Rechtsmitteln.[174] Der Normalfall ist die gütliche, außergerichtliche Einigung, bei der die Offizierinnen bzw. Offiziere freiwillig zurücktreten. In der dienstrechtlichen Verhandlung gilt das aus dem Straf- und Zivilrecht bekannte Prinzip, dass Angehörige der Sternenflotte in der Regel von Kolleginnen bzw. Kollegen verteidigt werden. Offizierinnen oder Offiziere dürfen als Rechtsbeistand auftreten, Zivilpersonen hingegen nur, wenn sie Jura studiert haben.[175]

VII. Rechtsschutz gegen Befehle der Sternenflotte

Gehorsam gegenüber Befehlen der Vorgesetzten ist in der Sternenflotte eine Selbstverständlichkeit. Der Diensteid der Offizierinnen und Offiziere verlangt, Befehle über persönliche Wünsche zu stellen.[176] Dennoch kommt es vor, dass Anweisungen der Vorgesetzten rechtswidrig oder aus persönlichen Gründen nicht erfüllbar sind. In dem Fall stehen den Beteiligten mehrere Möglichkeiten offen. Die nicht selten gewählte Variante ist die Befehlsverweigerung. Beispielsweise beschreitet Lieutenant Commander Worf diesen Weg in der Episode *Wandel des Herzens*, um zulasten der Mission das Leben seiner Frau Lieutenant Dax zu retten.[177] Die Folge ist ein karriereschädlicher Verweis in seiner Dienstakte. Jedoch sieht das Sternenflottenrecht auch juristische Handlungsoptionen vor, um sich einem Befehl zu widersetzen.

---

173 *Reeves-Stevens/Reeves-Stevens*, Roman Die erste Direktive, S. 280.
174 *Reeves-Stevens/Reeves-Stevens*, Roman Die erste Direktive, S. 63.
175 *Reeves-Stevens/Reeves-Stevens*, Roman Die erste Direktive, S. 62 f.
176 *Roddenberry*, Roman Star Trek – Der Film, S. 108.
177 Star Trek: Deep Space Nine, S6 E16 – Wandel des Herzens.

1. Einspruch und Protest

Als spontane Reaktion gegen mutmaßlich rechtswidrige Befehle stehen Offizierinnen und Offizieren zwei Rechtsmittel offen: Einspruch und Protest. Der Einspruch ist das statthafte Rechtsmittel gegen Befehle, die die Person, die ihn erhebt, in eigenen Rechten verletzen. Voraussetzung ist der Offiziersstatus. Kadett Nog informiert Jake Sisko darüber, dass der Einspruch für Auszubildende an der Sternenflottenakademie nicht möglich ist.[178] Hintergrund ist ein Befehl von Captain Sisko in der Episode *Der Aufstieg*, der mit einer List zur Versöhnung der Jugendfreunde Nog und Jake führen soll.

Der Protest steht den Beschäftigten der Sternenflotte offen, die ein Verhalten ihrer Vorgesetzten als rechtswidrig einstufen. Vom Einspruch unterscheidet sich der Protest dadurch, dass das Verhalten die Person, die ihn einlegt, nicht selbst betrifft. Ein Beispiel ist der Protest von Lieutenant Commander Chakotay gegen eine Folterhandlung von Captain Janeway. In der Episode *Equinox* verhört sie Crewman Lessing. Als dieser nicht kooperiert, sperrt sie ihn in Frachtraum 2 der *Voyager* und deaktiviert die Schilde in dem Bereich. Dadurch ist Lessing schutzlos gegen Angriffe durch aggressive Aliens aus dem Subraum. Chakotay protestiert nachdrücklich gegen das Vorhaben und befreit Lessing schließlich eigenhändig aus seiner Lage.[179] Captain Janeway ergreift daraufhin Disziplinarmittel gegen Lieutenant Commander Chakotay, die sie alsbald wieder zurücknimmt. Zum Protest kommt es auch in der Episode *In fahlem Mondlicht* auf *Deep Space Nine.* Captain Sisko befiehlt Doctor Bashir, eine große Menge an biominetischem Gel herzustellen und für einen Transport vorzubereiten. Die streng regulierte Substanz kann unter anderem für biogene Waffen oder genetische Experimente missbraucht werden. Sisko benötigt sie, um ein Tauschmittel bei einer zwielichtigen Geheimdienstoperation anbieten zu können. Doctor Bashir verlangt, den Befehl schriftlich ausgefertigt zu bekommen. Zudem kündigt er an:

> „*Sie sollten wissen, dass ich das ins Logbuch eintrage und dass ich einen offiziellen Protest bei der Sternenflotte einreichen werde.*“[180]

Auch Fähnrich Tuvok legt während seiner Jugendzeit auf dem Raumschiff Excelsior einen offiziellen Protest gegen seinen Captain ein.[181] Er erklärt Captain Sulu, dass der Anflug des Planeten Kronos mit dem Ziel, die von den Klingonen inhaftierten Admiral Kirk und Doctor McCoy zu retten,[182] den Einsatzbefehlen der Sternenflotte widerspricht.

---

178 Star Trek: Deep Space Nine, S5 E9 – Der Aufstieg.
179 Star Trek: Raumschiff Voyager, S6 E1 – Equinox, Teil II.
180 Star Trek: Deep Space Nine, S6 E19 – Im fahlen Mondlicht.
181 Star Trek: Raumschiff Voyager, S3 E2 – Tuvoks Flashback.
182 Kinofilm Star Trek VI: Das unentdeckte Land.

Ein viertes Beispiel zeigt die Eröffnungssequenz des achten Kinofilms. Captain Picard wird darin informiert, dass ein Borg-Kubus die Erde angreift. Seine *Enterprise* wird jedoch von Admiral Hayes zu Sensorscans in der Neutralen Zone beordert, damit sie nicht an der Schlacht um die Erde teilnimmt. Captain Picard findet sich nicht mit dem Befehl ab. Er informiert seine Brückenbesatzung:

> „*Ich beabsichtige, eindeutig gegen unsere Befehle zu verstoßen. Jeder von Ihnen, der dagegen protestieren möchte, möge es jetzt tun. Es wird in meinem Logbuch vermerkt.*“[183]

Das Motiv eines Angebots, Proteste im Logbuch zu vermerken, wird wiederholt bei Star Trek aufgegriffen. Jedes Mal läuft es – wie hier – aufgrund der tiefen Loyalität der Mannschaft gegenüber ihren Vorgesetzten ins Leere. Sie folgt ihrem jeweiligen Captain für gewöhnlich auch bei rechtlich problematischen Entscheidungen, weil er moralisch integer ist.

Einspruch und Protest haben nicht unmittelbar zur Folge, dass der betreffende Befehl dadurch aufgehoben ist. Sie können jedoch eine Untersuchung des Sternenflottenkommandos nach sich ziehen. Zudem gewährleistet der Vermerk im Logbuch, dass die untergebene Person, die den Protest eingelegt hat, nicht selbst mit zur Rechenschaft gezogen wird.

2. Klage vor dem Dienstgericht

Im Übrigen steht den Beteiligten jederzeit der Rechtsweg vor den Gerichten offen, wenn Vorgesetzte eine möglicherweise rechtswidrige Entscheidung treffen, die die Kläger betrifft. Als beispielsweise Doctor Bashir von seinen Aufgaben enthoben wird, weil herauskommt, dass er als Kind genetisch verbessert worden ist, erklärt sein Vater kämpferisch:

> „*Ich werde für Rechtsbeistand sorgen. Wir werden das bis zum Obersten Gerichtshof der Föderation durchkämpfen.*“[184]

Ob die Erhebung einer Klage voraussetzt, dass zunächst Einspruch eingelegt wurde, ist nicht bekannt. Ein solches, im deutschen Verwaltungsrecht in §§ 68, 70 VwGO vorgesehenes Stufenverhältnis würde jedenfalls gut zur Grundausrichtung der Föderationsjustiz passen. So ist es generell bei Star Trek üblich, Konflikte möglichst im direkten Dialog zu klären und förmliche Gerichtsverfahren nur dann zu beschreiten, wenn es unausweichlich ist.

Der Klageweg im Hinblick auf dienstliche Pflichten findet vor dem juristischen Büro der Sternenflotte statt, das als Gericht fungiert. Lieutenant Commander Data strengt ein solches Verfahren an in der Episode *Wem gehört*

183 Kinofilm Star Trek: Der erste Kontakt.
184 Star Trek: Deep Space Nine, S5 E16 – Dr. Bashirs Geheimnis.

Data?[185] Der Spruchkörper unter Vorsitz von Captain Louvois auf Sternenbasis 173 ist ein Dienstgericht der Sternenflotte. Dies wird nicht explizit erwähnt und es gibt auch Hinweise, dass es sich um einen anderen Gerichtszweig handeln könnte. Letztlich ist im Hinblick auf das Begehren des Klägers Lieutenant Commander Data und auf den Entscheidungstenor jedoch kaum ein anderer Schluss möglich. Das Verfahren ist bei seiner Eröffnung darauf gerichtet, gerichtlich zu entscheiden, ob Lieutenant Commander Data den Dienst quittieren darf oder ob er als Eigentum der Sternenflotte kein solches Recht hat. Die Sternenflotte begehrt Data zu verlassen, um dem Befehl Admiral Nakamuras zu entgehen, an einem gefährlichen Experiment von Commander Maddox teilzunehmen. Im Urteilsspruch billigt die Richterin Data das Recht zu, als Lebensform eigenständig über sein Schicksal entscheiden zu können. Data geht direkt im Anschluss an das Urteil auf Commander Maddox zu und nutzt seine festgestellte Endscheidungshoheit, um die Teilnahme an dem Experiment zu verweigern. Die Handlung ist insofern inkonsequent, als dass nicht klar ist, ob der Klagegegenstand die Fähigkeit zum Quittieren des Dienstes oder die Fähigkeit zur Verweigerung des Einsatzbefehls ist. Für die Einordnung der Gerichtsverhandlung als Dienstgericht kann diese Frage jedoch dahinstehen, weil es nach jeder der beiden Varianten darum geht, inwieweit Data dienstliche Verpflichtungen gegenüber der Sternenflotte hat. Der deutsche Titel *Wem gehört Data?* deutet eine zivilrechtliche Streitigkeit an, um die es inhaltlich jedoch nicht geht. Bemerkenswerterweise ähneln die Strukturen und Begrifflichkeiten der Verhandlung mehr einem Strafprozess als einem verwaltungsrechtlichen Dienstgericht. So bekommt Data Captain Picard als Verteidiger zugeteilt, während Commander Riker die Anklage zu vertreten hat. Diese Funktionen ergeben nur auf den ersten Blick Sinn, indem letztlich die körperliche Integrität Datas vom Ausgang des Verfahrens abhängt. Mit der Verhängung einer Strafe hat das Verfahren jedoch nichts zu tun.

Der eigentlichen Verhandlung vorgeschaltet ist ein Schlichtungsgespräch im Büro von Captain Louvois, bei dem die Richterin eine vorläufige Rechtsauffassung kundtut und auslotet, ob ein Kompromiss möglich ist. Auch dieses Vorverfahren ähnelt dem Strafprozess in der Föderation.[186] Es spiegelt den Geist der Advanced Humans wider, Streitigkeiten möglichst im Dialog einvernehmlich und im gegenseitigen Vertrauen zu lösen. Nur dann, wenn im Ausnahmefall das Vertrauen so weit erschüttert ist, dass eine Seite auf eine rechtliche Eskalation besteht, wird der formelle Weg eingeschlagen.[187]

185 Raumschiff Enterprise – Das nächste Jahrhundert, S2 E9 – Wem gehört Data?
186 Siehe oben S. 173 ff.
187 *Joseph/Carton*, The Law of the Federation, S. 34.

3. Quittierung des Dienstes

Sehen sich Angehörige der Sternenflotte nicht imstande, an sie gerichtete Befehle zu befolgen, so steht ihnen grundsätzlich auch der freiwillige Rücktritt vom Dienst offen. Lieutenant Commander Data reicht im oben dargestellten Fall eine solche Kündigung ein, um dem Befehl der Teilnahme am technischen Experiment von Commander Maddox zu entgehen. Zum Vollzug des Rücktritts kommt es letztlich nicht, weil zwischenzeitlich die Rechtsfrage zu klären ist, ob einem Androiden dieses Recht überhaupt zusteht. Ein weiteres Beispiel ist der Rücktritt von Doctor Bashir, nachdem er als genetisch aufgebesserter Mensch enttarnt wird.[188]

Das Quittieren des Dienstes ist kein einseitiger Akt. Die betreffenden Offizierinnen bzw. Offiziere reichen ein sogenanntes Rücktrittsgesuch ein. Dieses ist von den Vorgesetzten zu genehmigen. Daher ist dieser Schritt nur dann zur Umgehung eines Befehls wirksam, wenn die Führungskraft ihn unterstützt. Im Fall von Lieutenant Commander Data ist anzunehmen, dass Captain Picard als Dienstvorgesetzter das Rücktrittsgesuch angenommen hat. Der Rücktritt kann im Übrigen nicht in jeder beliebigen Situation und insbesondere nicht während laufender Missionen erfolgen. Die näheren Voraussetzungen sind oben im Kapitel zum Arbeitsrecht dargestellt.[189]

188 Star Trek: Deep Space Nine, S5 E16 – Dr. Bashirs Geheimnis.
189 Siehe oben S. 146.

I. Spezifische Rechtsgebiete

Neben den klassischen großen Säulen des Rechts als Verfassungsrecht, Zivilrecht, Strafrecht und öffentlichem Dienstrecht beleuchtet Star Trek auch zahlreiche sehr spezifische Rechtsgebiete. In der technischen Utopie lohnt insbesondere ein Blick auf das IT-Recht der Zukunft. Weite Bedeutung auf Raumschiffen fernab der Heimatwelt hat das Asylrecht. Neue Regelungsgegenstände durch Kontakte mit exotischen Lebewesen und hochentwickelter Technik hat zudem das Gentechnikrecht.

I. IT-Recht

Raumschiffe der Sternenflotte sind hochtechnisiert. Allgegenwärtige Sensorik, unbegrenzte Möglichkeiten des Holodecks und KI-Systeme mit menschlichen Fähigkeiten erfordern neue Antworten des Rechts.

1. Datenschutzrecht

Ein zentrales Rechtsgebiet des IT-Rechts der Gegenwart ist das Datenschutzrecht. Es reguliert nahezu jede Verwendung personenbezogener Daten. Als relativ neues Grundrecht adressiert es das Bedürfnis nach einem rechtlichen Schutz persönlicher Informationen als Reaktion auf Überwachungsstrukturen der DDR oder des NS-Staates, aber auch auf die zunehmende Verbreitung maschineller Datenauswertung. Datenschutz ist damit stark vom jeweils aktuellen Zeitgeist geprägt. Star Trek skizziert eine Gesellschaft, in der technische Überwachung allgegenwärtig und ein Stück weit normal geworden ist. Das starke Grundvertrauen der Advanced Humans untereinander führt ebenfalls dazu, dass Abschottung und Geheimhaltung einen tendenziell geringen Stellenwert haben. Die utopische Gemeinschaft der Föderation steht damit im Gegensatz zum Romulanischen Imperium, in dem Geheimhaltung den Wesenskern der Kultur ausmacht. So hat sich das Verhältnis zur Privatsphäre im 24. Jahrhundert grundlegend gewandelt.[1] Sinnbildlich dafür sind die Großraumquartiere und Gemeinschaftsduschen für die Angehörigen der Kadetten und niedrigen Offiziersränge auf dem Raumschiff *Cerritos* sowie an der Akademie der Sternenflotte.[2] Der Darstellung nach ist es eine völlige Selbstverständlichkeit für die Beschäftigten der Sternenflotte, auf jegliche Form der Privatheit zu verzichten, um gemeinsam den Zielen der Föderation zu dienen. Die Romanliteratur enthält allerdings durchaus

1 *Görbe*, in: Podcast Trekkiepedia, E26 – Recht und Gesetz 2.0.

2 Star Trek: Lower Decks, S2 E2 – Kayshon, seine Augen offen. Star Trek: Starfleet Academy, S1 E3 – Vitus Reflux.

Hinweise darauf, dass gerade wegen des dichten Zusammenlebens ein besonderes Bedürfnis nach Privatsphäre besteht. Als Doctor Chapel im Roman zum ersten Kinofilm den Auftrag hat, in der Kabine von Lieutenant Ilias nach Hinweisen zu suchen, sinniert sie:

> „*Moderne Technik stellte die Privatsphäre in Frage – und sorgte gleichzeitig dafür, daß sie noch kostbarer und erstrebenswerter wurde. Außerdem: Der begrenzte Platz an Bord eines Raumschiffes förderte die Tradition, das Privatleben der anderen Besatzungsmitglieder zu respektieren.*“[3]

Commander Riker stellt im Roman *Die Jarada* Privatsphäre als eine Errungenschaft der Föderation dar. Während er zusammen mit Doctor Crusher von dem Insektenvolk gefangen genommen wird, bedauert er, dass das Konzept der Privatsphäre dort unbekannt ist.[4] Besonders die nicht gerade für Austausch und Geselligkeit bekannten Vulkanier legen dabei ein besonderes Bedürfnis nach persönlicher Abschottung an den Tag. So heißt es im Roman zum ersten Kinofilm:

> „*Sonak wandte sich um, überrascht darüber, daß jemand mit lauter Stimme seinen Namen rief – auf Vulkan wäre das eine unverzeihliche Verletzung der Privatsphäre gewesen.*“[5]

a) Allgegenwärtige Totalüberwachung

Überwachungstechnologien sind im Alltag der Sternenflotte allgegenwärtig und fest in die Bordsysteme integriert. Abfragen von der Brücke dahingehend, wo sich einzelne Personen aktuell aufhalten, sind ständige Routine. Nicht nur auf Raumschiffen funktioniert diese Ortungstechnologie. Schiffsscanner sind problemlos in der Lage, die konkrete Anzahl von Individuen einer jeweiligen Spezies auf einem Planeten zu ermitteln. In der Pilotepisode von *Star Trek: Picard* ist es Daj aus Paris heraus mittels ihres Kommunikationsgeräts möglich, Admiral Picard mit genauer Präzision in San Francisco zu lokalisieren.[6] Picard zeigt sich im Anschluss verblüfft, dass sie ihn gefunden hat, obwohl dafür eine Sicherheitsfreigabe der Sternenflotte erforderlich ist. In derselben Folge sucht Laris nach Daj und kommt zu dem Schluss, dass sie sich den Scans zufolge nicht mehr auf dem Gelände des Weinguts befindet. Beide Teilhandlungen zeigen, dass Ortungsscans in überschaubarem Umfang durch jedermann praktiziert werden. Planetenweite Scans sind ebenso möglich, jedoch nicht für jedermann erlaubt.

---

3 *Roddenberry*, Roman Star Trek – Der Film, S. 181.
4 *Mitchell*, Roman Die Jarada, S. 298.
5 *Roddenberry*, Roman Star Trek – Der Film, S. 35.
6 Star Trek: Picard, S1 E1 – Gedenken.

Auch sonstige Sensorik ist auf Raumschiffen verbreitet. Mikrophone erfassen jeden Bereich, um Audiobefehle an den Bordcomputer zu erfassen, die per Spracheingabe getätigt werden. Der Quartierscomputer erkennt es, wenn eine Person aufwacht, und schaltet dann das Licht nach persönlichen Präferenzen ein.[7] Jegliche Zugriffe auf Computerdateien werden protokolliert und längerfristig aufbewahrt.

Widersprüchlich sind die Informationen darüber, ob Videoüberwachung auf Raumschiffen der Sternenflotte stattfindet. Im Kriegsgerichtsprozess der Episode *Talos IV – Tabu* spielt Lieutenant Commander Spock Videoaufzeichnungen vom Brückengeschehen ab.[8] Der Spruchkörper inklusive Captain Kirk zeigt sich erstaunt, weil solche Aufzeichnungen auf Raumschiffen nicht angefertigt würden. Lediglich eine Episode zuvor in *Kirk unter Anklage* findet ebenfalls ein Gerichtsprozess statt, in dem vollkommen ähnliche Videobilder als Beweis ausgewertet werden.[9] Im Maschinenraum und in Korridoren scheint es hingegen keine Kameraüberwachung zu geben. Dies legen zahlreiche Handlungsstränge nahe, deren Rätsel sofort aufgeklärt werden würden, wenn die Auswertung von Kamerabildern möglich wäre.[10] Beispielsweise versucht Crewman Jonas in der Episode *Der Verräter* im Maschinenraum der *Voyager* heimlich Neelix anzugreifen[11] und in der Folge *Geistige Gewalt* lässt sich nicht aufklären, ob der telepathische Ullianer Counselor Troi am vergangenen Abend auf ihr Quartier gefolgt ist, bevor sie dort ohnmächtig wurde.[12] Der von Gene Roddenberry persönlich verfasste Roman zum ersten Kinofilm geht hingegen von einer sehr umfassenden Videoüberwachung auf der *Enterprise* aus. Demzufolge kann der Captain jederzeit nach Eingabe seines Identitätscodes Livebilder von Offizieren seiner Wahl sehen.[13] Dafür muss er sich per Handscanner autorisieren.

b) Privatsphäreprotokolle der Sternenflotte

Die Sternenflotte verfügt über eigenes Datenschutzrecht. Es ist geregelt in den Privatsphäreprotokollen (englisch: privacy protocols). Fähnrich Kim beruft sich in der Episode *Verdrängung* darauf. Lieutenant Commander Tuvok ermittelt in einem Mordfall auf der *Voyager*.[14] Harry Kim sieht in dessen Auswertung seiner Briefkorrespondenz eine Verletzung der Privatsphäreprotokolle. Tuvok entgegnet, dass er als Sicherheitschef die Autorität

7 *McIntyre*, Roman Star Trek – Die erste Mission, S. 7, 138.
8 Raumschiff Enterprise, S1 E15 – Talos IV – Tabu, Teil I.
9 Raumschiff Enterprise, S1 E14 – Kirk unter Anklage.
10 *Fistrich* in: Fistrich/Göttling, Podcast Trek am Dienstag, E406 – Investigations.
11 Star Trek: Raumschiff Voyager, S2 E20 – Der Verräter.
12 Raumschiff Enterprise – Das nächste Jahrhundert, S5 E12 – Geistige Gewalt.
13 *Roddenberry*, Roman Star Trek – Der Film, S. 175.
14 Star Trek: Voyager, S7 E5 – Verdrängung.

besäße, das Protokoll erforderlichenfalls aufheben zu können. Der in der heutigen Gegenwart als Brief- beziehungsweise Fernmeldegeheimnis bezeichnete Schutz vor Ausspähung der eigenen Kommunikationsnachrichten ist der wichtigste Anwendungsfall der Privatsphäreprotokolle bei Star Trek. Er spielt auch eine handlungstragende Rolle in der Justizfolge *Ad astra per aspera* bei *Star Trek: Strange New Worlds*. Lieutenant Commander Chin-Riley ist darin vor dem Kriegsgericht angeklagt. Der Kommunikationsoffizierin Ensign Uhura gelangt im Rahmen ihrer Aufgabenerfüllung eine private Nachricht zur Kenntnis, die dazu geeignet sein könnte, Una Chin-Riley zu entlasten.[15] Die Betroffene willigt jedoch nicht in die Offenlegung der Informationen aus der Nachricht ein. Uhura steht vor dem inneren Konflikt, ob sie das Datenschutzrecht der Ersten Offizierin ihres Schiffes respektiert oder sie vor einer Verurteilung bewahrt. Schlussendlich kommt es auf das Beweisstück nicht mehr an, weil Chin-Riley den Prozess mit anderen Argumenten gewinnt. Der dritte Hinweis auf ein Fernmeldegeheimnis stammt aus der Serie *Deep Space Nine*. In der Episode *Der Weg des Kriegers* betritt Lieutenant Commander Worf erstmals die Raumstation.[16] Constable Odo spricht Worf nach einigen Tagen darauf an, dass dieser im Schnitt fünf Nachrichten pro Tag zur klingonischen Heimatwelt schicke, die alle unbeantwortet blieben. Worf entgegnet mit Entsetzen, dass seine privaten Transmissionen Odo nichts angingen. Odo sieht sich hingegen zu Überwachung des Funkverkehrs autorisiert, solange dies der Sicherheit der Station diene. Dass jedenfalls in Gefechtssituationen die Kommunikationsüberwachung ein übliches und zulässiges Mittel ist, bestätigt auch Lieutenant Saavik im zweiten Kinofilm. Sie zitiert die Sternenflottenregel 46a:

> „*Wenn Transmissionen während einer Schlacht überwacht werden, dürfen keine unverschlüsselten Mitteilungen auf einem offenen Kanal übertragen werden.*“[17]

Die Vorfälle auf der *Voyager*, auf *Deep Space Nine* und auf der *Enterprise* verdeutlichen, dass Auswertungen der Kommunikation zu Sicherheitszwecken rechtlich möglich sind. Die Zulässigkeit im Einzelfall sorgt jedoch wiederholt für Diskussionen und Rechtsunsicherheit. Im Recht der aktuellen Gegenwart unterliegen derartige Eingriffe einem grundsätzlichen Richtervorbehalt. Die Genehmigungspflicht durch eine unabhängige, rechtskundige Autorität dient dazu, dass solche Diskussionen über unbestimmte Rechtsbegriffe wie die zwischen Tuvok und Kim sowie zwischen Odo und Worf verbindlich beendet werden können. Der Richtervorbehalt gilt jedoch nicht

15 Star Trek: Strange New Worlds, S2 E2 – Ad astra per aspera.
16 Star Trek: Deep Space Nine, S4 E1 – Der Weg des Kriegers, Teil I.
17 Kinofilm Star Trek II: Der Zorn des Khan.

für die Führungsebene von Schiffen. Gemäß § 3 Absatz 4 TDDDG[18] greift das Fernmeldegeheimnis an Bord eines Wasser- oder Luftfahrzeugs nicht gegenüber der Person, die das Fahrzeug führt, und ihrer Stellvertretung. Das Vorgehen von Tuvok und Odo wäre damit in Deutschland rechtlich unproblematisch, wenn nicht die Sicherheitschefs, sondern die Captains die Nachrichtenauswertung vornehmen würden.

Keinerlei Datenschutzbeschränkungen gelten für die Nachrichten auf Drittwelten. Als Constable Odo ankündigt, die kommerzielle Frachterkommandantin Captain Yates zu beobachten, um sie des Schmuggels zu überführen, weist Captain Sisko ihn zurecht:

> „*Odo, sie ist eine Bürgerin der Föderation. Sie können nicht auf Grundlage von Verdächtigungen ihre Privatsphäre verletzen.*“[19]

Der Umkehrschluss zu dieser Ansage lässt erkennen, dass eine Privatsphäreverletzung von Nicht-Föderationsbürgern problemlos möglich ist. Noch deutlicher wird der Roman *Die erste Direktive.* In dessen Handlung überwacht das Erstkontakt-Amt der Föderation regelhaft die private Kommunikation innerhalb von Prä-Warp-Gesellschaften.[20] Ein Prozent wird demnach direkt mitgehört, die übrigen Nachrichten werden automatisiert gescannt im Hinblick auf Schlüsselwörter. Das Vorgehen erinnert an die Geheimdienste der USA in der aktuellen Gegenwart. Nach der US-Regelung FISA 702[21] besteht die Befugnis, außerhalb des eigenen Staatsgebietes großflächig Kommunikationsinhalte von Nicht-US-Bürgern abzufangen und auszuwerten. Nimmt die Föderation später den Erstkontakt mit der überwachten Spezies auf, werden diesem die Kom-Berichte zur Verfügung gestellt.[22] Dieses Vorgehen erinnert wiederum an die Stasi-Unterlagen-Behörde nach der Einstellung der Überwachungsprogramme des Ministeriums für Staatssicherheit der DDR.

Demselben Schutz wie private Nachrichten unterliegen private Dateien. Auch ihr Schutz endet im Sternenflottenrecht dann, wenn eine Auswertung Sicherheitszwecken dient. Als Captain Archer Lieutenant Reed des Verrats überführt, greift er auf Reeds Dateien zu. Dieser reagiert empört:

> „*Das sind meine persönlichen Daten.*“[23]

Archer entgegnet, dass der Schutz nicht greife, wenn die Daten sein Schiff beträfen. Der Schutz persönlicher Dateien wird auch thematisiert im Auslieferungsverfahren um Lieutenant Commander Worf in der Episode *Das*

18 Gesetz über den Datenschutz und den Schutz der Privatsphäre in der Telekommunikation und bei digitalen Diensten (Telekommunikation-Digitale-Dienste-Datenschutz-Gesetz).
19 Star Trek: Deep Space Nine, S4 E22 – In eigener Sache.
20 *Reeves-Stevens/Reeves-Stevens*, Roman Die erste Direktive, S. 177.
21 Section 702 des Foreign Intelligence Surveillance Act, 50 U.S.C. Chapter 36.
22 *Reeves-Stevens/Reeves-Stevens*, Roman Die erste Direktive, S. 250.
23 Star Trek: Enterprise, S4 E16 – Die Abweichung.

Gefecht. In der Anhörung auf *Deep Space Nine* kündigt der klingonische Ankläger an, private Daten als Beweis vorzulegen. Captain Sisko erhebt in seiner Funktion als Rechtsbeistand für Worf Einspruch:

> „*Es wurde für diese Dateien kein Suchbefehl ausgegeben. Das ist eine Verletzung der Intimsphäre von Mr. Worf.*"[24]

Die Vorsitzende Admiral T'Lara gibt dem Einspruch statt:

> „*Damit hat der Captain Recht. Das bedeutet, ohne einen korrekt ausgeführten Suchbefehl oder die Genehmigung des Angeklagten darf keine Information, die Sie aus der privaten Datenbank geladen haben, als Beweis zugelassen haben.*"

Was ein Suchbefehl ist, wird nicht erläutert. Das Verfahren erinnert jedoch an eine richterliche Genehmigung einer staatlichen Überwachungsmaßnahme, sodass ein Richtervorbehalt wie im deutschen Recht durchaus existieren könnte. Worf willigt daraufhin in die Verwendung der Beweismittel ein, weil ein Zurückhalten von Informationen seiner Ehre zuwiderlaufen würde. Es handelt sich um die Historie der von ihm durchgespielten Holo-Romane.

Persönliche Computerlogbücher, die Angehörige der Sternenflotte führen, fallen nur eingeschränkt unter das Privatsphäreprotokoll. Dies ergibt sich aus der ersten Szene des Hörspiels *Star Trek: Khan* aus dem Jahr 2025.[25] Die Historikerin Rosalind Lear erforscht in dem Audiodrama die Hintergründe der Besiedelung von Ceti Alpha V durch Khan Noonien Singh.[26] Die dafür hilfreichen persönlichen Logbücher von Captain Kirk erhält sie nicht, weil diese entsprechend der Gesetzeslage ab dem Zeitpunkt des Todes aus Datenschutzgründen gesperrt wurden. Der Umkehrschluss legt nahe, dass persönliche Logbücher zu Lebzeichen ihrer Inhaber zugänglich sind. Dies erklärt auch, wie der Ankläger vor dem klingonischen Gerichtshof im Kinofilm *Das Unentdeckte Land* an die belastende Audioaufzeichnung von Captain Kirk gelangt ist. Da die Verräterin Lieutenant Valeris während der Aufnahme des kompromittierenden Eintrags in der Tür von Captain Kirk stand,[27] wusste sie, welche Logbuchinhalte sie abrufen und an die Klingonen weiterleiten musste.

Auch Video- und Audioüberwachung ist durch die Privatsphäreprotokolle reguliert. Die Romanfassung des ersten Kinofilms beschreibt die Befugnis des Captains, jederzeit Livebilder von allen auf der *Enterprise* beschäftigten Personen einzusehen. Jedoch darf Captain Kirk die Kameraerfassung nur einsehen, wenn er dabei die Privatsphäre der Betroffenen nicht verletzt.[28]

---

24 Star Trek: Deep Space Nine, S4 E18 – Das Gefecht.

25 *Beyer/Mack*, Hörspiel Star Trek: Khan, E1 – Paradise.

26 Das neunteilige Hörspiel bildet die Brücke zwischen Raumschiff Enterprise, S1 E24 – Der schlafende Tiger – und dem Kinofilm Star Trek II: Der Zorn des Khan.

27 Kinofilm Star Trek VI: Das unentdeckte Land.

28 *Roddenberry*, Roman Star Trek – Der Film, S. 175.

Er nutzt die Technik, um sich über die Fortschritte seines Ersten Offiziers Captain Decker zu informieren. Dieser hat den Auftrag, mit der Ilia-Sonde zu interagieren, um über sie an Informationen über die fremde Macht V'Ger zu gelangen. Nachdem die Navigationsoffizierin Ilia von V'Ger entführt worden war, wurde eine KI-gesteuerte Nachbildung ihrer körperlichen Hülle zurückgesandt. Kirk zögert zunächst, da Lieutenant Ilia einst die Lebensgefährtin von Captain Decker war. Er hatte Decker nahegelegt, sich der Androidin mittels Intimität zu nähern. Jedoch vergegenwärtigt sich Kirk, dass Decker nicht in Begleitung einer Frau ist, sondern mit einer Maschine interagiert. Diese fragwürdige Auslegung der Privatsphäreprotokolle veranlasst ihn, die Sichtverbindung herzustellen. Die Handlung kann nicht allgemeingültig richtig sein. Ansonsten wäre nur die Videoüberwachung körperlicher Nähe zwischen zwei organischen Lebewesen verboten, die Beobachtung sexueller Kontakte zu Figuren auf dem Holodeck wäre hingegen zulässig. Auch die Aufnahme des nichtöffentlich gesprochenen Wortes ist generell verboten. Darüber belehrt Constable Odo den Barkeeper Quark, nachdem dieser eine Wanze im Konferenzraum der Beitrittsverhandlungen Bajors zur Föderation versteckt hatte.[29]

Die Privatsphäreregelungen der Sternenflotte beschränken nicht nur den unbefugten Zugriff auf geschützte Daten. Sie regeln auch den Fall, dass das Personal berechtigterweise an Informationen gelangt. Dies kann zum einen erfolgen, indem technisches Personal wie Ensign Uhura im Rahmen ihrer Aufgabenerfüllung Informationen mithört.[30] Zum anderen sind Kenntnisnahmen durch persönliche Beobachtung sensibler Situationen umfasst. In der Episode *Der Zentralnervensystemmanipulator* begibt sich Captain Kirk mit seiner Mitarbeiterin Doctor Noel in sein Quartier für ein romantisches Beisammensein. Die medizinische Offizierin sorgt sich darum, dass die beiden hätten gesehen werden können. Captain Kirk kontert:

> „*Meine Mannschaft ist zur Geheimhaltung verpflichtet.*“[31]

Die zahlreichen Beispiele unterstreichen, dass in der Sternenflotte Datenschutzrecht existiert. Dabei ist die inhaltliche Ausgestaltung naheliegenderweise orientiert am US-amerikanischen Verständnis von Privacy. Mit der europäischen Datenschutztradition hat der Privatsphäreschutz der Vereinigten Staaten wenig gemein. In der EU gilt ein generelles Verbot mit Erlaubnisvorbehalt, das jegliche Verarbeitung personenbezogener Daten unter die Voraussetzung stellt, dass dafür eine Rechtsgrundlage existiert. Die USA haben ebenso wie die künftig aus ihr hervorgehende Vereinigte Föderation der Planeten einen bereichsspezifischeren Ansatz, wonach konkrete, besonders

29 Star Trek: Deep Space Nine, S4 E13 – Emotionen.
30 Star Trek: Strange New Worlds, S2 E2 – Ad astra per aspera.
31 Raumschiff Enterprise, S1 E10 – Der Zentralnervensystemmanipulator.

schutzbedürftige Fallgruppen gebildet werden und nur für diese ein Datenschutz gilt. So ergibt sich die Regulierung persönlicher Daten in Subraumnachrichten, privaten Dateien und persönlichen Logbüchern.

c) Eindringen in Holodeck-Programme

Ein wiederkehrendes Problemfeld bei Star Trek ist das ungefragte Eindringen in fremde, gerade aktive Holodeck-Programme. Die Technologie des Holodecks beflügelt seit jeher die Phantasie des Publikums. Es handelt sich um Räume, die virtuelle Welten und Geschichten mittels Lichtprojektionen, Kraftfeldern und flüchtig replizierter Materie betretbar und erlebbar machen. Die Programmierung ist denkbar einfach,[32] sodass das Holodeck für jedermann gewissermaßen eine Computererweiterung der eigenen Gedanken ist.[33] Die darin verkörperten Phantasien sind mindestens ebenso aussagekräftig über das Innenleben einer Person wie in der aktuellen Gegenwart die Browserhistorie des persönlichen Computers oder Smartphones. Ohne ausdrückliche Erlaubnis einzutreten, kann nur als massive Privatsphäreverletzung eingestuft werden.[34]

Dennoch passiert es immer wieder. Beispielsweise betritt Captain Picard in der Episode *11001001* unbedarft die von Commander Riker programmierte Jazz-Bar, in der Letzterer gegenwärtig eine holographische Figur küsst.[35] Keinem von beiden ist die Situation unangenehm. Ebenso wenig Unrechtsbewusstsein verspürt Barkeeper Quark, als er in der Episode *Heilige Visionen* die Holosuite auf *Deep Space Nine* betritt, in der Captain Sisko um vier Uhr morgens archäologische Studien durchführt.[36] Siskos Programm ist völlig unverfänglich, jedoch ist Quark bis zum Betreten nicht bekannt, welchen Tätigkeiten der Captain in der Suite nachgeht. Später platzen auch Major Kira und Captain Yates ungefragt herein. Während die oben erwähnten Konsumenten der Holo-Technologie kein Problem mit unangekündigtem Besuch haben, besteht bei anderen Nutzern durchaus ein nachvollziehbares Privatsphärebedürfnis. So aktiviert Lieutenant Commander La Forge in der Episode *Die Energiefalle* ein holographisches Support-Programm zur Fehleranalyse des Warpantriebs der *Enterprise.* Darin enthalten ist eine Nachbildung der Entwicklerin des Antriebs, Doctor Leah Brahms.[37] Mit dieser Figur beginnt La Forge ein flirtendes Verhältnis. Zum Verhängnis wird ihm die private Nutzung, als die echte Doctor Brahms das Schiff besucht und

32 Siehe oben S. 142 f.
33 *Joseph/Carton*, The Law of the Federation, S. 57.
34 *Altman*, in: Gross/Altman, New Voyages: The Next Generation Handbook, S. 112.
35 Raumschiff Enterprise – Das nächste Jahrhundert, S1 E15 – 11001001.
36 Star Trek: Deep Space Nine, S5 E10 – Heilige Visionen.
37 Raumschiff Enterprise – Das nächste Jahrhundert, S3 E6 – Die Energiefalle.

das Programm entdeckt.[38] Ähnlich ergeht es Lieutenant Barclay. Dieser erschafft auf dem Holodeck Abbilder seiner Vorgesetzten, um mit diesen auf Augenhöhe Abenteuer zu erleben.[39] Als diese das laufende Programm unerwartet zu Gesicht bekommen, endet es für Barclay peinlich. Die Tür des Holodecks abzuschließen, ist offenbar nicht möglich.[40]

d) Telepathie-Regulierung

Ein Sonderfall des Datenschutzes ist das Telepathierecht. In der Sternenflotte ist der Umgang mit telepathischen Spezies von Belang, weil beispielsweise die Betazoiden sowie in eingeschränktem Maße auch die Vulkanier dazu in der Lage sind, Gedanken anderer Personen zu lesen. Lieutenant Commander Spock macht sogar eine Anmerkung, dass auch Menschen diese Grundbegabung haben.[41] Der Charakter greift damit eine Bewegung der 60er Jahre auf, bei der auch große Universitäten Versuche unternommen haben, Telepathie und Telekinese nachzuweisen.[42]

Obwohl das Problem der Einsichtnahme eines fremden Geistes durch die Verbreitung telepathischer Spezies allgegenwärtig ist, enthält das Föderationsrecht offenbar keine Gesetze dazu. Captain Picard konstatiert in der Episode *Geistige Gewalt*:

> *„Ich bin nicht sicher, ob es eine gesetzliche Basis für solch ein Verfahren gibt. Gewaltsames Eindringen in das Erinnerungsvermögen ist ein Verbrechen, mit dem wir niemals zu tun hatten.“*[43]

Anlass für die Auseinandersetzung ist der Besuch einer Gruppe Ullianer auf der *Enterprise*. Das nicht der Föderation angehörige Volk ist telepathisch begabt und hat in seinem Rechtssystem feste Regeln zum Gebrauch dieses Talents verankert. Danach steht jedes Eindringen in fremde Gedanken unter dem Vorbehalt der Einwilligung der betroffenen Person. Der Wunsch, Erinnerungen ausgelesen zu bekommen, muss aus freien Stücken ohne Beeinflussung geäußert werden. Ein Mitglied der ullianischen Gruppe namens Jev nutzt seine Fähigkeiten, um die Vorstellung eines Geschlechtsakts mit Counselor Troi in ihren Geist einzupflanzen. Das Vorgehen wird als geistige Vergewaltigung wahrgenommen. Jevs Vater Tarmin bedauert die Tat und erklärt:

38 Raumschiff Enterprise – Das nächste Jahrhundert, S4 E16 – Die Begegnung im Weltraum.
39 Raumschiff Enterprise – Das nächste Jahrhundert, S3 E21 – Der schüchterne Reginald.
40 Podcast Trekkiepedia E008 – Lieutenant Barclay.
41 Raumschiff Enterprise, S1 E1 – Die Spitze des Eisberges.
42 *Prahl/Sülter/Walch*, Die Star Trek Chronik, Band 2, S. 96.
43 Raumschiff Enterprise – Das nächste Jahrhundert, S5 E12 – Geistige Gewalt.

> *„Die Praxis ist durchaus bekannt. Sie wurde jedoch schon vor vielen Jahrhunderten in unserer Welt verboten.* [...] *Ein solches Verbrechen wird von den Gerichten schwer bestraft.*“

Der Vorfall mit den Ullianern ist kein Einzelfall. Eine eigenständige Verbotsnorm im Föderationsrecht wäre deshalb empfehlenswert. Zum einen erleidet Counselor Troi im Kinofilm *Nemesis* erneut eine fast identische Tat.[44] Der Imperator Shinzon des Romulanischen Reiches nutzt die telepathischen Fähigkeiten der Remaner aus, um in einen Traum von Troi einzudringen. Auch er projiziert die Bilder eines Geschlechtsakts mit sich in ihren Geist. Ein anderes Beispiel ist die Episode *Das Erinnern*, die quasi eine Parallelfolge zu *Geistige Gewalt* auf der *Voyager* darstellt. Ein eneranischer Telepath überträgt darin seine Erinnerung an das Erlernen eines Musikinstruments an Captain Janeway.[45] Als sie erschrickt, entschuldigt er sich. Er habe ihr Interesse am Erlernen des Instruments als Zustimmung fehlinterpretiert und damit ethische Grundsätze seiner Welt missachtet.

Zum Schutz vor ungewolltem Auslesen eigener Gedanken existieren Telepathiesupressoren. Gezeigt wird ein solches Gerät am Hals der Betazoidin Tarima Sadal in der Episode *Betatest* der Serie *Starfleet Academy*.[46] Zuvor erwähnt es Quark auf *Deep Space Nine*, als er das Halsband von Eris mit einem Telepathiesupressor verwechselt.[47] Lügendetektoren sind technisch kein Problem und werden auch in der Justiz der Sternenflotte verwendet.[48] Sie funktionieren allerdings nicht bei allen Spezies. So sind nach Einschätzung des holographischen Doktors der *Voyager* die Kazon wegen ihres abweichenden Blutkreislaufs gegen sie immun.[49] Romulanische Gedächtnisscanner sind hingegen in der Föderation illegal, dennoch aber bei der Geheimorganisation Sektion 31 im Einsatz.[50]

Was nach einer juristischen Gedankenspielerei klingt, hat durchaus einen ernsten Hintergrund auch in der Rechtswissenschaft der Gegenwart. Seit 2004 enthält der kalifornische California Consumer Privacy Act (CCPA) in Section 1798.140 den Begriff der neuronalen Daten, die dort zu den besonderes schützenswerten Daten zählen.[51] Sie werden definiert als Daten, die durch Messung der Aktivitäten des zentralen oder peripheren Nervensystems eines Menschen erzeugt werden und auf die nicht mithilfe von nicht-neuronalen Daten geschlossen werden kann. Auch in der deutschen

44 Kinofilm Star Trek: Nemesis.
45 Star Trek: Raumschiff Voyager, S3 E6 – Das Erinnern.
46 Star Trek: Starfleet Academy, S1 E2 – Betatest.
47 Star Trek: Deep Space Nine, S2 E26 – Der Plan des Dominion.
48 Siehe oben S. 169.
49 Star Trek: Raumschiff Voyager, S2 E26 – Der Kampf ums Dasein, Teil 1.
50 Star Trek: Deep Space Nine, S7 E23 – Extreme Maßnahmen.
51 Senate Bill Nr. 1223, Chapter 887.

Literatur finden sich erste Ansätze, sich dem Thema der Erfassung von Gehirnwellen zu nähern.[52] In eine ähnliche Richtung zielt auch Art. 5 Abs. 1 lit. f) der KI-Verordnung der Europäischen Union. Die Vorschrift verbietet Emotionsanalysen am Arbeitsplatz oder in Bildungseinrichtungen durch Künstliche Intelligenz. Derartige Systeme lesen freilich keine Gehirnwellen aus, jedoch ermitteln KI-Systeme anhand von Stimmmustern und Gesichtsausdrücken Rückschlüsse über die Gedankenwelt der Betroffenen.

2. KI-Recht

Das Rechtsgebiet, das aktuell am stärksten den Puls der Zeit aufgreift, ist das Recht der Künstlichen Intelligenz. Mit der KI-Verordnung hat der Europäische Gesetzgeber Maßstäbe gesetzt und auch andere Rechtsordnungen ringen um die sinnvollsten legislativen Antworten auf den technischen Quantensprung der letzten Jahre. Alle KI-Gesetze der Gegenwart eint die Zielrichtung, ihre Entwicklung und Nutzung zu beschränken und gesellschaftlich nicht gewollte Verwendungen zu verbieten. Star Trek hat bereits vor mehreren Jahrzehnten begonnen, die rechtlichen Rahmenbedingungen von KI zu skizzieren. Der Ansatz ist dabei optimistischer. Nicht die Regulierung steht im Mittelpunkt, sondern die KI als Trägerin eigener Rechte und Pflichten. Das dabei entworfene KI-Persönlichkeitsrecht kann eine Blaupause für die übernächste Evolutionsstufe in der Realität sein. Wenn Computerprogramme so weit entwickelt sind, dass wir vor der Frage stehen, ob es sich um Lebensformen handelt, dann braucht es einen neuen rechtlichen Umgang mit KI. Darüber hinaus zeigt Star Trek vor allem in der Serie *Picard* auch, wie eine KI-Regulierung aussehen kann, die auf undifferenzierte Verbote dessen setzt, was der Mensch nicht versteht.

a) KI-Persönlichkeitsrecht

Star Trek begegnet Androiden und Softwareprogrammen nach einer zunächst einfachen Prämisse: Ihnen stehen dieselben Rechte und Pflichten zu, die alle Lebewesen genießen, wenn es sich bei ihnen um intelligente Lebensformen handelt. Die Föderation unterscheidet dahingehend nicht zwischen einem künstlichen oder einem evolutionären Ursprung. Die Kriterien dafür, was Leben ist, sind in beiden Fällen identisch. Dasselbe gilt für die Rechtsfolgen. Somit sind dieselben Abgrenzungserwägungen wie die zwischen kristallinen Strukturen und organischem Leben oder zwischen Tieren und Menschen auch auf Künstliche Intelligenz anzuwenden. Auf diese Kriterien wird, auch im KI-Kontext, oben im Kapitel zu Rechtssubjekten nach

52 *Dix*, ZD 2025, 1.

dem Föderationsrecht eingegangen.[53] Man unterscheidet dabei zwischen einfachem Leben, empfindungsfähigem Leben und höheren, intelligenten Lebensformen. Empfindungsfähiges Leben ist mit Pflanzen vergleichbar, die keine Rechte haben. Empfindungsfähiges Leben hat ein Existenzrecht, während höheres Leben das Recht auf freie Entfaltung hat.

Diese an sich simple Logik stellt sich in Bezug auf Künstliche Intelligenz gleichwohl regelmäßig als herausfordernd dar. Das Gerichtsverfahren in der Episode *Wem gehört Data?*[54] hätte eine Leitentscheidung werden können, jedoch geht von ihr offenkundig keine allgemeingültige Wirkung aus. Nachfolgende KIs müssen ihre Rechte regelmäßig erneut selbst erkämpfen.[55] Sei es der Urheberrechtsprozess des holographischen Doktors bei *Raumschiff Voyager*[56] oder die Verhandlung des Status von Datas Vorläufermodell B-4 vor dem Justizausschuss des Föderationsrats im Roman *Die Gesetze der Föderation*[57] – im Kern bereits geklärte Rechtsfragen stehen immer wieder erneut zur Disposition. Erst einige Jahrzehnte später in der Serie *Star Trek: Picard* ist die Gesellschaft in der Frage weiter; niemand zweifelt dort an, dass der Roboter Soji oder auch der Golemkörper, in den der Geist Admiral Picards transferiert wird,[58] Träger eigener Rechte sind.[59] Ein knappes Jahrtausend später hat sich schließlich eine verlässliche Systematik herausgebildet. Anhand eines klaren Kriterienkatalogs wertet der Gutachter Doctor Kovic aus, ob der Bordcomputer der *Discovery* namens Zora eine höhere Lebensform ist.

Erreicht eine KI den Status empfindungsfähigen Lebens, hat sie ein Existenzrecht. Sie darf dann, auch wenn sie unbeabsichtigt entstanden ist, nicht einfach gelöscht werden. Die durch einen ungeschickten Prompt versehentlich vom Holodeck-Computer mit eigenem Bewusstsein ausgestattete Spielfigur Professor Moriarty[60] darf deshalb trotz ihrer sinisteren Absichten, die *Enterprise* unter ihre Kontrolle zu bringen, nicht dauerhaft deaktiviert werden. Stattdessen wird das intelligente Hologramm in eine abgeschottete Computerumgebung transferiert, die es für real hält.[61] Dort kann es sein Leben ungehindert weiterleben. Ähnlich ergeht es den holographischen Bewohnern des Programms Fair Haven auf dem Holodeck der *Voyager*. Aufgrund einer Fehlfunktion des Wahrnehmungsfilters erkennen sie, dass sie

53 Siehe oben S. 115 ff.
54 Raumschiff Enterprise – Das nächste Jahrhundert, S2 E9 – Wem gehört Data?
55 *Haar*, Kann der Bordcomputer denken?, S. 173.
56 Siehe oben S. 85.
57 *DeCandido*, Roman Die Gesetze der Föderation, S. 376.
58 Star Trek: Picard, S1 E10 – Et in Arcadia Ego, Teil II.
59 *Haar*, Kann der Bordcomputer denken?, S. 187.
60 Raumschiff Enterprise – Das nächste Jahrhundert, S2 E3 – Sherlock Data Holmes.
61 Raumschiff Enterprise – Das nächste Jahrhundert, S6 E12 – Das Schiff in der Flasche.

in einer Simulation leben.[62] Captain Janeway nimmt die KI-Lebensformen ernst und geht mit ihnen in einen Diskurs, anstatt sie einfach zu deaktivieren. Als auf *Deep Space Nine* eine körperlose Spezies im Stationscomputer Unterschlupf findet, wird sie nicht gelöscht, obwohl sie die Systeme beeinträchtigt.[63] Stattdessen wird sie in ein unbedeutenderes Unterprogramm verschoben und darf fortan im Speicher weiterleben. Ihre Existenzform wird anerkannt, nur werden Schutzmaßnahmen ergriffen, um ihr keinen Zugriff auf lebenswichtige Systeme zu geben.[64] Das Lebensrecht kann jedoch gegebenenfalls verwirkt sein, wenn von der KI eine derartige Gefahr für Leib und Leben ausgeht, dass eine Notwehrsituation entsteht. So ist es legitim, die KI der Geheimorganisation Sektion 31 namens Control zu zerstören, die die Vernichtung allen Lebens in der Galaxie vorantreibt.[65] Auch Datas Bruder Lore wird schließlich deaktiviert, um keinen Schaden mehr anrichten zu können.[66] Niemand hinterfragt die Richtigkeit dieser Maßnahmen, obwohl es durchaus denkbar wäre, für den Geist von Lore dieselbe technische Lösung wie für den Fortbestand des holographischen Professor Moriarty zu wählen.[67]

Handelt es sich bei einer KI um eine höhere Lebensform, so stehen ihr alle Rechte zu, die auch intelligente Humanoide haben. Zuvorderst ist das Recht auf freie Entfaltung der Persönlichkeit zu nennen. Der Doctor der *Voyager* ist beispielsweise zu Beginn der Serie ein relativ begrenztes Werkzeug zur Durchführung von Behandlungen in Abwesenheit des medizinischen Personals. Um sich weiterzuentwickeln, erhält er eine Programmerweiterung. Als Janeway ihm schließlich erlaubt, sich eigenständig zu aktivieren und zu deaktivieren, beginnt der Prozess der Selbsterkenntnis, weil er plötzlich Freizeit eigenständig gestalten kann.[68] Ähnlich ergeht es Vic Fontaine in der Holosuite auf *Deep Space Nine.* Auch er kann sein eigenes Programm ein- und ausschalten. Er weiß genau, dass er ein Holo-Programm ist und dass es eine Welt außerhalb der Holosuite gibt.[69] Er zeigt dabei kein Interesse, über seinen Status als Holo-Figur hinauszuwachsen. Fähnrich Nog wirft die Frage auf, ob er einen freien Willen hat.[70] Sie kann zunächst nicht beantwortet werden. Nachdem jedoch Fontaine erlaubt wird, sein Programm dauerhaft laufen zu lassen, erlangt er denselben Status wie der Doktor der *Voyager*. Er

62 Star Trek: Raumschiff Voyager, S6 E17 – Das Geistervolk.
63 Star Trek: Deep Space Nine, S1 E17 – Persönlichkeiten.
64 *Haar*, Kann der Bordcomputer denken?, S. 39.
65 Star Trek: Discovery, S2 E14 – Solch süße Trauer, Teil II.
66 Raumschiff Enterprise – Das nächste Jahrhundert, S7 E1 – Angriff der Borg, Teil II.
67 *Haar*, Kann der Bordcomputer denken?, S. 152 f.
68 *Haar*, Kann der Bordcomputer denken?, S. 261.
69 *Haar*, Kann der Bordcomputer denken?, S. 245.
70 Star Trek: Deep Space Nine, S7 E10 – Leben in der Holosuite.

erlebt plötzlich Freizeit, die seine Persönlichkeit erweitert. In dem Stadium kann es nicht mehr zulässig sein, ihm diese Rechte wieder zu nehmen.

Das Recht auf freie Entfaltung beinhaltet insbesondere ein Verbot von Sklaverei. Die Barfrau Guinan zeigt Captain Picard in der Episode *Wem gehört Data?* die Folgen des Gerichtsverfahrens zu Lieutenant Commander Datas Status auf. Sie mahnt an, die Föderation dürfe keine Sklavenrasse künstlicher Lebewesen erschaffen. Mit der Konstruktion der Synths, die unter anderem in der Raumschiffswerft im Marsorbit eingesetzt werden,[71] geht die Föderation bei *Star Trek: Picard* hingegen genau diesen Weg.[72] Zuvor wird bereits bei *Raumschiff Voyager* eine Gruppe ausgemusterter holographischer Schiffsärzte gezeigt, die offenbar rechtelos in einem Bergwerk eingesetzt werden.[73] Um ein konsistentes Rechtssystem abzuleiten, können beide unfreie KI-Einsätze nur dadurch erklärt werden, dass es sich um unterentwickelte Programme handelt, die über kein eigenes Bewusstsein verfügen. An anderer Stelle beachtet die Sternenflotte das Sklavereiverbot hingegen. Die Exocomps in der Episode *Datas Hypothese* werden, nachdem ihr Status als Lebensform deutlich geworden ist, nicht gezwungen, eine gefährliche Rettungsmission durchzuführen. Sie entscheiden sich jedoch freiwillig für den Einsatz und üben so ihr berufliches Selbstbestimmungsrecht aus. Dasselbe gilt für Lieutenant Commander Data. Im Gerichtsverfahren der Episode *Wem gehört Data?* wird ihm zugebilligt, eigenständig über seine Lebensführung entscheiden zu dürfen. Dazu gehört auch die Ablehnung des Befehls, an einem technischen Experiment von Commander Maddox mitzuwirken, das für Data lebensgefährlich wäre.

Sind Künstliche Intelligenzen höhere Lebensformen, stehen ihnen auch alle regulären Bürgerrechte innerhalb der Vereinigten Föderation der Planeten zu. Auf Initiative des Präsidenten Jaresh-Inyo wurden die entsprechenden Rechte Künstlicher Intelligenz in die Föderationscharta aufgenommen.[74] Der holographische Doktor der *Voyager* ist nach dem Roman *Die Gesetze der Föderation* ein vollwertiger Föderationsbürger, der unter anderem das Wahlrecht hat.[75] Hochentwickelte Künstliche Intelligenzen können auch Dienstränge in der Sternenflotte bekleiden. Neben Lieutenant Commander Data, der seinen Rang regulär an der Akademie erworben hat,[76] hat auch der Exocomp Erdnuss-Snackbox in der Zeichentrickserie Lower Decks

71 Star Trek: Picard, S1 E2 – Karten und Legenden.

72 *Sülter*, Podcast Planet Trek fm, E38 – Star Trek: Picard 1.02: Surfen auf der Euphoriewelle.

73 Star Trek: Raumschiff Voyager, S7 E20 – Die Veröffentlichung.

74 *DeCandido*, Roman Die Gesetze der Föderation, S. 260.

75 *DeCandido*, Roman Die Gesetze der Föderation, S. 363.

76 Raumschiff Enterprise – Das nächste Jahrhundert, S1 E1 – Der Mächtige.

einen Offiziersrang.[77] Ob ein entsprechender Status als Föderationsbürger besteht, muss jedoch je nach Entwicklungsstand von Fall zu Fall beurteilt werden. So werden später in der Serie weitere Exocomps derselben Bauart eingeführt, die weniger entwickelt sind[78] und deshalb keine entsprechenden Rechte haben können, während rund achthundert Jahre später der Exocomp Almond-Basket Kadett an der *Starfleet Academy* ist.[79]

Höheren Lebensformen steht schließlich auch das Recht auf ein Familienleben zu. So ist der holographische Doktor der *Voyager* im Serienfinale verheiratet – mit einer organischen Frau, wie er betont.[80] Die Episode *Datas Tochter* bei *Das nächste Jahrhundert* wirft die Frage auf, ob KI auch das Recht hat, sich zu reproduzieren. Captain Picard sieht Rechtsprobleme und schlägt die Hände vor dem Gesicht zusammen, als Lieutenant Commander Data einen Androiden nach seinem Vorbild erschafft und als Tochter bezeichnet. Beantwortet wird die Frage nicht, weil das technische Experiment scheitert. In konsequenter Anwendung des Grundsatzes, dass Künstliche Intelligenz dieselben Rechte hat wie organisches Leben, soweit es dieselben Kriterien erfüllt, ist das Ergebnis relativ zwingend.

b) KI-Regulierung

Das heutige Recht ist noch weit davon entfernt, Künstlicher Intelligenz den Status einer eigenen Rechtspersönlichkeit zuzuweisen. Bisherige Regulierungsansätze zielen darauf ab, Gefahren einzudämmen, die vom Einsatz Künstlicher Intelligenz ausgehen. Einzelne Detailregelungen ähneln durchaus den Rechtsgrundsätzen bei Star Trek. So stellt Art. 4 KI-Verordnung die Rechtspflicht auf, KI-Kompetenz bei dem Personal aufzubauen, das KI-Systeme nutzt. Die Anforderung erinnert an die bereits rund sechzig Jahre zuvor in der Episode *Kirk unter Anklage* formulierte Mahnung des Anwalts Cogley:

> „*Nur wem die Grenzen dieser Maschinen bewusst sind, kann auch einen Computer sinnvoll einsetzen.*“[81]

Auch die Regulierung von Deepfakes, die die KI-Verordnung in Art. 3 Nr. 60, Art. 50 Abs. 4 vorschreibt, hat Star Trek bereits in diversen Handlungssträngen vorgedacht, bei denen real existierende Personen im Holodeck nachgebildet werden.[82]

77 Star Trek: Lower Decks, S1 E10 – Keine kleinen Rollen.
78 Star Trek: Lower Decks, S4 E7 – Noch ein paar Abzeichen mehr.
79 Star Trek: Starfleet Academy, S1 E2 – Betatest.
80 Raumschiff Voyager, S7 E25 – Endspiel, Teil I.
81 Raumschiff Enterprise, S1 E14 – Kirk unter Anklage.
82 Siehe unten S. 264.

Der Grundansatz der KI-Verordnung der aktuellen Gegenwart unterscheidet sich jedoch konzeptionell vom KI-Recht bei Star Trek. Der Rechtsakt der Europäischen Union klassifiziert KI-Systeme in Risikostufen, die jeweils gestaffelte Verwendungsbeschränkungen nach sich ziehen. Die KI-Regulierung im Star-Trek-Universum baut auf einem anderen Ansatz auf. Sie orientiert sich an den Gesetzen der Robotik von Isaac Asimov:

1. Ein Roboter darf kein menschliches Wesen verletzen oder durch Untätigkeit zulassen, dass einem menschlichen Wesen Schaden zugefügt wird.
2. Ein Roboter muss den ihm von einem Menschen gegebenen Befehlen gehorchen – es sei denn, ein solcher Befehl würde mit Regel eins kollidieren.
3. Ein Roboter muss seine Existenz beschützen, solange dieser Schutz nicht mit Regel eins oder zwei kollidiert.

Dieses Regelset hat Asimov in eigenen Kurzgeschichten entwickelt.[83] Der Science-Fiction-Autor war ein enger Freund von Gene Roddenberry. Beide standen Zeit ihres Lebens in einem regen Briefkontakt, in dem sie sich insbesondere zu den Inhalten ihrer utopischen Handlungsideen austauschten.[84] Die Robotergesetze werden in Star Trek nie explizit erwähnt, doch ihre Prinzipien tauchen immer wieder auf.[85] Beispielsweise basiert das Ethikprogramm von Lieutenant Commander Data, das dieser selbst als eine Art Gewissen bezeichnet,[86] erkennbar auf der Theorie Asimovs.[87] Thematisiert wird das Ethikprogramm unter anderem in der TV-Episode *Der Sammler*[88] sowie dem Film *Der Aufstand*[89]. Auch das Ableben Datas steht ganz im Zeichen der Gesetze der Robotik: Im Finale des Kinofilms *Nemesis* steht Data vor der Wahl, Captain Picard oder sich selbst zu retten. Entsprechend der Ideen Asimovs kann er sich nur für das Leben von Picard entscheiden. Die Originalserie *Raumschiff Enterprise* enthält ebenfalls treffende Beispiele. So agiert der *Computer M5* in der gleichnamigen Folge den Gesetzen der Robotik entsprechend. M5 ist ein selbstlernendes System, das autonom Raumschiffe steuern kann.[90] Captain Kirk warnt zuvor, die Kontrolle an ein automatisiertes System abzugeben, das fehleranfällig sein kann.[91] Die Sorge erweist sich im Probebetrieb als berechtigt, da M5 Simulation und Wirklichkeit nicht mehr unterscheiden kann und dadurch einen Frachter zerstört.

83 *Asimov*, Meine Freunde, die Roboter, S. 67.
84 *Alexander*, Gene Roddenberry – Die autorisierte Biographie, S. 332 ff.
85 *Haar*, Kann der Bordcomputer denken?, S. 98 f.
86 Raumschiff Enterprise – Das nächste Jahrhundert, S7 E1 – Angriff der Borg, Teil II.
87 *Haar*, Kann der Bordcomputer denken?, S. 128.
88 Raumschiff Enterprise – Das nächste Jahrhundert, S3 E22 – Der Sammler.
89 Kinofilm Star Trek: Der Aufstand.
90 Raumschiff Enterprise, S2 E24 – Computer M5.
91 *Haar*, Kann der Bordcomputer denken?, S. 30.

Als Captain Kirk den Computer davon überzeugt, dass er dabei Menschen getötet hat, schaltet sich M5 selbst unwiederbringlich ab.

Die Gesetze der Robotik sind zunächst kein staatliches Recht, sondern Handlungsanweisungen für androide KIs, die ihrer Programmierung zugrunde gelegt werden sollten. Ihre Grundlagen bestimmen jedoch auch den gesellschaftlichen Umgang mit potenziell gefährlichen KI-Systemen. Ein plastisches Beispiel ist der Bordcomputer der *Discovery*, der mit der Zeit ein eigenes Bewusstsein entwickelt und sich fortan Zora nennt. Die KI hat Zugriff auf ein stark bewaffnetes Raumschiff sowie die Lebenserhaltungssysteme für die Besatzung. Unter den Führungsoffizieren entbrennt eine Diskussion, ob diese mächtige Position Zoras weiterhin tragbar ist.[92] Zora selbst schlägt einen Kompromiss vor: Sie repliziert einen Ausschaltknopf, dessen Betätigung unmittelbar zur Löschung ihres Programms führen würde. Sobald ihre Handlungen der Besatzung schaden könnten, steht es den Personen auf dem Schiff frei, ihn zu drücken. Im Gegenzug darf Zora bis auf weiteres in den Schiffssystemen enthalten bleiben. Captain Burnham stimmt zu mit der Konsequenz, dass die Gesetze der Robotik Nr. 1 und 3 im Verhältnis zwischen Zora und der Crew der *Discovery* gelten.

Eine sehr viel radikalere Umsetzung der Robotikgesetze von Asimov ist die Ausgangslage der Serie *Star Trek: Picard.* Zu Beginn der Handlung existiert in der Föderation ein Verbot von Androiden.[93] Anlass für das Verbotsgesetz ist ein Attentat auf die Marskolonien, die ein als Synth bezeichneter humanoider Roboter auf einer Raumschiffswerft im Orbit verübt. Es handelt sich um einen für die Geschichte der Föderation einschneidenden Anschlag, nach dem die Marsoberfläche jahrelang brennt. Später stellt sich heraus, dass der romulanische Geheimdienst Zhad Vash den Synth namens F8 entsprechend manipuliert hatte. Admiral Picard bezeichnet das Gesetz präzise als „*Verbot von künstlichen Lebensformen*“ beziehungsweise auf englisch „*Ban synthetic lifeforms*“. Der Bann betrifft technische Systeme, die drei Voraussetzungen erfüllen. Es muss sich um humanoide Roboter handeln, die künstlich erzeugt sind und die Entwicklungsstufe eines Lebewesens aufweisen. KI-Systeme wie zum Beispiel Bordcomputer, die nicht in menschenähnlicher Gestalt verkörpert sind, fallen offenbar nicht darunter. Auch intelligente Hologramme wie die in derselben Staffel gezeigten Bibliotheksavatare der Sternenflotte oder Mannschaftsavatare auf dem Raumschiff *La Sirena* sind nicht verboten.[94] Gegebenenfalls liegt dies auch daran, dass diese Hologramme nicht die Qualität von Lebewesen aufweisen. Zur Frage, wann eine KI als Lebensform eingestuft wird, siehe oben im Kapitel zu Rechts-

92 Star Trek: Discovery, S4 E7 – Verbindung.
93 Star Trek: Picard, S1 E1 – Gedenken.
94 *Haar*, Kann der Bordcomputer denken?, S. 324, Fn. 88.

subjekten im Föderationsrecht.[95] Nicht notwendig ist, dass es sich bei dem Androiden um eine empfindungsfähige oder gar höhere Lebensform handelt. Doctor Jurati vom Daystrom Institute erklärt Admiral Picard, dass die Föderationswissenschaft ohnehin noch weit von der Entwicklung empfindungsfähiger Androiden entfernt sei.[96]

Als Tathandlung umfasst das Androidenverbot die Konstruktion und den Betrieb intelligenter Roboter. Doctor Jurati erläutert:

> „*Das Institut darf nur noch theoretisch forschen, aber keinen Androiden konstruieren.* [...] *Niemand entwickelt jetzt noch Androiden, egal welcher Art. Das wäre ein Verstoß gegen den galaktischen Vertrag.*“[97]

Welche Mächte Vertragspartei dieser Übereinkunft sind, ist nicht bekannt. Die Bezeichnung als galaktischer Vertrag verdeutlicht aber, dass mehrere Staatengebilde neben der Föderation ein gemeinsames Verbotsgesetz erlassen haben. Untersagt ist darin nicht nur die oben beschriebene Konstruktion neuer Androiden. Auch vor Geltungsbeginn des galaktischen Vertrags in Betrieb genommene Androiden dürfen nicht mehr aktiviert sein. Dies ergibt sich aus dem Ausspruch der Androidin Soji im Finale der ersten Staffel:

> „*Da Androiden jetzt nicht mehr verboten sind, kann ich mich wieder frei bewegen.*“[98]

Das Betriebsverbot hätte damit auch Lieutenant Commander Data betroffen,[99] wäre er nicht vor dem Inkrafttreten bereits während der Ereignisse des Kinofilms *Nemesis* zerstört worden. Nicht sicher ist, ob der holographische Doktor der mittlerweile heimgekehrten *Voyager* während der Geltungsdauer der Regelung deaktiviert sein musste. Sein Dienst an der Akademie der Sternenflotte rund ein Jahrhundert später[100] belegt, dass sein Programm jedenfalls nicht gelöscht worden ist. Von den übrigen, in der ersten Staffel von *Picard* gezeigten Hologrammen unterscheidet ihn, dass er die Entwicklungsstufe einer Lebensform erreicht hat. Ob er allerdings als Androide eingestuft wird, ist offen. Einerseits fehlt es ihm an einer mechanischen körperlichen Hülle. Andererseits ist er mehr als nur eine Lichtprojektion. Sein mobiler Holo-Emitter erlaubt es ihm, sich überall auch außerhalb von Holodecks zu bewegen und körperlich zu interagieren. Damit kommt seine Erscheinung jedenfalls in der Wirkung einem Androiden gleich.

---

95 Siehe oben S. 115 ff.
96 Star Trek: Picard, S1 E1 – Gedenken.
97 Star Trek: Picard, S1 E1 – Gedenken.
98 Star Trek: Picard, S1 E10 – El in Arcadia Ego, Teil II.
99 *Haar*, Kann der Bordcomputer denken?, S. 172.
100 Star Trek: Starfleet Academy, S1 E1 ff. – Kids von heute.

Das Androidenverbot ist eine bemerkenswert pauschale, populistische Reaktion auf das Mars-Attentat. Anstatt der Ursache der Fehlfunktion von F8 auf den Grund zu gehen, werden Geschöpfe ähnlicher Bauart undifferenziert verboten.[101] Die Aktion erinnert an einen Produktrückruf nach dem Produktrecht, weil sich ein Exemplar als gefährlich erwiesen hat. Dass jedoch die Entwicklung neuer, gegebenenfalls sicherer Produktexemplare mit untersagt wird, ist rational kaum nachvollziehbar. Sie ist zudem auch ein unverhältnismäßiger Pauschaleingriff in die Existenz künstlicher Lebensformen, von denen zumindest einige wenige auch Träger von eigenen Rechten sein können. Die Föderationsgesellschaft erkennt die Tragweite der eigenen Schöpfung, möchte sich mit den Folgen jedoch nicht auseinandersetzen.[102] Stattdessen wird eine unliebsame Randgruppe einfach deaktiviert, nur weil ein einzelnes Mitglied aus nicht näher hinterfragten Gründen eine schwere Straftat begangen hat.

Das Komplettverbot von Androiden ist eine kurze dunkle Epoche der KI-Regulierung in der Föderation. In allen übrigen Zeiträumen findet eine differenziertere Risikobetrachtung statt. Wenn es unausweichlich ist, werden gefährliche Künstliche Intelligenzen zerstört. So ergeht es beispielsweise dem Programm Control von Sektion 31.[103] Diese Lösung ist jedoch nur die Ultima Ratio, wenn die KI derart gerissen und hochentwickelt ist, dass nur die endgültige Beseitigung des Programms ihren sinisteren Plan aufhalten kann. Die stets vorzugswürdige Alternative ist die Weiterexistenz an einem abgeschotteten Speicherort. Als auf Deep Space Nine eine körperlose Spezies im Stationscomputer Unterschlupf findet, wird sie in ein Unterprogramm verschoben.[104] Captain Sisko ist wichtig, dass ihr der Zugriff auf wichtige Komponenten vorenthalten wird. Der holographische Professor Moriarty wird aus den Schiffssystemen der *Enterprise* entfernt und lebt ein virtuelles Leben in einem komplett autonomen Computerwürfel weiter.[105] Da sich der Bedarf nach sicheren Aufbewahrungsmethoden für lebende Computerprogramme zunehmend erhöht, richtet das Daystrom-Institut schließlich eine Besserungsanstalt für größenwahnsinnige KIs ein. Die Zeichentrickserie *Lower Decks* gewährt einen Blick in die Einrichtung, in der beispielsweise der Supercomputer Agimus oder auch Erdnuss-Snackbox verwahrt werden.[106] Ganz im Sinne des Rehabilitationsgedankens im Strafvollzug von

101 *Haar*, Kann der Bordcomputer denken?, S. 179.
102 *Haar*, Kann der Bordcomputer denken?, S. 181.
103 Star Trek: Discovery, S2 E14 – Solch süße Trauer, Teil II.
104 Star Trek: Deep Space Nine, S1 E17 – Persönlichkeiten.
105 Raumschiff Enterprise – Das nächste Jahrhundert, S6 E12 – Das Schiff in der Flasche.
106 Star Trek: Lower Decks, S2 E7 – Wo die lust'gen Quellen liegen.

Star Trek[107] verdeutlicht die Bezeichnung als Besserungsanstalt, dass nicht die Bestrafung, sondern die Therapie im Vordergrund steht.

3. Recht am eigenen Bild

Die Holo-Technologie ermöglicht es jedermann mit einfachen Prompts, virtuelle Abbilder seiner Phantasie zu erschaffen und sich darin interaktiv zu bewegen. Dabei kommt es immer wieder vor, dass Nutzende des Holodecks Programme entwickeln, in denen digitale Versionen von real existierenden Personen abgebildet sind. Es herrscht ein allgemeines Bewusstsein dafür, dass dieser Praktik Grenzen gesetzt sein müssen. Die Rechtslage wird mehrfach erörtert, scheint aber nicht klar zu sein. Als die Ingenieurin Doctor Leah Brahms bemerkt, dass Lieutenant Commander La Forge ein Diagnoseprogramm für den Warpantrieb mit ihrem Antlitz für private, amouröse Zwecke benutzt,[108] ist sie entsetzt. Sie fühlt sich explizit in ihren Rechten verletzt und malt sich aus, was La Forge alles mit ihrem Abbild gemacht habe.[109] Lieutenant Barclay hat ebenfalls für den Eigengebrauch ein Holo-Programm erstellt, das Kolleginnen und Kollegen von der Sternenflotte zur privaten Interaktion abbildet. Die Crew wird darin in teils unvorteilhaften Situationen dargestellt. Als die abgebildeten Personen davon erfahren, zeigen sie sich verärgert. Commander Riker ermahnt Barclay im Brustton der Überzeugung:

> „*Das ist eine Verletzung der Vorschriften. Besatzungsmitglieder dürfen auf dem Holodeck nicht simuliert werden.*“[110]

Lieutenant Commander La Forge korrigiert Rikers Rechtseinschätzung:

> „*Commander, ich glaube nicht, dass er damit gegen irgendeine Vorschrift verstößt.*“

Riker entgegnet daraufhin:

> „*Dann fehlt so eine Vorschrift.*“

Auch Constable Odo geht von der Rechtswidrigkeit der Verwendung fremder Körperabbilder in Holodeck-Programmen aus. In der Episode *Meridian* überführt er den Barkeeper Quark dabei, eine Holo-Kopie von Major Kira anzufertigen.[111] Der Ferengi beabsichtigt, die Figur in ein anzügliches Holosuite-Programm als Auftragsarbeit für seinen Kunden Tiron einzufügen.

---

107 Siehe oben S. 183 f.

108 Raumschiff Enterprise – Das nächste Jahrhundert, S4 E16 – Die Begegnung im Weltraum.

109 Raumschiff Enterprise – Das nächste Jahrhundert, S3 E6 – Die Energiefalle.

110 Raumschiff Enterprise – Das nächste Jahrhundert, S3 E21 – Der schüchterne Reginald.

111 Star Trek: Deep Space Nine, S3 E8 – Meridian.

Quark fotografiert dazu die Offizierin heimlich und lädt biometrische Daten aus dem Stationscomputer herunter. Odo und Kira entschließen sich, anstatt Quark zu verhaften, mit einer List zu reagieren. Sie modifizieren das Holo-Abbild dahingehend, dass auf dem Körper Kiras der Kopf von Quark angefügt ist.

Als Doctor Bashir das Vorbild für die Neuentwicklung des Medizinisch Holographien Langzeitprogramms der Sternenflotte werden soll, wird er nicht gefragt, sondern über die Befehlskette informiert.[112] Der Entwickler Doctor Zimmermann fragt Bashir allerdings nach der Erstellung des ersten Prototypen, ob er seine Zustimmung findet.

Ähnliche Probleme gibt es vereinzelt bereits vor der Erfindung des Holodecks. In der Originalserie wird ein Roboter-Doppelgänger von Captain Kirk gegen dessen Willen hergestellt.[113] Dazu wird in der Episode *Der alte Traum* ein humanoider Rohling zusammen mit Kirk auf einer runden Scheibe befestigt, die schnell gedreht wird. Schwester Chapel und andere verwechseln den künstlichen Doppelgänger mit Kirk. Dieser verliert seine Einzigartigkeit und erleidet Identitätsverlust.[114]

II. Asylrecht

Von großer Relevanz für Sternenreisende ist das Asylrecht. Wer in den unendlichen Weiten der Galaxie unterwegs ist, trifft regelmäßig auf Individuen, die verfolgt werden und Rettung erhoffen. Das Asylrecht ist geregelt in der Sternenflottenvorschrift 8514. Captain Batel liest den Text der Vorschrift in der Kriegsgerichtsverhandlung um Lieutenant Commander Chin-Riley zu Beginn der zweiten Staffel *Star Trek: Strange New Worlds* vor. Danach ist Asyl in außergewöhnlichen Umständen zu gewähren, wenn drei Voraussetzungen vorliegen:[115]

1. Drohende Verfolgung oder Furcht um das eigene Leben wegen religiöser Überzeugungen, kultureller Lebensweise oder biologischer Merkmale
2. Begehren von Schutz innerhalb der Sternenflotte
3. Antragstellung und Offenlegung der asylbegründenden Umstände

Die Beispiele für mögliche Asylgründe sind vielfältig. Der romulanische Admiral Jarok beantragt in der Episode *Der Überläufer* Asyl bei Captain Picard nach einer Flucht durch die neutrale Zone zur Enterprise.[116] Er be-

112 Star Trek: Deep Space Nine, S5 E16 – Dr. Bashirs Geheimnis.
113 *Haar*, Kann der Bordcomputer denken?, S. 104.
114 *Brittnacher/May*, Phantastik – Ein interdisziplinäres Handbuch, S. 67.
115 Star Trek: Strange New Worlds, S2 E2 – Ad astra per aspera.
116 Raumschiff Enterprise – Das nächste Jahrhundert, S3 E10 – Der Überläufer.

gründet seinen Antrag mit der aggressiven und willkürlichen Führung seiner Regierung. Der Roman *Die Gesetze der Föderation* nennt Sklaverei als triftigen Anlass am Beispiel der unterdrückten Subspezies der Remaner im Romulanischen Reich.[117] Folgerichtig bietet Captain Picard dem Borg Hugh in der Episode *Ich bin Hugh* proaktiv Asyl an.[118] Die Negierung jeglicher Individualität bei der Eingliederung in das Borgkollektiv kann zweifellos als besondere Form der Sklaverei angesehen werden.

Die drohende Todesstrafe in der Heimatwelt ist kein Asylgrund.[119] Dies bekommt der Benkaraner Iko in der Episode *Reue* zu spüren. Nachdem sein Gefangenentransport havariert, eskortiert das Raumschiff *Voyager* ihn und seine Wärter zum Ort der Hinrichtung.[120] Er beantragt Asyl zum Schutz vor der Vollstreckung des zuvor gegen ihn ergangenen Urteils; Captain Janeway kann den Antrag jedoch nicht annehmen. Sie sieht sich zur Achtung der Justiz von Drittwelten verpflichtet. Eine vergleichbare Argumentation verwendet Captain Picard in der Episode *Verräterische Signale.* Der klingonische Botschafter Kell stellt einen Asylantrag aus Furcht vor der klingonischen Justiz.[121] Ihm wird vorgeworfen, mit dem Romulanischen Imperium zu kollaborieren. Picard lehnt den Antrag ab, solange nicht festgestellt ist, dass die Vorwürfe nicht stimmen.

Der Antrag ist bei einem Captain der Sternenflotte zu stellen. Der Wortlaut der Sternenflottenvorschrift 8514 bestimmt, dass der Captain über den Antrag entscheiden muss und dieser Beschluss durch ein Gericht oder die zuständige Behörde zu bestätigen ist.[122] Praktisch alle Asyl-Folgen deuten an, dass der Captain weiten Ermessensspielraum hat.[123] Wer die zuständige Behörde für die Bestätigung ist, benennt der Roman *Die Gesetze der Föderation.* Danach handelt es sich um den Föderationsrat, der auf Grundlage einer Empfehlung des Rechtsausschusses abschließend entscheidet.[124] Das Asylrecht wird damit von einem zivilen Beschlussorgan gewährt, setzt aber das Durchlaufen eines ausschließlich bei der Sternenflotte angesiedelten Vorverfahrens voraus. Die Verknüpfung mit militärischen Strukturen ist zunächst nicht nachvollziehbar. Sie ist gegebenenfalls damit zu erklären, dass interstellare Reisen und damit auch jegliche Kontakte zu Angehörigen von Drittwelten praktisch nur über die Sternenflotte möglich sind.

---

117 *DeCandido*, Roman Die Gesetze der Föderation, S. 98.
118 Raumschiff Enterprise – Das nächste Jahrhundert, S5 E23 – Ich bin Hugh.
119 Vgl. *Vivona*, Crime and „Repentance“, S. 174.
120 Star Trek: Raumschiff Voyager, S7 E13 – Reue.
121 Raumschiff Enterprise – Das nächste Jahrhundert, S4 E24 – Verräterische Signale.
122 Star Trek: Strange New Worlds, S2 E2 – Ad astra per aspera.
123 *Scharf/Roberts*, The Interstellar Relations of the Federation, S. 93.
124 *DeCandido*, Roman Die Gesetze der Föderation, S. 98.

Das konkrete Antragsverfahren ist in der Episode *Asyl* der Animationsserie *Star Trek: Prodigy* gezeigt.[125] Es beginnt danach mit einem mündlichen Antrag, auf den die Aufnahme in eine Datenbank per DNA-Scan erfolgt. Während der Antragsbearbeitung zeigt sich die Föderation gastfreundlich und gewährt medizinische Hilfe. Im Zuge des DNA-Scans erfolgt eine automatisierte Bestimmung der Spezies. Reisen die Asylbewerbenden mit einem Raumschiff an, erfolgt ein Download der Logbücher des Schiffes, „*um zu überprüfen, ob alles in Ordnung ist*“. Das Auslesen der Logbücher erinnert an die Auswertung der Smartphone-Inhalte des deutschen Bundesamts für Migration und Flüchtlinge. Das Bundesverwaltungsgericht hat diese pauschale Praxis gleich zu Beginn des Asylverfahrens für unrechtmäßig erklärt, solange nicht zuerst weniger eingriffsintensive Methoden genutzt wurden, um Identität und Herkunft zu klären.[126] Die Bestimmung der Spezies anhand eines DNA-Abgleichs wäre nach den Maßstäben der aktuellen Gegenwart ebenfalls problematisch, weil aus der genetischen Herkunft keinerlei Rückschlüsse über die bisherige Staatsangehörigkeit und den bisherigen Wohnort der Asylbewerbenden gezogen werden können.

Am Anschluss an das Antragsverfahren folgt eine mündliche Anhörung durch den zuständigen Captain, die einem Gerichtsprozess ähnelt. Captain Janeway führt ein solches Verfahren durch, als der Q namens Quinn einen Asylantrag auf dem Raumschiff *Voyager* stellt.[127] Die Anhörung ist darauf gerichtet, nachzuvollziehen, ob ein Asylgrund besteht. Dazu hört Janeway drei Zeugen an, die anekdotisch über das Leben von Quinn berichten können. Zudem hält sie einen Ortstermin im Q-Kontinuum ab. Das an sich korrekte formale Vorgehen irritiert bei genauerer Betrachtung. Die Gemeinschaft des Kontinuums hat Quinn zu einer Freiheitsstrafe im Inneren eines Astroiden verurteilt, weil er sich der Unruhestiftung schuldig gemacht habe. Er begehrt Asyl auf der *Voyager* mit dem Ziel, seinen Wunsch nach Suizid umsetzen zu können, während ihm das Kontinuum die Sterblichkeit verweigert. Im Kern geht es in dem Anhörungsverfahren dann um die Frage, ob ein Leben als unsterblicher Q erstrebenswert ist und das Recht bestehen sollte, es zu beenden. Die Frage, ob Quinn sterblich sein darf oder nicht, hat jedoch wenig mit einem Asylverfahren zu tun.[128] Bei konsequenter Durchführung des Asylverfahrens hätte Captain Janeway bereits deshalb den Antrag bewilligen müssen, weil das Kontinuum harmlose kreative Unruhestifter verfolgt und sie auf der Grundlage inhaftiert.

125 Star Trek: Prodigy, S1 E11 – Asyl.
126 BVerwG, Urt. v. 16.2.2023, Az. 1 C 19.21.
127 Star Trek: Voyager, S2 E18 – Todessehnsucht.
128 *Göttling/Fistrich,* Podcast Trek am Dienstag, E403 – Death Wish.

III. Gentechnik-Regulierung

Die Gentechnik macht im 23. Jahrhundert große Fortschritte. Technisch ist es relativ unproblematisch möglich, Menschen im Kindesalter einer Genomanalyse zu unterziehen und gezielte Veränderungen vorzunehmen. Die verbreitetste Technik ist das sogenannte Gen-Spleißen. Dabei werden aus der genetischen Information die Introns entfernt und benachbarte Exons miteinander verbunden.[129] Ein prominentes Beispiel ist Doctor Bashir, der Stationsarzt auf *Deep Space Nine.* Seine Eltern lassen eine DNA-Neuordnung kurz vor dem siebten Geburtstag an ihm vornehmen. Aus diesem Grund verfügt er über einen erheblich gesteigerten IQ sowie verbesserte Reflexe, Hand-Augen-Koordination und Ausdauer. Ein anderes Beispiel ist Lieutenant Commander Chin-Riley, Erste Offizierin auf der *Enterprise* unter dem Kommando von Captain Pike. Sie gehört der Spezies der Illyrianer an, die genetische Veränderungen aus gesundheitlichen Gründen vornehmen. Die Medizin wäre in der Lage, routinehaft alle Neugeborenen einer solchen biologischen Verbesserung zu unterziehen. Die Folge wären intelligentere, athletischere und weniger krankheitsanfällige Menschen. Doch das Föderationsrecht setzt dem Grenzen. Der Gesetzgeber der Vereinigten Föderation der Planeten hat sich für ein rigoroses Verbot jeglicher genetischer Eingriffe an Humanoiden entschieden. Der Einsatz dieser Technik ist tabu und auch in der Gesellschaft stark verpönt. Genmanipulation im großen Stil ist eine Praktik der Gegner. Die Vorta und Jem'Hadar des Dominion sind komplett künstlich erzeugte Spezies,[130] auch die Suliban aus *Star Trek: Enterprise* sind genetisch stark verändert mit der Folge hochentwickelter Augen und Lungen.[131] Die Widersacher Son'a im Kinofilm *Der Aufstand* unternehmen alles in ihrer Macht stehende, um ihrem Alterungsprozess entgegenzuwirken, darunter auch genetische Medizin.[132]

Die Rechtsgrundlage des Gentechnikverbots ist das Gesetz gegen genetisches Engineering. Doctor Bashir fasst es dahingehend zusammen, dass die DNA-Neuordnung zu einem anderen Grund als der Reparatur von schweren Geburtsfehlern illegal ist und kein genetisch verbessertes menschliches Wesen bei der Sternenflotte arbeiten darf.[133] Ein zweites Mal wird bei *Strange New Worlds* eine Vorschrift genannt. Admiral April benennt im Gerichtsverfahren um Lieutenant Chin-Riley die Sternenflottenverordnung 17 Artikel 12.[134] Die Vorschrift verbietet genetisch modifizierten Personen wie

---

129 *Brandhorst*, in: McIntyre, Roman Star Trek – Die erste Mission, S. 152.

130 Star Trek: Deep Space Nine, S3 E6 – Der Ausgesetzte; S6 E2 – Entscheidungen; S7 E6 – Verrat, Glaube und gewaltiger Fluß.

131 Star Trek: Enterprise, S1 E1 – Aufbruch ins Unbekannte.

132 *Dillard*, Roman Star Trek: Der Aufstand, S. 94.

133 Star Trek: Deep Space Nine, S5 E16 – Dr. Bashirs Geheimnis.

134 Star Trek: Strange New Worlds, S2 E2 – Ad astra per aspera.

zum Beispiel Illyrianern den Dienst in der Sternenflotte. Es handelt sich um keine direkten Gesetzeszitate. Am konsistentesten lassen sich die beiden zusammengefassten Vorschriften dahingehend in Einklang bringen, dass das Gesetz gegen genetisches Engineering die Verbotsnorm für die Durchführung der genetischen Veränderungen durch jedermann ist und die Sternenflottenverordnung 17 das Berufsverbot der so veränderten Personen in der Sternenflotte regelt.

Der Anwendungsbereich der Verbotsnormen ist auf humanoide Lebensformen beschränkt. Pflanzen dürfen genetisch verändert werden. Crewman Suder macht von der Möglichkeit Gebrauch, als er wegen Mordes zu mehrjährigem Quartiersarrest verurteilt wird. Ein DNA-Scan bestätigt, dass er eine neue Unterspezies der Familie der Orchideen geschaffen hat mit Unterstützung eines selbst entwickelten Enzyms.[135] Der Roman *Die erste Mission* erwähnt beiläufig, dass sich zu Captain Kirks Zeiten Korngewächse bereits seit Jahrhunderten ohne das genetische Eingreifen des Menschen nicht mehr fortpflanzen können.[136] Dasselbe Buchwerk veranschaulicht auch, dass genetische Veränderungen bei Tieren in Ordnung sind. Bei James T. Kirks erster Mission als Captain der *Enterprise* befördert er eine Schaustellertruppe, die ein geflügeltes Pferd hält. Es handelt sich um eine Kreuzung aus Pferd und Vogel, die alle positiv beeindruckt. Insbesondere Lieutenant Sulu äußert, dass er keine Ahnung gehabt habe, dass die Gentechnik schon so weit fortgeschritten ist.[137]

Admiral Benett, der Judge Advocate General der Sternenflotte, begründet das Gentechnikverbot an Menschen und menschenähnlichen Wesen als Lehre aus den Eugenischen Kriegen.[138] Es handelt sich dabei um eine Reihe kriegerischer Auseinandersetzungen, die in den 1990er-Jahren weite Teile der Erde betrifft.[139] Dieses in der Originalserie der Sechzigerjahre gesetzte Datum ist mittlerweile durch die Realität überholt. Die Serie *Strange New Worlds* begründet diese Ungereimtheit für das Publikum damit, dass sich infolge mehrerer temporaler Eingriffe der Ausbruch der Kriege zeitlich nach hinten verlagert habe.[140] Die Eugenischen Kriege sind Freiheitsbewegungen sowie Territorialkonflikte genetisch aufgewerteter Soldaten, die die Menschheit zuvor gezüchtet hatte.[141] Angeführt vom hochintelligenten Khan Noonien Singh nutzen die sogenannten Augments ihre Superkräfte,

135 Star Trek: Raumschiff Voyager, S2 E26 – Der Kampf ums Dasein.

136 *McIntyre*, Roman Star Trek – Die erste Mission, S. 152.

137 *McIntyre*, Roman Star Trek – Die erste Mission, S. 84.

138 Star Trek: Deep Space Nine, S5 E16 – Dr. Bashirs Geheimnis.

139 Raumschiff Enterprise, S1 E24 – Der schlafende Tiger; die deutsche Übersetzung spricht abweichend vom „Ende des 21. Jahrhunderts".

140 Star Trek: Strange New Worlds, S2 E3 – Morgen und morgen und morgen.

141 Raumschiff Enterprise, S1 E24 – Der schlafende Tiger.

um erheblichen Schaden auf der Erde anzurichten. In dem Zuge kommen rund 30 Millionen Menschen ums Leben.[142]

Die oben zitierten gesetzlichen Grundlagen zeigen auf, dass die Gentechnikregulierung zwei Komponenten enthält. Zum einen ist die Vornahme einer genetischen Veränderung einer humanoiden Lebensform untersagt, zum anderen dürfen so veränderte Personen nicht in der Sternenflotte dienen. Das Verbot der Vornahme entsprechender medizinischer Eingriffe ist strafbewehrt. So wird Doctor Bashirs Vater wegen Genmanipulation seines Sohnes zu zwei Jahren in der Strafkolonie auf Neuseeland verurteilt.[143] Die einzige Ausnahme von dem Verbot ist die Erforderlichkeit zur Korrektur eines schweren Geburtsfehlers. Verboten ist auch die Verwendung genetisch veränderten illyrianischen Blutes, um damit Captain Betel bei einer lebensgefährlichen Infektion mit Gorn-Eiern zu retten.[144] Trotz des Verbotes wird diese Therapie schließlich durchgeführt. Dieselbe Maßnahme nutzt Doctor McCoy, um im Kinofilm *Into Darkness* das Leben von Captain Kirk zu retten. Während dieser nach einer Strahlenüberdosis im Sterben liegt, injiziert der Arzt ihm Blut von Khan Noonien Singh.[145]

Die zweite Komponente der Gentechnikregulierung, das Verbot des Dienstes in der Sternenflotte, ist kontrovers. Immer dann, wenn es thematisiert wird, stellt die Handlung es in einen diskriminierenden, ungerechten Zusammenhang; dennoch werden jeweils Argumente für und wider eine solche Vorschrift gegenübergestellt. Die Rechtsfolge des Verbots ist der Ausschluss aus der Sternenflotte. Präziser gesagt nennt die Episode *Dr. Bashirs Geheimnis* die Durchführung einer formellen Untersuchung, die zur Entlassung aus dem Dienst führen wird. Dagegen bestehen gerichtlich überprüfbare Rechtsmittel. Doctor Bashirs Vater erläutert sie wie folgt:

> *„Ich werde für Rechtsbeistand sorgen. Wir werden das bis zum Obersten Gerichtshof der Föderation durchkämpfen.“*[146]

Eine Gefängnisstrafe droht den genetisch veränderten Personen nicht wegen des medizinischen Eingriffs in der Kindheit, der ihnen nicht zurechenbar ist. Verschweigen sie jedoch ihren medizinischen Status bei der Einstellung in die Sternenflotte, kann ihnen wegen der Falschangabe eine Haftstrafe von bis zu zwanzig Jahre drohen. Diese beachtlich harte Sanktion wird Lieutenant Commander Chin-Riley in Aussicht gestellt.[147] Am umfassendsten wird der Sinn des Berufsverbots in der Episode *Statistische Wahrscheinlichkeiten*

142 Star Trek: Enterprise, S4 E4 – Borderland; S4 E5 – Cold Station 12.
143 Star Trek: Deep Space Nine, S5 E16 – Dr. Bashirs Geheimnis.
144 Star Trek: Strange New Worlds, S3 E1 – Hegemonie.
145 Kinofilm Star Trek: Into Darkness.
146 Star Trek: Deep Space Nine, S5 E16 – Dr. Bashirs Geheimnis.
147 Star Trek: Strange New Worlds, S2 E2 – Ad astra per aspera.

diskutiert. Eine Gruppe genetisch veränderter Personen, die sich in therapeutischer Behandlung befinden, um mit ihren Besonderheiten klarzukommen, besucht darin die Raumstation *Deep Space Nine*. Das Ziel ist, dort von Doctor Bashir zu lernen, der sich hervorragend in die Gesellschaft einfügt. Ein Mitglied der Gruppe namens Jack erläutert:

> „*Es gibt Gründe, warum das Neuordnen der DNA illegal ist. Es gibt Gründe, warum wir nicht in der Sternenflotte dienen dürfen.*“[148]

Doctor Bashir entgegnet:

> „*Es stimmt, dass wir nicht jeden Beruf ausüben können, aber das bedeutet nicht, dass wir keine produktiven Mitglieder der Gesellschaft sein können.*“

In einer späteren Szene erfasst der Diskurs die Besatzung der Raumstation. Lieutenant Commander Worf erklärt:

> „*Wenn man diesen Leuten freie Berufswahl gestattet, setzt man andere Eltern unter Druck, ihre Kinder aufwerten zu lassen, da sie sonst versagen würden.*“

Constable Odo bestätigt, dass dieses Argument die juristische Begründung für das Verbot der DNA-Neuregulierung ist. Doctor Bashir kritisiert das Berufsverbot als Sanktion, obwohl die Kinder im Alter von meist fünf bis sechs Jahren nichts für die Taten ihrer Eltern können. Als Sanktion ist das Betätigungsverbot vom Gesetzgeber nicht gedacht, sondern als Regulierung im Hinblick auf einen „fair fight“ auf dem Arbeitsmarkt der Föderation.[149] Dennoch wirkt es für die Betroffenen diskriminierend und das Argument der gleichen Chancen für alle ist in Anbetracht der sehr unterschiedlichen Fähigkeiten der verschiedenen Spezies nicht wirklich valide. Alle Handlungsstränge von Star Trek sind üblicherweise stark auf die Inklusion des Andersartigen bedacht. Das rechtliche und gesellschaftliche Stigma, das genetisch veränderten Personen anhaftet, bricht mit dieser Prämisse. Dabei ist Star Trek zugute zu halten, dass der Diskurs offen benannt wird und die strikte Gesetzeslage überwiegend auf Ablehnung der Protagonistinnen und Protagonisten stößt.

---

148 Star Trek: Deep Space Nine, S6 E9 – Statistische Wahrscheinlichkeiten.
149 *Chaires/Chilton*, Star Trek Visions of Law and Justice, S. 17.

J. Justiz anderer Welten als dystopische Gegenentwürfe

Wer regelmäßig fremde Welten besucht, macht hin und wieder auch die Bekanntschaft mit exotischen Rechtssystemen. Die Angehörigen der stets als moralisch überlegen dargestellten Sternenflotte sind dabei entweder unschuldig oder werden von einer außerirdischen Justiz trotz moralisch einwandfreien Verhaltens gegängelt. Immer dann, wenn ein Strafprozess einer Drittwelt gezeigt wird, repräsentiert sie ein Unrechtssystem. Es handelt sich durchweg um unfaire Verfahren mit unverhältnismäßigen Strafandrohungen. Drittwelten sind damit in juristischer Hinsicht ausnahmslos dystopische Gegenentwürfe zur grundsätzlich fairen und guten Justiz der Föderation und ihrer Alliierten wie der Bajoraner.

I. Unfaire Schauprozesse

Oftmals sind Gerichtsprozesse auf Drittwelten reine Schauprozesse. Ihre Ausgestaltung dient der maximalen Emotionalisierung der einheimischen Bevölkerung. Die Wahrheitsfindung steht entweder deutlich im Hintergrund oder ist als Ziel des Prozesses sogar ausgeschlossen. Angehörige der Sternenflotte, die in einem solchen Verfahren angeklagt sind, haben nach den prozessualen Spielregeln eigentlich keinerlei Chance, ihre Unschuld zu beweisen. Der Dramaturgie geschuldet droht ihnen in all diesen Konstellationen unabwendbar die Todesstrafe. Dass die Protagonisten diese Verfahren dennoch durchgehend lebend überstehen, liegt jeweils an Kniffen im Drehbuch, die nicht juristischer Natur sind. Der Freispruch oder die Umwandlung der Strafe in weniger unumkehrbare Sanktionen wird typischerweise mittels diplomatischer Verwicklungen herbeigeführt. Dass der Schuldspruch eigentlich von Anfang an feststeht, ist für die betreffenden Spezies völlig natürlich. Der gottgleiche Q bringt diesen Ansatz in seinem Gerichtsprozess um die Menschheit im Pilotfilm von *Raumschiff Enterprise – Das nächste Jahrhundert* auf den Punkt:

> „*Natürlich. Einen Unschuldigen vor Gericht zu bringen, wäre unfair.*“[1]

1. Dramia

Ein solcher Schauprozess mit angekündigter Todesstrafe ist das Verfahren gegen Doctor McCoy in der Zeichentrickserie der Siebzigerjahre. Der

---

1 Raumschiff Enterprise – Das nächste Jahrhundert, S1 E1 – Der Mächtige.

Schiffsarzt wird darin auf Dramia II angeklagt, als Impfnebenwirkung eine Seuche ausgelöst zu haben.[2] Die Verurteilung und Strafvollstreckung sind binnen weniger Stunden vorgesehen. Die Besatzung der *Enterprise* hat jedoch immerhin die Chance, in dieser Zeitspanne die wahre Ursache für den Ausbruch der Seuche in Erfahrung zu bringen. Als dies gelingt und auch ein Gegenmittel gefunden wird, spricht das Gericht McCoy frei. Die Unschuldsvermutung ist kein auf Dramia II geltender Rechtsgrundsatz und die Verteidigungsrechte sind durch unangemessen kurze Vorbereitungszeiten mehr als eingeschränkt. Wenigstens zeigt sich das Gericht aber offen für die Einbeziehung entlastender Beweise. Damit heben sich die Dramianer positiv von den nachfolgend dargestellten Klingonen und Cardassianern ab.

2. Klingonisches Reich

Das klingonische Recht ist in der Jahrzehnte umspannenden Darstellung bei Star Trek relativ deutlich umrissen. Die Staatsspitze aus Kanzler und Hohem Rat regiert absolut, die Erbfolge von Rechten hat einen hohen Stellenwert. Demokratische Strukturen werden gemeinhin verachtet. Der Roman *Die Gesetze der Föderation* bring das Staatsverständnis folgendermaßen auf den Punkt, als sich Kanzler Martok mit der Föderationspräsidentin Bacco austauscht:

> „*Während der Tezwa-Krise hatte er* (Martok) *direkt mit ihrem Vorgänger, Min-Zife, zu tun gehabt und war zu dem Schluss gekommen, dass dieser Mann ein lästiger Feigling war – wie man es von jemandem, den die Massen gewählt hatten, erwarten würde. Martok hatte Demokratie stets verwirrend gefunden; Macht ergab sich aus dem Urteil Ebenbürtiger, nicht aus den Schmeicheleien Geringerer.*“[3]

Derselbe Geist dominiert auch die Gesetzesauslegung. Wörtliche Auslegungen von Rechtstexten, wie beispielsweise das Khitomer-Abkommen,[4] sehen Klingonen als „feige“ an.[5] Entscheidend ist für Klingoninnen und Klingonen das Ergebnis der Rechtsanwendung. Mutige Interpretationen werden gefeiert. So ist es nur konsequent, dass Gerichtsprozesse im Klingonischen Reich der Seltenheit angehören. Fehlverhalten wird primär mittels spontaner Gewaltanwendung durch die Vorgesetzten geahndet. Ob tatsächlich ein Rechtsbruch stattgefunden hat oder die Anwesenden eine Aktion lediglich so empfinden, ist nachrangig.

2 Die Enterprise, S2 E4 – Dr. McCoy unter Anklage.
3 *DeCandido*, Roman Die Gesetze der Föderation, S. 404.
4 Siehe oben S. 77 ff.
5 *DeCandido*, Roman Die Gesetze der Föderation, S. 188.

Kommt es doch zu einem Gerichtsprozess, so wird kein großer Wert auf Prozessordnungen und Verfahrensgarantien gelegt. Im Auslieferungsverfahren um Lieutenant Commander Worf auf Deep Space Nine äußert der klingonische Advokat Ch'Pok seine Verwunderung, dass dem Föderationsrecht Formalia wichtiger sind als die Schuld. Konkret sagt er zu Captain Sisko:

> „*Es stellt Verfahren über Substanz.*“[6]

Bei den Klingonen ist es umgekehrt. Sind die Ankläger und das Gericht von der Schuld der Angeklagten überzeugt, dient der Gerichtssaal als Bühne, um die Angeklagten vorzuführen. Es handelt sich um propagandistisch geprägte Schauprozesse.[7] Zwei sehr ähnlich aufgebaute Gerichtsverhandlungen sind bei Star Trek konkret dargestellt worden. Besonders bekannt ist das Strafverfahren gegen Captain Kirk und Doctor McCoy im Kinofilm *Das unentdeckte Land.* Sie werden darin beschuldigt, den klingonischen Kanzler Gorkon ermordet zu haben.[8] Derselbe Gerichtssaal wird erneut besucht in der Episode *Das Urteil* der Serie *Star Trek: Enterprise*. Captain Archer wird darin angeklagt, ein klingonisches Schiff im Raumkampf zerstört zu haben.[9] Die Darstellung beider Geschichten bedient sich derselben einschüchternden Optik. Die Angeklagten stehen jeweils auf dem Boden eines kreisrunden Raumes, der sich schornsteinartig hoch nach oben erstreckt. Auf unzähligen Etagen blickt klingonisches Publikum herein, das sich lauthals skandierend in das Geschehen einmischt und dabei keine Neutralität erkennen lässt. Die Angeklagten sind durch ein enges Geländer eingehegt und mit einem Lichtstrahl von oben herab hell beleuchtet, während sich Ankläger und Anwalt um sie herumbewegen.

Die Unschuldsvermutung gilt im klingonischen Recht nicht. Der Richter für Captain Archer beginnt den ersten Verhandlungstag mit den Worten:

> „*Wenn dieses Tribunal morgen zusammentrifft, wird Ihnen die Chance gewährt, Ihre Unschuld zu beweisen. Wenn Sie dies nicht können, gibt es nur eine Strafe:* […]“

Welche Strafe dies ist, geht im allgemeinen Gejubel der Zuschauenden unter; aber es wird deutlich, dass nur der Tod gemeint sein kann. Die spätere Verhandlung ist davon geprägt, dass auf tendenziöse Art die Beweise vorgetragen werden. Im Verfahren um Captain Kirk und Doctor McCoy werden beiden ihre Aussagen im Munde herumgedreht. Das Prozessrecht ist in der sogenannten Justizcharta geregelt. Danach dürfen die Angeklagten nicht von sich aus das Wort ergreifen. Die jeweiligen Ankläger zeigen sich kämpferisch und rhetorisch geschickt, während die Anwälte jeweils sehr passiv

6 Star Trek: Deep Space Nine, S4 E18 – Das Gefecht.
7 *Blohm*, Strafrecht und Gerichtsbarkeit in einer fernen Zukunft, JURios v. 14.8.2025.
8 Kinofilm Star Trek VI: Das unentdeckte Land.
9 Star Trek: Enterprise, S2 E19 – Das Urteil.

agieren. Sie sind dabei durchaus auf der Seite der Angeklagten. Archers Pflichtverteidiger Kolos begründet sein zurückhaltendes Verhalten damit, dass es innerhalb des Justizsystems die beste Methode sei, um das Leben des Angeklagten zu retten und eine Milderung der Todesstrafe hin zu einer Haftstrafe im Arbeitslager zu erwirken. Dieser Prozessstrategie folgt offenbar auch Colonel Worf, der Verteidiger von Kirk und McCoy. Worf ergreift kaum das Wort und bittet im Schlussplädoyer das Gericht beim Festlegen des Strafmaßes zu berücksichtigen, dass ausschließlich Indizienbeweise gegen seine Mandantschaft vorlägen.

Es ist für die Anwälte faktisch nicht möglich, einen Freispruch zu erzielen. Als Captain Archer seinen Anwalt Kolos nach seiner Erfolgsrate fragt, antwortet dieser nur:

> „*Ich habe stets meine Pflicht getan.*"

Später erklärt er, dass klingonische Gerichtsverhandlungen noch nicht immer reine Schauprozesse gewesen seien. Zu Beginn seiner Karriere hätten die Gerichte noch zugehört. Captain Archer überzeugt ihn, sich in Anlehnung an die frühere Praxis in seinem Fall für einen Freispruch einzusetzen, da die Vorwürfe nicht stimmten. Deshalb beruft sich Kolos am dritten Prozesstag auf die

> „*Justizcharta, die festlegt, dass ein Anwalt jederzeit während des Tribunals das Recht hat, die Anklagepunkte anzufechten.* [...] *Damals war das Tribunal noch ein Forum und nicht ein Werkzeug für die Kriegerklasse.*"

Obwohl es nie aufgehoben wurde, weist ihn der Richter zurecht:

> „*Sie sprechen von veraltetem Recht.*"

3. Cardassianische Union

Die klingonische Gerichtsbarkeit gewährt damit keine elementaren Justizgrundrechte, weckt aber in ihren Prozessen den Anschein, eine effektive Verteidigung zu ermöglichen. Ehrlicher ist in der Hinsicht die cardassianische Justiz. Sie geht offen damit um, dass das dortige Strafverfahren nicht dem Zweck dient, die Wahrheit zu ermitteln. Der Schauprozess erinnert an die Justiz des Nationalsozialismus.[10] Erstmals erwähnt wird die cardassianische Strafjustiz in zwei einzelnen Sätzen Gul Dukats in der Doppelfolge *Der Maquis*:

> „*Auf Cardassia erhält der Gefangene schon seine Strafe, noch ehe der Prozess angefangen hat. Und er endet immer gleich.* [...] *Die*

10 *Chaires*, Star Trek as a Pedagogical Vehicle for Teaching Law and Justice, S. 241.

Leute finden es faszinierend, wenn die Justiz über das Böse zu guter Letzt gesiegt hat. Sie finden das tröstlich.“[11]

Der Ausspruch aus der zweiten Staffel von *Star Trek: Deep Space Nine* liefert einen Vorgeschmack auf die nur vier Episoden später ausgestrahlte Folge *Das Tribunal*, die einen cardassianischen Strafprozess gegen Chief O'Brien vollständig darstellt. Der Chefingenieur wird darin verhaftet wegen des Vorwurfs des Schmuggels von Waffen an die Terrororganisation Maquis. Er ist in der Verhandlung praktisch rechtslos einem überlegenen, willkürlichen Rechtssystem ausgeliefert. Das Drehbuch ist in dieser Hinsicht inspiriert von dem Roman *Der Prozeß* von Franz Kafka.[12] Die Verfolgung beginnt mit der Verhaftung, bei der ein cardassianischer Offizier O'Brien belehrt:

„*Sie haben das Recht, auf Fragen nicht zu antworten, aber die Nichtbeantwortung wäre ein Anerkenntnis Ihrer Schuld.* […] *Alle Ihre Rechte werden wir nach den cardassianischen Artikeln der Rechtsprechung beachten.*“[13]

Immerhin erhält der Beschuldigte eine Belehrung, wirklich hilfreich ist sie für die Verteidigung jedoch nicht. Im Anschluss wird er beim Verhör nackt und im hellen Scheinwerferlicht mit Injektionen und körperlicher Misshandlung gefoltert, so wie es Captain Picard zuvor auch schon in der Doppelfolge *Geheime Mission auf Celtris Drei* erleiden musste.[14]

Der Anklagegrund wird erst zu Beginn der Verhandlung mitgeteilt. Captain Sisko beklagt sich, dass er sich so nicht vorbereiten könne. Die Richterin Makbar stellt unmissverständlich klar:

„*Es ist nichts vorzubereiten, wir haben das Urteil bereits gefällt, er ist schuldig. Der Prozess beweist nur die effiziente Weise der Aufklärungsarbeit des besten Strafverfolgungssystems des Quadranten.*“

Die vorgesehene Strafe ist die Hinrichtung, ein Termin dafür bereits anberaumt. Der Angeklagte erhält zwar einen Pflichtverteidiger, Konservator Kovat. Dieser hat jedoch gar nicht die Aufgabe, für seinen Mandanten einzustehen:

„*Die Rolle des Konservators ist der Schlüssel zur produktiven Funktion unseres Gerichts. Ich bin hier, um Ihnen die Weisheit des Staates begreiflich zu machen.*“

11 Star Trek: Deep Space Nine, S2 E21 – Der Maquis, Teil II.

12 *Shimerman*, in: Wang/McNeill/Farrell/Shimerman, Podcast The Delta Flyers, S10 E25 – Tribunal.

13 Star Trek: Deep Space Nine, S2 E25 – Das Tribunal.

14 Raumschiff Enterprise – Das nächste Jahrhundert, S6 E10 f. – Geheime Mission auf Celtris Drei, Teil I und II.

Die Verhandlung wird auf Bildschirmen im Stadtbild von Cardassia Prime übertragen, die ganz an die Sichtschirme bei George Orwells Roman *1984* erinnern. Das Programm wird eingeleitet mit den Worten:

> „*Diese Verhandlung soll demonstrieren, wie unsinnig jeder Verstoß gegen Recht und Ordnung ist. Wieder mal wird die Gerechtigkeit siegen. Es ist eine Bestätigung, dass unser Leben gerecht und geschützt ist. Alle Verbrechen werden bestraft. Sie sind nur ein Mann, aber Ihre Verurteilung wird eine wertvolle Lebenserfahrung für Millionen sein.*“

Sodann beginnt die Verhandlung mit dem Schuldspruch und der Strafzumessung, nicht der Verlesung der Anklage. Erst danach wird „*der Straftäter*“ in den Saal geführt. Bezeichnenderweise heißt er nicht „*der Angeklagte*“. Im weiteren Verlauf werden die Beweise der Anklage vorgetragen, wobei entscheidende Details unter Berufung auf „*verlässliche Quellen*“, die der Geheimhaltung unterliegen, nicht konkret benannt werden. Constable Odo verfügt über einen Gegenbeweis, der nicht gehört wird, weil dies nicht zulässig ist, wenn das Urteil bereits gefällt wurde. Der Konservator akzeptiert schließlich das Todesurteil stellvertretend für O'Brien gegen dessen Protest. Lediglich aufgrund einer impliziten Drohung mit diplomatischen Konsequenzen durch Constable Odo wird die Vollstreckung des Urteils ausnahmsweise ausgesetzt.

Für die Bürgerinnen und Bürger Cardassias ist diese Form der Simulation einer Verhandlung Normalität. Dies beschreibt auch Gul Dukat, als er Kriegsgefangener in einer Arrestzelle der Föderation ist. Captain Sisko ermutigt ihn dort:

> „*Die Föderation verurteilt keinen ohne Beweise.*“[15]

II. Unverhältnismäßige Strafen

Die vor Gerichten von Drittwelten verhängten Sanktionen sind durch die Bank von besonderer Härte. Drakonische Strafen werden regelmäßig für überschaubare Vergehen festgesetzt. Besondere Erwähnung verdient in dieser Hinsicht die nygeanische Justiz, mit der die *Voyager* Bekanntschaft macht. Das Strafsystem basiert dort auf dem Grundsatz „*Bevorzuge die Opfer*“, nach dem die Opfer beziehungsweise deren Angehörige das Strafmaß frei wählen können.[16] Teilweise werden die Angeklagten auf Drittwelten auch zu aus heutiger, irdischer Sicht kreativen und besonders einschneidenden Sanktionen verurteilt.

15 Star Trek: Deep Space Nine, S6 E11 – Das Gute und das Böse.
16 Star Trek: Raumschiff Voyager, S7 E13 – Reue.

1. Todesstrafe

Der absolute Regelfall bei Verurteilungen auf fremden Planeten ist die Todesstrafe. Schon aus dramaturgischen Gründen wird diese von den Episodenautorinnen und -autoren häufig gewählt, kann jedoch im Laufe der Handlung stets abgewendet werden. Ins Zentrum der Handlung rückt diese ultimative Form der Bestrafung in der Folge *Das Gesetz der Edo.* Der Junge Wesley Crusher fällt darin beim Ballspiel versehentlich in ein Blumenbeet, nicht ahnend, dass auf dem Planeten dafür die Todesstrafe droht.[17] Die Handlung demonstriert konsequent die Folgen, die sogenanntes absolutes Recht nach sich ziehen kann.[18] Binäres Recht, das nicht nach konkreten Tatumständen differenziert, ist einfach zu verstehen, führt aber im Einzelfall oft zu unverhältnismäßigen Ergebnissen. Die TV-Episode ist ein Kommentar auf die US-amerikanische Three-Strikes-Rechtsprechung.[19] Danach werden kleinere Verstöße zweimal von der Justiz mit Nachsicht behandelt, beim dritten Mal aber mit drakonischen Strafen beantwortet. Das Konzept der Verhältnismäßigkeit ist zwar auch dem Strafrecht der USA nicht fremd, jedoch hat der Supreme Court auch das Three-strikes law teilweise bestätigt.[20] Die Folge heißt passenderweise auf englisch *Justice.* Sie thematisiert mit diesem Anwendungsbeispiel das Auseinanderfallen von Recht und Gerechtigkeit. Captain Picard ist bei allem Verständnis für die Lage des jungen Wesley bemüht, die justiziellen Traditionen der Edo zu akzeptieren. Bemerkenswerterweise hat er keine klare Handlungsanweisung der Sternenflotte, wie mit einer solchen Konstellation umzugehen ist.[21] Am Ende muss die rechtliche Konfliktlage nicht aufgelöst werden, weil eine Einigung mit dem Gott der Edo hergestellt werden kann.

2. Eingepflanzte Erinnerungen

Erweiterte technische Möglichkeiten, wie sie nur Science-Fiction beschreiben kann, ermöglichen auch die denkbare Bandbreite von Strafmaßnahmen. Eine solche ist die Manipulation des Gehirns von verurteilten Straftätern. Star Trek spielt bei zwei Gelegenheiten mit solchen Ideen. Die erste ist auf dem Planeten Banea im Delta-Quadranten angesiedelt. Lieutenant Paris ist dort zu Unrecht verurteilt, einen Mord begangen zu haben. Zur Strafe werden ihm Erinnerungen des Mordopfers eingepflanzt. Fortan muss Paris alle vierzehn Stunden den Tathergang aus den Augen des Toten vor seinem inne-

17 Raumschiff Enterprise – Das nächste Jahrhundert, S1 E8 – Das Gesetz der Edo.
18 *Chaires*, Star Trek as a Pedagogical Vehicle for Teaching Law and Justice, S. 241.
19 *Chaires/Chilton*, Star Trek Visions of Law and Justice, S. 22.
20 U.S. Supreme Court, 492 U.S. 361 [1989] – Stanford v. Kentucky.
21 *Joseph/Carton*, The Law of the Federation, S. 41.

ren Auge Revue passieren lassen.[22] Der zweite Anwendungsfall spielt auf dem Planeten Argratha. Chief O'Brien wird darin wegen Spionage zu einer „*virtuellen Haftstrafe*" von zwanzig Jahren verurteilt. Die Strafdauer sitzt er nicht physisch ab, sondern bekommt die Erinnerung daran eingepflanzt, zwanzig Jahre in Isolationshaft verbracht zu haben.[23] Er altert während der Prozedur nicht, kommt jedoch psychisch deutlich gezeichnet aus ihr zurück in seinen Alltag. Beispielsweise teilt er sich sein im Überfluss vorhandenes Essen ein, weil er im virtuellen Gefängnis Hunger leiden musste. Besonders nimmt ihn mit, dass er seiner Erinnerung nach gegen Ende der Haftdauer seinen Mithäftling im Zorn umgebracht hat. Auch wenn dieser Mithäftling nie existiert hat, plagen O'Brien starke Schuldgefühle. Möglicherweise ist die Erinnerung an den Mord Teil des Programms, quasi eine Art Zusatzstrafe.[24]

Gegenüber einer tatsächlichen zwanzigjährigen Haftstrafe kann das Einpflanzen von Erinnerungen als humanere Strafe angesehen werden. Die Wirkung ist identisch, jedoch verliert der Täter keine Lebensjahre. Die Manipulation des Geistes dringt jedoch in Bereiche vor, die dem Zugriff staatlicher Autoritäten verborgen bleiben sollten. Indem die Historie eines Menschen beeinflusst wird, wird er auch seiner Identität und Einzigartigkeit beraubt. Individuelle Entwicklungsschritte, die der Täter in der Haft hätte tätigen können, bleiben ihm vorenthalten, wenn ihm vorgefertigte Erinnerungen aufgedrängt werden.

3. Menschwerdung

Einige Spezies im Star-Trek-Universum haben übermenschliche Kräfte. Aus dieser Position blicken sie teilweise geringschätzend auf die Menschheit herab. Für diese Aliens ist es eine als besonders schlimm empfundene Strafe, wenn sie ihre Fähigkeiten einbüßen.[25] Daher setzen sowohl die Q als auch die Gründer des Dominion die Transformation eines Exemplars ihrer Spezies in einen Menschen als schwere Bestrafung ein. Der gottgleiche Q wird in der Episode *Noch einmal Q* durch das Q-Kontinuum in einen menschlichen Körper transferiert.[26] Alle Spezialkräfte werden ihm genommen. Er hatte die Wahl zwischen mehreren Spezies und hat sich wegen seiner Faszination für Captain Picard für die Menschen entschieden. Er dient fortan für einige Zeit auf der *Enterprise*, bis sein Volk ihn wegen einer selbstlosen Rettungstat rehabilitiert.

---

22 Star Trek: Raumschiff Voyager, S1 E8 – Aus den Augen des Toten.
23 Star Trek: Deep Space Nine, S4 E19 – Strafzyklen.
24 *Fistrich/Göttling*, Podcast Trek am Dienstag, E410 – Hard Time.
25 *Ronny*, in: Podcast Trekkiepedia, E26 – Recht und Gesetz 2.0.
26 Raumschiff Enterprise – Das nächste Jahrhundert, S3 E13 – Noch einmal Q.

Der Formwandler Odo erhält in der Episode *Das Urteil* dieselbe Strafe, weil er einen Angehörigen seiner Spezies getötet hat.[27] Während er bislang jegliche Gestalt annehmen konnte und aus eigenem Antrieb in der Regel eine humanoide Form gewählt hat, erhält er einen festen, sterblichen Körper mit inneren Organen und Anfälligkeit für Krankheiten. Dass es sich bei der Tat eigentlich um Notwehr im Rahmen eines Nahkampfes mit einem Attentäter handelte, der die *Defiant* zerstören wollte, lassen seine Artgenossen nicht gelten.[28] Sie verfolgen den Präzedenzfall mit Entschlossenheit unter Betonung ihres in zahlreichen Folgen vorgetragenen Mantras, dass noch nie ein Wechselbalg einem anderen geschadet habe. Gerichtet wird Odo in der Großen Verbindung seines Volkes der Gründer. Sie infizieren ihn mit einer nur dort heilbaren Krankheit, damit er sich in die Verbindung begibt. Diese Form des Gerichtsverfahrens wird gewählt, weil in der Großen Verbindung alle Gedanken der Teilnehmenden miteinander verbunden sind. Kernanliegen des Verfahrens ist es für die Formwandler zu verstehen, was Odo bewegt hat.

4. Verbannung und Ausgrenzung

Schließlich ist auch die Verbannung ein beliebtes Sanktionsmittel auf Drittwelten. Die Beispiele sind zahlreich. Die Ba'Ku verbannen die Son'a in der Vorgeschichte des Kinofilms *Der Aufstand*,[29] die Pah-Geister bei *Deep Space Nine* sind ursprünglich Propheten Bajors, die aus dem himmlischen Tempel in die Feuerhöhlen verbannt wurden[30] wie gefallene Engel in der Bibel.[31] Auch die Q verbannen Angehörige ihrer Spezies, wenn diese sich als „Unruhestifter" schuldig gemacht haben. Im oben skizzierten Fall wird das Individuum namens Q nicht nur zum Menschen gemacht, sondern muss auch unter Menschen leben. Ein anderer Q namens Quinn wird im Inneren eines Asteroiden eingesperrt und darf das Q-Kontinuum nicht mehr betreten, bis die *Voyager* ihn unabsichtlich befreit.[32]

Neben diesen Formen der physischen Verbannung ist auch die Ausgrenzung aus der Gesellschaft ein in der Galaxie verwendetes Sanktionsmittel. Die Klingonen verwenden es relativ häufig mit dem Verfahren der Entehrung. Es handelt sich dabei um einen durch den Hohen Rat erteilten Verwaltungsakt,[33] mit dem der Familie des Verurteilten alle gesellschaftlichen Rechte

27 Star Trek: Deep Space Nine, S4 E26 – Das Urteil.
28 *Fistrich*, in: Fistrich/Göttling, Podcast Trek am Dienstag, E421 – Broken Link.
29 Kinofilm Star Trek: Der Aufstand.
30 Star Trek: Deep Space Nine, S5 E5 – Die Erpressung.
31 *Fistrich/Göttling*, Podcast Trek am Dienstag, E432 – The Assignment.
32 *Fistrich/Göttling*, Podcast Trek am Dienstag, Episode 403 – Death Wish.
33 *Ronny*, in: Podcast Trekkiepedia, E26 – Recht und Gesetz 2.0.

und Privilegien entzogen werden. Alle Angehörigen des entehrten Hauses sind fortan im Klingonischen Reich geächtet. Ein sehr ähnliches Prozedere kennen die kapitalistischen Ferengi. Diese handeln streng nach den sogenannten Erwerbsregeln. Wer diese bricht, kann von der Ferengi Trade Association (FTC) seines Vermögens entledigt werden und darf fortan keine Geschäfte mehr machen. Die Maßnahme ist ähnlich der klingonischen Entehrung eine Kollektivstrafe für die gesamte Familie. Quark erleidet eine solche Sanktion wegen Regelverstößen seiner Mutter.[34] Für einen Ferengi bedeutet das Geschäftsverbot den vollständigen Ausschluss aus der Gesellschaft Ferenginars. Allerdings zeigt die Episode *Boks Vergeltung* anhand des Widersachers von Captain Picard, dass Straftäter wie Bok sich in der Ferengi-Justiz von Strafen freikaufen können.[35]

34 Star Trek: Deep Space Nine, S4 E25 – Quarks Schicksal.
35 Raumschiff Enterprise – Das nächste Jahrhundert, S7 E22 – Boks Vergeltung.

K. „Wahre Gerechtigkeit lässt sich nicht in Regeln pressen.“

Das Zitat in der Kapitelüberschrift stammt von Commander Riker aus der Episode *Das Gesetz der Edo.*[1] Er spricht damit eine Grundhaltung aus, die in sechzig Jahren Star Trek mitschwingt. Obwohl das Föderationsrecht als etwas Gutes gilt, das den Systemen anderer Spezies deutlich überlegen ist, wird die Justiz fast immer skeptisch betrachtet. Es ist das abstrakte Regelwerk von Technokraten, die von der Realität der Sternenreisen wenig Kenntnis haben. Nun bezieht sich das Zitat auf das Recht der Edo, in dem das bloße Betreten eines Blumenbeets die Todesstrafe nach sich zieht. Jedoch ist die allgemeine Haltung zum Recht der Vereinigten Föderation der Planeten nicht anders:

> „*Let the regulations be damned.*“[2]

So belehrt Captain Sulu den jungen Fähnrich Tuvok, nachdem dieser wegen einer Regelmissachtung protestiert hatte. Im Deutschen klingt der Satz weniger kernig. Captain Janeway kommentiert die Haltung Sulus mit den Worten:

> „*Es überrascht mich nicht, dass sie die Regeln ein wenig zurechtbiegen mussten. Sie haben die Oberste Direktive etwas seltener angewendet, dafür öfter ihre Phaser gezogen.*“

Befehls- und Regelverweigerung ist en vogue unter Captains der Sternenflotte, wenn dadurch „das Richtige“ getan wird. Ethische Überlegungen über die gesetzlichen Anforderungen zu stellen, gehört zum Alltag der Kommandantinnen und Kommandanten von Raumschiffen. Begründet wird dies stets mit der Isolation im Weltall, womit nur denjenigen eine Entscheidungskompetenz zugebilligt wird, die vor Ort sind. In den Worten von Gene Roddenberry als Verfasser des Romans zum ersten Kinofilm lautet dieser Ansatz wie folgt:

> „*Wenn das fremde Etwas* (V'Ger) *tatsächlich über eine so enorme Macht verfügte, wie die kurze Konfrontation mit den Klingonen vermuten ließ [...] Dann führte die Begegnung mit ihm vielleicht zu einer jener Situationen, die es erforderlich machten, Richtlinien zu revidieren und Vorschriften zu interpretieren.*“[3]

Ein weiterer Grund für die latente Jura-Feindlichkeit bei Star Trek ist in der Grunderzählung der weiterentwickelten Menschheit begründet. Alle Individuen sind vernünftig, lösungsorientiert und achten nicht nur die eigenen

---

1 Raumschiff Enterprise – Das nächste Jahrhundert, S1 E8 – Das Gesetz der Edo.
2 Star Trek: Raumschiff Voyager, S3 E2 – Tuvoks Flashback.
3 *Roddenberry*, Roman Star Trek: Der Film.

Bedürfnisse. Rechtliche Bestimmungen braucht es in der perfekten Gesellschaft als letztes Mittel, aber nicht für den Regelfall der Konfliktbeilegung. Das Zivilrecht, das Strafrecht und das öffentliche Recht sind durchzogen von prozeduralem Vorgehen, das auf Konsensfindung abzielt. Zivilrecht wird vor einer Schiedsperson verhandelt. Strafrechtliche Vorwürfe werden in der Regel in einem Vorverfahren einvernehmlich behandelt. Die vernünftigen Advanced Humans benötigen keine Förmlichkeit. Sie einigen sich auf ein moralisches Ergebnis, das für alle Beteiligten tragbar ist. Auch darin zeigt sich der Grundansatz einer ethischen Überlegenheit, stets zum richtigen Ergebnis zu kommen, unabhängig davon, was das Recht vorschreibt. Wenn sich alle einig sind, braucht es kein förmliches Verfahren. Nur dann, wenn der bzw. die Angeklagte die goldene Brücke nicht beschreitet, die informell angeboten wird, wenn auf Förmlichkeit bestanden wird, dann gibt es ein Gerichtsverfahren. Der dann einberufene Prozess wird wiederum nach unnachgiebigen Regeln vollständig durchgezogen.[4] Rechtliche Garantien sind im Föderationsrecht fein ausdifferenziert vorhanden, aber es ist fast schon unfein, sich auf sie zu berufen. Formalitäten sind bei Star Trek durch Vertrauen ersetzt.[5] Nur dann, wenn dieses Vertrauen erschüttert ist, dann wird der formale Weg gewählt. Juristische Korrektheit ist dann ein Schutzrecht der oder des Angeklagten, das nur gewährt wird, wenn sie eingefordert wird.

Dabei werden ständig Grundsatzfragen verhandelt, die eigentlich längst geklärt sein müssten. Nach Jahrtausenden der Vereinigung von Trill-Symbionten mit Trill-Wirten ist es erst Jadzia Dax, zu der die Frage nach der Haftung für Handlungen früherer Wirte aufgeworfen wird. Die Rechtsposition Künstlicher Intelligenz wird bei jeder derartigen Technik von Grund auf neu diskutiert, obwohl bereits in der Originalserie hochentwickelte KI zu sehen war. Das Ausbleiben von Präzedenzfällen ist konsequent in einem Rechtssystem, in dem der informelle Konsens gegenüber dem festgehaltenen Urteilsspruch dominiert. Es ist auch naheliegend in einer Galaxie, in der juristische Laien die Rechtsanwendung dominieren. Ohne entsprechende Ausbildung sind die Offizierinnen und Offiziere dazu geneigt, selbst entworfene ethische Grundsatzreden zu halten, anstatt in einer langfristig aufgebauten Urteilsdatenbank zu recherchieren.

Wenn Regeln ausführlich diskutiert werden, dann sind die Gesetze der Antagonist der Folge. Das Verbot genetischer Verbesserung bei *Deep Space Nine* und *Strange New Worlds* wird ebenso wie das Androidenverbot bei *Star Trek: Picard* in jedem Zusammenhang, in dem es erwähnt wird, als ungerecht und grausam dargestellt. Dasselbe gilt für die Erste Direktive. Deren Wichtigkeit wird kontinuierlich betont. Fast jedes Mal, wenn sie von hand-

4 *Joseph/Carton*, The Law of the Federation, S. 31, 39.
5 *Joseph/Carton*, The Law of the Federation, S. 36.

lungstragender Relevanz ist, stört sie jedoch das Erreichen eines ethisch sinnvollen Ziels. In all diesen Beispielen suchen und finden moralisch überlegene Sternenreisende nach Wegen, die Gesetze zu umgehen.

Symptomatisch für die Gesetzesskepsis ist eine Unterhaltung zwischen Captain Kirk und seiner Mutter im Roman *Die erste Mission.* Winona Kirk fürchtet Ärger für ihren James, als sie erfährt, dass er sich vor der Übergabe des Kommandos heimlich mit einem Mädchen auf die *Enterprise* geschlichen hatte. Captain Kirk verteidigt sich:

> *„Ich müsste einem echten Paragraphenreiter begegnen, um wegen meines vorzeitigen Streifzugs durch die Enterprise in Schwierigkeiten zu geraten.“*

Seine Mutter entgegnet trocken:

> *„Bei Starfleet wimmelt es von solchen Leuten.“*

Dies bringt Captain Kirk zu dem Schluss:

> *„In Starfleet bringt man es nur zu etwas, wenn man die Vorschriften großzügig auslegt.“*[6]

---

6 *McIntyre*, Roman Star Trek – Die erste Mission, S. 81 f.

Author's Log, Supplemental

Die tiefe Befassung mit dem *Recht der unendlichen Weiten* war eine unvergleichliche Erfahrung. Jede zielgerichtet geschaute Episode, jeder beim Staubsaugen gehörte Podcast, jeder gelesene Roman hat faszinierende neue Einblicke gebracht. Die zahlreichen Wochenenden des Herunterschreibens haben mich als nerdigen Juristen erfüllt. Ich danke dem Deutschen Fachverlag für den Mut, *boldly going* ein solch ungewöhnliches Werk herauszubringen – insbesondere Patrick Roth, Torsten Kutschke, Caroline Schauwienold, Tanja Brücker und Jasha Baniashraf. Dasselbe gilt für die nicht weniger mutigen Herausgeberinnen der Schriftenreihe *Law in Literature*, Dr. Jannina Schäffer und Prof. Dr. Anja Schiemann. Meiner Frau Bodil Ambrock danke ich von Herzen für ihre Geduld.

Mein Dank gilt auch allen Trekkies da draußen, die ich während des Buchprojekts als solche kennenlernen durfte. Es ist großartig, wie viele von euch es in der juristischen Szene gibt. Ab dem Tag, an dem die erste Vorabankündigung dieses Buches das Licht der Welt erblickt hat, habe ich so viele ermutigende Rückmeldungen und Feedback mit bemerkenswerter Detailkenntnis bekommen. Es mag daran liegen, dass ich beruflich im Bereich Datenschutz und KI-Recht zu Hause bin. Diese juristische Szene ist besonders nerdig. Aber auch rechtswissenschaftliche Kolleginnen und Kollegen aus anderen Rechtsgebieten haben sich als tief im Thema steckend zu erkennen gegeben. Im Wochentakt werden es mehr.

Die Vorliebe für die Abenteuer der *Enterprise* ist nichts, womit die meisten hausieren gehen. Sie neigen zu kleinen Gesten. Wenn ich in der S-Bahn auf dem Weg zur Arbeit einen Star-Trek-Roman gelesen habe – sehr zu empfehlen, sie lesen sich schnell herunter und kosten gebraucht aus den Neunzigern quasi nichts –, dann ist dies Mitreisenden nicht verborgen geblieben. Es liegt nicht in der Natur der Star-Trek-Fans, aufzuspringen und Zuspruch kundzutun. Es ist das dezente Leuchten in den Augen, wenn sie bemerken, was ich da lese. Das stille, kaum sichtbare, wissende, zustimmende Nicken. Ein Nicken der Anerkennung, jemand Gleichgesinnten getroffen zu haben.

Die nun vielen mir bekannten weltraumaffinen Juristinnen und Juristen – ja, auch weibliche – sind ausnahmslos herzensgute Menschen mit einem Gespür für Gerechtigkeit und Grundrechtsschutz, gepaart mit einer Prise wissenschaftlicher Neugier. Es verwundert nicht, dass sie in ihrer Jugend bei den Folgen auf SAT.1 hängengeblieben sind. Denn Star Trek vermittelt juristisch-ethische Werte. Ich musste in den letzten Monaten vermehrt an die Anekdote aus dem Whitewater Trial denken, der in den Neunzigerjahren über einen Bestechungsfall um Hillary und Bill Clinton zu befinden hatte.[1] Ein

---

1 *Lacitis*, In This Courtroom, No Space For A 'Star Trek' Juror, Seattle Times v. 15.3.1996.

Mitglied der Jury, Barbara Adams, erschien in einer Sternenflottenuniform zum ersten Prozesstag. Präzise gesagt, in einer roten Command-Uniform der Ära Captain Picards, mit den Rankpins eines Lieutenant Commanders. Sie wählte die Kleidung, um für alle sichtbar zu machen, dass sie ihre Entscheidungen an den Werten der Vereinigten Föderation der Planeten ausrichten werde. Für die Aktion wurde sie verwarnt und für die folgenden Prozesstage aus der Jury entfernt. Nun bin ich klassischer Jurist genug, um den Auftritt als eher peinlich zu empfinden. Von Geschworenen erwarte ich mehr Zurückhaltung bei der Selbstdarstellung im Gerichtssaal. Nachvollziehen kann ich aber die Einstellung dahinter. Star Trek vermittelt Werte. Ethische und mitmenschliche Grundeinstellungen, die bei der Rechtsanwendung im juristischen Alltag wichtig sind. Allem voran der vulkanische Lehrsatz „*Infinite Diversity in Infinite Combinations*", ein moralischer Stützpfeiler der Sternenflotte. In einer Gegenwart, in der Ausgrenzung Andersartiger schleichend Gesellschaftsfähigkeit erlangt, sind es die Ideale der Toleranz und des Miteinander, die gerade Juristinnen und Juristen nun an den Tag legen müssen. Darüber hinaus ist es die Prämisse „*Erst fragen, dann schießen*", die Star Trek von anderen Zukunftsvisionen abhebt und die geradezu wie gemacht für den rechtsberatenden Alltag ist. Das scharfe juristische Schwert, das Berufen auf formale rechtliche Vorgaben, das ist unverzichtbares Handwerkszeug. Wenn wir aber zuvorderst mit diesen Mitteln agieren, dann haben wir schon verloren. Es ist der Geist des Hinhörens, des Hineinversetzens in die Position des Gegenübers, der vernunftgeleiteten Lösungsorientierung, der den besten Kompromiss für alle bietet.

Literaturverzeichnis

Fachliteratur:

Alexander, David: Gene Roddenberry – Der Schöpfer von Star Trek, Die autorisierte Biographie, Übersetzung von Ralph Sander, Wilhelm Heyne Verlag, München 1994 (Originaltitel: The Authorized Biography of Gene Roddenberry – Star Trek Creator)

Barad, Judith/Robertson, Ed: The Ethics of Star Trek, HarperCollins, New York 2000

Bernardi, Daniel: Star Trek History: Race-ing toward a White Future, Rutgers University Press, New Brunswick 1998

Blohm, Dean: Strafrecht und Gerichtsbarkeit in einer fernen Zukunft – von Föderationsdirektiven, klingonischen Tribunalen und Zeugen im Holodeck, JURios v. 14.8.2025, abrufbar unter https://jurios.de/2025/08/14/strafrecht-und-gerichtsbarkeit-in-einer-fernen-zukunft-von-foederationsdirektiven-klingonischen-tribunalen-und-zeugen-im-holodeck/

Brittnacher, Hans/May, Markus: Phantastik – Ein interdisziplinäres Handbuch, Verlag J. B. Metzler, Stuttgart/Weimar 2013

Cardozo, Benjamin: Law and Literature, Yale Law Review, Jahrgang 14, S. 699–718

Chaires, Robert: Star Trek as a Pedagogical Vehicle for Teaching Law and Justice, in: Chaires/Chilton (Hrsg.), Star Trek Visions of Law and Justice, Dallas 2003

Chaires, Robert: Utopia vs. Dystopia: The Quantum Mechanics of Star Trek, in: Chaires/Chilton (Hrsg.), Star Trek Visions of Law and Justice, Dallas 2003

Chaires, Robert/Chilton, Bradley: Star Trek Visions of Law and Justice, Dallas 2003

Dix, Alexander: Gedankenfreiheit – wie lange noch?, ZD 2025, S. 1

Gerhards, Winfried: Handbuch der phantastischen Fernsehserien, Edition Gryphon, Hamburg 2001

Göll, Edgar: Über das Fehlen von Utopie – Politik in Star Trek, in: Vorgänge 35 (2), S. 35–45

Greenwald, Jeff: Future Perfect: How Star Trek Conquered Planet Earth, Viking, New York 1998

Gross, Edward/Altman, Mark: New Voyages: The Next Generation Guidebook, Image Publishing of New York 1991

Haar, Rebecca: Kann der Bordcomputer denken? – Roboter, Androiden & Hologramme in Star Trek, Cross Cult Entertainment, Ludwigsburg 2024

Hassler, Donald/Wilcox, Clyde (Hrsg.): Political Science Fiction, Columbia 1997

Hillenbrand, Mike/Humberg, Christian: Trek minds – Nur der Himmel ist die Grenze, Was die Welt von Star Trek lernen kann, Verlag in Farbe und Bunt 2011

Joseph, Paul/Carton, Sharon: The Law Of The Federation: Images Of Law, Lawyers, And The Legal System in Star Trek: The Next Generation, zitiert nach dem Abdruck im Sammelband Chaires/Chilton (Hrsg.), Star Trek Visions of Law and Justice (Dallas 2003), ursprünglich erschienen in: The University of Toledo Law Review Volume 24 Number 1 (1992), S. 43

König, Dominik/Beck, Benjamin: Die immaterialgüterrechtliche Schutzfähigkeit von „Affen-Selfies", ZUM 2016, S. 34

Lacitis, Erik: In This Courtroom, No Space For A 'Star Trek' Juror, Seattle Times v. 15.3.1996

Lem, Stanisław: Dialoge, Suhrkamp, Berlin 2023

Lentz, Susan: 'Where No Woman Has Gone Before': Feminist Perspectives On Star Trek, in: Chaires/Chilton (Hrsg.), Star Trek Visions of Law and Justice, Dallas 2003

Lentz, Susan/Chaires, Robert: What Color is an Android?: Some Reflections on Race and Intelligence in Star Trek, in: Chaires/Chilton (Hrsg.), Star Trek Visions of Law and Justice, Dallas 2003

Murray, Janet: Hamlet on the Holodeck – The Future of Narrative in Cyberspace, Updated Edition, MIT Press Cambridge (Massachusetts) 2017

Okuda, Michael/Okuda, Denise: The Star Trek Encyclopedia, New York 1999

Pounds, Michael: Race in Space: The Representation of Ethnicity in Star Trek and Star Trek: The Next Generation, 1999

Prahl, Reinhard/Sülter, Björn/Walch, Thorsten: Die Star Trek Chronik, Band 2: Star Trek Raumschiff Enterprise, Osdorf 2021

Rauscher, Andreas: Das Phänomen Star Trek – Virtuelle Räume und metaphorische Welten, ventil verlag, Berlin 2003

Repnow, Robin: Zivilrecht in Mittelerde: Wem gehört der Eine Ring?, ZJS (Zeitschrift für das Juristische Studium) 2024, 689–700.

Roddenberry, Gene: ST:TNG Writers/Directors Guide 2 (3rd season, Aug. 1989), Paramount Pictures Corporation 1989

Rost, Christine: EMDR zwischen Struktur und Kreativität, Junfermann Verlag, Paderborn 2016

Sander, Ralph: Das Star Trek Universum, Band 1 und 2, 3. Auflage, Wilhelm Heyne Verlag, München 1993

Schäffer, Jannina: Harry Potter und die Gesetze der Macht – Wie das Strafprozessrecht als „Machtinstrument" im Kampf zwischen „Gut" und „Böse" missbraucht werden kann am Beispiel der Harry-Potter-Bücher von J. K. Rowling und unter Berücksichtigung des deutschen Strafrechts sowie der Besonderheiten im NS-Staat, Fachmedien Recht und Wirtschaft, dfv Mediengruppe, Frankfurt a. M. 2024

Schäffer, Jannina: „Law and Literature": Eine Bereicherung (auch) für das deutsche Jurastudium, OdW (Ordnung der Wissenschaft) 2025, S. 253–258

Scharf, Michael/Roberts, Lawrence: The Interstellar Relations of the Federation: International Law and Star Trek: The Next Generation, zitiert nach dem Abdruck im Sammelband Chaires/Chilton (Hrsg.), Star Trek Visions of Law and Justice (Dallas 2003), ursprünglich erschienen in: The University of Toledo Law Review Volume 25 Number 3 (1994), S. 557

Stoppe, Sebastian: Unterwegs zu neuen Welten, Star Trek als politische Utopie, Darmstadt 2014

Vivona, Charles: Crime and „Repentance": Justice Administration And The Moral Self In A New Age, in: Chaires/Chilton (Hrsg.), Star Trek Visions of Law and Justice, Dallas 2003

Wangler, Julian: Regieren in Utopia – Das politische System der Föderation, in: DeCandido, Keith, Die Gesetze der Föderation, Amigo Grafik, Ludwigsburg 2010, S. 435 ff. (Anhang im Roman)

White, James Boyd: The Legal Imagination, Aspen Publishing 1973

Wigmore, John: A List of One Hundred Legal Novels, Illinois Law Review Jahrgang 17, Nr. 21, S. 26–41

Witte, Alex: Kathryn Janeway gehört das Kapitänspatent entzogen, Rheinische Post v. 10.1.2025, abrufbar unter https://rp-online.de/panorama/fernsehen/star-trek-voyager-warum-janeway-als-kapitaenin-ungeeignet-ist_aid-122881005

Primärliteratur:

Asimov, Isaac: Meine Freunde, die Roboter, Wilhelm Heyne Verlag, München 1982

Beyer, Kirsten/Johnson, Mike: Star Trek Picard Countdown, IDW Publishing, Sherman Oaks 2021 (Comic, nur in englischer Sprache erschienen)

Beyer, Kirsten/Mack, David Alan: Star Trek: Khan, Roddenberry Entertainment 2025 (Hörspiel in neun Episoden, nur in englischer Sprache erschienen)

Carey, Diane: Der Verräter, Wilhelm Heyne Verlag, München 1991 (Originaltitel: Battlestations)

Cox, Greg: Lost to Eternity, Verlag Simon & Schuster, New York 2024 (nur in englischer Sprache erschienen)

DeCandido, Keith: Die Gesetze der Föderation, Amigo Grafik, Ludwigsburg 2010 (Originaltitel: Articles of the Federation)

Dillard, J. M.: Star Trek: Der Aufstand, Der Roman zum Film „Star Trek IX", Wilhelm Heyne Verlag, München 1998 (Originaltitel: Star Trek: Insurrection)

Duane, Diane: Spocks Welt, Wilhelm Heyne Verlag, München 1995 (Originaltitel: Spock's World)

Hambly, Barbara: Ishmael, Wilhelm Heyne Verlag, München 1990

McIntyre, Vonda: Star Trek – Die erste Mission, Wilhelm Heyne Verlag, München 1994 (Originaltitel: Enterprise: The First Adventure)

Mitchell, V. E.: Die Jarada, Wilhelm Heyne Verlag, München 1992 (Originaltitel: Imbalance)

Roddenberry, Gene: Star Trek – Der Film, Wilhelm Heyne Verlag, München 1980 (Originaltitel: Star Trek – The Motion Picture)

Taylor, Jeri: Mosaik, Wilhelm Heyne Verlag, München 1998 (Originaltitel: Mosaic)

Episodenverzeichnis

Raumschiff Enterprise (1966–1969)

Die Enterprise (Zeichentrickserie, 1973–1974)

Raumschiff Enterprise – Das nächste Jahrhundert (1987–1994)

Star Trek: Deep Space Nine (1993–1999)

Star Trek: Raumschiff Voyager (1995–2001)

Star Trek: Enterprise (2001–2005)

Star Trek: Discovery (2017–2024)

Star Trek: Short Treks (2018–2020)

Star Trek: Picard (2020–2023)

Star Trek: Lower Decks (2020–2024)

Star Trek: Prodigy (Animationsserie, 2021–2024)

Star Trek: Strange New Worlds (seit 2022)

Star Trek: Starfleet Academy (seit 2026)

Filme (seit 1979)

Stichwortverzeichnis